品牌营销（第二版）

Brand Marketing

黄 静 主编

图书在版编目(CIP)数据

品牌营销/黄静主编. —2 版. —北京:北京大学出版社,2014.3
(21 世纪经济与管理规划教材·市场营销学系列)
ISBN 978-7-301-23742-7

Ⅰ.①品… Ⅱ.①黄… Ⅲ.①品牌营销-高等学校-教材 Ⅳ.①F713.50

中国版本图书馆 CIP 数据核字(2014)第 011800 号

书　　　名：	品牌营销(第二版)
著作责任者：	黄　静　主编
责 任 编 辑：	叶　楠
标 准 书 号：	ISBN 978-7-301-23742-7/F·3831
出 版 发 行：	北京大学出版社
地　　　址：	北京市海淀区成府路 205 号　100871
网　　　址：	http://www.pup.cn
电 子 信 箱：	em@pup.cn　　QQ:552063295
新 浪 微 博：	@北京大学出版社　@北京大学出版社经管图书
电　　　话：	邮购部 62752015　发行部 62750672　编辑部 62752926　出版部 62754962
印 刷 者：	北京鑫海金澳胶印有限公司
经 销 者：	新华书店
	787 毫米×1092 毫米　16 开本　22.25 印张　514 千字
	2008 年 11 月第 1 版
	2014 年 3 月第 2 版　2022 年 11 月第 9 次印刷
印　　　数：	26001—27000 册
定　　　价：	42.00 元

未经许可,不得以任何方式复制或抄袭本书之部分或全部内容。
版权所有,侵权必究
举报电话:010-62752024　电子信箱:fd@pup.pku.edu.cn

丛书出版前言

作为一家综合性的大学出版社，北京大学出版社始终坚持为教学科研服务，为人才培养服务。呈现在您面前的这套"21世纪经济与管理规划教材"是由我国经济与管理领域颇具影响力和潜力的专家学者编写而成，力求结合中国实际，反映当前学科发展的前沿水平。

"21世纪经济与管理规划教材"面向各高等院校经济与管理专业的本科生，不仅涵盖了经济与管理类传统课程的教材，还包括根据学科发展不断开发的新兴课程教材；在注重系统性和综合性的同时，注重与研究生教育接轨、与国际接轨，培养学生的综合素质，帮助学生打下扎实的专业基础和掌握最新的学科前沿知识，以满足高等院校培养精英人才的需要。

针对目前国内本科层次教材质量参差不齐、国外教材适用性不强的问题，本系列教材在保持相对一致的风格和体例的基础上，力求吸收国内外同类教材的优点，增加支持先进教学手段和多元化教学方法的内容，如增加课堂讨论素材以适应启发式教学，增加本土化案例及相关知识链接，在增强教材可读性的同时给学生进一步学习提供指引。

为帮助教师取得更好的教学效果，本系列教材以精品课程建设标准严格要求各教材的编写，努力配备丰富、多元的教辅材料，如电子课件、习题答案、案例分析要点等。

为了使本系列教材具有持续的生命力，我们将积极与作者沟通，争取三年左右对教材不断进行修订。无论您是教师还是学生，您在使用本系列教材的过程中，如果发现任何问题或者有任何意见或者建议，欢迎及时与我们联系（发送邮件至 em@pup.cn）。我们会将您的宝贵意见或者建议及时反馈给作者，以便修订再版时进一步完善教材内容，更好地满足教师教学和学生学习的需要。

最后，感谢所有参与编写和为我们出谋划策提供帮助的专家学者，以及广大使用本系列教材的师生，希望本系列教材能够为我国高等院校经管专业教育贡献绵薄之力。

北京大学出版社
经济与管理图书事业部
2012年1月

21世纪经济与管理规划教材

市场营销学系列

丛书序言

产生于美国,随后在西方发达国家风靡的营销学,大规模地引进到我国只有不到三十年的历史。然而这一学科的传播和发展速度,远远超出了人们当初的预料。现在,在中国,几乎每一所大学都开设有营销学的课程,或设有营销学专业,培养市场营销方面的专门人才。伴随社会对营销人才需求的增长和营销学科在我国的兴旺发展,有关市场营销的教材与教学参考资料不断涌现。最初的教材基本是侧重营销学的基本原理,而且以介绍、翻译为主。稍后,一些更富专业性的教材如《消费者行为学》《市场营销渠道》《广告学》《销售管理》《品牌管理》《服务营销》等被逐步引进到我国,并在内容上部分融入了我国的实例与案例。

应当说,目前我国的营销教材品种繁多、令人目不暇接。这一方面反映需求的繁荣,另一方面很多教材在内容与结构上大同小异,也是一个不争的事实。造成这种状况的原因,固然和营销学科介绍到我国的时间比较短,需要一个消化、吸收过程有关,另一个重要的原因,是我国营销研究的学术水平与欧美国家相比,仍然有不小的距离。没有众多的研究支持,没有大量的学者在各自研究领域的长期积累,要写出既有深厚理论基础、又有浓郁本土特色的营销教材,确实是不容易的。

在这种背景下,北大出版社提出由我物色一些国内的优秀营销学者,编写一套兼具时代气息和本土特点的营销学系列教材,我也颇感犹豫、彷徨。但考虑到我国众多营销专业的学子既无法细读原汁原味的英文教材,又对中国的营销实践知之甚少,我个人觉得组织一批长期活跃在我国营销教学科研第一线,对西方营销理论有深入理解同时又谙熟中国市场特点的营销学者,编写一套适合本科生使用的教材,是一件很有意义的事情。

即将陆续出齐的这套教材涉及营销专业的主要课程,既有《营销学原理》《市场调研》与《消费者行为》等专业基础课教材,也有《广告学》《营销渠道》《销售管理》《品牌管理》《服务营销》等专业课教材。总的指导思想是:每一本教材既要反映各自领域的最新研究成果,融入中国企业的营销实践,又要自成一体、形成富有逻辑性和连贯性的知识体系。从已经出版的几本教材看,这一思想应当说得到了较充分的体现。我要感谢这些作者,感谢他们的辛勤和努力,也期待后面即将出版的其他几本教材,同样体现这种思想。

教材质量的高低,最终需要经受读者的评判。我希望这套教材能受到采用单位的教师和同学的欢迎,能为我国营销专业的教材建设树立标杆、对我国营销教材质量的提升产生推动作用。每一本教材,都有一个不断完善和改进的过程,读者的反馈,尤其是中肯而尖锐的批评,更是使教材质量更上一层楼的促动力。我们衷心期待广大读者毫无保留地提出意见和建议,共同打造我们心目中的精品教材!

符国群

2006 年 7 月于北京大学

再版前言

当今时代,品牌营销环境正在发生前所未有的变化。例如,社会化媒体的出现导致传统品牌传播方式正在丧失其效用,尤其是手机互联网的广泛使用,使得我们可以随时随地、随心所欲地传递信息、交流信息,不仅是文字,还包括语音、视频、图片等。面对新的营销环境,品牌营销者对与时俱进的品牌营销理论有着高度的渴求,作为系统讲述品牌营销理论的教材,我们进行改版以适应品牌营销实践这一需求。

《品牌营销》一书改版的宗旨是:在保留第一版合理的逻辑体系及实用内容的基础上,调整了部分结构以使得本书的理论逻辑更加合理,尽可能增加大量新的案例、资料,并增加了学术智库以满足读者对学术研究的了解以及对科学营销的需要。具体更新如下:

- **对本书的理论逻辑进行了部分调整**。在第一章品牌概论中我们增加了品牌营销的理论体系介绍,使读者对本书的理论逻辑在开篇就有清楚的了解;对品牌定位、品牌形象和品牌个性的部分内容进行了修改,使之更加合理;将第一版第八章品牌更新的内容融入其他各章,如将品牌再定位的内容放在品牌定位中,将品牌名称更新和品牌标志更新的内容移到品牌设计中;对品牌传播进行了较大幅度的修改,增加了品牌传播的各种策略,如社交网络传播、嵌入式传播、企业家传播、感官品牌传播等。

- **更新了品牌案例和阅读资料**。对第一版的绝大部分案例和资料进行了更新,保留了第一版中一些非常有用的典型案例,使得读者既能阅读到经典的品牌营销案例,又能充分了解品牌营销实践的最新动态。

- **增加了学术智库**。学术智库是我们对品牌研究领域经典文献的梳理,结合具体内容,每章提供了至少两篇学术智库供读者阅读。在教材中提供学术智库是本书的一个创新,在国内外其他教材中均没有见到。理论与实践如何有机结合是一个永久的话题。近十年来,中国营销学界努力与国际接轨作实证研究,采用实证研究的方法探究现实的营销问题,取得了丰硕的成果,在国际顶尖学术期刊发表文章的学者已不是少数。对这种研究导向也有不同的声音,这样的研究怎么指导营销实践?有些纯理论研究者甚至认为,他们理论研究成果的读者就是作研究的学者,而不是从事实践工作的人员。本人自1999年参加香港科技大学的管理方法培训班开始,从事实证研究,尽管这些年作了些肤浅的研究,但更多是阅读和学习好的文献。这些文献在我面向不同的对象(本科生、研究生、博士生及企业人员)讲授品牌营销的课程中给了听者极大的启示。尤其是企业人员,他们对文献中的理论渴求更甚,这些研究告诉了他们知其所以然。故而学术智库不仅为致力于学术研究的人员提供了理论参考,更为营销实践者提供了极好的科学营销理论指导。

本版依然采用第一版的理论体系,结构微调后,减少一章,现为十六章,由武汉大学经济与管理学院市场营销与旅游管理系黄静教授主编。参加改编的人员如下:黄静(第一章、第十章),朱丽娅(第二章、第三章),熊小明(第四章、第五章),彭志红(第六章、第七章),刘萍(第八章、第九章),唐洋(第十一章、第十二章),邹淯鹏(第十三章),李丹妮(第十四章),黄静、李丹妮(第十五章),黄静、朱丽娅(第十六章)。

本书的顺利出版首先要感谢北京大学出版社经济与管理图书事业部的林君秀主任、刘京女士、叶楠女士给予的大力支持和帮助,特别是刘京女士身怀六甲还在为本书的出版尽心尽力,让我们感动不已。感谢武汉大学经济与管理学院市场营销与旅游管理系的支持。在编写中,我们参阅了国内外大量的文献和相关资料,在此对这些文献的作者一并致谢!

尽管我们尽最大努力在修改,但受水平的限制,离读者的期望还有距离,恳请广大读者不吝赐教。

黄静
2014年2月于武汉大学

前　言

　　品牌之于现代消费者，犹如爱情之于人类，追求美好的爱情是人的天性和本能，如今追逐品牌已成为消费者的购买本能，这体现在人们生活的方方面面，从衣、食、住、行到上学、就医、工作单位的选择等。人们认牌购买的行为无疑向产品或服务提供者发出了强烈的信号，只有塑造强势品牌才能获得消费者的货币选票。品牌不仅是一个企业长期的战略性资产，是竞争优势和财务回报的一个重要来源，更是一个国家或地区经济发展水平的象征。一个国家或地区的经济发展水平和竞争力在很大层面上表现为该国家或地区的品牌影响力。

　　如何塑造强势品牌成为品牌塑造者面临的巨大挑战。品牌意味着信任、可靠，消费者追逐品牌的深层次理由是品牌能带给他们情感的交流和个人生活品位的彰显。如此，企业塑造品牌绝非仅仅是提供一个具有独特功能价值的产品，更多的是在为目标顾客营造情感的栖息地、心灵的慰藉所。如何征服目标顾客的情感，是品牌塑造者要思考的深层次问题。向成功的企业学习其品牌管理实践经验是一条路径，但经验在环境变化后失灵也使许多企业付出了昂贵的代价。掌握品牌营销的系统理论无疑才是塑造强势品牌的有效路径。

　　《品牌营销》一书的目标是为有志塑造品牌的组织、个人提供一套系统、全面的品牌营销理论体系。本书理论体系的构建以如下逻辑思路展开：从如何将一个产品塑造成一个品牌，到如何对多个品牌进行营销，到从品牌资产的角度对品牌进行管理。全书分为五篇，第一篇对品牌的内涵进行解析，使得读者能在一个对品牌内涵正确理解的前提下来塑造品牌；第二篇系统地阐述了如何将一个产品塑造成一个品牌，内容包括品牌定位、品牌设计、品牌个性、品牌形象、品牌传播、品牌危机管理、品牌更新；第三篇系统地阐述了当品牌塑造者拥有两个以上的品牌时如何对品牌系统进行有效管理，主要包括品牌系统策略、品牌延伸、品牌系统管理组织形式；第四篇从品牌资产的维度、建立、评估和保护四个方面对品牌资产管理进行了阐述；第五篇为读者提供了一些阅读专题，主要包括品牌全球化、网络品牌、品牌关系管理、品牌原产地与品牌竞争力。

本书的主要目标顾客是：
- 大专院校营销管理、企业管理、公共管理等专业的本科生和研究生；
- 企业的品牌管理人员及中高层营销管理人员；
- 有志于塑造品牌的所有人员；
- 对品牌营销理论研究有兴趣的人员。

通过本书的阅读，我们希望读者可获得以下独特的利益：

第一，获得了如何将一个产品塑造成一个品牌的路径；

第二，获得了如何对多个品牌进行有效营销和管理的方法；

第三，获得了管理品牌资产的方法；

第四，了解了品牌营销理论的新趋势。

全书共十七章，由武汉大学经济与管理学院市场营销系黄静教授主编，参加编写的有：黄静（第一、十一章）、刘德菁（第二、三章）、黄明港（第四、五章）、胡洪涛（第六、十四章）、梁虹（第七、八章）、张柳（第九、十、十五章）、熊巍（第十二、十三章）、吴智超（十六章）、陈绍泉（第十七章）。

在本书的编写过程中，参阅了国内外大量的文献和相关资料，在此向文献的作者表示深深的谢意。北京大学出版社及武汉大学经济与管理学院在整个教材的编写中给予了大力的支持和帮助，在此一并致谢。

本书逻辑体系的构建是编者多年从事品牌理论研究和教学的一些感悟，不足之处在所难免，恳请广大读者批评指正。

编　者

2008年3月于武汉珞珈山

目 录

第一篇 总 论

第一章 品牌概论 ………………………………………………………… 3
第一节 品牌的内涵 ……………………………………………………… 3
第二节 品牌外延的扩大 ………………………………………………… 9
第三节 品牌营销的理论体系 …………………………………………… 17
课后案例 宝马尊贵的路面之王 ………………………………………… 19

第二篇 从产品到品牌

第二章 品牌定位 ………………………………………………………… 25
第一节 品牌定位概述 …………………………………………………… 25
第二节 品牌定位决策步骤 ……………………………………………… 29
第三节 品牌定位策略 …………………………………………………… 31
第四节 品牌再定位 ……………………………………………………… 38
课后案例 屈臣氏的品牌定位 …………………………………………… 43

第三章 品牌设计 ………………………………………………………… 45
第一节 品牌名称设计 …………………………………………………… 45
第二节 品牌标志设计 …………………………………………………… 55
课后案例 星巴克换标:不只做咖啡 …………………………………… 65

第四章 品牌形象 ………………………………………………………… 67
第一节 品牌形象概述 …………………………………………………… 67
第二节 品牌形象的构成 ………………………………………………… 71
第三节 品牌形象的塑造 ………………………………………………… 76
课后案例 劳斯莱斯:手工打造的经典品牌 …………………………… 83

第五章　品牌个性 ... 86
   第一节　品牌个性概述 ... 86
   第二节　品牌个性的维度 ... 91
   第三节　品牌个性的塑造 ... 94
   课后案例　哈雷-戴维森：品牌个性造就的经典 ... 100

第六章　品牌传播 ... 102
   第一节　品牌传播模型 ... 102
   第二节　品牌传播的步骤 ... 108
   第三节　品牌传播策略 ... 114
   第四节　感官品牌传播 ... 119
   第五节　品牌整合营销传播 ... 124
   课后案例　百事营销新主张：加入"渴望"元素传播 ... 130

第七章　品牌危机管理 ... 132
   第一节　品牌危机概述 ... 132
   第二节　品牌危机管理 ... 138
   课后案例　肯德基"速成鸡"风波 ... 147

第三篇　品牌系统管理

第八章　品牌系统策略 ... 151
   第一节　单一品牌策略 ... 151
   第二节　多品牌策略 ... 155
   第三节　主副品牌策略 ... 158
   第四节　联合品牌策略 ... 160
   课后案例　德国大众的多品牌策略 ... 164

第九章　品牌延伸 ... 166
   第一节　品牌延伸概述 ... 166
   第二节　品牌延伸的基本原则 ... 170
   第三节　品牌延伸策略 ... 175
   课后案例　五粮液的品牌延伸之路 ... 177

第十章　品牌系统管理组织 ... 179
   第一节　传统品牌管理组织 ... 179
   第二节　产品品牌经理制 ... 181
   第三节　新兴的品牌管理组织 ... 191
   课后案例　欧莱雅：品牌经理制的实践 ... 199

第四篇　品牌资产管理

第十一章　品牌资产概述 ... 205
- 第一节　品牌资产的含义 ... 205
- 第二节　品牌资产的构成 ... 209
- 第三节　品牌资产的特征 ... 223
- 课后案例　星巴克：以营销创新提升品牌资产 ... 228

第十二章　品牌资产的建立与评估 ... 232
- 第一节　品牌资产的建立 ... 232
- 第二节　品牌资产的评估 ... 242
- 第三节　品牌资产的保护 ... 247
- 课后案例　"维多利亚的秘密"品牌资产的建立与提升 ... 254

第五篇　品牌营销专题

第十三章　网络品牌 ... 259
- 第一节　网络品牌概述 ... 259
- 第二节　网络品牌管理 ... 263
- 第三节　网络品牌的发展 ... 274
- 课后案例　腾讯的微信 ... 278

第十四章　品牌全球化 ... 281
- 第一节　品牌全球化的内涵及意义 ... 281
- 第二节　品牌全球化的模式选择 ... 283
- 第三节　品牌全球化战略与策略 ... 288
- 课后案例　让世界一起联想 ... 294

第十五章　品牌原产地形象 ... 296
- 第一节　原产地形象概述 ... 296
- 第二节　原产地效应 ... 301
- 第三节　原产地形象策略 ... 309
- 课后案例　北京奥运会助力中国品牌"海外淘金" ... 316

第十六章　品牌关系管理 ... 318
- 第一节　品牌关系概述 ... 318
- 第二节　品牌关系质量 ... 325
- 第三节　品牌关系管理策略 ... 328
- 课后案例　哈雷-戴维森的品牌关系管理 ... 337

参考文献 ... 339

21世纪经济与管理规划教材
市场营销学系列

第一篇

总　　论

第一章　品牌概论

第一章 品牌概论

> 如果可口可乐公司在全世界的所有工厂一夜之间化为灰烬,那么,可以肯定地说,大银行会争先恐后地向公司提供贷款,因为可口可乐这块牌子放在任何一家公司的头上,都会财源滚滚。
>
> ——可口可乐公司总裁伍德拉夫

本章主要阐述以下几个问题:
- 品牌是什么
- 品牌的魅力是什么
- 品牌化的载体有哪些
- 品牌营销的理论体系

第一节 品牌的内涵

一、品牌是什么

直接意义上的品牌就是一个名称,如苹果、百度、淘宝等。但不同名称的品牌带来的是截然不同的市场份额。品牌已成为企业最有价值的无形资产之一。

美国市场营销学会(AMA)对品牌的定义是:品牌是一种名称、术语、标记、符号或设计,或是它们的组合运用,其目的是借以辨认某个销售者或某群销售者的产品及服务,并使之与竞争对手的产品和服务区别开来。该定义从生产者视角强调品牌是一种产品区别于其他产品的标志,并告诉我们,从生产者的角度创造一个品牌主要包括品牌名称、标志、包装设计等品牌元素,在这些品牌元素的设计和制造中要更多地考虑竞争导向,即与对手的产品区别开来。显然,生产者视角的品牌制造重点在于强调构成品牌的外在元素。

随着品牌营销实践的不断发展,品牌的内涵和外延也在不断扩大。凯文·凯勒(Kevin Keller,1998)认为,品牌是扎根于顾客脑海中对某些东西的感知实体(perceptual entity),根源于现实,却反映某种感知,甚至反映顾客的独特性。该定义从消费者视角来诠释品牌,明确地告诉我们,品牌是消费者的,借助品牌可将消费者区分开来。消费者视角的品牌内涵认知深入剖析了品牌内在的机理,即说明真正的品牌一定是具有人性化的。品牌名称、标志等外在元素只是表明不同品牌来自不同的生产者,真正让消费者动心的是品牌内在的与众不同的气质、个性和形象。消费者与品牌的气质、个性和形象能产生高度的共鸣。例如,品牌不只是手机上的苹果名称和标记,而是苹果的名称及标志能在消费者心中唤起的对该品牌手机的一切美好印象之和。这些印象既有有形的,也有无形的,包括社会的或心理的效应。

品牌已成为一种强有力的武器,不仅能改变一个企业的前景,一些强势品牌甚至能深深根植于整个民族的心智,成为民族文化的一部分。如"可口可乐"快乐的、自我的品牌理念已成为美国文化的象征。

资料1-1

可口可乐世界趣闻

1886年5月,可口可乐首次面世于美国佐治亚州亚特兰大市的雅各布药店,至今已121年了。可口可乐公司是全世界最大的饮料公司,也是软饮料销售市场的领袖和先锋,通过全球最大的分销系统,畅销世界200多个国家及地区,每日饮用量达10亿杯,占全世界软饮料市场的48%,其品牌价值已超过700亿美元,是世界第一品牌。

全世界每一秒钟约有10 450人正在享用可口可乐公司出品的饮料。

在巴西,西姆斯集团装瓶厂为将可口可乐运到偏远地区的销售点,需要用小船沿亚马逊河流域航行30天才能到达。

日本拥有最多的自动售卖软饮料机,全国共有200万部,其中超过三分之一带有可口可乐商标。日本最畅销的非碳酸饮料乔治亚咖啡,就是可口可乐公司的产品。

在哥斯达黎加,一个大市场和一个公共汽车站都是以"可口可乐"命名,该处是原来的可口可乐装瓶厂所在地。如果你坐计程车,告诉司机你要去"可口可乐",那么司机很可能送你到市场,而非真正的可口可乐装瓶厂。

可口可乐湾在洪都拉斯的科尔特斯港。40多年前以可口可乐为这个海滩命名,因为这个海滩就在一家可口可乐装瓶厂前面。那家可口可乐装瓶厂现今已不复存在,但名字却留给了海滩。

巴西马卡帕装瓶厂位处赤道,因此我们可以在街的一边即南半球买一瓶可口可乐,然后立即到街的另一边即北半球再买一瓶可口可乐。

如果可以制造一个大得足以装下所有曾经生产过的可口可乐的超级大瓶子,则这个瓶子的瓶高将会有3.2公里,宽达2.4公里。若有个与这个瓶子成同等比例的人,这个人将会是一个身高超过27.2公里,体重达到6.4亿吨的巨人。

如果将所有曾经出厂的可口可乐以8盎司弧型瓶送给全世界所有的人,则每人将可获得678瓶(或42加仑以上)。如果将所有曾经生产的可口可乐以8盎司弧型瓶首尾相连地排列,将可来回月球1 500次,若以每天来回一趟计算,则需花费2年10个月又23天的时间,这个距离可从水星通过金星、地球、火星,一直到木星;若沿着地球周围的卫星轨道环绕,所形成的距离将花费一个卫星11年10个月又14天的时间,共绕行4 334圈。

如果将所有曾经生产的可口可乐倒进一个平均深度为1.8公尺的游泳池,则这个超级大游泳池的长将达35.2公里,宽为12.8公里。这个游泳池将可同时容纳5.48亿人。

资料来源:"可口可乐世界趣闻",http://news.sohu.com/20070521/n250124247.shtml。

二、品牌的心理暗示

在对A、B两个品牌的花生酱口味测试中,未展示品牌时,30%的消费者选择A品牌,

70%的消费者选择B品牌。然而当展示品牌时,消费者的选择发生了颠覆性的变化,70%的消费者选择A品牌,30%的消费者选择B品牌。消费者选择的颠覆性变化使我们不禁要问,品牌的魅力究竟是什么?消费者给出不约而同的答案是:心理暗示。品牌究竟给了消费者哪些方面的心理暗示?

1. 品牌暗示产品的功能价值

品牌在消费者心中首先建立的是功能价值的暗示,消费者购买任何产品或服务的首要识别是该产品或服务的基本功能质量是否优质?是否值得信赖?例如,买手机首先在意的是该手机的基本功能(如通话、发信息等功能)的质量的可靠性。消费者的不安全感是品牌产品存在的基础。大多数对购物存有戒心的消费者最大的问题是产品本身的模糊性,消费者会根据产品的内在或外在线索形成对产品功能价值的判断,从而进行购买。根据产品的相关特性研究人员将产品分为三大类:搜索类产品、体验类产品和信任类产品。搜索类产品可通过视觉来评价产品的功能价值,购买前就能感知和评价产品的特点和质量,信息不对称小,如笔记本、打印纸等;体验类产品的功能价值不容易通过视觉来确定,只有经过使用才能了解产品的性能及质量,如汽车轮胎、饮料等;信任类产品的功能价值即便在购买使用后都难以感知和评价产品的特点和质量,如保健品、护肤品等。品牌是消费者判断体验类和信任类产品功能价值的重要信号。品牌是一种外在标志,把产品中无形的,仅靠视觉、听觉、嗅觉和经验无法感觉到的品质公之于众,给消费者安全感和心理暗示。世界著名的庄臣公司董事长杰姆斯·莱汉说:"如果你心中拥有一个了解信任的品牌,那它将有助于使你在购物时能更轻松快捷地作出选择。"

2. 品牌暗示产品的体验价值

使用产品过程中的体验感是消费者选择品牌的重要影响因素。哪怕是具有同样功能质量感知的产品,其使用过程中的体验感却不尽相同。这与品牌理念密切相关,同类产品的性能,由于品牌理念的差异,带给消费者的使用体验感大相径庭。苹果公司的创始人乔布斯认为,苹果存在的目的不是像其他公司一样制造产品,而是优化人类固有能力的工具。苹果在向世界传播一种理念:苹果致力于为那些具备改变世界的热情和能力的人们提供生产工具。苹果手机的用户无一不对使用过程的流畅感推崇备至。同样都是高端轿车,选择宝马车的人更在意的是驾驶时的快乐感,购买奔驰车的人则注重享受乘坐时的舒适感。

3. 品牌暗示产品的象征价值

消费者购买品牌不仅仅是钟情于品牌所具有的功能价值和体验价值,更在意品牌的象征价值。不同的品牌往往蕴涵着特定的社会意义,代表着不同的文化、品位和风格。被消费的商品一方面转化为身体、心理的满足——愉悦,另一方面上升为符号并被纳入整个社会文化系统中。阿玛尼代表着品质与优雅;开着奔驰与宝马可以享受的不单单是驾驶的乐趣,更是身份和地位的象征;劳斯莱斯是尊贵与典雅的化身;兰蔻的幽幽女人香也获得了无数人的推崇。品牌的象征价值可以显示出消费者与众不同的个性特征,加强和突出个人的自我形象,从而帮助消费者有效地表达自我;可以获得消费同种品牌的消费者群体的认同,或产生与自己喜爱的产品或公司交换的特殊感情,从使用该品牌中获得一种满足。

学术智库 1-1

品 牌 之 爱

本文运用了扎根理论研究方法,阐明了品牌之爱的本质和品牌之爱的结果。作者强调,对品牌之爱的研究必须建立在理解消费者是如何经历这种品牌之爱的现象的,从而对消费者的经历进行观察、归纳与总结,并得出了一系列的结论。研究表明,品牌之爱有七个核心要素:自我品牌连接(将品牌与自我进行连接,不分彼此)、激情驱动行为(对品牌的热爱产生的一系列行为)、积极的感情连接(对品牌有积极的感情)、长期关系(与品牌的关系持久)、积极的总体态度(对品牌有积极的评价)、态度确定程度及强度(确定自己喜欢这个品牌并且有很强的喜爱程度)、分离的痛苦(与自己喜爱的品牌分离之后的痛苦)。研究还表明质量信念(信任品牌的质量)是品牌之爱和品牌忠诚的前因,品牌之爱会带来消费者更多的口碑传播及消费者拒绝消极信息等结果。对于营销管理者而言,应该促进激情驱动行为的产生、建立品牌自我连接、创造积极的情感连接,并具有长期品牌意识。

文献来源:Rajeev Batra, Aaron Ahuvia & Richard P. Bagozzi. 2012. Brand Love [J]. Journal of Marketing, 76(1): 1-16.

三、品牌是企业最重要的无形资产

在一个消费者认牌购买的年代,品牌对生产者的作用是巨大的。品牌代表了一份价值连城的合法财产。这份财产能影响消费者的行为,在它被购买和出售的过程中,能确保主人有源源不断的收入(Charles Bymer,1991)。

1. 培养消费者忠诚

品牌一旦形成一定的知名度和美誉度后,企业就可利用品牌优势扩大市场,促成消费者品牌忠诚,品牌忠诚使销售者在竞争中得到某些保护,并使他们在制定市场营销企划时具有较大的控制能力。知名品牌代表一定的质量和其他性能,这比较容易吸引新的消费者,从而降低营销费用,所以有人提出品牌具有"碰场效应"。

2. 稳定产品的价格

强势品牌能减少价格弹性,增强对动态市场的适应性,减少未来的经营风险。由于品牌具有排他专用性,在市场激烈竞争的条件下,一个强势品牌可以像灯塔一样为不知所措的消费者在信息海洋中指明"避风港湾",消费者乐意为此多付出代价,这使厂家不用参与价格大战就能保证稳定的销售量。而且,品牌具有不可替代性,它是产品差异化的重要因素,能够减少价格对需求的影响程度。比如国际品牌可口可乐的价格均由公司统一制定,价格弹性非常小。

3. 降低新产品投入的市场风险

一个新产品进入市场的风险是相当大的,而且投入成本也相当高,但是企业可采用品牌延伸策略将新产品引入市场,即借助已成功或成名的名牌,利用其一定的知名度和美誉度,扩大企业的产品组合或延伸产品线,推出新产品。采用品牌延伸策略,可节省新产品的广告费,而在正常情况下使消费者熟悉一个新品牌名称花费是相当大的。国际研究认为,现创造一个名牌,一年至少需要2亿美元的广告投入,且成功率不足10%。目前我国一些知名企业大都采用品牌延伸策略,"娃哈哈"这一品牌就延伸到该公司的许多产品系列上,如八宝粥、果奶、纯净水等。品牌延伸策略同时也存在着风险,新产品可能使消费者失望并可能损坏消费者对公司其他产品的信任度,而且如果推出的新产品和已有产品关联度低的话,可能就会使原有名牌失去它在消费者心目中的特定定位,所以公司在采用品牌延伸策略时,必须研究原有名牌名称与新产品关联度如何,以免造成两败俱伤的局面。

4. 有助于企业抵御竞争者的攻击,保持竞争优势

新产品一推出市场,如果畅销,很容易被竞争者模仿,但品牌是企业特有的一种无形资产,它可通过注册得到法律保护。品牌忠诚是竞争者通过模仿无法达到的,当市场趋向成熟、市场份额相对稳定时,品牌忠诚是抵御同行竞争者攻击的最有力的武器。另外,品牌忠诚也为其他企业进入构筑壁垒。所以,从某种程度上说,品牌可以看成企业保持竞争优势的一种强有力的工具。可口可乐公司总经理伍德拉夫扬言,即使我的工厂在一夜之间烧光,只要我的品牌还在,我就马上能够恢复生产。可见,品牌价值是如此之大。

四、品牌与产品

品牌与产品有诸多联系,但两者毕竟不同。产品是具体的,消费者可以触摸、感觉或看见(有形的物品可视,无形的服务可感觉或感受);而品牌是抽象的,是消费者对产品的感受总和。没有好产品,品牌必然不会在市场上经久不衰;但是,有了好产品,却不一定有好品牌。

(一) 品牌与产品的区别

史蒂芬·金(Stephen King)认为:"产品是工厂里所生产的东西,品牌是消费者所购买的东西。产品可以被竞争者模仿,品牌却是独一无二的。产品易过时落伍,但成功的品牌却能持久不衰。"所有的品牌都是产品,但是并非所有的产品都是品牌。产品是工厂里制造的东西,品牌则是由消费者带来的东西。

1. 产品是具体的存在,而品牌存在于消费者的认知中

品牌是消费者心中被唤起的某种情感、感受、偏好、信赖的总和。同样功能的产品被冠以不同的品牌后,在消费者心中会产生截然不同的看法,从而导致产品大相径庭的市场占有率。例如,同样的运动衫被印上"耐克"的标志后,消费者的购买热情会大增,穿上"耐克"牌运动衫的人俨然是一位实现自我超越的运动明星。

2. 产品最终由生产部门生产出来,而品牌形成于整个营销组合环节

品牌是根据产品设计出来的。营销组合的每一个环节都需要传达品牌的相同信息,才能使消费者形成对品牌的认同。例如,一种定位于高档品牌的产品,必然是高价位,辅之以精美的包装,在高档商店或专卖店出售。商业传播与品牌的关系更加密切,强势品牌的产品广告投入要大大高于一般品牌。

3. 产品重在质量与服务，而品牌贵在传播

品牌的"质量"在于传播。品牌的传播包括品牌与消费者沟通的所有环节和活动，如产品的设计、包装、促销、广告等。传播的效用有两点：一是形成和加强消费者对品牌的认知；二是传播费用转化为品牌资产的一部分。

4. 任何产品都有生命周期，强势品牌可常青

激烈的市场竞争、消费者需求的不断变化是产品不断更新换代的根本动力，科学技术的迅猛发展为产品更新提供了技术可能。不断地开发新产品是企业赢得消费者的重要手段，任何产品都会在完成其历史使命后退出市场舞台。作为品牌载体的产品也只有不断更新才能使得品牌之树常青。

（二）品牌与产品的联系

1. 产品是品牌的载体，品牌依附于产品

品牌是附着在产品上的名称或标志。离开了产品，品牌将不复存在。产品不一定必须有品牌，但是在每一个品牌之内却均有产品。消费者对品牌的信赖是建立在对产品信任的基础上的。"海尔"品牌在消费者心中形成的第一个印象是张瑞敏带领工人砸烂了一批不合格的冰箱，该举动在消费者心中树立了"海尔"品牌是高质量的代名词。品牌对产品的依附具体表现为：

（1）品牌利益由产品属性转化而来。品牌所提供给消费者的利益（包括功能性利益和情感性利益）是由产品的属性转化而来的。如奔驰的"工艺精湛、制造优良"的属性可转化为功能性的利益——"我可以放心使用"；"昂贵的属性"可转化为情感性的利益——"开奔驰车是成功、有地位的象征"。

（2）品牌核心价值是对产品功能性特征的高度提炼。品牌核心价值具有抽象性，它不再是具体的产品或服务，然而这种抽象的思想、特征并不是由营销人员设计，而是对产品和服务的功能性特征进行提炼的结果。沃尔沃的"安全"在于工程师在每一个设计决策中首先考虑的是安全问题，其他技术参数都必须让位于安全这个技术参数。当他们决定在最新型号产品的仪器上增加一个全球定位系统时，必须确认屏幕便于阅读，离驾驶员的视野比较近，从而不使驾驶员分心。当一些顾客要求沃尔沃制造敞篷车时公司决定拒绝，因为"敞篷车不安全"。

品牌的核心价值建立在具体的产品和服务的基础上而又高于它们，是对它们的特征的概括和抽象。品牌的核心价值会使品牌独具魅力，利用品牌核心价值进行的品牌延伸会使消费者更容易接受新产品。

（3）品牌借助产品来兑现承诺。品牌对消费者的承诺通过消费者消费产品来兑现。企业以各种传播手段和方式向广大消费者传播品牌信息、品牌承诺，消费者接受品牌信息，并通过购买、消费该品牌的产品来感受这种承诺的存在与否。消费者感知、接受、信任品牌承诺的根本原因在于，消费者在消费该品牌产品后的实际感受与品牌承诺的一致性。许多品牌正是因为没有实现品牌承诺而失信于消费者，消费者的回报则是放弃对该品牌的购买。

2. 产品质量是品牌竞争力的基础

消费者对品牌的信任首先是基于对该品牌产品质量的信任。产品质量的好坏直接关

系到消费者在消费产品中获得的功能性效用,如果功能性效用不能得到满足,就会产生负面情感性效用。设想一位购买了某知名品牌运动鞋的年轻人,只穿了两天鞋就坏了,他今后恐怕再也不会购买该品牌产品,并还会不厌其烦地向其他人讲述他的遭遇。该品牌的市场命运也就可想而知了。纵观世界品牌发展史,强势品牌无一例外皆是产品品质优良的楷模。相反,许多品牌的衰落也是败在产品质量的不稳定上。

资料 1-2

好空调,格力造

格力电器全球总裁董明珠在成都的一场演讲中说,没有倒闭的行业,只有倒闭的企业。空调行业究竟能飘红多久,首先取决于产品。对此,董明珠进一步解释说,为了保障格力空调的质量,格力空调专门建立了一个1 000多人的筛选工厂,对每一个零部件都重新检测一遍。"除此之外,我们还有1 000多人的研发队伍,我们从1995年前后就开始注重品质,从现在的研发成果来看,未来10年的新产品都是有保障的,我们每年都会有自己的新产品。"董明珠表示,格力电器将致力于专一化发展。"一个企业是否走多元化或专一化,将取决于企业的实力,在竞争中是否能形成技术领先和管理领先。"

2004年,格力山东公司对空调市场进行了调查,根据全省600余份调查问卷的数据反馈,影响消费者空调购买决策的因素基本有五项:质量、服务、价格、品牌和性能。其中,"质量"因素占首位,有85%的被调查者选择了这一项,居第二位的是"服务",第三位的是"价格",第四和第五位的分别是"品牌"和"性能"。通过大量的走访和数据分析,他们发现格力的最大资源就是——庞大的口碑人群!全省近百万的用户基数造就了"格力空调品质好"的传播平台,好多用户使用格力空调的年限超过了10年!经过多年累积,"好空调,格力造"这句广告语,经过了千家万户的"十多年的零距离检验",成了妇孺皆知的"名言"了。当工作人员与格力用户进行沟通时,消费者总是忘不了加上一句——"好空调,格力造"。

资料来源:http://www.globrand.com/2007/09/19/20070919-105038-1.shtml。

第二节 品牌外延的扩大

最早的品牌营销实践源于19世纪早期,酿酒商为了突出自己的产品在盛威士忌的木桶上打出区别性的标志,可见品牌概念最早是以有形产品为载体而出现的。随着社会的不断发展,品牌的外延日趋扩大,品牌化的载体已从有形产品扩大到服务、组织、个人、事件、地理等,品牌化早已突破了有形产品品牌的范围。

一、有形产品品牌

产品品牌是指有形产品的品牌,如欧莱雅、娃哈哈、百事可乐等。在有形产品领域,品牌的概念几乎扩散到每个行业。近年来，工业品企业对品牌的塑造已不亚于消费品企业，甚至农产品企业也开始打造品牌。

资料1-3

张北品牌蔬菜俏国际

7月，走进张北县王簸箕沟村，一垄垄生菜、甘蓝一望无际。菜地里，三三两两的农民正在忙碌着装载蔬菜，准备上市。这些蔬菜经加工后，将被运往京、津及全国其他省市的各大蔬菜市场。目前，张北的大白菜、生菜、萝卜等已经成为供应首都的优势蔬菜品种，"坝上蔬菜"品牌成功叫响京津等各大城市。

张北县气候凉爽、昼夜温差大、空气质量好、土壤污染少，是生产绿色蔬菜的"天然工厂"。作为全国重要的错季蔬菜生产基地和"北菜南运"基地之一，张北所产的蔬菜以品种齐全、品质优良、质量安全和错季特色等优势享誉市场，获得了广大客商和消费者的广泛认可。目前，全县蔬菜种植面积每年稳定在18万亩左右，年产各类蔬菜80万吨，主要包括大白菜、芹菜等20个大类120多个品种，蔬菜总产值5.5亿元左右，实现销售收入4.9亿元。

如何扩大蔬菜销售市场、叫响张北蔬菜品牌成为摆在当地政府面前的一项重要课题。据了解，今年，张北县政府与北京农产品中央批发市场共同签订了《战略合作供应保障协议》，进一步扩大了北京销售市场。同时，还积极开展了农超对接、农企对接、农社对接和蔬菜进京直销工作，目前已有4家蔬菜企业和40家蔬菜合作社与国内外13个省市及地区的16家批发市场、3家超市、23家公司、1所高校签订了蔬菜销售协议，年销38万吨，占该县蔬菜总产量的48%。

在做好与外地市场对接的同时，张北县还加快本地蔬菜市场的建设力度，积极为外地客商与张北展开交流合作搭建平台。目前全县建成蔬菜保鲜恒温库40座，日吞吐能力达到1.2万吨；建成张北蔬菜城等蔬菜产地交易市场9个，年市场交易量达90万吨，交易额达15亿元。据安亚平介绍，县政府不仅对蔬菜种植大力扶持，还整合相关资金全力支持蔬菜销售工作，畅通销售渠道，对组织好、贡献大、引带作用强的企业和合作社，县政府将安排专门资金给予补助。目前从张北产出的蔬菜不仅远销京、津、粤等20多个大中城市及香港、台湾等地区，西兰花、生菜、大白萝卜等细特菜还大量出口到日本、韩国及东南亚等国家和地区。

资料来源：刘雅静，"张北品牌蔬菜俏国际"，凤凰网，http://city.ifeng.com/cskx/20130926/396186.shtml，2013年9月26日。

品牌起源于对有形产品品牌的研究，迄今为止有关品牌的理论主要围绕着产品品牌而建立。有形产品品牌的相关理论有品牌定位、品牌名称设计、品牌标志设计、品牌个性、品牌形象、品牌传播、品牌文化、品牌更新等。多个产品品牌构成的品牌系统管理则涉及品牌系统策略、品牌延伸、品牌系统管理组织等。

二、服务品牌

服务品牌是指品牌以无形的服务为载体。在服务业快速发展的当今时代,服务品牌已比比皆是。例如,联邦快递、花旗银行、动感地带等。与有形产品相比,服务的无形性、易变性、生产与消费的同步性等特点决定了服务品牌是以多种相互作用为特点。一件产品可以描述为一个"物体",而服务则是一种行动。

英国学者德·切拉托尼等(De Chernatony et al., 1999)通过对20位品牌专家的调查,对服务品牌与产品品牌的区别得出以下结论:(1)品牌概念在物质产品和服务中是类似的,因为它被界定为顾客心中理性的和感情的感知组合;(2)服务和物质产品品牌化的原则在品牌概念层次上基本是一致的,但在实施方法上有不同的侧重;(3)服务组织,特别是金融服务企业,在将品牌发展成为一种简化顾客比较和选择竞争性服务产品的工具方面没有给予足够的重视;(4)服务品牌与顾客有许多的接触点,面临着服务质量不稳定的问题,这种情况可以通过"愉悦顾客"的文化,通过更好的培训及更开放的内部沟通得到改善;(5)成功的服务品牌来自对关系的维护,来自员工和顾客对特定功能和情感价值的尊重;(6)从实践看,服务品牌缺乏情感纽带,识别性不足。

举例来说,成立于1812年的美国花旗银行,历经两个世纪的潜心开拓,已成为当今世界规模最大、声誉最高的全能金融集团。目前花旗银行的业务市场覆盖全球100多个国家和地区的1亿多客户,服务品牌享誉世界,在众多客户眼里,"花旗"两个字代表了一种世界级的金融服务标准。花旗之所以取得长盛不衰的奇迹,除了始终奉行开拓创新的发展战略外,还和它卓越的企业文化所产生的"文化生产力"分不开。花旗银行企业文化的最优之处就是把提高服务质量和以客户为中心作为银行的长期策略,并充分认识到实施这一战略的关键是要有吸引客户的品牌。

三、组织品牌

组织品牌是指品牌以组织作为载体。组织是一个特定的社会单元或集团,它有明确的组织活动目标,有精心设计的结构和协调的活动性系统,并与外部环境相联系。组织的概念是广泛的,企业、机关、学校、医院、寺庙等都是组织。对企业而言,产品品牌和组织品牌的塑造是两种不同的概念,有许多企业是以企业名称作为产品的品牌,如微软、长虹、TCL、金利来等,企业对以企业名称命名的产品品牌的塑造并不等于对组织品牌的塑造。将组织作为载体来塑造品牌,该载体所涵盖的内容比一个产品要广泛得多。组织品牌已成为企业战略规划中不可分割的一个部分。从构成要素来看,组织是人、财、物的组合;从运行流程来看,组织有资金流、信息流、权利流、制度执行流程、业务运行流程等;从与消费者的关系来看,组织是提供产品或服务的机构,是产品或服务品牌质量的保证。

组织品牌是产品或服务品牌的基础和平台,在产品品牌越来越多的今天,每种产品品牌很难在短期内建立消费者信任,采取品牌延伸策略的产品的失败率也居高不下,打造企业品牌是建立消费者信任识别的一条捷径。宝洁公司虽然实施多品牌战略,但在其所有产品品牌广告的最后都会有一句让消费者不能忘怀的话:"宝洁公司优质产品";以直销为主的安利公司进入中国市场后,对其企业品牌的打造不遗余力,中国消费者对安利这个企业品牌的熟悉度高于对其各种产品的熟悉度,消费者对安利公司产品品牌的认知通常是:"安利的某某产品很好"。

组织品牌的塑造是一个更大的系统工程。各种组织对品牌塑造的需求都在加深,如高校既在朝着知名大学而奋斗,也在打造名牌课程;医院也在塑造强势品牌。不同行业的特征也会影响组织品牌的塑造。例如,在产品流通领域,分销商和零售商也在不遗余力地塑造其品牌。许多分销商推出了自己的品牌,如马狮(Marks & Spencer)只出售自己品牌的商品,它目前是英国最有价值的品牌之一。零售商的品牌塑造分为"商店品牌"和"自有品牌"。近些年来,零售商自有品牌的市场份额已经达到了一个惊人的程度,世界著名的零售商 J. C. Penney 的自有品牌占其总销售额的 40%;西尔斯(Sears)占 55%;Kohl 占 20% 左右;在 Target 的服装销售中,自有品牌占据 80%(Lorrie Grant,2004)。国内许多零售商也都纷纷推出了自己的品牌。

案例 1-1

沃尔玛在中国市场的自有品牌

以前人们总认为卖场品牌低档,令消费者没面子,如今看来这种想法颇显幼稚。据最近一份研究报告显示,只有 29% 的美国消费者认为,制造商的品牌配得上其高昂的价格;仅有 16% 的消费者认为,自有品牌商品比制造商品牌商品差。而在德国,因自有品牌产品大举侵占市场,Tropicana 的市场份额在 3 年内经历了惨重下滑,从 2000 年的 20% 急剧跌至两年后的 2%;2006 年 2 月,奥利奥饼干和 Oscar Mayer 午餐肉的生产商——卡夫食品公司,在自有品牌吞噬了其市场份额后,不得不宣布关闭 20 家工厂并裁员将近 8 000 人。

经过十多年的耕耘,沃尔玛在自有品牌经营上可谓硕果累累。至 2005 年年底,沃尔玛在全球有 40 个自有品牌,其中 23 个是全球性品牌,包括 2 个超过 10 亿美金的品牌——ASDA 和 George 服装。沃尔玛在 2006 年曾表示,希望往后 5 年内自有品牌占有率从 2.5% 提高到 20%。

事实上,沃尔玛这类零售巨头在获取巨大的品牌知名度过程中几乎不需要做专门的广告投放,也不需要一般企业所需的专业销售人员。目前,每一个沃尔玛消费者都能从收银单背面看到其自有品牌广告,除此之外的广告还见于商场 DM 海报、商场货架。

相比之下,宝洁这类品牌制造商则要花费大量广告支出才能确保消费者看到其产品广告。可如果一个消费者从小就和父母到沃尔玛购买玩具,年轻时和女朋友到沃尔玛餐厅里约会,成家后又去沃尔玛采购婴儿用品,那么这个消费者和沃尔玛之间的情感联系或许是品牌制造商花再多的广告预算也无法达到的。这就预示着,时间越长,沃尔玛的自有品牌将会取得越明显的竞争优势。

沃尔玛正在利用其相对垄断的零售和采购优势对宝洁这些品牌制造商发起一场场隐形战争。在某些目录如清洁剂产品上,沃尔玛已经把自有品牌的价格降到了宝洁品牌的最低价格点之下。1994 年,为集中力量进军高端市场,宝洁转让旗下的"白云"牌卫生纸,随即一个私人企业买下"白云"商标,可很快转手给了沃尔玛,紧接着"白云"牌卫生纸被摆在沃尔玛货架上的醒目位置,并抢下了宝洁同类产品份额。

零售商的崛起,打破了品牌制造商和零售商之间潜在的平衡关系,前者拥有规模优势,使得它们牢牢掌握着谈判与定价的主动权,当零售商通过自有品牌持续地掠夺有价值的市场份额时,品牌制造商是该好好想想办法了。

资料来源:新浪乐居,http://bj.house.sina.com.cn/biz/hy/2009-11-02/10148691.html,2009年11月2日。

四、个人品牌

个人品牌是指品牌以个人为载体。个人品牌通常被认为起源于好莱坞的明星,如查理·卓别林、克拉克·盖博、玛丽莲·梦露等;今天,个人品牌涵盖了影视、体育、政治、商业、医院、学校等领域的知名人物。社会的发展使得个人品牌无所不在,如名师、名医、名剪(理发师)、名厨、金牌调酒师、首席小提琴手等。迈克尔·舒马赫是广大车迷的梦想、热爱生活的化身;李嘉诚是财富、孜孜不倦、勤奋、诚信的代表;盖茨是知识经济的象征、财富观念的创造者;乔布斯是史无前例的创新者。近年来,中国企业通过各种媒体传播手段塑造企业创始人或领导者的个人品牌来提升企业品牌的事例已屡见不鲜,如创新工场的李开复、新东方的俞敏洪等。

资料1-4

李开复:创办创新工场 擦亮个人品牌

"打工皇帝"华丽转身,创办创新工场。李开复在微软、谷歌任职多年后终于开始个人创业,这不仅使其个人品牌价值再度升华,更由于李开复对科技行业的深入理解,创新工场填补了中国"天使投资"的空白。

在李开复的职业发展上,经历了若干次转型。第一次是从工程师到职业经理人,而这一次是从职业经理人到创业导师。第一次的转型是顺理成章、水到渠成的,但这一次的转型则是需要很大的勇气,李开复放弃了在谷歌的巨额年薪、放弃了股票期权。

在微软和谷歌任职期间,李开复便开始了他的青年导师之旅,举办讲座,给青年人写信,关心青年人的成长,还创办了开复学生网,后更名为"我学网",作为和青年人沟通各种人生问题的平台。在这一过程中,通过与青年人的直接接触与沟通,李开复对青年人的创业有了更热切的关注和更深层的想法。

李开复创办的创新工场,是一种"天使投资+猎头+孵化"的模式。创新工场汇集多种创业梦想,把有价值的梦想转化成构思,再成为项目。李开复希望每年能够创建出3—5个公司,辅助其成长,并希望诞生几个影响世界的中国品牌。目前,创新工场会关注电子商务、移动互联网和云计算等领域。

李开复的个人品牌是他自己创业的基础,但前所未有的创业激情和全新商业模式的

"创新工场",让李开复的创业之路得到了认可。李开复一个月内会见12个投资者,获得了来自中经合集团、富士康、联想集团等近8亿元的投资,这一融资速度以及金额也破了中国历来的纪录。在创办创新工场的过程中,李开复不仅个人品牌再度提升,而且用自己的实践诠释着梦想成真的奥秘。

资料来源:李瀛寰,"李开复:创办创新工场 擦亮个人品牌",网易财经,http://money.163.com/09/1106/13/5NEKTN5200253TCU.html,2009年11月6日。

个人品牌的塑造绝不仅限于知名人士,任何想成就一番事业的人都可以被认为是在塑造个人品牌。凯文·凯勒认为,个人品牌塑造的关键是要某些人——同事、高官甚至是公司以外的重要人物——知道你是谁,知道你在技术、天赋、态度等方面是个什么样的人。一个人在生意往来中建立了声誉,实际上就是创立了自己的品牌。恰到好处的个人品牌是无价之宝,人们据此来对待你,评价你的一言一行。互联网技术的推进,带来了自媒体时代,人们通过社交媒体建立个人品牌已开始成为一种趋势。

学术智库 1-2

名与利:CEO 品牌的概念模型

本文通过案例研究的方法,对 CEO 品牌的概念与维度进行了研究,认为 CEO 品牌和产品品牌、企业品牌可以很好地进行区分,CEO 品牌可以成为品牌的一种。现有的品牌概念也可以被应用到 CEO 品牌当中。本文以维珍创始人布兰森为例展开研究,对布兰森个人性格进行了深入的剖析,并对这些性格特征对个人品牌的影响进行了说明。研究发现 CEO 品牌的形成深受企业家个性与管理者角色的影响,企业应该时刻监控 CEO 品牌的声誉,并进行合理的 CEO 品牌定位。一个成功的 CEO 品牌可以巩固品牌感知价值,并为组织创造新的价值。本文营销实践意义在于,告诉营销者传统产品品牌和 CEO 品牌不同,CEO 品牌的形成与 CEO 个人性格、管理者角色相关,CEO 品牌的树立必须进行合理的定位,在企业要更换新 CEO 时,必须考虑 CEO 品牌会将组织代表的利益人格化。

文献来源:Franziska Bendisch, Gretchen Larsen & Myfanwy Trueman. 2013. Fame and Fortune:A Conceptual Model of CEO Brands [J]. European Journal of Marketing, 47(3/4).

五、事件品牌

人们往往将体育、艺术和娱乐业的产品称为事件,事件品牌化已是常态。在艺术和娱乐业,品牌的作用尤为突出,这些经验类商品的购买者无法通过直接观察来判断质量,必须借助与此事件相关的要素,如口碑、重要的评价等。随着各类事件的增多,事件品牌的塑造成为必然,对顾客的争夺使得事件主办者不得不寻求将事件举办出自我的个性、注重事件给顾客带来利益的独特性。体育事件品牌的塑造已相对成熟,许多体育活动已经不再满足于那种由胜败决定出场率和财务收支的状况了。体育经营者通常在建立事件品牌的知名度、树立形象上不遗余力。

事件一方面给目标顾客带来某种利益,同时还是吸引企业进行产品品牌传播的载体。而企业是否选择某事件作为载体,取决于该事件吸引顾客的程度、顾客的喜好度及顾客的类型等。近年来,中国企业十分关注娱乐事件对品牌的传播,娱乐事件品牌的塑造几乎是与企业的品牌传播紧密相连的,如加多宝冠名浙江卫视的《中国好声音》,立白洗衣粉冠名湖南卫视的《我是歌手》等。

资料 1-5

伦敦奥运会赞助商面面观　各大品牌奥运会赞助之争

奥运会不仅是运动员的体育盛会,也是赞助商的盛会。每届都有品牌借着奥运会的东风赚得盆满钵满。让我们来看看伦敦奥运会赞助之争。

可口可乐、Visa：赞助"永不言退"

奥运会 TOP 赞助商计划以 4 年为一个周期。所以,当奥运会的主场从北京移往伦敦之后,TOP 赞助商阵容已经有所改变。但是,可口可乐、Visa 等公司早已与国际奥委会签订了长期合约。其中,Visa 自 1986 年加入第一期 TOP 赞助商计划后就"永不言退",在伦敦奥运会第七期 TOP 赞助商计划结束后,Visa 仍将继续在 TOP 阵营中占一席之地,它与国际奥委会的赞助合约已经签订到了 2020 年。

柯达、强生：退出"心甘情愿"

强生是先成为北京奥运会在中国境内的赞助商"北京 2008 合作伙伴"之后,才升级为"TOP 赞助商"的。所以,当奥运会离开北京之后,强生选择退出并不出人意料。与奥运会有百年渊源的柯达近年却在从传统胶片向数码时代的转型中落伍并渐趋衰落。当柯达在 2007 年 10 月宣布退出之后,媒体迅速将此解读为柯达迫于财务压力的无奈之举。4 年之后,柯达在 2012 年 1 月份进入了破产保护程序。

宏碁：新秀"高调入场"

联想集团早在 2007 年 12 月 4 日,就宣布在 2008 年北京夏季奥运会后退出 TOP 赞助商计划。而在联想宣布退出的 2 天之后,宏碁公司就高调入场,宣布与国际奥委会签订协议,成为 2010 年温哥华冬季奥运会及 2012 年伦敦奥运会计算机设备的合作伙伴。

"挤破头"的阿迪、耐克

在英国公众意识中,与奥运会关联最为紧密的品牌居然是耐克,一个没有支付一毛钱给国际奥委会和伦敦奥组委的品牌。其实自耐克品牌诞生以来,阿迪达斯与它的市场争夺就从未停止过,阿迪达斯是奥运会的一级赞助商,而从 1996 年亚特兰大奥运会开始,耐克就练就了一套本领,引导公众观念和记忆向有利于自己的方面转化。伦敦奥运会,这场大战势必会更加白热化。阿迪达斯此番在伦敦的战略几乎是拷贝了 2008 年的北京奥运会,赞助奥组委的同时包装东道主代表团,让走上领奖台的每一个英国运动员都穿着那经典的"三道杠"。耐克也是经年不变地继续将赞助运动员作为其最为核心的价值诉求。7

品牌营销

月 28 日第一个正式比赛日,英国大红大紫的自行车巨星卡文迪什要出战公路自行车赛,这是东道主计划中的"首金",耐克用过往几年的经营赞助支持,换得了卡文迪什的信赖。

资料来源:体坛网,http://sports.titan24.com/2012/2012-07-25/232281.html,2012 年 7 月 25 日。

六、地理品牌

地理品牌是指品牌以地方和地点为载体,如国家品牌、城市品牌、旅游目的地品牌等。地理品牌的功能是让人们认识和了解这个地方,并产生美好的联想。随着旅游业的蓬勃发展,旅游目的地品牌形象塑造已成为旅游竞争的重要手段。同时也看到,许多国家或地方政府为打造本国或本地的强势品牌,也在努力塑造国家或城市品牌形象。大量的研究表明,品牌原产地形象对品牌的影响是深远的。中国已开始了国家品牌形象塑造的历程。

资料 1-6

海外民众眼中的中国是神秘而有魅力的

美国当地时间 2011 年 1 月 17 日晚上 8 点零 4 分,一抹亮丽的"中国红"出现在美国最繁华的商业区——纽约时报广场。六块巨型的电子显示屏同时播放《中国国家形象宣传片之人物篇》。宣传片的开头,以醒目的红色为背景,以白色书写中英文"中国"两字。中国各领域杰出代表和普通百姓在片中逐一亮相,将自己最真实的一面展现在美国人眼前,吸引了许多路人驻足观看。该宣传片全长 60 秒,自 17 日开始,在纽约时报广场首播,每小时播放 15 次。从每天上午 6 点至次日凌晨 2 点,播放 20 小时,共 300 次,并将一直播放到 2 月 14 日,共计播放 8 400 次。同时,美国有线电视新闻网(CNN)也从 17 日起,分时段陆续播放该片。

华通明略、全国品牌社团组织联席会等机构开展了此次针对中国"国家形象"的海外调查。主要结论如下:

在纽约时报广场播放的中国国家形象宣传片是中国国家形象对外传播的一次重要尝试,旨在塑造和提升中国繁荣发展、民主进步、文明开放、和平和谐的国家形象。从海外受访者的反馈看,这些信息在宣传片中得到了有效的传达:超过 30% 的受访者表示该宣传片给他们留下了"中国有很多人才""中国发展得很好""中国人很自信"的印象。

超过三分之一的海外受访者表示在他们的印象中中国是一个很"有魅力的"国家。南非受访者对中国魅力的认可度最高,超过 50% 的南非受访者同意中国是一个"有魅力的"国家的说法;排在其次的是英国的受访者,46% 的英国受访者认为中国是一个"有魅力的"国家;40% 左右的马来西亚、澳大利亚和美国受访者也认可中国是一个"有魅力的"国家的说法;印度民众对中国是一个"有魅力的"国家的认可度相对最低,为 32%。

尽管超过 70% 的海外受访者表示对中国有所了解,但整体来讲,海外民众对中国的印象依然是神秘多于熟悉。在三个发达国家美国、英国和澳大利亚,都有超过 30% 的受访者表示中国给他们的感觉是"神秘的"。印度受访者对中国的"神秘"的印象也较高。认为中国"神秘"的受访者的比例在马来西亚和南非略低一些。

资料来源：中国质量新闻网，2013年3月29日。

第三节　品牌营销的理论体系

有关《品牌营销》的教材十分丰富，但却未能像《营销管理》教材那样形成一致公认的从营销战略到营销策略的理论体系。每本《品牌营销》教材的理论体系都有自己的逻辑。本书所遵循的逻辑是：从如何将一个产品塑造成一个品牌开始，继而介绍对多个品牌即品牌系统该如何管理，接下来是从品牌资产的角度阐述如何管理品牌，最后给读者提供一些品牌营销的专题。主要包括四大部分：

（1）从产品到品牌，包括品牌定位、品牌设计、品牌形象、品牌传播、品牌危机管理。
（2）品牌系统管理，包括品牌系统策略、品牌延伸、品牌系统管理组织。
（3）品牌资产管理，包括品牌资产概述、管理品牌资产。
（4）品牌营销专题，包括网络品牌、品牌全球化、品牌关系管理、品牌原产地形象。

一、从产品到品牌

品牌的载体是产品，因此品牌营销的核心是如何将产品塑造成品牌。本书所指的产品，是指市场上任何可以让人注意、获取、使用，或能够满足某种消费需求和欲望的东西，包括实体产品（如手机、电脑）、服务（如银行、美容美发）、零售店（如超级市场、百货店）、人员（如企业家、电影明星、网络"大V"）、组织（如学校、医院、寺庙）、地名（如城市、国家）等。

将产品塑造成品牌的首要问题是确定为谁做品牌，即品牌的目标顾客是谁？我们要为目标顾客做一个怎样的品牌，即用什么独特的品牌价值来打动我们的目标顾客。这是本部分我们首先要阐述的品牌定位理论。品牌定位是品牌战略的核心。

消费者认识一个品牌首先是从品牌名称和标志开始。产品拥有共同的名称，如手机，而品牌的差别则从名称开始，如苹果手机、三星手机。因此在确定品牌定位后，就是要为品牌进行命名和设计标志。在介绍品牌定位理论后，将阐述品牌名称设计和品牌标志设计理论。

消费者与品牌的关系远远超出了人与物的关系，品牌已被消费者拟人化，成为消费者依恋的对象。品牌真正打动消费者的是具有拟人化特征的、鲜明的品牌个性和品牌形象。如海尔真诚的品牌个性、劳斯莱斯尊贵的品牌形象都直击消费者心灵。当品牌拥有了品牌名称和标志设计后，接下来就是如何建立品牌个性和品牌形象。

品牌定位、品牌名称、品牌标志、品牌个性、品牌形象是构成品牌的关键要素，这些品牌要素如何让消费者感知、识别直至认同，则是品牌传播的任务。产品贵在品质，品牌则贵在传播，我们需要将品牌元素通过各种品牌传播手段和途径传播到消费者的心中，并在消费者心中建立起品牌的心智模式，这正是品牌传播理论要告诉读者的。

品牌建立不可能是一帆风顺的,在品牌的成长之路上,品牌危机频频发生,如何应对这些危机是每个品牌在其成长过程中都要面对的。我们将在第二篇的最后一章阐述品牌危机管理。

二、品牌系统管理

第二篇的内容主要告诉读者如何将一个产品塑造成一个品牌,但企业在其经营发展中远远不止塑造一个品牌,随着公司规模的扩大,企业会经营两个及以上的品牌,我们将两个及以上的品牌称为品牌系统。此时企业面临的品牌营销问题是要对公司的多个品牌进行品牌系统管理,即对多个品牌进行协调和整合管理。

企业多个品牌之间的协调和整合管理首要考虑的问题是,这些产品是采用单一的品牌名称、主副品牌名称,还是采用多品牌名称。品牌系统策略将解决这些困惑。

一旦企业的品牌成为强势品牌后,进行品牌延伸似乎是必然的选择,将企业的新产品借助已有品牌优势推向市场就一定能成功吗?营销实践中品牌延伸失败的例子比比皆是。在品牌延伸这一章我们将告诉读者如何进行有效的品牌延伸。

当企业有多个品牌时,成立相应的组织管理机构就十分必要,在品牌系统管理组织这一章我们将详细阐述品牌系统管理组织。

三、品牌资产管理

品牌已成为品牌拥有者最重要的无形资产,从资产的角度对品牌进行管理涉及以下内容:品牌资产的构成维度、品牌资产的建立、品牌资产的评估和品牌资产的保护。

四、品牌营销专题

本书的最后一篇为读者提供了一些品牌营销的专题。

专题一:网络品牌。近年来,互联网的迅猛发展催生了一大批以互联网为平台的网络企业。传统品牌理论亦基本适用于网络品牌的塑造。但网络品牌的实践有其不同的特点。我们在网络品牌这一章进行了专门介绍。

专题二:品牌全球化。品牌全球化是当今企业品牌发展中十分重要的选择,尤其是中国企业的品牌全球化之路才刚开始,有效的理论指导是十分必要的。

专题三:品牌原产地形象。为读者阐述品牌原产地形象的理论主要是为品牌全球化提供理论指导,品牌原产地形象是影响品牌全球化的一个重要因素,通过了解品牌原产地效应,企业在品牌全球化的过程中要学会扬长避短,以加快品牌全球化的步伐。

专题四:品牌关系管理。随着关系营销的广泛运用,品牌关系管理成为品牌理论研究的热点,品牌营销实践对品牌关系的动态管理也提出了迫切的需要。本章对品牌关系动态发展过程的相关理论进行了阐述,以期满足读者对品牌关系动态管理理论了解的需求。

本章小结

品牌是扎根于顾客脑海中对某些东西的感知实体(Perceptual Entity),根源于现实,却反映某种感知,甚至反映顾客的独特性。品牌对消费者会产生功能价值、体验价值和象征价值的心理暗示。品牌对生产者来说是一项重要的无形资产,它具有以下作用:(1) 培养消费者忠诚;(2) 稳定产品的价格;(3) 降低新产品投入的市场风险;(4) 有助于企业抵御竞争者的攻击,保持竞争优势。

品牌与产品的区别表现为:(1) 产品是具体的存在,而品牌存在于消费者的认知中;(2) 产品最终由生产部门生产出来,而品牌形成于整个营销组合环节;(3) 产品重在质量与服务,而品牌贵在传播;(4) 任何产品都有生命周期,强势品牌可常青。

品牌与产品也有诸多联系:(1) 产品是品牌的载体,品牌依附于产品。品牌对产品的依附具体表现为:品牌利益由产品属性转化而来。品牌核心价值是对产品功能性特征的高度提炼。品牌借助产品来兑现承诺。(2) 产品质量是品牌竞争力的基础。

可以品牌化的产品有:有形产品品牌、服务品牌、组织品牌、个人品牌、事件品牌及地理品牌。

品牌营销理论体系由四部分构成:从产品到品牌的营销、品牌系统管理、品牌资产管理及品牌营销专题。

复习思考题

1. 举例说明品牌的内涵。
2. 品牌与产品的区别及联系是什么?
3. 品牌对消费者的心理暗示表现在哪些方面?
4. 品牌对企业的意义有哪些?
5. 为什么要建立组织品牌?
6. 与企业的品牌传播相关联的娱乐事件品牌塑造应注意哪些方面的内容?

课后案例

宝马尊贵的路面之王

宝马(Bayerische Motoren Werke,BMW)公司创始于1916年,最初是一家飞机发动机制造商,1918年更名为巴伐利亚发动机制造股份公司并上市。在初创阶段,公司主要致力于飞机发动机的研发和生产。1923年,第一部宝马摩托车问世。1928年,宝马收购了埃森那赫汽车厂,并开始生产汽车。

宝马的蓝白标志象征着旋转的螺旋桨。宝马品牌的经营思路是为所有热爱个性化顶级轿车的人带来无尽的乐趣,更要成为那些追求品质生活的人士的宣言。与其他汽车公司不同,今天的宝马主要聚焦于国际汽车市场中的高档细分市场,BMW、MINI及Rolls-Royce三个品牌全部聚焦于最高档的细分市场。这三个品牌各自拥有不同的传统、形象和市场定位,它们所代表的产品个性鲜明,在质量、安全性和驾驶乐趣等方面都执行高标准。

利用现有的产品和市场攻势,公司坚定地开拓新的市场,在世界范围内开发新的销售机会,从而在最近几年内开创了一个产量并没有较大增加,但销售利润成倍增长的经营神话,到 2008 年销售额将突破 500 亿欧元。

一、宝马的共同诉求

最佳是宝马集团旗下三个品牌的共同诉求。在宝马品牌的全部 8 个车型系列中,都在诉求一个众所周知的"Sheer Driving Pleasure"理念。

感悟汽车全面的高科技、创新和美观。BMW 所有系列车型都具有这些特点。BMW 品牌代表着运动特性和卓越性能,以及含蓄的表达方式,其美学形式和实际功能的统一融合于整体并贯穿于所有细节中。毕竟,对于汽车,最重要的不仅是技术,还有驾驶乐趣。

MINI 品牌除了具有上述最佳理念,还要表达的是年轻、城市化、多姿多彩和与众不同。

Rolls-Royce 品牌代表着永恒的高贵和典雅。Rolls-Royce 一直以来都是豪华极致的代名词。传统的手工工艺和精湛的现代技术相结合对它进行了全新的阐释。

豪华不打折扣,这是宝马汽车给人的整体印象。稳健舒适、运动灵敏与安全无忧的完美结合永远是它的终极目标。

二、宝马的品牌推广

1. 广告策略

宝马集团通过广告、直销、活动或事件策划以及公关等策略传达宝马的品牌理念。在广告策略上,宝马通过统一的广告手法树立完整而统一的品牌形象,不论在哪一个市场,宝马广告计划基本都围绕着整体品牌形象展开,即全球性地推广和定位品牌。在亚洲地区的广告计划以加强宝马品牌的卓越形象和建立其在当地的信誉与地位为目标,适用当地营销的策略性广告,激发销售量,并引导品牌定位。同时宝马非常重视直销方式。在有的地方,宝马用于直销的投入甚至占到所有宣传费用的一半。宝马在制订营销计划时,非常强调广告和营销沟通一定要到达目标消费群。如在中国,随着市场的快速发展,宝马运用直销策略的两个主要目标就显得更加突出,即实现有效面对明确的目标顾客和把信息成功传达给目标顾客。以 2005 年为例,宝马启动了一个名为"感受完美"的试车活动。此次试车活动除了在北京、上海、广州、成都和厦门这五个主要城市开展外,另增加了八个城市。"感受完美"不局限于试车,还代表着创新概念、尖端科技和产品性能的卓越,以及一种汽车文化和生活方式。

2. 体育营销

宝马只赞助高端的体育赛事,主要有 F1 赛车、高尔夫和帆船比赛。在高端品牌这一目标下,不同的体育营销演绎了宝马的品牌诉求。例如,体现速度的 F1。今天 F1 已经成为宝马赞助的标志性体育赛事。现在,BMW Sauber F1 车队已是拥有 600 名员工的强大团队。对于 F1 赛事的意义,正如负责宝马研发和采购业务的董事 Burkhard Gschel 教授所说:"这个项目代表了宝马对于一级方程式所作的一份坚定而长期的承诺。对于宝马集团而言,一级方程式的作用如同一个高技术实验室和技术催化器。作为连续的赛车发动机供应商,这种增效作用已经取得了非常积极的效果。但是仅仅利用发动机你是无法赢得比赛的,这就是我们参与这项赛事的原因。"同样带有 BMW 标志的高尔夫球赛又是一项富于独特的情调和宝马特征的营销活动,这项赛事已成为进入宝马天地的一扇大门。

1987年,BMW杯国际高尔夫球赛首次举办,迄今为止它已成为全球最大规模的业余高尔夫选手系列赛事。1998年,此项比赛被引入中国。在过去8年中,共有4 000多名宝马车主和高尔夫爱好者积极参与,选手包括商界精英和各行各业的成功人士。

3. 电影营销与公益营销

1996年,宝马将Z3推向市场时,想出了一个高明的噱头,让Z3成为007电影系列《黄金眼》中詹姆斯·邦德的座驾,虽然Z3的出场时间只有90秒,却带来了极大的效应。后来,宝马Z8又成为007电影系列《明日帝国》中詹姆斯·邦德的座驾。在中国,2001年,宝马参与冯小刚执导的影片《大腕》;2003年,由冯小刚执导的贺岁片《手机》又出现了宝马的身影;2005年,在冯小刚的年度大片《天下无贼》中,宝马再次现身。宝马(中国)公司认为:"我们这种产品植入的营销方式很成功,我们还有新的形式,这虽会引来其他公司的仿效,但宝马总是做创新的第一个。"

宝马社会责任的核心概念来自其公司的既定目标和企业文化,并融合了以成功为导向、包容性、信任度、透明度等要素。这些理念反映出的主题包括行车安全、教育、不同文化间交流等。如在中国,宝马开展了一项"为了孩子的安全,请减速"的活动,以提高儿童的交通安全意识。有统计表明,每天有超过70名儿童在严重的交通事故中受伤。在这个2005年开始启动的项目中,公司与各省会城市的教育部门密切合作,每年为超过400家幼儿园及小学提供交通安全教育。在交管部门的支持下,宝马帮助儿童掌握了正确的道路交通习惯。

资料来源:丁家永,"宝马尊贵的路面之王",《特许与经营》,2007年第12期。

案例讨论题

1. 宝马品牌在消费者心中形成了怎样的心理暗示?
2. 宝马品牌给我们带来了什么启示?

第二篇

从产品到品牌

第二章　品牌定位
第三章　品牌设计
第四章　品牌形象
第五章　品牌个性
第六章　品牌传播
第七章　品牌危机管理

第二章 品牌定位

> 定位并不是对你的产品要做的事,定位是你对预期顾客要做的事,是在预期顾客心智上所下的工夫……把产品定位在预期顾客的大脑中。
>
> ——A.里斯和J.特劳特

本章主要阐述以下几个问题:
- 品牌定位概述
- 品牌定位的决策步骤
- 品牌定位策略
- 品牌再定位

第一节 品牌定位概述

一、品牌定位的内涵

定位理论是在1969年由A.里斯(A. Rievs)和J.特劳特(J. Trout)首先提出的,他们在美国营销杂志《广告时代》和《工业营销》上发表了一系列的文章,提出了定位(Positioning)这一具有重要意义的概念。他们认为在这样一个传播过度(over communication)的时代,消费者脑中充斥着各种各样的产品信息,只有使自己的产品独树一帜,才能够给消费者留下印象从而赢得顾客。

1980年里斯和特劳特出版《定位》一书,提出了"心理占位""第一说法""区格化"等重要的营销传播理论,他们认为任何一个品牌,都必须在目标受众的心智中,占据一个特定的位置,并维持好自己的经营焦点,从而宣告了一个营销新时代——"定位时代"的到来。1995年,特劳特又与里夫金(Rivkin)合作,出版了定位理论的刷新之作《新定位》,作者借鉴心理学及生命科学的最新成果,提出营销定位的诸种心理原则及其误区,从而使定位理论发展得更为成熟,形成了完整的思想体系,使其在全世界各个领域得到了广泛的应用。

里斯和特劳特的观点构成了品牌定位理论的基础。他们认为产品要赢得顾客仅仅靠发明新产品是不够的,企业同时还必须第一个打入预期顾客的脑中,占据一席之地。在预期顾客的脑中存在着一级一级的小阶梯,这些顾客会按产品的一个或多个方面在这些阶梯上进行排序,定位就是要找到这些小阶梯并与其中某一阶梯联系上,以此在预期顾客的大脑中树立起本企业产品或品牌的独特方面。

里斯和特劳特认为:"定位是从一个产品开始,这个产品可能是一种商品、一项服务、一个机构甚至一个人,也许就是你自己。但是,定位并不是对你的产品要做的事,定位是你对预期顾客要做的事,是在预期顾客心智上所下的工夫……把产品定位在预期顾客的大脑中。"据此他们给定位下的定义是"如何在顾客的脑中独树一帜"。由此看出里斯和特劳特把定位看成一种传播策略，让产品信息占据消费者心智中的空隙。菲利普·科特勒给定位下的定义是："定位是指公司设计出自己的产品和形象，从而在目标顾客心中确立与众不同的有价值的地位。"所以，具体来说，品牌定位就是希望顾客感受、思考和感觉该品牌不同于竞争者的品牌的一种方式。

案例 2-1

耐克的品牌定位

耐克凭其创新的产品设计、顶级运动员代言、获奖广告、竞争欲望以及叛逆的态度，拥有丰富的消费者联想集合。耐克营销人员采用七字真言"真正的竞技表现"（authentic athletic performance）来指导他们的营销努力。这样，在耐克眼里，它的整个营销项目——它的产品以及这些产品如何被销售——必须反映这些核心品牌价值。多年以来，耐克已经拓展其品牌意义，从"跑鞋"到"运动鞋"，到"运动鞋和运动服"，再到"与运动有关的所有东西（包括器材）"。但是前行路上的每一步，都受其品牌真言"真正的竞技表现"的指导。例如，当耐克推出其成功的服装线时，产品所克服的一个重要障碍是：通过在材料、剪裁或设计上做得足够创新而使顶级运动员真正获益。与此同时，公司小心避免在那些不符合品牌真言的产品上使用耐克的名字（例如，休闲的"棕色"鞋）。

资料来源：菲利普·科特勒、凯文·莱恩·凯勒著，王永贵等译，《营销管理》（第 14 版），中国人民大学出版社，2012 年。

品牌定位可以通过目标顾客、顾客需求、品牌利益、原因、竞争性框架以及品牌特征来描述。以上 6 个元素分别从不同的方面对品牌定位进行界定：（1）目标顾客，指通过市场细分所选取的品牌所要满足的潜在顾客；（2）顾客需求，指通过识别或创造顾客需求，以明确品牌是要满足顾客的哪一种需求；（3）品牌利益，指品牌能够提供给顾客的独特价值，这种价值能够有效地吸引顾客；（4）原因，指为品牌的独特定位所提供的具有说服力的证据，比如独特的包装等；（5）竞争性框架，指明确产品所属类别以及竞争者；（6）品牌特征，指品牌所具有的独特的个性。

二、品牌定位的原则

品牌定位使品牌和消费者之间产生了交流和互动，所以它不可以随心所欲，而要遵循适当的原则，这是品牌定位成功的重要条件。具体说来，品牌定位要依据以下几条原则：

1. 基于顾客的需求

品牌定位必须要针对目标顾客，因为只有目标市场才是其特定的传播对象。如果品牌不能定位在顾客所偏爱的位置，或者说没有抓住他们的需求点，那么这一定位就无法与顾客产生共鸣，获得他们的认同。只有在对目标顾客深入了解的基础上，认准了顾客需求，才能找到品牌所要满足的目标顾客群的特定偏好，这样才能够获得成功的定位，占据顾客的心。正如麦当劳所说："我们不仅是餐饮业，我们还是娱乐业"。它所卖给消费者的不仅仅是快餐食品，满足人们对于清洁、方便、快捷的快餐食品需求，而且它标准化的门店设计和优质服务所营造的热闹、快乐、轻松的氛围体现了其独具特色的餐饮文化，更是满足了人们对于轻松、快乐体验的深层次需求。

2. 突出与竞争对手的差异化

品牌定位要求自己与竞争者的品牌区别开来，提供独特的利益或价值以在消费者心中占据一席之地，所以考虑竞争者就是为品牌定位找到一个参照系。在今天竞争日益激烈的市场环境下，可以垄断的细分市场越来越少，企业更应该制造差异，以与竞争者相区别而存在，以品牌定位凸显竞争优势。否则，人云亦云、墨守成规的定位只可能在纷繁复杂的市场信息中被淹没。

需要注意的是，企业应在充分了解顾客需求的基础上，形成与竞争者的差异。在定位时，切不可使用"打压式"战略，而应以自己的风格与竞争者"和平共处"。1992年宝洁公司将舒肤佳香皂推向市场时，并没有跟进当时香皂的领导品牌力士的"美容"定位，而是在进行了充分的市场调研后，巧妙地独辟蹊径，将品牌定位在"除菌"功能上。舒肤佳的广告没有用国际大牌影星，没有豪华场面，产品包装也颇为简洁，但这些恰好表现出这一品牌"大众化、实用、质朴、不矫饰"的形象。通过成功的差异化定位，舒肤佳香皂的市场占有率很快超过力士而成为中国香皂市场的第一品牌。

3. 简明扼要

品牌定位要简单化，要从无数的创意构想中抽取一两个最具代表性的要点高度概括出品牌的本质特征，同时这个要点还要能够激发消费者联想到更多的品牌利益。品牌定位切忌啰唆繁复地列举优点，造成定位不清晰。在今天这样一个信息爆炸的时代，一个简单的定位、一条简单的信息能够更长久地占据目标顾客的大脑。众所周知，"沃尔沃"汽车是安全车的代名词，安全成为了"沃尔沃"汽车的成功定位。然而"沃尔沃"曾经把自己定位成一种可靠、豪华、安全、有趣的车，这种多功能的定位使得顾客对于"沃尔沃"汽车的印象十分模糊，自己宣称什么都是，也许顾客认为什么都不是。"沃尔沃"在认识到这一点之后，修正了定位，很快在竞争中脱颖而出。

4. 始终如一

品牌经过最初的定位，在顾客心中形成一个特殊的品牌形象，并且把这个形象根植于心中而不易改变。一方面，一旦品牌的定位在顾客心中形成，如果要去改变这样的定位有可能招致顾客的反感；另一方面，企业投入大量的营销资源去形成一个品牌的定位是一件艰巨的任务，如果随意改变品牌的定位将会导致资源的浪费。所以随意改变品牌的定位是一件得不偿失的事情，品牌定位的任务一方面是要形成一个独特的定位，另一方面是要长久地坚持这个定位。

但是很多的企业并没有坚持它们品牌的定位，在获得一定的成功后常常掉入我们所谓的"F. W. M. T. S. 陷阱"，即"忘记了使它们成功的根本"（Forget what made they successful)。例如茅台作为我国知名的白酒企业,在酒类产品中地位崇高,一直以"国酒"享誉天下。而它在2011年提出的新广告词"国酒茅台喝出健康来",让其饱受争议。到底是国酒,还是保健酒?这一改变不仅让茅台酒的品牌形象变得模糊,更降低了它在消费者心中的品牌地位和高度。

案例2-2

李宁品牌定位的困局

李宁——本土第一运动服装品牌,曾被视为中国运动产业崛起的符号。近年来,李宁公司一系列的改变引人瞩目,更换LOGO、重塑品牌、走"90后"路线……然而,这些举措并未改变其目前尴尬的处境,股价大跌、投行减持、订单下降,"一切皆有可能"的李宁似乎深陷困境。

刚成立时,李宁公司的品牌形象是国家队的运动服装,当时李宁赞助了体操、跳水、乒乓球等许多国家队。那一阶段的民族情绪空前高涨,李宁品牌则承载了国人太多的民族情感。2000年,李宁公司提出了国际化的战略目标。李宁公司积极赞助法国体操队,其品牌的电视广告,也变成了一个小姑娘在巴黎大街上舞动着漂亮的红丝带。2010年6月,李宁公司又启动了换标工程,新LOGO以李宁做鞍马时的交叉动作为灵感,力求赢得更多"90后"的支持。换标之后,李宁与耐克等国际品牌正面交锋。为了展现其国际品牌的形象,李宁将战略重点放在了一线城市,在北京、上海、广州、深圳等地开设了70家第六代旗舰店。

自1990年以来,李宁一会儿是国家队运动服装,一会儿打造国际化品牌,一会儿追求时尚,一会儿又走"90后"路线,其品牌形象一直在变;广告语从最初的"中国新一代的希望"到"把精彩留给自己""我运动我存在""运动之美世界共享""出色,源自本色""一切皆有可能"等,直到现在的"Make the change(让改变发生)"。盖洛普公司为李宁做的市场调查结果显示,李宁公司至少存在以下三大问题:目标消费者不清晰、品牌面临被遗忘的危险、品牌的个性不鲜明。消费者认为,李宁就像他们身边一个熟悉的朋友,虽然很亲切,但是缺乏鲜明的个性,让人很难铭记。

李宁的新战略显示,李宁正在试图摆脱过去廉价的形象,力求向高端品牌转变。李宁产品不断提价,逐渐缩小与耐克等国际品牌之间的价格差距。然而,李宁产品在提价后,销量增幅却呈逐步下降趋势。

资料来源:杨兴国,"李宁品牌定位的困局",有效营销网,http://www.em-cn.com/p/201208/5697.html,2012年8月27日。

第二节 品牌定位决策步骤

为品牌定位是一个科学地整合分析目标消费者需求、市场竞争状况、企业资源特征的过程。为了获得清晰准确的品牌定位,企业必须遵循一定的操作程序。一般来说,一个完整、有效的品牌定位的形成要遵循以下步骤:

1. 消费者需求分析

品牌必须将自己定位于满足消费者需求的立场上,最终借助传播让品牌在消费者心中获得一个有利的位置。所以消费者的需求分析是进行品牌定位的首要步骤。要达到这一目的,可以借助消费者行为调查,通过客观的数据来了解目标市场顾客的生活形态或心理层面的情况。例如,王老吉在品牌定位的过程中,经过调查发现当今许多消费者普遍存在喜好煎烤口味饮食、夜生活丰富等生活习惯,同时存在生活压力较大的情况,而这些都极易引发身体上火。这使得消费者常常存在怕上火的顾虑。企业发现了消费者的这种心理需求,于是推出了"去火"定位的王老吉凉茶迎合目标消费者,从而很好地将产品的功能与消费者的心理需求相匹配,引发了消费者的共鸣,最终促成销售量的快速增长。

企业可以在市场细分的基础上对目标市场进行评估,分析在这样一个特定群体中对于产品的哪些属性是非常看重的,而竞争性品牌又没有很好地满足这些需求。我们今天使用的市场调查方法和获取的需求数据,更多的是一些顾客需求的外在表达,这种表达往往经过了人们的刻意修饰而非内心的真实感知。如何深度获取顾客对某品牌的真实潜在需求和心理感知,并以此作为品牌定位的依据,是一个全球性的探索性课题。研究者们结合心理学的成果已经开发出了一些研究消费者潜在需求隐喻引出的工具,具有代表性的比如 ZMET 技术。

资料 2-1

ZMET 技术及应用举例

ZMET 技术是 Zaltman Metaphor Elicitation Technique(查特曼隐喻解释技术)的缩写,它诞生于 1995 年,其工作原理是取得那些人们不自觉地与某种产品或感觉联系起来的深度隐喻。这个方法尽量避免不相干因素的干扰,掌握顾客的真正需求。其应用程序的步骤如下:

(1) 利用电脑技术或照相机拍摄几幅图片代表品牌可能的象征意义;
(2) 请测试的顾客选择哪一幅更可能代表品牌;
(3) 利用记忆联想测试技术来解释顾客选择背后的原因;
(4) 根据测试分析结果可以画出一个顾客心智思考图。

图 2-1 是对美国消费者对于汰渍(Tide)洗衣粉进行分析后获得的心智思考图。利用这个思考图进行上下对比、分析洗后感觉等,企业可以了解自我形象以及产品的可靠性等品质。

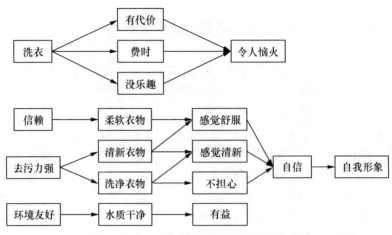

图 2-1　对于汰渍(Tide)洗衣粉的心智思考图

资料来源:乔春洋著,《品牌定位》,中山大学出版社,2005 年,第 55 页。

2. 品牌竞争者分析

品牌定位不仅要分析目标消费者的需求,还应该分析企业所处的市场环境,特别是品牌竞争者的定位信息。这是因为,品牌定位的实质就是与竞争品牌相区别以给消费者留下独特的印象,这就要求企业了解竞争对手的情况,寻求差异化的品牌定位来体现产品在市场中的竞争优势,从而赢得消费者。品牌竞争者不仅包括同类产品竞争的品牌,还包括其他种类产品的品牌(直接的或间接的替代产品品牌)。在确认竞争品牌之后,企业必须明确每个竞争者的品牌是如何进行定位的。一般而言,探求竞争性品牌的定位可以采用竞争性框架的方法,即根据产品的某些属性做一个树形图,并分别细分出一些属性,最后把所有的竞争性品牌按这些属性在树形图上"对号入座",以明确竞争品牌的差异化定位。

比如舒蕾洗发水在分析竞争性品牌时,首先根据洗发水的功能属性,细分出消费者对于这一产品的各种不同诉求,如去屑、亮泽、滋养、飘逸、柔顺、护理等;然后将市场上的各种竞争性品牌与洗发水的属性对应起来,从而明确它们的定位;最后寻找到"健康最美"的突破点,既符合人们追求自然和健康的生活风尚,又不失新意地提出自己的品牌主张。

3. 企业资源优势分析

进行企业资源优势分析的目的是使品牌定位与企业资源相协调。首先,品牌定位需要充分考虑产品的属性和特点。因为产品是品牌的基础和依托,消费者在选择品牌时必然首先考虑的是产品的有用性和功能。品牌定位必须考虑产品本身的特点,突出产品的特质,使品牌定位与消费者的需求相适应。其次,品牌定位应该结合企业自身的相对优势。品牌定位不是企业间的实力大比拼,而应该是企业在相互参照的情况下在市场上塑造符合消费者需求且能发挥自身特长的品牌形象,并通过这种精心策划的品牌形象吸引特定消费群的营销行为。也就是说,品牌定位的成功与否并不一定取决于企业综合实力的强弱,而在于能否将自己的优势有效地融合到品牌定位的过程中。

4. 确定品牌定位

当企业把握了目标消费者、竞争对手和自身的状况后,就可以获得一些品牌的定位点。然而品牌定位还要在这些品牌定位点上进行优化组合,舍弃不合理的方案,保留可行的方案,再对这些方案进行严格筛选,以在相互竞争的参考体系中找到品牌的理想位置,最终形成品牌定位。一般而言,品牌的定位不要大而全,要小而精,有特定的目标。企业应该结合实际,选择适宜的方式为品牌定位。如内蒙古的"宁城老窖",宣称自己是"塞外茅台"。

5. 品牌定位的传播和监控

品牌定位是开始而不是结束。当品牌定位确定之后,还必须有效而一致地传播这一定位。品牌传播要采取有效的手段来表达这一定位,让目标消费者认识、理解、接受这一定位,产生心灵的共鸣。这种认同感才是最终在消费者脑中对品牌形成特殊印象的基础,所以定位是否成功,只有消费者才最有发言权。

品牌传播有公关、广告、包装、价格、营销渠道等多种途径,其中最重要的是广告。因为广告可以通过图文结合、多媒体的表现方式,立体地展现品牌的定位。一旦这种品牌定位在消费者脑中形成,企业还要注意监控它在市场上能否有效地维持。企业一方面可以通过记录下不同时期研究出来的品牌形象来了解品牌定位状况,另一方面可以确定竞争者品牌的状况。

第三节　品牌定位策略

品牌定位是一项颇具创造性的活动。我们在日常生活中可以感受到市场上品牌的定位五花八门、林林总总。然而仔细观察就会发现,品牌定位所采取的策略也是可以参考和遵循的。总体而言,品牌定位策略可以分为基于企业视角的定位与顾客利益视角的定位。

一、企业视角的定位

品牌定位可以从企业资源中提炼,如企业历史文化资源、地理资源、企业资本、技术能力、领军人物、经营理念、企业态度等较竞争对手有相对优势的要素资源。企业视角的定位方式注重强调企业的各种要素优势,接受此种定位的消费者的心智模式是将企业的要素优势转化成为相应的消费者利益。如"格力变频空调获国家科技进步奖",看到这样的品牌口号,消费者自然而然得出的结论是:获得国家最高科技奖项的空调一定是好空调。

(一) 基于企业能力的定位

选择企业能力要素进行品牌定位为许多品牌所运用。通常这些品牌会突出企业的技术能力、生产能力、市场能力等方面的优势。如格力空调一贯突出其强大的技术实力——"格力空调、制冷专家",青岛啤酒的"110年只为酿制好啤酒"向市场传达了其强大的企业经营综合实力。凸显企业能力的定位策略通常包括首席定位和竞争者定位等方式。

品牌营销

首席定位即强调自己是同行业或同类产品中的领先地位,在某一方面有独到的特色。因为"第一"的位置是让人羡慕的,所以冠有这个头衔可以产生聚焦作用和光环效应,具备追随性品牌所没有的竞争优势。企业在广告宣传中使用"第一家""之最"等口号,就是首席定位策略的运用。如容声冰箱一直诉求"连续八年全国销量第一",百威啤酒宣称自己是"全世界最大、最有名的美国啤酒"等。在当今信息爆炸的社会里,各种品牌多如过江之鲫,消费者对大多数信息毫无记忆,但对"第一"印象最为深刻,因此,首席定位能使消费者在短时间内记住该品牌。

竞争者定位也叫做比附定位。这是通过与竞争品牌的比较来确定自身市场定位的一种策略,通常是和竞争对手的品牌间接地联系起来,借竞争者之势,衬托自身的品牌形象。在这种定位中,参照对象的选择是一个重要的问题。一般来说,只有与知名度、美誉度高的品牌作比较,才能够借势抬高自己的身价。目前这种竞争者定位又是通过更加直接和激烈的形式体现的,如在2001年《远东经济评论》杂志刊登的甲骨文公司的整版广告上,甲骨文宣称他们的SPA管理软件的效率"比IBM的软件高4倍"。

案例 2-3

艾维斯汽车租赁:我们正在努力

在定位理论中,第一是永远的胜利者,因此,企业为了在市场竞争中处于有利地位,总是想方设法占据某个领域的第一,目的是为了在消费者心目中形成明确位置。而艾维斯(Aviss)汽车租赁公司却是一个比附定位的成功案例。

20世纪60年代艾维斯汽车租赁公司只是美国出租车市场上第二大公司,其使命是"做到让顾客完全满意的程度",其目标在于"为顾客提供最佳的服务,待客一如待己,还要超越顾客的期望"。经过周密的调查,公司发现行业最厉害的、瓜分全部市场份额1/4的是赫兹(Hertz)租车公司。于是,艾维斯公司打出了这样的口号:"We Are No.2(我们是第二);因为我们第二,所以我们更努力!"艾维斯虽然与赫兹汽车租赁公司在规模上还有很大的差距,但艾维斯公司却用竞争者定位的方法,将自己和赫兹公司设置得处于同一竞争层次,并且直面自己的劣势,大胆地对消费者说"我们是第二",从而在消费者心目中建立起一个谦虚上进的企业形象。艾维斯汽车租赁公司从此稳稳占据第二的位置。从此"第二"理论名扬天下,这一个定位巧妙地建立了与市场领导品牌赫兹公司的联系,最终艾维斯公司的市场份额上升了28个百分点,大大拉开了与行业排名第三的国民公司的距离。

甘居"第二",就是明确承认同类中另有最负盛名的品牌,自己只不过是第二而已。这种策略会使人们对公司产生一种谦虚诚恳的印象,相信公司所说是真实可靠的,同时迎合了人们同情弱者的心理,并且这种宣称无意于透露的信息是"我们比别人更努力"!这样较容易使消费者记住这个通常难以进入人们心智的序位。

资料来源:"世界经典广告语欣赏",中国征集网,http://www.zhengjicn.com/zy/ggy/200702/3.html,2007年2月14日。

（二）基于企业态度的定位

基于企业态度的定位，即从企业经营理念的角度，强调企业的使命和宗旨。例如，"海尔，真诚到永远""全心全意小天鹅""联邦快递，使命必达""飞利浦，让我们做得更好"，以及长虹"以产业报国、以民族昌盛为己任"、招商银行"因您而变"……这些都反映出企业独特的经营理念，表现出企业愿为消费者提供优良服务以及为社会作出贡献的态度和追求。

企业态度的定位需要体现出独特性和差异性。这种个性化和差别化是品牌形象脱颖而出、迅速传播的关键。那么，怎样才能构建独特的理念定位呢？首先，要与行业特征相吻合，与行业特有的文化相契合。其次，要充分挖掘企业现有的目标、使命和宗旨，并赋予其时代特色和个性，使之成为推动品牌发展的强大内力。最后，要能与竞争对手区别开来，体现企业自身的风格。

（三）基于企业资源的定位

基于企业资源的定位，即强调企业相对于竞争对手的资源优势。资源不仅包括自然资源（地理、气候），还包括社会、经济、物质资源，以及人力、智力（信息、知识）等资源。例如，依云矿泉水定位于自然、健康，是因为其极具地理资源优势：水源地位于法国依云小镇，背靠阿尔卑斯山，面临莱芒湖，远离任何污染和人为接触，而且经过长达15年的天然过滤和冰川砂层的矿化，安全健康。产品在水源地直接装瓶，无化学处理。因此自1789年依云水源地被发现以来，依云矿泉水已远销140个国家和地区。

二、顾客利益视角的定位

顾客利益视角的定位，即强调品牌能满足消费者怎样的需求、带来怎样的利益。这些利益包括功能价值、体验价值和象征价值。下面分别介绍这三种定位策略，企业可以单独或结合起来使用，根据具体的市场环境和资源条件灵活地进行选择。

（一）功能价值定位

功能价值定位就是将产品的某些功能特点和顾客的关注点结合起来，为消费者目前与消费相关或潜在的问题提供解决方案。因此，品牌宣传应侧重在其具有的特定的能够解决这些问题的利益点上。比较常见的定位方法有：效用定位、价格定位和品类定位等。

1. 效用定位

效用定位的实质就是突出产品的特别功效，所以产品功能是整体产品的核心部分。比如飘柔使头发柔顺、潘婷能为头发提供滋养、海飞丝去屑出众。这些都已经成为成功且深入人心的品牌定位。采用效用定位方式的品牌不仅需要采取严格的质量保证体系以实现持续的高品质，而且要坚持不断地改进产品质量，争取做到推陈出新。这是一个长期的过程。这种方法适用于那些长久以来追求卓越品质并且在消费者群体中享有良好口碑的品牌。

2. 价格定位

有的品牌会采用价格定位，这种定位要么通过广告宣传品牌具有一流的质量然而只需要支付二流的价格，要么强调具有竞争性价格的产品的质量或价值，比如宣称"天天低价"的沃尔玛超市。采用这种定位策略要求企业能够制造出质量优异的产品，或

品牌营销

者提供高品质的服务,并且还要忍受赚取少量利润的压力。采用这种策略的关键在于要能够说明品牌确实具有一流的质量并让人信服,同时消费者对品牌的价格感知确实是实惠的。

案例 2-4

美国西南航空公司的成功

几乎用任何标准来衡量,西南航空公司都是一家非常有效和成功的公司。1972—2005 年间,西南航空公司连续 33 年盈利,为公司股东们带来了最高的收益。连续 10 年,它被《财富》评为年度最受尊敬企业之一。

西南航空公司是所在产业中的一家低成本经营者,它的每个有效座位每英里的成本仅为 6.5 美分,而美国航空公司为 9 美分,US 航空公司(US Air)为 15 美分。但是或许西南航空公司最突出的成功标志是它的高效率,它因此而赢得了若干美国运输部颁发的"三重皇冠"——最佳正点率、最佳飞行安全记录和最少投诉次数,还没有哪家航空公司赢得过这种荣誉。

西南航空公司的与众不同之处,仅仅从它的宗旨就能看出来:向顾客提供低廉的、俭朴的和专一化的航空运输服务。公司决心成为航空运输产业中成本最低的经营者。为了实现这一宗旨,公司向顾客提供不加虚饰的服务,而这带来了飞机的满员和顾客的忠诚。

虽然其他主要航空公司都装备了昂贵的计算机化的机票预订系统,西南航空公司却并不盲目仿效。在西南航空公司的飞机上,不设头等舱座位,就像在公共汽车上一样;检票员按先来先登机原则发放可重复使用的编了号的塑料登机卡;在飞机上不供应餐点。这种"不加装饰"的做法,使旅客上下飞机所用的时间很短——大约 15 分钟左右,每天每架飞机平均飞 11 个班次。

西南航空公司只有一种型号的飞机,即省油的波音 737 飞机。设备的标准化降低了零件库存成本,并使维修人喘息飞行训练减至最少。它基本上没有枢纽站,都是短程的、点对点的航班,平均飞行时间为 55 分钟。正因为如此,它不与其他的航班联运,也不需要转运行李。

当西南航空公司宣称它将提供最低的票价时,它绝不是在说大话,它的平均票价只有 58 美元。在西南航空公司的大多数市场上,它的票价甚至比城市之间的长途汽车票价还要便宜。正如公司首席执行官凯莱赫所说的,"我们建立了一个巩固的细分市场——我们的主要竞争者是汽车,我们正在从丰田汽车公司和福特汽车公司手中争夺顾客。"

资料来源:田英男,"美国西南航空公司:一个低成本经营的成功范例",人民网,http://www.people.com.cn/GB/paper81/5648/575895.html。

3. 品类定位

品类定位一般用于为品牌扩建一个新的产品类别,以加强其功能在消费者心中的印象。采用这种定位有时候是为了进行市场培育,有时候则是采用了诉诸已知类别的对立面的方式给人留下印象。例如一些品牌将自己定位为一些为人熟知的产品类别的对立面以引起人们注意。最著名的例子比如七喜的"非可乐",表明七喜是可乐之外的另一种选择。另外,还有亚都恒温换气机告诉消费者"我不是空调",引起人们的好奇心去关注它的特点。

（二）体验价值定位

体验价值定位服务于消费者的体验需要。消费者的体验需要是指消费者通过感官愉悦和认知刺激而产生的对产品的欲望。采用体验价值定位的品牌一般宣传自己是与众不同的,并且具有很高的感官享受（如看上去美观、听上去悦耳、闻起来诱人、尝起来美妙、摸起来不错等）或者给人们以强烈的认知刺激（如激动、挑战、令人愉快等）。例如,"农夫山泉有点甜"这句广告词强调了这种矿泉水的甜味,给人一种味觉上的愉悦感。又如,德芙巧克力的广告画面中,女主角缓慢地将巧克力放入口中、细细品尝、幼滑的巧克力丝带飘过、女主角回味享受……给人"巧克力的感觉无与伦比,丝滑到极致"的感受,勾起了消费者品尝这种产品的欲望。

（三）象征价值定位

象征价值定位是将品牌的有用性同期望的人群、角色和自我形象联系起来。人们的象征性需求包括自我提升、群体归属感、亲缘关系、利他主义和其他抽象的需求,这些需求往往不能被实际的产品功能利益所满足。在服装、美容用品、珠宝、酒类、香烟和汽车等产品中,象征价值定位较为常见。象征价值定位一般可分为品牌使用者定位、情感定位和文化定位几种方式。

1. 品牌使用者定位

品牌使用者定位点的开发,是把产品品牌和一类用户联系起来,从而界定出品牌使用者这一特定的消费群体。这种定位往往有两种方式:一种是暗示出该品牌能够为该群体所带来的特定利益。比如金利来定位于"男人的世界",其男士衬衣、腰带、皮包都畅销于中高收入的男性群体,因为该品牌的定位暗含了其高品质和象征的形象身份。另一种方式是挖掘消费者特质,将品牌塑造成消费者的一种"自我的表达"或者"延伸的自我"。比如美特斯·邦威"不走寻常路"的品牌定位正好迎合了青少年追求个性、享受成长、表现自我的心态。而酷儿饮料定位于儿童果汁市场,其卡通人物右手叉腰、左手拿着果汁饮料,陶醉地说"Qoo……"这个可爱淘气的酷儿形象正好符合儿童的心理,赢得了小朋友们的喜爱。

2. 情感定位

沃尔特·舍恩纳特（Walter Schonert）在其《广告奏效的奥秘》中写道,"人首先依赖于情感,其次才是理智。情感是维系品牌忠诚的纽带,它能够激起消费者的联想和共鸣。"情感定位是将人类情感中的关怀、牵挂、思念、温暖、怀旧、爱等情感内涵融入品牌,使消费者在购买、使用产品的过程中获得这些情感体验,从而唤起消费者内心深处的认同和共鸣,最终获得对品牌的喜爱和忠诚。在今天市场上的产品越来越同质化的竞争环境下,品牌如果能够带给消费者独特而不可替代的情感体验,那么才能说占据了消费者的心。

在我们身边,以情感定位的品牌不可计数:百事可乐发出了"It's Pepsi, for those who

品牌营销

think young"(百事,为心态年轻的人而存在)为主题的一系列广告宣传活动,激发人们对青春活力的向往。戴比尔斯钻石的广告语"钻石恒久远,一颗永留传",不仅道出了钻石的真正价值,而且把爱的价值提升到足够的高度,使人们很容易把钻石与爱情联系起来,体验到美妙的感觉。雕牌洗衣粉广告中的"妈妈,我能帮您干活啦",不知打动了多少下岗女工和家庭妇女的心。这种真情流露很容易引起消费者的共鸣,从而使雕牌更加深入人心。又比如太太药业的子品牌"静心口服液",将目标顾客定位在40岁以上的妇女,认为她们对于特殊的年代有刻骨铭心的记忆,在其早期的广告中选用电视剧《渴望》中刘慧芳的扮演者作为形象代言人,广告一开始就说"我们这代人都吃过苦",一下子就引起了消费者的共鸣,而最后简单明了的广告语"女人更年要静心"给消费者留下了深刻的品牌印象。

案例 2-5

哈根达斯的情感定位

哈根达斯(Häagen-Dazs)是20世纪20年代创立于美国的品牌,1961年左右正式取此名。在中国市场上,哈根达斯的价格比普通冰淇淋贵5—10倍,比同类高档次产品贵30%—40%。要论价格,哈根达斯毫无优势可言。但在国内冰淇淋市场正陷于价格战的时候,哈根达斯凭借着高超的营销手段和品牌定位,开辟了一个高端市场。它通过独特的营销策略,在中国做成了顶级冰淇淋品牌,做得深入人心,甚至成为时尚生活的标志。高端的消费阶层是它的忠实顾客,中低端的消费者也被它深深吸引。

哈根达斯最经典的动作,就是给自己贴上了爱情的标签。广告语"爱她,就请她吃哈根达斯"把产品与热恋的甜蜜连接在一起,吸引恋人们频繁光顾。哈根达斯的产品手册、海报无一不是采用情侣激情相拥的浪漫情景,以便将"愉悦的体验"这一品牌诉求传达得淋漓尽致。其专卖店内的装潢、灯光,桌椅的线条、色彩的运用也都在极力烘托这一主题。店里店外散发的浓情蜜意,更增添品牌的形象深度。

在产品设计上,每一处细节也尽显爱意。自诞生之初,哈根达斯便被赋予了罗曼蒂克的情感元素。来自马达加斯加的香草代表着无尽的思念和爱慕,来自比利时纯正香浓的巧克力象征热恋中的甜蜜和力量,来自波兰亮红色的草莓代表着嫉妒与考验,来自巴西的咖啡则是幽默与宠爱的化身。这些取自世界各地的顶级原料,拥有着哈根达斯近百年来忠贞不渝的热爱,结合了卓越的工艺和不朽的情感,独创出各种别具风情的浪漫甜品,让唇齿间细腻香滑的味道,营造出恒久的爱的回味。

资料来源:乔春洋著,《品牌定位》,中山大学出版社,2005年;蔡骅,"哈根达斯'奢侈品'的制胜之道",《财富智慧》,2005年第4期。

3. 文化定位

文化定位是指将文化内涵融入品牌,形成文化上的品牌差异,这种定位不仅可以大大提高品牌的品位,而且可以使品牌形象更加独具特色。具有良好的文化底蕴的品牌具有独特的魅力,能够给消费者带来精神上的满足和享受。中国文化源远流长,有很多企业能够利用这种文化资源来对品牌进行文化定位。例如,珠江云峰酒业推出的"小糊涂仙"酒,借"聪明"与"糊涂"反衬,将郑板桥的"难得糊涂"的名言融入酒中,凸现了中国古代文化中怡情自乐的人生心态。由于把握了消费者的心理,将一个没什么历史渊源的"小糊涂仙"品牌在市场上运作得十分成功。金六福酒则实现了"酒品牌"与"酒文化"的信息对称,把在中国具有亲和力与广泛群众基础的"福"文化作为品牌内涵,与老百姓的"福"文化心理恰巧平衡与对称,也使金六福品牌迅速崛起。

案例 2-6

法蓝瓷的品牌定位

法蓝瓷的母公司是中国台湾地区赫赫有名的海畅集团,在台湾及海外共有8家公司、4家工厂,总资产已达数亿美元。作为该集团总裁的陈立恒,从一开始就将法蓝瓷定位为国际"奢侈"工艺品。

促使陈立恒先生产生这种雄心壮志的是,他偶然看到中国国务院公布了一组数据:2003年中国外销陶瓷30亿件,平均0.25美元一件。"见到中国陶瓷这种国宝级的工艺,从白金价掉落到地摊货的价钱,我感触很深。"陈立恒激动地说。痛定思痛,陈立恒先生将法蓝瓷推向国际"奢侈"工艺品舞台的同时,提出了一个"新陶器时代"的概念。"from china back to china",陶瓷从中国来,又回到中国去,把中国第五代陶瓷的光辉抢回来。

2002年,陈立恒创办了法蓝瓷这个具有中国特色及中国仁爱精神的工艺品品牌。带着这种初衷进行创业的陈立恒,对品牌文化的理解自然有其独特之处。法蓝瓷品牌在经营中,一是打出了以"仁"为核心的品牌理念,在品牌文化中融入了中华民族传统文化中的精髓;二是在设计风格上,法蓝瓷既追求东方美学蕴涵的内敛优雅,又融合了西方新艺术的装饰风格。自由、创意是法蓝瓷的品牌之核。法蓝瓷在这方面突出地表现为"艺术与科技、传统与未来"的完美结合,在产品设计上融入了许多中国元素,比如清朝画师郎世宁的画作、中国花鸟工笔画等,取得了中西合璧的效果。

法蓝瓷的定位和口号是"有功能的艺术品",虽然是艺术品,但也可使用,而不只用来观赏、摆设;营销定位是"高品位、大众化";理念和目标是"通过法蓝瓷的成功经验,带起更多中国陶瓷品牌迈向国际,搭建中国艺术陶瓷及日用瓷的海外销售平台"。由此,法蓝瓷在短短五六年间,已经在全球各地拥有了近6 000个销售点。在各大国际展会上也屡获殊荣,并吸引了无数政商名流与品位人士的青睐。

资料来源:侯丽,"法蓝瓷的品牌发展之路——台湾法蓝瓷品牌创始人陈立恒访谈",《中国文化报》,2007年6月11日;肖怀德,"法蓝瓷成时尚大品牌的背后",《中国文化报》,2012年10月27日。

以上介绍了品牌定位的两大策略——基于企业视角和基于顾客利益视角的定位策略。总体而言,这些策略的目的是使顾客记住企业所传达的信息,能够将企业品牌与竞争品牌很好地区分开来,在顾客大脑中起到独树一帜的效果。至于选择什么策略,则取决于企业的产品类别、目标顾客的需求,以及企业的资源条件等。对于不同类型的产品,企业应考虑采取不同的定位策略。对于工业品而言,应采取基于企业视角的能力定位方式,强调技术能力的专业性,这样更能体现出工业品优良的品质;对消费品而言,应采取基于顾客利益视角的定位策略,在上述八个策略中进行灵活选择;对于服务类企业来说,表达出愿为顾客提供贴心服务的态度最为重要,因此,采取企业视角中的态度定位方式更容易得到消费者的认同。

学术智库 2-1

判断修正中的搜索和校准:对品牌定位的启示

该文研究了在出现有损品牌定位的信息后,消费者对于具体特质定位(如6个气缸、7.5秒加速至60千米/小时)的品牌或抽象特质定位(如终极驾驶汽车)的品牌的态度是否发生改变。研究发现,在消费者涉入度较低(投入较少注意力)时,相对于具体特质定位的品牌,消费者对抽象特制定位品牌的态度不易发生改变。这是因为,在涉入度较低时,抽象特质定位比具体特质定位信息更容易被记住。而在消费者涉入度较高(投入较多注意力)时,相对于抽象特质定位的品牌,消费者对具体特质定位品牌的态度不易发生改变。因为在涉入度较高时,对抽象信息的记忆优势不复存在。因此,营销者在作品牌定位决策时,还应考虑消费者在何种情境下获得品牌定位信息的(高涉入度还是低涉入度),以便于更好地抵御负面信息。

文献来源:Pham M. T. & Muthukrishnan A. V. 2002. Search and Alignment in Judgment Revision: Implications for Brand Positioning [J]. Journal of Marketing Research, 39(1): 18-30.

第四节 品牌再定位

如前所述,品牌定位要遵循始终如一的原则。在定位完成后,不能轻易改变和随意变动,应保持稳定性、连续性和持续性。然而,定位的稳定性也是相对的。在品牌发展的过程中,由于企业面对的市场环境在不断变化,消费者的需求在不断变化,竞争对手也在变化,这时原有定位可能变得不再适用,企业需要对品牌进行重新定位,以获取持续的竞争优势。

所谓品牌再定位,指品牌打破在消费者心智中保持的原有位置与结构,使品牌按照新的观念在消费者心智中重新定义,以创造一个有利于品牌的新位置。

一、品牌再定位的动因

品牌再定位的驱动因素可分为外因和内因两大类,具体来说,有下列因素导致了品牌的再定位:

1. 原有定位存在问题

品牌定位是否成功,要看能否得到消费者的认可。当产品进入市场后,如果消费者反应冷淡,销售情况与预期差距太大,那么企业就应该进行市场分析。如果因为品牌原有定位存在问题,就应该进行品牌的重新定位。品牌定位可能出现的问题有:定位模糊不清、定位过于狭窄,以及定位遭遇危机等。

定位模糊不清,使得消费者不知道该品牌与其他品牌相比有何差异。这种状况可能由于品牌定位太多,或随意改变定位造成的。例如七喜饮料在20世纪30年代宣称自己是"消除胃部不舒服的良药""喝7Up它能使你胃口舒适,并帮助你解除饭后压抑的感觉。在晚上,你发困打呵欠时,打开一瓶7Up,提提神"。这一定位得不到消费者的认同。到1942年,七喜又将自己描绘成"清新的家庭饮料";进入60年代,七喜又推出"不含酒精的清凉饮料"的定位。七喜的品牌定位历经变迁,却一直无法占据消费者心中的一席之地,有人认为它是调酒用的饮料,有人认为它是药水。直到1968年,七喜与百事可乐、可口可乐比附,定位于"非可乐",一举获得巨大的成功,成为品牌定位中的一大经典案例。

定位过窄指品牌瞄准的细分市场规模过小,或目标消费群太小。品牌在消费者心目中甚至成为某类产品的代名词,比如,康师傅=方便面,雀巢=咖啡。如果狭窄的定位不能为企业取得应有的市场占有率和利润,那么,这时就需要扩大定位。值得一提的是,许多企业采用品牌延伸的方式对品牌定位的范围进行拓展。然而随着品牌向更多类产品的成功延伸,品牌在消费者心目中明晰的形象有可能变得模糊,品牌原来的定位就不适用了,再定位也成为必然选择。

原有定位遭遇危机指品牌遭遇不可抗力的损害,例如,新政策的出台等。这种风险通常不由企业所能控制,而品牌往往是最大的受害者。如感冒药康泰克在国家有关部门明令禁止销售含PPA成分的感冒药之后,不得不对品牌重新定位,特别强调其新品不含PPA。

2. 市场环境的变化

市场类型发生转变,市场结构发生变化,原有的品牌定位不能再为企业赢得竞争优势时,品牌就要考虑进行再定位。如新兴的市场由导入期进入成长期,或者由成长期进入成熟期,市场的集中度和竞争状况发生改变,原有定位提供给消费者的利益已经不能满足消费者的需求。如果企业不能及时构思新的定位,就会出现企业品牌在市场竞争中的知名度、美誉度下降以及销量、市场占有率降低等品牌老化现象。

例如手机行业,在导入期时,手机的移动通话质量是消费者最关注的。摩托罗拉以稳定的通话质量定位于技术领先,并凭着这一定位占据了手机市场的领导者地位。随着技术的发展和市场的成熟,新企业纷纷涌入,产品质量趋同,市场升级为成熟市场,众多商家激烈争夺市场,摩托罗拉的原有定位对消费者失去了吸引力。尤其是其竞争对手诺基亚率先将手机定位为时尚数码产品,夺取了大量的市场份额。在市场占有率一再下滑的趋势下,摩托罗拉一改原有的技术领先的定位,把品牌与时尚联系在一起,重点区隔并定位在年轻人的市场,让动感、时尚、引领潮流与摩托罗拉品牌相结合。摩托罗拉索性将品牌名称缩减为个性化的"MOTO",并启动了声势浩大的再定位的传播活动。

3. 消费者需求的变化

当消费者的需求发生变化,原有定位不能满足消费者的新偏好与新需求,并且影响品牌的市场份额时,需要考虑进行再定位。随着社会风尚、消费文化的变迁,消费者的需求

品牌营销

和消费观念发生了较大的改变,也就使得品牌要以新的角度、方式、风格来表现、深化、丰富自己的价值,以便更好地与目标消费者沟通。另外,消费者心理永远存在着不断寻求新产品、新品牌的动机。该动机让消费者乐于、勇于尝新。因此,企业需要定期进行市场调查,以掌握消费者需求的变化趋势。

案例 2-7

百雀羚:老树新花有秘密

百雀羚,这个诞生于1931年,经历了80年风霜雪雨洗礼的中国老字号化妆品品牌,20世纪曾经散发出耀眼的光芒,然而,在日新月异、大浪淘沙的行业竞争浪潮中,却一度被淹没。原因何在?那就是老字号所蕴藏的"诚信·优质"的品牌核心价值已不能满足消费者尤其是年轻消费者更深层次的需求,必须给品牌注入新的内涵,契合消费者的价值需求,品牌才能重新焕发生机。

不可否认,在护肤品领域,本土品牌长期被以欧莱雅、玉兰油、资生堂等为代表的跨国品牌打得溃不成军,只能挤在细分市场甚至流通领域苟延残喘。这个状况从佰草集开始有了改观。佰草集凭借"本草"这一特色国粹成功打破了跨国品牌对中高端市场的垄断。紧接着,相宜本草沿袭了佰草集的套路,改走中低端价格路线,避开同佰草集的直接竞争,虽无新意但仍然使其从激烈的市场竞争中破茧而出,成为中国护肤品领域的又一道风景线。

寻找不一样的"草本"。百雀羚确立了品牌属性——"本草护肤品"后,接下来做的是在品牌属性的基础上进行演绎,重点是进行品牌定位以区隔佰草集、相宜本草等同属性品牌。佰草集的"自然、平衡"理念和相宜本草的"内在力、外在美"理念,从严格意义上来说,是一个比较宽泛的诉求,难以形成强有力的定位。在品牌定位层面上百雀羚比佰草集和相宜本草更聚焦,"天然不刺激"的"温和护肤"诉求更清晰、更直白,更容易被消费者理解。

在广告传播方面,面对着"80后""90后"的化妆品重点目标消费群,百雀羚通过电视、网络、微博以及传统展会等卓有成效的结合,达成品牌传播和促销信息的传递,一手抓销售,一手抓品牌,将销售结果与品牌升位紧密地焊接在一起,实现了销售与品牌的有效互动。百雀羚密切关注其目标消费群的聚集点,将广告投放在收视排名前三甲的卫视的王牌节目。2010年,百雀羚选择在湖南卫视《快乐女声》、江苏卫视《非诚勿扰》等投放广告;2011年,以933万元夺得湖南卫视《2011年快乐女声》广告套播标王;2012年拥抱最炙手可热的浙江卫视《中国好声音》,正是延续了原有的广告投放策略。

另外,百雀羚启用莫文蔚代言"草本护肤",对百雀羚品牌定位及顾客群的定位也起了重要作用。莫文蔚的"国际范儿"与百雀羚的"东方美"巧妙契合,迅速吸引了消费者、媒体的眼球。随着莫文蔚代言广告的热播,沉睡在消费者心中已久的经典百雀羚似乎一夜之间"复活"了。

资料来源:高源、陈海超,"百雀羚:老树新花有秘密",《销售与市场(评论版)》,2013年第1期。

4. 竞争者的变化

竞争品牌在争夺市场时往往采用比附定位的方式,或者在价值理念上,或者在品牌形象的塑造上,或者在产品属性的开发上模仿领先者的品牌,想要一举进入市场竞争的第一集团军。面对这种情况,领先品牌需要做的是在品牌传播上再定位,提升、完善原定位。

例如,世界上最成功的快递公司——联邦快递,以快速服务为定位,取得了令人瞩目的成绩。但有一天,联邦快递公司发现其他公司纷纷效仿自己,也以快速服务为定位;于是提出,不论条件如何恶劣,联邦快递都将按时交货——"联邦快递,使命必达",从而与其他效仿者区别开来。它并没有脱离快速服务的定位,不过是在此基础上再次加强原有定位并赋予新的含义。

5. 企业品牌战略的改变

企业实行多角化战略、多品牌经营战略,原有的品牌定位无法统摄企业不断扩张的生产线和进行多元化经营,使消费者对产品的印象越来越模糊;实施多品牌经营战略后,消费者对品牌的关注丧失焦点。这时候,需要重新审视品牌定位,在调整品牌架构的基础上进行多品牌或者母子品牌的再定位。

二、品牌再定位时应考虑的因素

在作出品牌再定位的决策之前,企业必须考虑多方面的因素,包括以下几个方面:

1. 品牌再定位需要资金、人力、物力的投入

品牌再定位需要耗费大量的资金、人力和物力。整个再定位的过程中,将牵涉到多种费用开支,如调研费用、咨询费用、识别系统的设计制作费用、营销推广费用等,而且成本往往非常高昂。一般来说,新的定位离原定位越远,所需费用越高。品牌再定位的资金、人力、物力的投入通常会超过第一次定位。因为新定位的建立需要消除原有定位的影响、获得消费者的认同,需要加大营销传播的力度。同时,对于消费者接受新定位的时间,要有充分的估计。在从原有定位转入新定位的过渡阶段,消费者不可能马上就接受新定位,产品的销售势必会受影响。因此,是否有足够的资金和实力,就成为企业预先估算能否成功实施品牌再定位的首要因素。

2. 品牌再定位能获得多大的回报

既然品牌再定位要耗费高额的费用,那么就需要仔细估算再定位后带来的收益,简单地说,就是一个值不值得的问题,只有收益大于投入,才值得去实施。目标市场的容量、发展潜力、消费者数量和平均购买率、竞争者的数量和实力等因素都是影响企业品牌再定位的重要因素。当然,在预测评估时,要将眼前收益与长远利益结合起来,在经过仔细分析和研究后,预测投入产出比,再决定品牌再定位是否值得实施。

3. 品牌再定位面临的困难和风险

企业在品牌再定位的过程中,会面临一定的困难和风险,具体说来有如下几点:

(1) 企业内部难以达成共识

对企业高层来说,品牌再定位牵涉到整个品牌战略的诸多层面,需要耗费大量的资金、人力和物力,决策时势必会有多种声音。从企业整体来说,品牌再定位需要面临不

确定的未来,人们总是天性厌恶不确定和风险性,因循守旧总是比改革创新的阻力更小。从企业员工来说,原有的品牌定位已经深入人心,出于怀旧的心理,有些员工不愿进行改变。

(2) 现有企业文化是否支持品牌再定位

虽然品牌再定位的目标是使品牌按照新的观念在消费者心智中重新定义,以创造一个有利于自己的新位置,似乎只牵涉到品牌与消费者的互动。然而,品牌再定位离不开企业员工的付出。从某种程度而言,品牌再定位也是一种变革,会牵涉到企业内部各个部门和员工个体的利益调整。变革总是会遭遇阻力,现有的企业文化对待风险、对待不确定性因素、对待变化的态度如何,也是品牌再定位的风险来源之一。

(3) 消费者不认同新的定位

消费者不认同新定位的原因是多方面的,或者因为原有定位的忠诚客户已经与品牌建立紧密的关系,不愿意看到品牌定位的变动;或者新的定位有可能在诸多环节中的某一处出现偏差,无法打动消费者的心。

(4) 品牌再定位可能丧失原有的市场

品牌再定位面临的困境之一就是在维持老顾客和吸引新顾客之间取舍、平衡。再定位之后的品牌增强了对新顾客的吸引力,但是却失去了老顾客的人心。这意味着品牌再定位花费了大气力开拓了新市场,却丧失了原有的市场。如果新市场带来的利润不能弥补老市场的收益,或者两者之间的利润差不能弥补品牌再定位的投入,那么,就都是得不偿失的。因此,在品牌再定位时,要考虑原有市场的消费者与新市场的消费者之间的差异是否太大。

以上这些因素,都是企业再定位前需要权衡考虑的。

本章小结

品牌定位是品牌营销的起点,就是要在目标顾客的大脑里占据一个独特的位置,即形成一个和其他品牌比起来有价值的形象。通过定位能够使顾客记住企业所传达的信息,这有利于企业整合营销资源、打造强势品牌,也是确立品牌个性和品牌形象的基础。

品牌定位应该遵循以下原则:(1) 基于顾客的需求;(2) 突出与竞争对手的差异化;(3) 简明扼要;(4) 始终如一。

品牌定位决策要遵循以下五个步骤:(1) 消费者需求分析;(2) 品牌竞争者分析;(3) 企业资源优势分析;(4) 确立品牌定位;(5) 品牌定位的传播和监控。

品牌定位策略包括基于企业视角的定位和顾客利益视角的定位。企业视角的定位包括基于企业能力、基于企业态度和基于企业资源的定位方式。顾客利益视角的定位包括功能价值定位、体验价值定位和象征价值定位。

在品牌发展的过程中,由于品牌原有定位存在问题,或市场环境的变化、消费者的需求的变化、竞争对手的变化,以及企业自身品牌战略的变化,原有定位变得不再适用,这时企业需要对品牌进行重新定位,以获取持续的竞争优势。在品牌再定位前,企业必须考虑多方面的因素,如企业的投入与回报、品牌再定位面临的困难和风险等。

复习思考题

1. 简述品牌定位的涵义。
2. 理解品牌定位的原则。
3. 简述品牌定位决策的步骤。
4. 品牌定位有哪些策略选择？分别举例说明。
5. 为什么要进行品牌再定位？
6. 品牌再定位应注意的问题有哪些？

课后案例

屈臣氏的品牌定位

1828年，有一位叫A.S Watson的英国人在广州开了家西药房，取名广东大药房。1841年药房迁到香港，并根据粤语发音将公司名译为"屈臣氏大药房"（A.S. Watsons & Company）。1981年，"屈臣氏大药房"成为李嘉诚旗下和记黄埔有限公司（简称和黄）全资拥有的子公司后，前期发展过程并非一帆风顺，经历了很多挫折。但在和黄雄厚的经济实力和灵活的经营理念指引下，屈臣氏进行了一系列的经营规划和模式创新，发动了一场商业模式的革命，从而在亚洲迅速崛起，成为家喻户晓的零售品牌。

屈臣氏在调研中发现，亚洲女性会用更多时间进行逛街购物，她们愿意投入大量的时间去寻找更便宜或是更好的产品。极度重视消费者调研的屈臣氏因此最终将中国内地的主要目标市场锁定在18—40岁的女性，特别是18—35岁的时尚女性。这个年龄段的女性消费者是最富有挑战精神的，她们喜欢用最好的产品，寻求新奇体验，追求时尚，愿意在朋友面前展示自我。她们更愿意用金钱为自己带来大的变革，愿意进行各种新的尝试。这一阶段的女性是收入增长最快的一个群体，而屈臣氏更进一步瞄准的是这一群体里月收入在2 500元人民币以上的女性。

在零售连锁的品牌理念上，屈臣氏选择了主打主题式的商超氛围。作为对目标消费群的迎合，屈臣氏倡导的是"健康、美态、欢乐"的品牌经营理念，专注于个人护理与保健品的经营。屈臣氏产品最大的特色便是处处传达这三大理念。药品及保健品保留着创店以来的特色，倡导"健康"；美容美发及护理用品所占比重最大，种类也最繁多，表达着"美态"；而独有的趣味公仔及糖果精品则传递着"乐观"的生活态度。为了配合这三大经营理念，公司的货架上、收银台上和购物袋上都会有一些可爱的标志，给人以温馨、愉快、有趣的感觉，象征着"健康""美态""欢乐"。当消费者走进屈臣氏店面的时候，给人的感觉不是走进了一家超市，而是一家贴心的、专业的个人护理店。屈臣氏在国内首次提出"个人护理专家"的概念，可谓"一石多鸟"，它既奠定了自己护理专家的领先地位，又迎合了目标顾客个性化的需要，更重大的革新是倡导了一种全新的购物理念和生活态度，帮助人们在健康美容方面作出积极的改善从而快乐地享受人生。

为了让18—40岁的这群"上帝们"更享受，屈臣氏费尽心机。在选址上，最繁华的商

品牌营销

圈是屈臣氏的首选,有大量客流的街道,或是大商场、机场、车站,或是白领集中的写字楼等地方也是其考虑对象。货架布置上更有讲究,为了方便顾客,屈臣氏将货架的高度从1.65米降低到1.40米,并且主销产品在货架上的陈列高度一般在1.30米至1.50米,同时将货架设计的足够人性化。在商品的陈列方面,屈臣氏注重其内在的联系和逻辑性,分类按逻辑顺序摆放。并且在不同的分类区域会推出不同的新产品和促销商品,让顾客在店内不时有新发现,从而激发顾客的兴趣。目前,屈臣氏五大重点品类是护肤、美发、男士、化妆和健康品,共有超过2 000种单品。从蒸馏水到面膜乃至精华水,丰富的产品种类以及完备的产品线,使得个人护理方方面面的产品几乎都可以找到。从2001年起,屈臣氏开始着力发展自有品牌,产品种类覆盖了五大重点品类。

目前屈臣氏已经拥有500多万会员。会员卡除拥有普通折扣、购物消费积分、积分抵扣现金等基本功能外,还可以根据顾客的消费习惯,量身定做一些个性化的信息与消费者沟通。会员卡可以帮助屈臣氏对消费者的购买行为进行记录及分析,而这些非常有价值的分析能让屈臣氏学习和研究目标消费群的消费行为特点和变化趋势,改良和升级产品,推出更符合消费者需求的产品。除此之外,屈臣氏现在进一步拓宽了会员卡的内涵:"我的健康另一半"和"我的Fun另一半"。屈臣氏通过一系列的户外活动、演唱会、电影欣赏会、明星见面会等活动,让会员可以获得"健康生活"和"Fun"的体验。通过会员卡的形式进行的种种积聚目标消费群的行为,也为屈臣氏抗击网络冲击,提高单店盈利提供了一种新思路。

资料来源:龙真,"屈臣氏:品牌暗战",新浪财经,http://finance.sina.com.cn/leadership/mroll/20091230/16077176304.shtml,2009年12月30日。

案例讨论题

1. 请评价屈臣氏的品牌定位。
2. 结合屈臣氏的案例,谈谈你对品牌定位的理解。

第三章　品牌设计

> 在定位时代中，你要做的最重要的营销决策便是为产品取个名称。
>
> ——A. 里斯和 J. 特劳特

本章主要阐述以下几个问题：
- 品牌名称设计的类型有哪些
- 品牌名称设计的策略是什么
- 如何设计品牌标志

第一节　品牌名称设计

品牌设计是文字、标志、符号、图案和颜色等要素或构成的组合，用以识别某个销售者或某群销售者的产品或服务，并使之与竞争对手的产品或服务区别开来的商业名称及其标志。品牌设计分为品牌名称设计和品牌标志设计。

一、品牌名称的意义

品牌名称是品牌识别中可以用文字表述并用语言进行传播的部分，也称"品名"，如可口可乐（Coca-Cola）、奔驰（BENZ）、奥迪（Audi）等。"好名字自己会说话"，一个好的品牌名称本身就是一句最简短、最直接的广告语，能够迅速而有效地表达品牌的核心内涵和关键联想。中国自古就有"正名"之说，所谓"名不正则言不顺，言不顺则事不成"。具体而言，品牌名称有以下四个方面的意义：

首先，品牌名称能够提供品牌联想。它能激发消费者对于品牌的一种感知联想，一提到某个品牌名称，人们马上就会自然而然地对该品牌所代表的产品或服务的质量、形象、特色等产生一个整体的印象。在这一点上，东方人和西方人由于思维方式不同，对品牌名称的联想也是不同的。"东方综合，西方分析"。所谓"综合"，就是把事物的各个部分连成一个统一的整体，强调事物之间的联系。所谓"分析"，就是把事物的整体分解为许多部分，独立地观察事物的各个部分。因此，东方人重"意"，西方人重"形"。东方人比西方人更善于对词汇进行语意上的联想，找寻词汇的含义与其他词汇的关系；而西方人更习惯于对词汇本身进行形式上的联想，例如读音。因此，在汉语语境下，品牌名称应该从语意角度激发人们的正面联想。比如，"Coca-Cola"译作可口可乐，会使人联想到饮料口感良好，让人快乐舒心；而"万事发"则会让人产生不吉利的"多事之秋""东窗事发"等负面联想。而在英语语境下，品牌名称更应从语音角度唤起消费者的积极联想，如索尼品牌的英文名称"SONY"，与英文单词 sonny 同音，而 sonny 是"宝贝、小男孩"的意思，容易使英语国家的消费者产生较好的联想。而我国品牌"长虹"，在国外市场直接用汉语拼音 CHANGHONG 作为品牌名称，这在外国人眼中没有任何含义。

其次,品牌名称能够从不同侧面诠释品牌的核心价值,成为品牌传播的最好载体。比如 Gucci 品牌中文名译作"古驰",突出了产品古典朴素的设计;eBay 拍卖网站的中文名译作"易趣",传达的不仅是"交易的乐趣",还有"乐趣的交换";Pampers 的中文名译作"帮宝适",传递了给宝宝提供最贴心的照顾,让他们舒适惬意,令父母放心的核心价值。这些品牌名称使消费者一听就可以了解到品牌的核心价值,能够带给消费者的利益所在。

再次,在新品牌进入市场时,品牌名称对消费者的影响作用是最大的。根据心理学中的首因效应,即最先进入人们脑海中的信息会影响人们后来作出的分析和判断,因此一个好的品牌名称会使人们在第一时间对该产品和品牌产生偏好,在大脑中留下积极的印象,这种积极印象将正面影响消费者在后续对产品和品牌的评价。

最后,成功的品牌名称能够加强其品牌核心价值的专业性,进而产生巨大的影响力。比如瑞士经典名牌"劳力士"凭借其多项手表创新技术在业界独占鳌头,其品牌名称"Rolex"的后缀"-lex"也由此产生了"精确"的含义。以至于后来许多品牌都以"-lex"做后缀,以传达"精确"之意。因此,现在的市场环境需要企业具备全球眼光,为跟全球经济接轨,品牌名称的国际化成为一种必然的趋势。

二、品牌名称设计的原则

消费者对品牌的认知始于品牌名称,企业要确定一个有利于消费者认知,能传达品牌发展方向、价值和意义的名称,需在法律、营销及语言三个层面遵循以下原则:

1. 法律层面

(1) 具有法律的有效性

在为品牌命名时应遵循相关的法律条款,这样才能使品牌名称受到法律保护。企业首先应考虑该品牌名称是否有侵权行为,品牌设计者要通过有关部门,查询是否已有相同或相近的名称被注册;其次,要向有关部门或专家咨询该品牌名称是否在《商标法》允许注册的范围以内。有的品牌名称虽然不构成侵权行为,但仍无法注册,难以得到法律的有效保护。例如,武汉的一家餐饮企业最初取名为"小南京",在短短的几年内该企业迅速成为湖北地区有名的餐饮品牌。当餐饮者准备申请注册时才知道,我国《商标法》规定县级以上行政区划的地名或者公众知晓的外国地名是不能作为商标名称进行注册的,当然也就不会受到法律的保护。幸运的是,该企业运用了"南京"的谐音"蓝鲸",将"小南京"改为"小蓝鲸",加上一定程度的宣传,使消费者较快地认可了新的品牌名称。

资料 3-1

《商标法》中关于商标使用的禁止和限制方面的规定

《中华人民共和国商标法》(简称《商标法》)同时规定了以下标志不得作为商标注册:(1) 仅有商品的通用名称、图形、型号的;(2) 仅仅直接表示商品的质量、主要原料、功能、用途、重量、数量及其他特点的;(3) 缺乏显著标志的。但上述标志经过使用取得显著特征,并便于识别的,可以作为商标注册。

《商标法》规定禁止在商标中使用下列文字和图形：(1) 同中华人民共和国的国家名称、国旗、国徽、军旗、勋章相同或者近似的，以及同中央国家机关所在地特定地点的名称或者标志性建筑物的名称、图形相同的；(2) 同外国的国家名称、国旗、国徽、军旗相同或者近似的，但该国政府同意的除外；(3) 同政府间国际组织的名称、旗帜、徽记相同或者近似的，但经该组织同意或者不易误导公众的除外；(4) 与表明实施控制、予以保证的官方标志、检验印记相同或者近似的，但经授权的除外；(5) 同"红十字""红新月"的名称、标志相同或者近似的；(6) 带有民族歧视性的；(7) 夸大宣传并带有欺骗性的；(8) 有害于社会主义道德风尚或者有其他不良影响的。

县级以上行政区划的地名或者公众知晓的外国地名，不得作为商标。但是，地名具有其他含义或者作为集体商标、证明商标组成部分的除外；已经注册使用地名的商标继续有效。

资料来源：中国法律网，http://www.cnfalv.com/a/jd23/8402.html，2007 年 2 月 28 日。

(2) 品牌命名要具有保护意识

一直以来，我国的市场中都不乏处心积虑的市场追随者，企业如果在为产品命名时缺乏对品牌名称的保护意识，可能会酿成严重的后果。2001 年年初，吉林九鑫集团代理济南东风制药厂生产的扬帆牌新肤螨灵霜，投入了几百万的资金进行了市场运作，进入广州市场。由于这是国内第一个提出"杀螨益肤"概念的产品，因此扬帆牌新肤螨灵霜很快在广州热销。然而不久其他化妆品厂相继向市场推出了与扬帆牌新肤螨灵霜外包装相似但价格却便宜得多的新肤螨灵霜，进行终端拦截。在针对消费者的低价和针对药店的高折扣率的双重作用下，消费者和终端药店纷纷弃扬帆牌新肤螨灵霜而走。一时间扬帆牌新肤螨灵霜受到了巨大的冲击，销量一路下滑。由于济南东风制药厂在给产品命名时采用的是"注册商标 + 通用名"的方式，因此从法律意义上来讲，受保护的只有注册商标扬帆牌，而通用名新肤螨灵霜是不受保护的。提出创新型概念和产品的企业尤其要注意这一点。

2. 营销层面

(1) 品牌名称要具有易记忆性

消费者是以听觉形式（如广播广告、吆喝和口头传播）和视觉形式（如广告和包装的印刷部分）来接触品牌名称的，因此品牌的易记忆性是品牌选择标准的关键一项。品牌研究的著名学者阿克曾指出："易记忆性是消费者进行进一步的信息处理和有效的品牌定位的先决条件。"

学术智库 3-1

汉语和英语的品牌名称记忆

亚太地区的语言（如汉语）是基于形意的书写体系，而西方国家语言（如英语）采用的是字母体系。有学者研究了语言差异对思维影响的差异，这会进一步影响消费者对口头信息(品牌名称)的记忆。他们在北京和芝加哥分别以中国学生和美国学生为样本进行了实验研究,结果发现:汉语的口头信息的表示主要以视觉方式编码,而英语的口头信息的表示主要以音韵方式编码。因此,营销者应进一步增强讲汉语的消费者依赖视觉表示的倾向,以及讲英语的消费者依赖音韵表示的倾向。这可以通过针对汉语消费者选用视觉独特的品牌名称的书写或书法以及强调书写的图案设计来实现。而目标针对英语消费者的营销者应通过采用押韵和拟声的名称设计,努力运用其品牌名称的发音特点。

资料来源:Bernd H. Schmitt, Yigang Pan & Nader T. Tavassoli. 1994. Language and Consumer Memory: The Impact of Linguistic Differences between Chinese and English[J]. Journal of Consumer Research, 21: 419-431.

(2)品牌名称要结合考虑目标消费者的感知

消费者总是从一定的背景出发来评价品牌名称,因此,品牌名称要适应目标市场的文化价值观念,否则会产生不利的影响。著名服饰品牌"金利来",它的英文名称是"Goldlion",最初取名为"金狮"。然而"金狮"在粤语发音中被读成"金输",显然这是犯忌和不吉利的,受到商务人士的反感和抵制。为了讨个好口彩,于是将"Goldlion"的意译与音译相结合,Gold意译为金,Lion谐音读为"利来",最后经过广泛的传播,终于深入人心。

一些企业在命名的时候只考虑到中文名字的褒义,直接将对应的外文单词作为品牌的外文名称。比如,上海名牌凤凰牌自行车一直以英文"Phoenix"为外文名字,汉语里凤凰是代表吉祥的一种神鸟,使人想到"吉祥""如意"等。可是在英语文化里,它是"再生"的象征,看到这种牌子的车,会使人有一种"死而复生"的尴尬联想。又如,中国名牌白象电池在美国的销量不佳,因其英文名字"White Elephant"在美国文化里是"贵重而累赘的东西"。再如,福建雅客食品公司(Yake)曾经在央视播出的广告中有这样一句广告语:"雅客糖果,Yake"。殊不知"Yake"在发音上与英语中的象声词"yuk"同音,是"令人作呕,恶心的意思"。如果这样的糖果出口到国外,顾客会买这种"令人作呕"的糖果吗?因此,确定品牌名称,需要考虑名称是否在另一语境中带有贬义,以及是否符合目标市场的文化价值观。

资料 3-2

在别国出现问题的品牌名称

下面列举了一些在别国曾出现问题的品牌名称:

- 大众汽车公司曾在推出它的一款新车之前,将该车名称由 Diago 改为 Vento,原因是它与球星马拉多纳的名字 Diego 相像。英国人一看到这个名字,就会想起 1986 年世界杯时马拉多纳一记引起争议的进球,使得英国无缘成为当年的世界杯冠军。
- 西班牙面包品牌 Bimbo 在英语中指迷人却智力低下的少妇。
- 在澳大利亚,杜蕾斯(Durex)代表胶带。当澳大利亚旅游者在欧洲的商店里求购这一品牌的胶带时,会引来人们异样的目光,因为杜蕾斯在欧洲是避孕套品牌。

- 在英国,雪铁龙公司生产的汽车品牌 Evasion 被更名为 Synergie,因为 Evasion 在英国代表逃税。
- 埃及航空公司 Misair 在法语中的发音与"悲惨"一词相似。
- 卡夫食品公司生产的 Sanka 咖啡,在西班牙语国家中会让人联想到人的臀部。
- 劳斯莱斯的 Silver Mist 牌轿车在德语地区不受欢迎,原因在于 Mist 在德语中是"粪车"的意思,后来该车更名为 Silver Shadow。
- 通用公司生产的汽车品牌 Nova 在西班牙语中的意思是"不能动"。

资料来源:里克·莱兹伯斯等著,李家强译,《品牌管理》,机械工业出版社,2004年。

(3)品牌名称要能形象地反映品牌定位

如"农夫山泉"就直接和形象地反映了其定位于"天然水"的概念;"舒肤佳"这一品牌名不但更广泛地切合了目标消费者的偏好,而且通过强调"舒"和"佳"两大焦点,给人以使用后会全身舒爽的联想。同样是宝洁公司的洗衣粉品牌,定位于中高端消费人群的叫做"碧浪",定位于普通消费人群的叫做"汰渍"。"碧"既是一种颜色特征也是一种清洁意蕴强烈的词语,"浪"则是直接的漂洗动作,整个品牌名称非常富有意境,也符合目标消费群的消费特征;而汰渍,则直接反映"淘汰污渍"的基本功能,也符合一般消费者的沟通水平。

(4)品牌命名要与时俱进,突出时代特色

为了在新的竞争环境中重新定位企业形象,展示企业新的文化理念,获取新的竞争力,特别是如果现有名称已经不能诠释品牌内涵,那么有必要进行更换。

(5)确立竞争中的独一无二性

尽管同一名称使用在不同类别的产品中是被法律认可的,但消费者却难以识别,因此企业在给品牌命名时最好做到独一无二,否则会使这些品牌的竞争力降低。据统计,我国以"熊猫"为品牌名称的有300多家,以"海燕""天鹅"为品牌名称的分别有193家和175家,取名为"长城"的产品(企业)有200多个。

3. 语言层面

(1)语音易读,朗朗上口

难以发音或音韵不好的字,是无法让消费者很快地熟悉品牌名称的,均不宜采用。例如吉普(Jeep)汽车的车身都带有 GP 标志,并标明是通用型越野车。Jeep 是通用型的英文 general purpose 首字母缩写 GP 的发音,它不仅易于发音,而且节奏感强,朗朗上口。像这样的品牌命名能够有效地发挥其识别功能和传播功能,易让消费者了解和记住。

(2)简洁明了

单纯、简洁、明快的品牌名易于形成具有冲击力的印象,而且名字越短,就越有可能引起公众的遐想,含义更丰富。日本《经济新闻》的一项调查结果表明,品牌名称的长度与消费者的认知相关:品牌名称长度为4个字的平均认知度为11.3%;5—6个字的为5.96%;7个字的为4.86%;8个字的认知度仅为2.88%。因此许多著名品牌多为2—3个字,常见的有:微软、奔驰、家乐福、海尔等。可见,名称越简洁越有利于传播,能使品牌在最短的时间内建立起较高的认知度。

(3) 构思独特

品牌名称应该具有独特的个性,标新立异,尽量避免与其他品牌雷同或混淆。例如,日本索尼公司,原名为东京通讯公司,本打算取3个英文单词的第一个字母TTK作为名字,但这类公司实在太多了。最后公司创办人盛田昭夫发现拉丁文"SONUS"是英文"SOUND"(声音)的原形,而且"SONNY"(意为"可爱的小家伙或精力旺盛的小伙子")这个单词也很流行,于是他结合这两个单词,将SONY作为公司名称,结果很快地传播开来。又如,世界著名香水品牌"Poison"由法国克里斯丁·迪奥公司推出,这个单词的含义是"毒药、毒液",让人看了大吃一惊,然而正是这种奇特的构思,吸引了众多的猎奇族,使"Poison"香水风靡世界。

(4) 语意要能够启发积极联想

赋予品牌名称相关的寓意,通过品牌名称与产品功能在意念上的联系,来启发人们丰富的想象力,让消费者从中得到愉快的联想,这种方式对品牌营销和占领市场往往有很大帮助。像中国的"春兰"空调,就给人以美好温馨的联想——春天的兰花让人感觉一阵清新迎面扑来。而像"可口可乐""雪碧""芬达"这样音韵好听,同时还能反映出软性饮料带给人们的生理感受的品牌名也是众人皆知的,一看到它们就会联想起饮用时自由畅快的感觉。这样的名称会博得消费者的广泛认同和接纳。

三、品牌名称设计的类型

一个好的品牌名称是品牌被消费者认知、接受,使消费者满意乃至忠诚的前提。品牌的名称在很大程度上会对产品的销售产生影响,可以帮助产品扩大知名度,提高品牌产品的市场份额。纵观国内外一些著名品牌,它们的名称既各具特色,又都遵循着共同规律,还包含着许多精彩的偶然创意,下面就是我们从这些命名实践中总结出的品牌名称设计的一些基本类型。

1. 地域命名

这种命名方法以产品的出产地或所在地的名称作为品牌的名称。这种方法通常是想凸显该地方生产此产品所具有的独特资源,由此而形成独一无二、竞争品牌无法替代的产品品质,以突出产品的原产地效应。消费者出于对地域的信任,进而产生对产品的信任。著名的青岛啤酒就是以地名命名的产品,人们看到青岛两个字,就会联想起这座城市"红瓦、黄墙、绿树、碧海、蓝天"的美丽景色,使消费者在对青岛认同的基础上产生对青啤的认同。又如,飞速发展的蒙牛乳制品,就是将内蒙古的简称"蒙"字,作为企业品牌的要素,消费者只要看到"蒙"字,就会联想起"风吹草低见牛羊"的壮观景象,进而对蒙牛产品产生信赖。再如,一种叫"宁夏红"的酒,就是以宁夏特产枸杞为原料酿制的滋补酒,其品牌命名就是通过突出产地来证实这种酒的正宗。由此可见,将具有特色的地域名称与企业产品联系起来确定品牌的方法,有助于借助地域积淀,促进消费者对品牌的认同。

2. 人物命名

将产品的发明者、企业的创始人或者与商品相关的某个明星的名字作为品牌名称的命名方法,可以充分利用名人名字的价值,以吸引消费者的认同。世界著名的"戴尔"电脑,就是以其创始人戴尔的名字命名的品牌。而中国的"李宁"牌,就是体操王子李宁利用自己的体育明星效应,创造出的一个中国体育用品名牌。像这样因人取名的产品能借助名人的威望及消费者对名人的崇拜心理,以语言文字作媒介,把特殊的人和产品联系起来,激发人们的回忆和联想,借物思人,因人忆物,容易留下深刻的印象。

3. 目标顾客命名

这种命名方法就是将品牌与目标客户联系起来,明确指出该品牌是为某一针对性群体服务,进而使目标客户产生认同感。"太太口服液"是太太药业生产的女性保健口服液,此品牌使消费者一看到该产品,就知道这是专为已婚妇女设计的营养保健品;同样,"太子奶"品牌,就使人马上联想到这是给孩子们消费的乳制品;还有"好孩子"童车、"娃哈哈"饮品、"乖乖"儿童食品等,也是儿童产品的绝好品牌。运用目标法来命名品牌,对于获得消费者认同具有强大的作用。

4. 形象命名

这种命名方法就是运用动物、植物或自然景观等来为品牌命名。它利用某个形象来使人产生联想的空间,并给消费者留下深刻的印象。比如圣象地板、小天鹅洗衣机、金丝猴奶糖、盼盼安全门、苹果电脑等。然而企业需要注意的是,这种联想应该是积极的、与品牌的价值利益相一致的,如果品牌命名的某种特定形象使消费者对产品认知产生了混淆和怀疑,那么会使得消费者对品牌产品不信任从而拒绝购买。

5. 企业命名

企业命名是指将企业名称直接用做品牌的名称,它有利于形成产品品牌、企业品牌相互促进,达到有效提升企业形象的目的。企业式名称又可分为两种类型:全称式和缩写式。全称式如摩托罗拉公司的摩托罗拉手机、索尼公司的索尼电器等。缩写式名称是用企业名称的缩写来为品牌命名,即将企业名称每个单词的第一个字母组合起来,这种类型的品牌名称较著名的有:IBM,全称为 International Business Machine,汉译名称为国际商用机器公司,公司生产的电脑产品的品牌名称为 IBM;3M,全称为 Minnesota Minning & Manufacturing Co.,汉译名称为明尼苏达采矿制造公司,公司所有的产品都以 3M 为品牌名称;类似的还有 TCL、LG、NEC 等。

6. 利益价值命名

利益价值命名就是利用企业追求的价值来为品牌命名,使消费者看到产品品牌,就能感受到企业的价值观念,感受到消费者从品牌中获得的利益。比如"飘柔"洗发水,以产品致力于让使用者拥有飘逸柔顺的秀发而命名;而"快译通""好记星"等,着重强调了产品的功能诉求;武汉"健民"品牌突出了为民众健康服务的企业追求;北京"同仁堂"、四川"德仁堂"品牌,突出了"同修仁德,济世养生"的药商追求。因此,运用价值法为品牌命名,不仅能够明确企业为顾客带来的直接利益,有时还能够为品牌注入深层次的精神价值观念,容易使消费者产生共鸣。

7. 数字命名

数字命名即以数字或数字与文字联合的形式来为品牌命名。运用数字命名法,可以使品牌增强差异化识别效果,借用人们对数字的联想效应,打造品牌的特色。如"三九药业"的品牌含义就是:健康长久、事业恒久、友谊永久。"7-11"是世界最大的零售商和便利店特许商,在北美和远东地区有 2.1 万家便利店,该公司用自己从 1946 年推出的深受消费者欢迎的早 7 点到晚 11 点开店时间的服务特色为企业命名,目前已成为世界著名品牌。

采用数字为品牌命名容易为全球消费者所接受,但也需考虑各国对不同数字的含义的理解,从而避免与目标市场国消费文化相冲突。如日本人回避数字 4,西方人忌讳数字 13。其他较著名的数字名称还有"001 天线""555 香烟"、"香奈儿 5 号香水(Chanel No.5)"等。

学术智库 3-2

字母数字品牌对消费者偏好的影响

该文研究了字母数字的品牌名称设计是否影响消费者对该品牌的偏好。字母数字品牌指由字母和数字(包括数字形式如"FIVE")组成的品牌名称,例如 7UP 软饮料和 Pentium IV 电脑芯片。结果发现,在字母数字品牌中,遵循"向上即更好"或"越大越好"的自然认知准则,消费者倾向于选择具有较大数字的品牌产品。同时,该研究发现认知需要的高低和产品类型(技术产品和非技术产品)会调节数字大小对品牌选择概率的影响。当消费者认知需要高时,消费者越倾向于建立数字大小和产品属性之间的关系,并且从字母数字品牌中分析和推断出产品属性的价值。当消费者认知需要低时,消费者越不会推断产品属性,直接遵循"越高越好"的启发式认知原则,认为更高级别的数字对应的品牌产品会更优。另外,针对不同的产品类型(技术产品和非技术产品),这种影响也是不同的。相对于非技术产品,技术产品的数字大小对消费者选择的影响作用更大,即与非技术产品相比,对于技术产品而言,消费者更加倾向于选择数字较大的品牌产品。

文献来源:Gunasti, K., Ross, W. T. 2010. How and When Alphanumeric Brand Names Affect Consumer Preferences[J]. Journal of Marketing Research, 47(6):1177-1192.

四、品牌命名的程序

现代品牌命名是一个科学、系统的过程,而不再是以前随意性的名称选择,专业化的企业品牌命名一般遵循以下过程:提出备选方案、评价选择、测验分析、调整决策、确定命名。

1. 提出备选方案

品牌设计者要根据命名的原则,收集那些可以描述产品的单词或词组。在收集备选名称时,常常运用的是头脑风暴法。头脑风暴法可以通过集思广益的方式在一定时间内得到大量的候选品牌名称,具体收集候选品牌名称的方法则因企业而异,如丝宝集团在为洗发水起名字的时候,是让营销人员尽可能地列出与头发相关的字,然后进行组合,并要求品牌名称不是语言文字的习惯组合,但能很好地寓意产品,如"舒蕾""风影"便是这样组合的产物。

2. 评价选择

有了若干个符合条件的候选品牌名称之后,再组织一个合理的评价小组,评价小组的成员最好包括语言学、心理学、美学、社会学、市场营销学等各方面的专家,由他们作初次评价。可供评价筛选的原则除了前面我们已经阐述的原则外,品牌名称还应该预示出企业良好的经营理念,不应该选择带有负面形象或含义的品牌名称;要从长远角度考虑,避免品牌名称高度狭窄的定位,以利于将来的品牌延伸。

3. 测验分析

对品牌名称的评价而言,消费者才是最终的决定者。因此,对选择的方案需进行消费者调查,了解消费者对品牌名称的反映,而调查问卷则是最有效的形式。调查问卷应包括以下内容:(1) 名称联想调查,即选定的品牌名称是否使消费者产生负面的品牌联想;(2) 可记性调查,了解品牌名称是否方便记忆,通常的做法是挑选一定数量的消费者,让他们接触被测试的品牌名称,经过一段时间后,要求他们写出所有能想起来的名称;(3) 名称属性调查,即调查品牌名称是否与该产品的属性、档次以及目标市场的特征一致;(4) 名称偏好调查,即调查消费者对该名称的喜爱程度。

4. 调整决策

如果测试分析显示的结果不理想,消费者并不认同被测试的品牌名称,就必须考虑重新命名,重新进行命名的程序步骤,直至获得消费者的认可,切不可轻率决定。

5. 确定命名

五、品牌名称的更新

(一) 品牌名称更新的原因

品牌名称一旦确定,不应轻易改变。因为改变名称,势必牺牲已有的品牌知名度,消费者需要重新认识新品牌,而企业则要花费很大的成本树立新品牌。然而,若品牌名称引发负面联想并影响企业销售,或企业的品牌战略发生改变时,企业则要考虑进行品牌名称更新。具体来说,品牌名称更新的原因包括以下几方面:

1. 品牌名称引发负面联想并影响企业销售

如果品牌名称引发了消费者的负面联想、有损品牌价值时,需要考虑更新品牌名称。例如,肯德基最初的写法为 Kentucky Fried Chicken,其中 Fried 一词是"炸"的意思,在美国越来越多的人把它和高胆固醇、不健康联系起来。因此,肯德基连锁店更多地使用 KFC 的简写写法,尽量避免 Fried 一词带来的负面影响。再如 2004 年,丰田公司的一系列敏感的广告事件(如广告中石狮向霸道品牌的越野车敬礼),引起了不少国内消费者的反感甚至抵制,丰田公司迅速反应,将该品牌 PRADO 的中文名"霸道"更名为"普拉多",以避免中国消费者对该品牌产生负面情绪。

2. 品牌名称限制了品牌延伸

如果品牌名称过于具体或指代性过强,则会对品牌延伸到其他类别产品造成限制和约束,因此需要考虑更新品牌名称。例如,美国的联合飞机公司(United Aircraft)将名称变更为联合技术公司(United Technologies),以便于公司的业务范围可以扩展到飞机制造业以外的领域。又如,我国知名品牌厦新也"变脸"为"夏新"。因为原"厦新"标识带有浓郁

品牌营销

的地域(厦门)色彩,改为"夏新"可去此局限;原英文标识Amoisonic也因受"声音"之意的局限(夏新以生产音频产品起家,sonic 意为"声音的")被改为"Amoi",因为经过20多年的发展,夏新现已涉足音频、移动通信、视频、IT、光电等多个领域。

3. 品牌定位发生变化

当品牌定位改变时,品牌名称的同步更新就势在必行了。如深圳太太药业集团名称更名为深圳健康药业集团公司。"太太"品牌的价值在这之前曾被评估为18.3亿元,为什么舍弃如此有价值的品牌而起用新的品牌名称呢?原因在于,公司的品牌定位已由女性保健品调整为从预防到治疗的整个健康产业,这样企业名称的改变也就势在必行了。

案例 3-1

汉庭集团更名华住酒店 淡化经济型酒店色彩

汉庭集团的更名计划终于尘埃落定,新的集团名称为"华住酒店集团"。这一更名行为,也为国内的几大经济型酒店集团吹响了进军中高端市场的冲锋号。

2012年11月20日,汉庭集团宣布,该公司正式更名为"华住酒店集团",取"中华住宿"之意。集团旗下5大品牌也有所更名,分别是禧玥酒店、全季酒店、星程酒店、汉庭酒店和海友酒店。其中,原来的中端品牌"汉庭全季酒店"去掉"汉庭"二字,更名为"全季酒店";经济型酒店品牌"汉庭快捷酒店"则去掉"快捷"二字,更名为"汉庭酒店"。"汉庭"二字从此不再是集团名称,只是集团旗下的一个经济型酒店品牌名称。

此前,汉庭集团高调宣布更名计划,面向全球征集新的酒店集团名称。更名背后,是经济型酒店集体进军中高端市场的行业方向。汉庭集团的更名,正是为了摆脱人们对"汉庭"二字形成的经济型酒店的固有印象,淡化整个集团的经济型酒店色彩,以更好地发展中高端市场。

一季度,汉庭集团出现了940万元的亏损,在美上市的汉庭一度跌破发行价。与此同时,中国经济型酒店的"拐点论"甚嚣尘上。为了应对行业出现的变化,四大经济型酒店纷纷选择向中高端市场进军的策略,而汉庭是其中动作较大的一家,也是目前四大经济型酒店集团唯一对集团进行更名的一家。

1月份,时任汉庭CEO的张拓卸任,公司创始人、董事长季琦开始兼任CEO,并提出了"蜕变"的概念,"蜕变"的方向,就包括向中高端市场发力、做全品牌酒店集团。6月份,汉庭控股收编了携程旗下国内最大的中档酒店集团星程,此外,也加快了中档品牌全季酒店的开店速度,随后,又推出了高端品牌禧玥酒店。

11月6日,汉庭(HTHT)发布三季度财报显示,三季度实现净利润1.036亿元人民币,环比增加38%,同比增加63.8%。

资料来源:刘中盛,"汉庭集团更名华住酒店 淡化经济型酒店色彩",腾讯财经,http://finance.qq.com/a/20121120/005491.htm,2012年11月20日。

4. 企业并购

当企业发生并购时,也常常意味着品牌名称的更新。例如,联合利华公司(Unilever)是由英国 Lever 公司与荷兰 Margarine Unie 公司合并而成,品牌名称改用两家公司名称的字母组合。时代华纳与美国在线合并后,改名为美国在线-时代华纳;IBM 公司收购普华永道咨询公司后,共同组建了 IBM 商业咨询服务公司。再如,早在 2004 年国际知名电商亚马逊公司就收购了卓越,但直到 2011 年 10 月才正式更名为亚马逊中国,品牌标志去掉了卓越字样。亚马逊用 7 年的时间将这种转化的影响降到最低,充分体现了亚马逊对用户体验的重视。

(二)品牌名称更新需要注意的问题

1. 选择恰当时机

更名对企业的发展具有深远意义,它不仅仅是品牌名称的简单变更,同时也是企业进入新的发展时期的重要标志。企业更名作为企业的一个重大事件,要选择"天时、地利、人和"的时机,如果企业处于重大经营危机或公关危机中,贸然变更品牌则势必使公众、媒体及合作伙伴产生不信任感。

2. 新名称要进行有序、有力地推广和管理

品牌名称作为企业 VI 系统的重要组成部分,一改了之显然不能成功。在改名之后,企业应责成管理部门进行内部的深化和外部的推广,否则就会出现虎头蛇尾的现象,甚至混乱不堪。

3. 向公众、媒体全方位讲解企业未来的发展战略

更改品牌名称,从一定程度上说明企业对其发展战略已经形成了更高层面的理解和更成熟的思路,因此应该利用各种形式向公众、媒体说明企业未来的目标和策略,以博得他们的好感和支持。如联想在更改品牌的英文标识后,通过媒体进行了强势宣传,再一次强化了其在该领域的地位。

第二节 品牌标志设计

品牌标志是指品牌中可以被识别但不能用语言表达的视觉识别系统,即运用特定的造型、图案、文字、色彩等视觉语言来表达或象征某一品牌的形象,构成一整套品牌视觉规范。品牌标志分为标志物、标志色、标志字、标志性包装等,它们同品牌名称等都是构成完整品牌概念的基本要素。事实上,几乎所有关于品牌的运作都涉及品牌标志设计,从产品的包装系统到品牌延伸、新产品开发管理,从营销网络的拓展到零售空间的管理等,一个成功的品牌标志设计所构建的稳定的、具有差异化价值的、简明易记的品牌视觉识别系统将会为品牌带来潜在的传播价值。

一、品牌标志的作用

品牌标志对于强势品牌的传播具有重要作用。心理学家的研究结论表明:人们凭感觉接收到的外界信息中,83% 的印象来自视觉,11% 来自听觉,3.5% 来自嗅觉,1.5% 来自触觉,另有 1% 来自口感或味觉。标志正是品牌给消费者视觉留下的印象,其重要性可见

品牌营销

一斑。与产品名称相比,品牌标志更容易让消费者识别。品牌标志作为品牌形象的集中表现,充当着无声推销员的重要角色,其功能与作用体现在以下几个方面:

1. 品牌标志生动形象,让消费者容易识别

我们看到,不识字的幼童看到麦当劳金色的"M"标志,便想到要吃汉堡包;喜欢汽车的幼童看到四个相连的圆圈就知道是奥迪,看到三叉星的标志会大声叫出奔驰。这些简洁形象的品牌标志使消费者十分容易识别品牌,从而在第一眼就能够彻底将其与其他品牌的产品区分开来。

2. 品牌标志能够引发消费者的联想

风格独特的标志能够刺激消费者产生美好的幻想,恰当地传达出品牌的定位、价值观和目标消费者的形象,使他们从中找到归属感,从而对该品牌产品产生好的印象。"艾诗"沐浴露设计在玫瑰花瓣上的标签、华美飘逸的字体和质地柔润的触感,使它传达出了对都市年轻女性生活的关怀和体贴,从而赢得了她们的钟爱。"星巴克"则从体验消费角度出发,设计的"双尾鱼女神"标志充满异域风情,富有浪漫色彩,能够引发消费者的联想。

3. 品牌标志能够提高品牌附加值

在品牌具有内在的高品质的前提下,包装设计和品牌标志的不同将会带来顾客对品牌产品认知价值的差异。在白酒领域,新生的"水井坊"将贴花工艺创新性地用到了包装上,再加上文物保护认证、地方风物的描绘图、"世界之星"设计大赛等附加因素的支持,构建起独特的品牌形象,从而打开了高端市场。

资料 3-3

苹果标志的由来

苹果公司成立于 1976 年,为全球知名科技公司之一。

苹果的第一个标志由罗纳德·韦尼(Ronald Wayne)设计,标志非常复杂,是牛顿坐在苹果树下读书的一个图案,上下有飘带缠绕,写着 Apple Computer Co. 字样,外框上则引用了英国诗人威廉·华兹华斯(William Wordsworth)的短诗,"牛顿,一个永远孤独地航行在陌生思想海洋中的灵魂。"据说该图案隐藏的意思是,牛顿在苹果树下进行思考而发现了万有引力定律,苹果也要效仿牛顿致力于科技创新。

乔布斯后来认为这一标志过于复杂,影响了产品销售,因此聘请 Regis McKenna 顾问公司的罗勃·简诺夫(Rob Janoff)为苹果设计一个新标志。

这就是苹果的第二个标志——一个环绕彩虹的苹果图案。1976 年到 1998 年间,苹果一直使用这一标志。

1998 年,苹果又更换了标志,将原有的彩色苹果换成了一个被咬掉一口的、半透明的、泛着金属光泽的银灰色标志,至今仍在使用。那么,为何这一苹果被咬掉一口呢?这或许恰恰正是设计者所希望达到的效果。在英语中,"咬"(bite)与计算机的基本运算单位字节(Byte)同音,因此这一"咬"同样也包含了科技创新的寓意。

| 1976 年 | 1976—1998 年 | 1998 年至今 |

资料来源：郭丽，"你知道苹果标志的由来吗"，设计百科网，http://sheji.baike.com/article-83153.html，2011 年 10 月 17 日。

4. 品牌标志有利于企业进行品牌宣传

品牌标志是最直接、最有效的广告工具和手段，品牌宣传可以丰富多彩，各种艺术化、拟人化、形象化的方式均可以采用，但核心内容应该是标志。企业应通过多种宣传手法让消费者认识标志、区别标志、熟悉标志、喜爱标志，不断提高品牌标志及其所代表的品牌知名度和美誉度，启示和激发消费者的购买欲望直至形成购买行为。

二、品牌标志设计的原则

美国商标协会对一个好的商标标志的特征界定如下：简单、便于记忆、易读易说、可运用于各种媒体形式、适合出口、细致微妙、没有不健康的含义、构图具有美感。因此，在品牌标志设计中，我们除了最基本的平面设计和创意要求外，还必须考虑营销因素和消费者的认知、情感心理。这些方面构成了品牌标志设计的五个制约原则，即营销原则、创意原则、设计原则、认知原则和情感原则。

1. 营销原则

品牌标志设计要体现品牌定位。品牌标志以品牌定位为基础，准确传递产品信息，体现品牌价值和理念，传递品牌形象，是消费者识别品牌的鉴别器。即使在同一品类，由于品牌来源、品牌角色、品牌文化、品牌地位的不同，品牌识别也表现出明显的差异。这就是为什么随着企业的发展，许多知名品牌开始更换品牌标志，因为它们原有的标志已经不能适应新的营销需要。

2005 年年底，腾讯网（QQ.com）宣布启用新品牌标志，以绿、黄、红三色轨迹线环绕的小企鹅标志（见图 3-1）取代过去的 QQ 企鹅图案（见图 3-2），其业务范围内的腾讯传媒、QQ 游戏等业务，都将于同期统一更换新标志。腾讯在成立初始只是一个单纯的即时通信服务提供商，今天已经发展成为一个集即时通信、新闻门户、在线游戏、互动娱乐等为一体的综合性互联网公司，因而以往的腾讯网标志已经不足以体现腾讯网现有的产业布局和经营模式，新标志倡导在线体验的五彩生活，体现了年轻活力，突出了创新精神。

图 3-1　腾讯网新标志

图 3-2　腾讯网旧标志

2．创意原则

从标志创意的视角，品牌标志设计须做到新颖独特、一目了然，给消费者以强烈的视觉冲击。在信息爆炸的时代，复杂、大众化的信息让人过目即忘，因此标新立异、匠心独运的品牌标志易于让消费者识别出其独特的品质、风格和经营理念。宝马（BMW）汽车以高雅的设计和卓越的功能著称于世，它的象征标志是一个圆，由蓝白两色将其分成四份，清晰、醒目且能够给消费者留下深刻的印象。

3．设计原则

设计原则一般涉及平面工艺设计的美学原则，品牌标志的设计在线条及色彩搭配上应遵守对比鲜明、平衡对称的原则。对比是指利用不同的大小、形状、密度及颜色，以增强可读性，更加吸引人们的注意力；平衡是指各要素的分布要令人赏心悦目，留下和谐的视觉印象。另外，品牌标志的设计还要清晰明确、隐喻象征恰当，采用象征寓意的手法，进行高度艺术化的概括提炼，形成具有象征性的形象。比如百威啤酒标志采用斜体字和小皇冠装饰图设计，显得华美精致，突出了品牌的高贵气质。

学术智库 3-3

不完整标志引发的联想

该文研究了不完整的品牌标志设计是否影响消费者对该品牌的评价。不完整的品牌标志是指标志中部分内容被去除，成为镂空的标志（见下图）。研究发现，不完整的标志会使消费者产生一种不确定的感觉，从而会降低消费者对品牌的信任感；但同时又会使消费者觉得有趣，使他们认为品牌有创新精神。研究还进一步发现，不完整标志对品牌信任感的负面影响只存在于防御聚焦型的消费者中（这类消费者关注安全，喜欢稳定，尽可能地回避风险），而不是促进聚焦型的消费者（这类消费者关注机会，乐于改变，尽可能地追求成就）中。因此，对营销经理而言，可以将不完整标志设计作为营销工具来对产品进行定位，表明品牌的创新性。尤其对于刚进入市场的新品牌或者打算重新定位的老品牌更为适用。然而，当品牌传递信任感更加重要时，那么应避免使用不完整的标志设计。

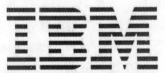

文献来源：Hagtvedt, H. 2011. The Impact of Incomplete Typeface Logos on Perceptions of the Firm [J]. Journal of Marketing, 75(4): 86-93.

4. 认知原则

从消费者对品牌标志的识别和认知视角来看,品牌标志在图形及色彩的运用上要做到简洁明了、通俗易懂、鲜明醒目、容易记忆,并符合消费者的风俗习惯和审美价值观。如奔驰的"三叉星"标志代表发动机在海、陆、空的强劲马力和速度,所有喜爱汽车的人对这个标志产生的反应是:信赖、崇敬、自豪和满足。在品牌标志设计中往往存在这样的误区,即过分追求图形的艺术性、高度抽象,而忽略大多数消费者的可识别性。

案例 3-2

联想启用新的品牌标志

2003 年 4 月 28 日,联想集团正式放弃旧的品牌标志,以 LENOVO 取而代之。进入 21 世纪,联想确立了"高科技的联想、服务的联想、国际化的联想"的发展目标。

国际化是联想既定的发展方向,联想要国际化,首先需要一个可以在世界上畅通无阻的、受人喜爱的英文品牌和新的品牌标识,为国际化的战略部署提前做好准备。LENOVO 这个新的英文名称,是在继承已有品牌资产的基础上的发展与升华。"LE"代表联想过去的英文名称"Legend";"NOVO"是一个很有渊源的拉丁词根,代表"新意、创新";整个品牌名称的寓意为"创新的联想"。

联想的标识创新通过对企业原有品牌的提炼和发展,赋予联想新品牌四大重要特性:诚信、创新有活力、优质的专业服务和容易。整个标识创新的过程,也是联想对多年来形成的企业文化的总结、提炼和创新,为企业的进一步发展打下了坚实的基础。

资料来源:黎群,"企业品牌标识的独特魅力",《中国文化报》,2004 年 5 月 18 日。

5. 情感原则

如果一个品牌标志具有浓郁的现代气息、极强的感染力、给人以美的享受、能让人产生丰富美好的联想,那么消费者看到它就有一种天然的亲近感。联合利华在 2001 年发布了富有中国特色的新的品牌标志,在原有"联合利华"字形商标的基础上增添了一个蓝色的小房子,并且在上面加注了一个口号:"有家,就有联合利华"。这一新标志不仅阐释了联合利华的经营理念,而且融入了中国人对家庭温情的感觉和期待,很容易得到消费者的信赖。

三、品牌标志设计的基本要素

品牌标志由基本视觉识别系统和延伸视觉识别系统构成。其中基本视觉识别系统的要素包括标志物、标志色、标志字、标志性包装等,而延伸视觉识别系统包括辅助图形、吉祥物等。在这里主要介绍标志物、标志色和标志字这些基本要素的一些设计要点。

1. 标志物

标志物作为非语言性的符号,以其直观、精练的形象诠释着品牌理念,传达着品牌风格,能够有效克服语言和文字的障碍。图形和图案作为标志设计的元素,都是采用象征寓意的手法,进行高度艺术化的概括提炼,形成具有象征性的形象。图形的象征寓意有具象和抽象两种:具象的标志设计是对自然形态进行概括、提炼、取舍、变化,最后构成所需的图案。人物、动植物、风景等自然元素皆是具象标志设计的原型,采用何种原型取决于产品的特征和品牌内涵,常用的图形有太阳、月亮、眼睛、手、王冠等。抽象的标志设计则是运用抽象的几何图形组合传达事物的本质和规律特征。几何图形构成抽象设计的基本元素,"形有限而意无穷"是抽象设计的主要特征。

标志物设计通常包括三个步骤:(1)标志标准制图。即通过严谨的制图,对于标志内部的构成和各个部分的比例作出严格的界定,保障其在后续操作中能够正确地使用。(2)标志解说。即用文字对标志的设计理念和具体含义作出详细的说明,保证后续操作者能够正确地理解标志物。(3)标志变形规范。即为了扩大标志延伸应用的空间,在不损害标志整体形象特质的前提下,对于标志中的关键造型和主题创意进行造型变化。这种造型变化还要结合考虑消费者的认知和联想,比如直线条引发的联想是果断、坚定、刚毅、力量等男性特征,而曲线则象征柔和、灵活、丰满、美好、优雅、优美、抒情、纤弱等女性美。

2. 标志色

色彩在标志设计中通过刺激人的视觉而起着强化传达的感觉和传递不同寓意的作用。比如,可口可乐标志的红底白字给人以喜庆、快乐的感觉,雪碧的绿色则带给人们清爽、清凉及回归自然的遐想。有学者认为:"销售商必须用蓝色或至少是以蓝色为主的容器,糖才能卖出去,坚决不能用绿色。因为蓝色代表'甜蜜',绿色代表'苦涩',谁愿意去买苦涩的糖呢?"

色彩运用于品牌标志的基础是它给人带来丰富的联想。不同的色彩带来不同的联想意义,常见的色彩与联想的意义见表 3-1。

表 3-1 色彩与联想的意义

色彩	正面联想意义	负面联想意义
白色	纯真、清洁、明快、喜欢、洁白、贞洁	志哀、示弱、投降
黑色	静寂、权贵、高档、沉思、坚持、勇敢	恐怖、绝望、悲哀、沉默
灰色	中庸、平凡、温和、谦让、知识、成熟	廉价
红色	喜悦、活力、幸福、快乐、爱情、热烈	危险、不安、妒忌
橙色	积极、乐观、明亮、华丽、兴奋、欢乐	欺诈、妒忌
黄色	希望、快活、智慧、权威、爱慕、财富	卑鄙、色情、病态
蓝色	幸福、深邃、宁静、希望、力量、智慧	孤独、伤感、忧愁
绿色	自然、轻松、和平、成长、安静、安全	稚嫩、妒忌、内疚
青色	诚实、沉着、海洋、广大、悠久、智慧	沉闷、消极
紫色	优雅、高贵、壮丽、神秘、永远、气魄	焦虑、忧愁、哀悼
金色	名誉、富贵、忠诚	浮华
银色	信仰、富有、纯洁	浮华

3. 标志字

标志字设计的文字样式在品牌传播中出镜频率极高,它们不仅持续传递着品牌多方面的信息,更以鲜明的文字个性和美感,传达着品牌风格。标志字可以根据品牌传播的实际需要,选择手写字体、广告字体、印刷字体或者通用字体等。比如香飘世界的星巴克咖啡,其印刷文字采用手写字体,仿佛咖啡馆里人们的信手涂写,或者以粗线条的钢印字母出现,令人联想起运送咖啡的粗麻布袋上的印刷文字,体现了一种独特的风格。另外要特别强调的是,中文作为一种象形文字,字间的呼应、笔触的交接无不渗透着极高的艺术性,在图文的统一性上达到了很高的水平,这种独特的文字魅力还需要斟酌应用来慢慢提升其价值。

四、品牌标志的更新

（一）品牌标志更新的原因

品牌标志是辨认企业或产品的关键因素。因此,品牌标志的更新应非常谨慎。在品牌经营中,品牌标志变与不变、什么时间变,都是需要企业决策者在反复权衡机会和风险后才能作出的重大抉择。考察国际品牌的发展历史可以发现,很多公司都选择了品牌标志调整的策略,其进行品牌更新的原因大致有以下几点:

1. 与时俱进,使品牌不落伍

这是品牌标志更新的主要原因。随着时代的进步,经济、文化、意识形态等都发生着改变。首先,科技的发展导致各种各样新的传播媒体和载体的出现,新媒体的出现必然会影响到视觉传播技术的发展;其次,不同时代的价值取向、审美取向和设计风尚都是不一样的。因此,为了使品牌形象与时俱进,走在其他竞争对手的前端,也需要在一定的时期推陈出新自己的形象以适应时代的发展潮流,给人们带来新鲜感,并符合人们的审美需要,增加企业的生命力和活力。如2003年,可口可乐在中国启用了新标志,标志最大的变化体现在中文上。中国香港著名广告设计师陈幼坚设计的全新流线型中文字体,与英文字体和商标的整体风格更加协调,取代了可口可乐自1979年重返中国市场后沿用了24年的中文字体。公司试图通过此举扭转消费者认为可口可乐活力不足、传统、老化的印象。

2. 品牌定位的调整

由于外部环境和内部资源的变化,品牌定位必须作出相应的调整才能更好地适应变化的市场形势。在这种情况下,旧的品牌标志已经不能满足企业发展的需要,这就需要重新审视原标志并且考虑更新标志。UPS更换沿用了四十多年的"盾牌"标志就属于这种情况。经过四十多年的发展,UPS已经从最初的递送包裹这样一个定位,发展为一个在全球范围内提供广泛经营项目的公司,过去的标志已无法体现公司的经营策略、拓展能力,以及作为国际化企业的快速增长和科技先驱的形象。2003年UPS已在全球范围内提供大量运输和供应链服务,并计划将遍布全美的各家Mail Boxes零售连锁店重新命名为"UPS营业店",但是公众对它的观念依旧停留在递送包裹上。因此,采用新的形象标志来体现UPS所具有的实际能力显得非常重要。于是,在2003年3月25日,UPS沿用了四十多年的著名的"盾牌"标志正式"变脸"。新标志取消盾牌上方带蝴蝶结的包裹图案,增加了标志的空间感以表示UPS当今诸多的业务项目,并且新标志的颜色也更为醒目,同时也使"UPS"字样更加突出。UPS形象的改变不仅仅体现在标志的视觉感受上,在UPS的货运飞机及递送车的设计图案中还增添了"实现全球商业同步化"的词句,新的广告词中也增加了"实现同步化商业"的主题,以提醒客户UPS是一个提供广泛经营项目的公司。

3. 企业兼并收购等其他情况

品牌标志更新的其他情况,如企业间的兼并收购,新的组织要对旧的标志设计进行更

品牌营销

改;或品牌进入不同文化的地域市场,标志需要根据当地的文化差异作出调整;等等。

(二)品牌标志更新需要注意的问题

1. 做好前期调研工作

品牌标志的更新不是简单的色彩、造型或构成方式等设计形式的改变,标志的更新和企业目前与未来的市场战略、目标客户、企业定位、设计风尚、社会心理等诸多要素息息相关。这需要企业在更新标志前做好大量的前期调研与准备工作,深入了解企业内外部受众对现有标志的认可度和满意度,以及受众对未来标志有怎样的期望值等等。有时原标志已在受众心中留下根深蒂固的印象,很难抹去,因此企业要说服受众接受新标志,一定要有有力的依据和十分的把握。

2. 标志更新不能背离品牌的核心价值

著名的品牌大师索斯盖特曾说过,"品牌的(视觉)特性绝不应该一成不变。品牌是富有活力的,品牌经理应该随时准备拓展新的视野,接纳新的结构、新的形式和新的手段,以应对不断变化的消费观念和不断出现的新技术,但一定要始终忠实于品牌的核心价值观。"品牌的核心价值是品牌的根本,是品牌提供给消费者的利益所在。品牌标志不管怎样变都不能背离品牌的精髓——核心价值,如耐克挑战极限的体育精神、诺基亚科技以人为本的精神。品牌标志的每项要素都要与历史的和现行的识别信息进行比较,明确哪部分需要改动、哪些风格应当保留,使新品牌标志既能保持消费者对品牌的忠诚度,又给人以新鲜感。

案例 3-3

纯果乐的"换标之祸"

2009 年,百事可乐公司的果汁品牌纯果乐(Tropicana)推出了新包装和标志。标志和包装的设计出自全球最大广告公司之一的 Omnicom 旗下的品牌设计公司阿内尔集团(Arnell),集团创始人彼特·阿内尔(Peter Arnell)把新设计描述为"让纯果乐品牌进化得更现代"。

在探寻纯果乐此举之前,有必要先了解一下纯果乐的成功背景。最初,纯果乐是出售礼盒装鲜橙的公司,为了处理个头较小的橙子,公司进入了速冻浓缩果汁领域,但是由于这一市场已经成熟,纯果乐并没有太大的优势。1954 年,事情发生了革命性的变化。纯果乐发明了巴氏瞬间灭菌法,新技术确保鲜榨橙汁的保质期延长至三个月。纯果乐一跃成为新鲜果汁领域的拓荒者,1998 年成为百事公司旗下的品牌。在消费者心目中,纯果乐代表的就是真正的鲜榨果汁,而包装上那个插着吸管的鲜橙就是形象的说明。

由于担心纯果乐的包装设计过于陈腐单调、跟不上时代的审美步伐,百事公司决定对纯果乐的包装进行一次彻底的改变。新包装放弃了"在橙子上插着一个吸管"的纯果乐经典形象,包装主体部分印的是杯装橙汁,并用时髦的字体打上"Tropicana 100% 纯果汁"的标语。然而,新包装一经推出,立即引来一片哗然,许多纯果乐的忠实顾客纷纷发邮件、打电话抱怨这一改变。

更换新标志和包装后,纯果乐的销量大跌 20%,损失 3 300 万美元。两个月后,纯果乐不得不恢复原来的设计。纯果乐改换包装、标志的失误就在于低估了消费者与品牌和品牌形象之间深层的情感联系。消费者重视的不是橙汁的包装,而是纯果乐这个品牌。纯果乐是一个经过时间考验存活至今的大品牌,它有属于自己的品牌特色和核心价值,更建立了品牌的可信度与辨识度。当改变包装的时候,消费者会感觉这不是自己记忆中的那个品牌了,失去了原有的"真正的鲜榨果汁"的品牌形象。正如里斯伙伴咨询公司劳拉·里斯所言:"包装是一个视觉符号,在实际产品和消费者心中的品牌熟悉度之间建立联系。"视觉符号的改变可能会导致这种联系的消失。纯果乐短时间内彻底改变外形,失去往日熟悉的身影,消费者一时难以接受,觉得它看起来不再正宗;一些消费者甚至会怀疑产品的内容是不是也发生了变化,产品失去了在消费者心中的品牌力量。

资料来源:邓海燕,"品牌饮料的'换装'之祸",《经济参考报》,http://jjckb.xinhuanet.com/whsh/2009-07/02/content_166874.htm,2009年7月2日。

3. 广泛地论证和宣传

从更新的标志方案出台到正式发布前,应当对其进行多方面的论证,包括标志的设计形式、内容、延展应用,以及企业内外部受众对新标志接受程度的调查。如果论证的结果是积极的,才可以通过方案,发布新标志。新标志的宣传也是非常重要的一个环节,企业需要通过各种渠道对更新的标志进行宣传,告知公众更换新标志的原因。这也是企业进行品牌和产品推广、扩大市场占有率的好机会,并确保企业在扩大新的市场的同时,不失去原有的客户群体。

案例 3-4

肯德基更换品牌标志

肯德基是世界上最大的鸡肉餐饮连锁店,全球总部设在美国肯塔基州的路易斯维尔市,1952年由创始人桑德斯(Sanders)先生创建。肯德基面世以来,历经了五代标志的更替。

1952年第一代标志

1978年第二代标志

1991年第三代标志

1997年第四代标志

2006年第五代标志

1952年,随着第一家肯德基餐厅在盐湖城开业迎宾,第一代品牌标志诞生。1978年,肯德基推出了第二代标志。1991年,随着肯德基品牌全球化进程的推进,第三代标志诞生。在第三代标志中,肯德基将品牌名称简写为KFC,使消费者能够更容易记住和传播肯德基品牌。1997年,肯德基在从百事可乐公司分离、百胜餐饮集团成立后,推出了第四代标志。

2006年11月15日,肯德基在全球范围更换了第五代标志。新标志是为了"与时俱进",不断带给消费者新鲜感。配合此次换标,肯德基在美国内华达州51区沙漠地带制作了一个全新的8 129平方米的巨幅桑德斯上校标志,肯德基随即成为第一个从太空中可以看到的品牌。

新标志保留了桑德斯上校招牌式的蝶形领结,但首次将他经典的白色双排扣西装换成了红色围裙。肯德基似乎想传达给消费者这样的信息——红色围裙代表着肯德基品牌家乡风味的烹调传统,今天的肯德基依然像桑德斯上校50年前一样,在厨房里辛勤地为顾客手工烹制新鲜、美味、高质量的食物。

资料来源:根据"变脸——品牌标志更换专题"改编,视觉中国,http://www.visionchina.com,2008年1月20日。

本章小结

品牌设计是文字、标志、符号、图案和颜色等要素或构成的组合,是用以识别某个销售者或某群销售者的产品或服务,并使之与竞争对手的产品或服务区别开来的商业名称及其标志。本章介绍了品牌名称设计和品牌标志设计两个方面的内容。

企业要确定一个有利于消费者认知,能传达品牌发展方向、价值和意义的名称,需遵循法律、营销及语言三个层面的原则。

品牌名称是品牌识别中可以用文字表述并用语言进行传播的部分,品牌名称的来源有:地域命名、人物命名、目标顾客命名、形象命名、企业命名、利益价值命名、数字命名等。

现代品牌命名是一个科学、系统的过程,专业化的企业品牌命名一般遵循以下步骤:提出备选方案、评价选择、测验分析、调整决策、确定命名。

品牌名称一旦确定,不应轻易改变。然而,在以下情况,企业需要考虑进行品牌名称的更新:引发负面联想并影响企业销售;限制品牌延伸;品牌定位发生变化;企业并购。更新品牌名称需要注意的问题有:选择恰当时机;新名称要进行有序、有力地推广和管理;向公众、媒体全方位讲解企业未来的发展战略。

品牌标志是指品牌中可以被识别,但不能用语言表达的部分,即运用特定的造型、图案、文字、色彩等视觉语言来表达或象征某一产品的形象。品牌标志分为标志物、标志色、标志字和标志性包装,它们同品牌名称等都是构成完整品牌概念的基本要素。品牌标志生动形象,让消费者容易识别;能够引发消费者的联想;能够提高品牌附加值;有利于企业进行品牌宣传。

品牌标志设计有五个制约原则,即营销原则、创意原则、设计原则、认知原则和情感原则。

品牌标志由基本视觉识别系统和延伸视觉识别系统构成。其中基本视觉识别系统的要素包括标志物、标志色、标志字、标志性包装等,而延伸视觉识别系统包括辅助图形、吉祥物等。

　　品牌更新的原因通常有:与时俱进,使品牌不落伍;品牌定位的调整;企业兼并收购等其他情况。更新品牌标志需要注意的问题有:做好前期调研工作;标志更新不能背离品牌的核心价值;广泛地论证和宣传。

复习思考题

1. 品牌名称的来源有哪些?举出相应的例子。
2. 在全球化背景下,企业为品牌命名要注意哪些因素?
3. 品牌名称何时需要更新?需要注意哪些问题?
4. 简述品牌标志的内涵和意义。
5. 品牌标志的色彩应用和产品特点之间的关系是什么?
6. 品牌标志何时需要更新?
7. 结合本章内容思考,中国企业在品牌命名和标志设计方面存在着哪些问题?

课后案例

星巴克换标:不只做咖啡

　　2011年3月8日,全球最大咖啡连锁店星巴克(STARBUCKS)对外宣布更换沿用了19年之久的品牌标志。有人说此次星巴克换标是效法苹果和Nike等"无字"品牌标志,将旧标志的英文"STARBUCKS"和"COFFEE"字样从图形上移除,原标志的"美人鱼"图案则作为新标志的存在图形,成为星巴克唯一的品牌识别符号。

　　星巴克创办人兼行政总裁舒尔茨先生表示,旧标志中的美人鱼被圆圈围住,而新标志则移去圆圈,这样修改的寓意是为星巴克带来自由度和灵活性,使行业思维脱离局限性,从而跳出咖啡以外,开拓更多元化的业务。星巴克大中华区董事长王金龙在北京接受本报专访时称,标志的变化是星巴克今后整体策略的一个自然演变,表示"我们不再只做咖啡"。王金龙称,未来星巴克在华的方向是要成为日常生活中的快速消费品。

　　成为快消品的第一步,就是星巴克从4月6日起将在中国内地、香港和台湾的800多家星巴克门店销售"Via"牌独立包装的速溶咖啡,并正试图把渠道扩展到星巴克门店以外的超市、便利店、酒店等。"Via"牌速溶咖啡每盒3支装的价格为人民币25元,平均每支8.3元;12支装的价格为人民币88元,平均每支7.3元。这个价格完全针对麦当劳的"麦咖啡",与麦咖啡价格几乎一致,但远远高于速溶咖啡的老大雀巢。雀巢盒装咖啡最低每盒人民币6元,最低每支才1元。虽然雀巢在中国速溶咖啡市场已经占有超过70%的份额,它们还在不断以降价作普及运动,特价推广期间一杯雀巢咖啡只要不到1元钱。

　　王金龙解释称,"Via"咖啡的制造过程、质量和新鲜程度都是对速溶咖啡市场前所未有的一次革命。他称,在过去50年内,速溶咖啡并没有取得任何新进展,"Via"咖啡虽然与雀巢的速溶咖啡是同一个形式,但在其他各个方面都不可比。"我们的理念是,保证你在路上买到的星巴克速溶咖啡与你在星巴克门店享受到的咖啡是同样的品质。"王金龙称。

星巴克咖啡国际公司总裁 John Culver 在北京接受专访称,不在新的公司标识中保留"咖啡"字眼,不是意味着星巴克忘记咖啡老本行,而是表明星巴克未来将在咖啡以外进驻茶及其他饮料、点心等品类;在渠道方面,除了门店的形式,也会进驻零售店、便利店货架等新的空间。John Culver 承认,在过去四十年来,星巴克一直在全球采购和烘焙最优质的阿拉比卡咖啡,阿拉比卡咖啡在全球的供应当中只占金字塔尖的3%。这意味着,星巴克要获得更大的市场比例和销售额,只靠在中国市场销售价格在30元范围的星巴克咖啡显然是不够的。

为了探索零售渠道,星巴克正在投入人力、物力,创建一个规模较大的消费产品部门,希望假以时日,该部门能在规模上挑战现有的零售业务。在中国区零售市场,星巴克曾经携手百事主推星冰乐瓶装咖啡,不过最终还是以解约收场。此次中国区二度试水零售,是星巴克全球零售布局的一个组成部分。

王金龙表示,零售业最重要的就是规模、速度和效应,他认为星巴克目前在中国每年开200家店的速度还是太慢。现在星巴克在全国有450家店,王金龙称这个数字在5年内要翻三番。

星巴克标志设计图演变

资料来源:李欣,"星巴克全新标识揭幕 长发魔女成唯一识别符(图)",新华网,http://news.xinhuanet.com/fortune/2011-03/08/c_121162763.htm,2011年3月8日;王芳,"星巴克换标:不只做咖啡",经济观察网,http://www.eeo.com.cn/industry/med_consum_goods/2011/03/14/196247.shtml,2011年3月15日。

案例讨论题

1. 星巴克为什么要更换标志?
2. 请评价星巴克此次换标的利弊。
3. 配合新标志的更换,星巴克还应做哪些相关的工作?

第四章 品牌形象

> 随着企业间竞争的日益加剧,产品的同质化时代已经到来,品牌成为引导顾客识别、辨认不同厂家和销售商的产品和服务,使之与竞争对手相区别的唯一利器,它是比企业产品更重要、更长久的无形资产和核心竞争力。尽管企业产品的设计和生产过程经常被竞争对手模仿,但通常难以模仿的是根植在顾客心目中的品牌形象和对企业的高度认同与忠诚感。
>
> ——凯文·凯勒

本章主要阐述以下几个问题:
- 什么是品牌形象
- 品牌形象的构成要素有哪些
- 如何塑造一个独特的品牌形象

第一节 品牌形象概述

一、品牌形象的定义

20世纪50年代,大卫·奥格威从品牌传播的角度提出品牌形象传播的概念,倡导用广告树立品牌形象。从此,品牌形象的概念就一直作为一个重要的概念在营销领域备受重视。但是关于品牌形象概念的界定一直存在众多流派,无法统一。从内容上看,品牌形象的概念有四个基本视角:

1. 品牌形象的整体学说

该流派对品牌形象的定义简洁地表达了品牌形象作为一个抽象概念的整体含义。纽曼(Newman,1957)提出品牌形象是人们对品牌的总体感知,它的建立是基于产品的属性和广告等营销活动。赫佐克(Herzog,1963)认为品牌形象是消费者对品牌的感知。迪希特(Dichter,1985)指出品牌形象是产品给消费者的整体印象。该流派对品牌形象的定义虽较笼统,但明确指出品牌形象是基于消费者对实际情况的感知。

2. 品牌形象的象征意义说

该流派认为产品通过品牌形象表达象征意义,消费者据此来区别品牌,同时这些象征意义强化了消费者的自我认知。萨默斯(Sommers,1963)指出品牌形象是产品所体现的意义,是消费者对产品象征的感知。李维(Levy,1958,1973)提出人们购买产品不仅是因为其物理属性和功能,还因为其个人和社会象征意义。当品牌形象的象征意义与消费者对自我的认知一致或增强了这种认知时,该象征是合适的。德吉和斯图尔特(Durgee and Stuart,1987)更进一步提出象征意义与特定产品类别相关。诺斯(Noth,1988)则从符号学角度出发,认为商品的符号意义就是品牌形象。

3. 品牌形象的个性说

该流派认为品牌形象具有类似人的显著个性特征。贝廷格(Bettinger, 1979)等提出了产品"成人"和"孩童"形象。瑟尔吉(Sirgy, 1985)进一步将品牌形象扩展为产品像人一样具有个性形象。该流派的早期研究已经有所分化,出现了两个支派:一是研究品牌形象个性特征;二是研究品牌形象与消费者个性形象或自我概念的关系。该流派用情感视角提出品牌形象有情感诉求,与人类一样,拥有个性特征。

4. 品牌形象的认知心理说

该流派认为品牌形象的产生基于认知或心理过程。品牌形象的主要决定因素是精神因素,并用想法、感觉、态度、心理构念、理解或期望等词来描述。加德纳和李维(Gardner and Levy, 1955)提出品牌形象是消费者对品牌的观点、情感和态度的组合,体现产品社会性和心理性的本质。巴尔摩(Bullmore, 1984)认为品牌形象是人们对品牌的认知和感受。该流派从品牌形象形成的角度探讨了品牌形象的概念,并认为品牌形象是消费者对产品和品牌的认知或心理加工的结果。

综合前人观点,我们可以这样定义品牌形象:品牌形象是消费者对品牌的整体印象和联想。品牌形象的形成来源于两个方面:一是消费者对从品牌传播过程中得到的信息进行选择加工;二是消费者在消费过程中积累的品牌知识所形成的品牌联想。可见品牌形象取决于消费者对品牌的联想,是消费者对品牌所积累的记忆。

二、与品牌形象相关的概念

品牌形象不是表征化的概念,它依托品牌精髓,深深扎根于消费者的心智中。品牌精髓之于品牌形象一如灵魂之于人,有了内涵,品牌形象才有了底蕴,从而厚实起来。理解与品牌形象相关的概念,如品牌识别、企业形象、品牌定位、品牌个性和品牌文化等,有助于我们综合理解品牌形象。

资料 4-1

顺丰——快捷、安全与高效的象征

顺丰速运(集团)有限公司,成立初期仅提供顺德与香港之间的即日速递业务。随着公司的业务不断发展并迈向国际,顺丰速运现成为中国速递行业民族品牌的佼佼者之一。积极、有序地发展陆上及航空速递网络,并专注于人才队伍的建设,是该企业中长期发展规划的首要任务。

顺丰积极探索客户需求,为客户提供快速安全的流通渠道;不断推出新的服务项目,帮助客户更快更好地根据市场的变化作出反应;缩短客户的贸易周期,降低经营成本,提高客户的市场竞争力;以客户需求为核心,建设快速反应的服务团队,谨守服务承诺;提供灵活组合的服务计划,为客户设计多种免费增值服务及创新体验,全天候不间断地提供亲切和即时的领先服务。其产品优势体现在以下四个方面:

1. 快捷的时效服务

自有专机和400余条航线的强大航空资源以及庞大的地面运输网络,保障客户的快递在各环节最快发运,在正常情况下可实现快件"今天收明天到"。

2. 安全的运输服务

严格的质量管控体系:设立四大类98项质量管理标准,严格管控;先进的信息监控系统:HHT手持终端设备和GPS技术全程监控快件运送过程,保证快件准时、安全送达。

3. 高效的便捷服务

先进的呼叫中心:采用CTI综合信息服务系统,客户可以通过呼叫中心快速实现人工、自助式下单及快件查询等功能;方便快捷的网上自助服务:客户可以随时登录顺丰网站享受网上自助下单和查询服务;灵活的支付结算方式:寄方支付、到方支付、第三方支付,现金结算、月度结算、转账结算、支票结算。

4. 网店分布广

顺丰自1993年成立以来,每年都投入巨资完善由公司统一管理的自有服务网络:从蜗隅中山,到立足珠三角,再到布局长三角;从华南先后扩展至华东、华中、华北;从内地延展到香港、台湾,直至海外。2010年顺丰在韩国开通了收派服务,覆盖韩国全境;2010年顺丰在新加坡设立营业网点,覆盖了新加坡除裕廊岛、乌敏岛外的全部区域;2011年顺丰开通内地到日本的快递服务;2012年顺丰在美国设立营业网点,覆盖了全美50个州。

资料来源:百度百科-顺丰快递,http://baike.baidu.com/view/5804239.htm?fromId=1205922,2013年3月2日。

1. 品牌识别

品牌识别是企业希望品牌所代表的东西,即企业对品牌所作的总体规划,包括:(1)品牌的产品特征规划,具体有产品范围、特征、质量、使用、使用者、生产国等;(2)生产品牌的企业特征规划,具体有企业特性、区域性等;(3)品牌的拟人性特征规划,具体有个性、品牌-消费者关系等;(4)品牌的符号特征规划,具体有视觉形象标志、品牌历史等。

品牌识别源自企业,也就是企业应该创造具有独特特征的差异化产品以区别于其他产品。品牌形象涉及消费者的感知,包括消费者关于品牌的一系列信念,是对品牌识别内容的解码。企业设计品牌识别的内容,有时候并不能在消费者心中产生预期的效果,品牌识别与品牌形象往往是不一致的。

2. 企业形象

企业形象是一种宏观意义上的概念,它囊括了公司所有的产品、技术、品牌以及其他资产,是公司所有品牌形象的高度概括与综合,是单个品牌形象的良好依托。比如宝洁意味着领先、强势,这是企业形象;而具体到某一个品牌形象,比如沙宣,消费者的联想则可能是"专业护发"。

3. 品牌定位

品牌定位对于品牌形象的塑造起着指向的作用,把握了品牌定位,品牌形象的设计与传播才有方向性。正确把握品牌定位是塑造品牌形象的基础。

4. 品牌个性

品牌个性与品牌形象高度相关,是品牌形象中人性化的一面。品牌个性是把品牌视为人时,品牌所表现出来的性格和气质;品牌形象除了品牌个性外,是更多因素综合的结果,比如品牌形象的载体、品牌形象的符号识别系统等。把握品牌个性是使品牌形象更人性化、个性更鲜明的基础。

5. 品牌文化

一个品牌最持久的影响源于其品牌文化。品牌形象只有与品牌文化紧密相连才能持久打动消费者,促进消费者成为忠诚顾客。海尔"真诚到永远"的品牌文化就深深打动了消费者,使很多消费者由尝试购买转变为忠诚顾客。

将企业形象、品牌定位、品牌个性和品牌文化四者综合起来,经过提炼而成的品牌精髓就构成了品牌形象的内涵,这一内涵是品牌形象的核心。作为品牌形象的外延,品牌形象的载体和品牌形象的符号系统就要符合品牌内涵的要求,以形成一致性的品牌形象。

三、品牌形象的特征

品牌形象的特征主要包括多维组合性、相对稳定性、独特性和发展性四个方面。

1. 多维组合性

品牌形象是品牌内涵与外在表现的综合。品牌形象的构成除了消费者能够直接感受到的品牌名称、标志、产品包装、价格等外在因素外,还包括企业形象、品牌文化、品牌个性等这些消费者不能够直接感受到的品牌内涵。因此,品牌形象具有多维组合性:一方面,它必须以品牌文化、品牌个性等为核心,以此作为自己的内在底蕴;另一方面,它必须依托于外在的表现形式作用于消费者。

2. 相对稳定性

品牌形象在相对较长的一段时间内会保持其稳定性。符合消费者愿望的企业理念、良好的产品品质、优质的服务等因素,是保持品牌形象长期稳定的必要条件。那些优秀的品牌能够保持几十年甚至上百年而不动摇,或者因为消费者长期的喜爱与消费习惯,其形象能长久地保持稳定性,像耐克充满活力的品牌形象、贝尔公司在科技创新方面不断进步的形象等。

3. 独特性

品牌形象的独特性也可以理解为可识别性和差异性。品牌形象的独特性意味着该品牌形象由于某一方面或某些方面的与众不同,比如独树一帜的标志设计、先进的经营理念、富有创意的广告等,能让消费者一眼识别出来。品牌形象的独特性有两个方面的含义:(1)与竞争对手相比是独特的;(2)易于激发消费者独特的品牌联想。很多公司为了让自己的品牌形象独特化而煞费苦心,比如麦当劳精心设计的金黄色的"M"标志和麦当劳叔叔的形象已经被全球消费者接受和认同。

4. 发展性

即使是处于领导地位的品牌,其品牌形象也必须不断丰富和发展,既要继承品牌形象一贯的传统,又要兼顾市场、消费者以及竞争对手而作出相应的变化。因此,品牌形象的塑造是一个长期的、动态的过程,不能一蹴而就。

第二节 品牌形象的构成

长期以来,品牌形象是品牌研究领域的重要概念,然而品牌形象的系统结构没有得到学界和业界统一的共识。关于品牌形象的构成模型,主要以 Park(1986)、Aaker(1991)、Biel(1992)和 Keller(1993)等人为代表。以下是四个构成模型的具体要素的组成及其要素的相关含义。

一、帕克等人的战略品牌概念—形象管理框架

帕克(Park)的战略品牌概念—形象管理框架第一次总结出品牌概念有三种,分别是功能性、象征性、体验性。直至现在,营销理论界和实战者也多半以这三种概念来定位品牌。

功能性品牌概念,解决消费者功能性需求,比如解决现时的问题(美白)、阻止潜在的问题(防止蛀牙)等。象征性品牌概念,满足消费者象征性需求,比如消费者对自我的角色定位、群体关系、自我识别等内在的需求。体验性品牌概念,满足消费者对感官快乐、多样化(可以更换的手机外壳)、知觉刺激(蹦极)等体验性需求。

案例 4-1

蒂梵尼——奢华与艺术的象征

蒂梵尼(Tiffany)自 1837 年成立以来,一直将设计富有惊世之美的原创作品视为宗旨。蒂梵尼能够随意从自然界万物中获取灵感,撇下烦琐和矫揉造作,只求简洁明朗。

在漫长的岁月里,蒂梵尼成为地位与财富的象征。通过电影图像,蒂梵尼优雅精致的珠宝首饰、淡蓝色装潢的高雅专卖店,不单是一个品牌符号,更成为具有情感象征的图腾。美国文化、纽约风格,就这么经由商品与传播媒体的结合,而渗入我们的生活。

翻开蒂梵尼的历史,会发现在所有历史的关键时刻,蒂梵尼都有杰出的表现。20 世纪初期,蒂梵尼已经吸引了 23 个当时的皇族家庭光顾,包括英国女王、俄国沙皇、波斯国王、埃及总统、巴西国王,以及意大利、丹麦、比利时、希腊的帝王。多年来,为世界所有的国家元首设计不同的物品也成为蒂梵尼最引以为荣的经历。

第二次世界大战期间,蒂梵尼总店搬到了名店云集的纽约第五大道。战争结束后,该品牌迎来了又一个发展黄金期。1961 年,根据楚门·卡波特小说改编,由奥黛丽·赫本主演的《蒂梵尼的早餐》风靡全球,成为美国电影中的经典之作,而蒂梵尼在片中的出现,令这家世界级珠宝名店的高贵气派传遍全球。

1999 年,蒂梵尼推出一款独家设计的全新钻石切割法及镶嵌法,轰动一时,蒂梵尼订

品牌营销

婚钻戒再次光芒四射。如今蒂梵尼不仅是世界首屈一指的珠宝商,它在纯银器皿、瓷器、水晶和手表等方面的工艺和设计也享誉国际。世界各国博物馆和收藏家,均把蒂梵尼的大师级作品视为珍藏佳品。

资料来源:《世界顶级品牌档案》,http://www.citymao.com/n7597c54p9,2005年11月28日。

战略品牌概念—形象管理框架在时间(横轴)上分为导入期、明晰化阶段、强化阶段,在塑造品牌形象的步骤(纵轴)上则分为选择品牌概念、制定定位策略、制定合适的营销组合策略、消费者感知品牌形象。

对于选择功能性品牌概念的品牌,在导入期以问题解决者的身份出现。在明晰化阶段则有两种选择:第一种是特殊问题的解决者,比如清扬洗发水专为男性去屑;第二种是一般问题的解决者,比如海飞丝为所有人去屑。在强化阶段,选择功能性品牌概念的品牌,就要以选定的功能性概念为品牌的核心价值进行品牌延伸,以强化功能性的品牌形象。

对于选择象征性品牌概念的品牌,在导入期应该强调与特定群体的联系或者与自我识别联系起来。在明晰化阶段,则以构筑市场壁垒为目标,区隔非目标顾客。有两种策略可以用来构筑交易壁垒:一是给产品定高价;二是控制分销渠道,比如哈根达斯只在一些高档酒店销售。在强化阶段,则通过品牌延伸,开发新产品,并将这些新产品以融入目标顾客生活方式的路径来强化象征性的品牌形象。

对于选择体验性品牌概念的品牌,在导入期应传达品牌在感官快乐和知觉刺激上的效果。在明晰化阶段,要减少因为消费频次的增加而导致的体验价值下降。有两种策略可以用来减少消费者的满足:一是增加相关的消费附加品,比如芭比娃娃通过开发芭比衣服、芭比游戏等消费附加品来增加芭比娃娃的体验价值;二是采用能够提供替代价值的多品牌策略。在强化阶段,通过品牌延伸,将体验性的品牌形象延伸到新产品上,以强化品牌的体验性价值。

学术智库 4-1

文化和社会经济对全球品牌形象策略绩效的影响

本文基于帕克的品牌形象概念化模型以及霍夫斯泰德的民族文化理论,探究品牌形象与产品绩效的直接关系以及在国际化进程中如何对品牌形象进行管理。本研究通过对10个国家的60个地区的调查发现,文化权力距离越高的地区,越倾向于社会性品牌形象,因为权力距离导致消费者更在意如何与渴望阶级靠拢。而在文化不确定性规避程度越高的地区,消费者更看重风险,这时候应倾向于功能性品牌形象;在不确定性规避程度越低的地区,企业国际化时应该塑造情感性品牌形象。而在个人主义文化的地区,消费者更加注重自身个性需要,企业应该倾向于塑造情感性品牌形象;在集体主义文化的地区,企业应该倾向于塑造社会性品牌形象。而社会经济水平与功能性品牌形象成反向关系,因为消费者更在意满足基本需求;相应地,与情感性和社会性品牌形象成正向关系。本研究有助于营销实践者根据不同的地区文化、经济水平实施不同的品牌策略。尤其在经济全球化的大背景下,品牌形象正成为企业制胜的法宝,有效的传播品牌策略对企业绩效具有至关重要的作用,由此本研究为企业国际化实施品牌形象全球策略提供了理论指导。

文献来源:Martin Roth. 1995. The Effects of Culture and Socioeconomics on the Performance of Global Brand Image Strategies [J]. Journal of Marketing Research, 32(2):163-175.

二、阿克的品牌形象识别模型

阿克(Aaker)认为品牌形象的识别包括产品形象识别、组织形象识别、个性形象识别与符号形象识别(见图4-1)。

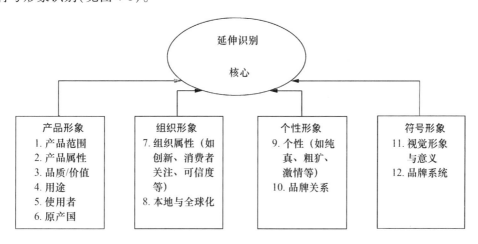

图4-1 阿克的品牌形象模型

资料来源:David Aaker. 1991. Managing Brand Equity[M]. New York:The Free Press.

产品形象是指品牌形象中与产品的牢固联系,这意味着当顾客看到这种产品时,是否会回忆起这个品牌。将品牌与某类产品联系起来的目的并不是为了在这个品牌被提起时,让人们回忆起该产品种类。产品形象从来都是品牌形象中的重头戏,因为由它引发的联想直接与品牌选择决策和使用体验发生联系。

组织形象是指品牌形象中所体现的企业组织形象,如由公司的员工、文化、价值观和企业活动而建立的创新、质量驱动力和对环境的关注等组织属性。

个性形象是指作为个人的品牌角度而产生的品牌形象。品牌个性可以解释一个特定品牌拥有的一系列人性特色,它包括如性别、年龄和社会阶层的特点,以及如热情、关心他人和多愁善感等标准体现的人类个性。个性形象比建立在产品属性上的品牌形象更丰富、更有趣。它可以通过多种途径加强品牌实力。首先,它可以帮助消费者表达消费者想要传达的自我个性,获得自我表达利益;其次,正如人类自身个性会影响与他人的关系一样,品牌形象中的个性形象也会在消费者和品牌之间产生影响,从而建立消费者与品牌的情感联系。

符号形象是指能够代表品牌的所有事物而形成的统一、整体的标识,此处的所有事物,并非只包括广告形象、产品代言人等具体形象,也包括其对外战略规划所体现的与消费者直接有关的那部分形象,例如苹果公司被咬掉一口的苹果、麦当劳的金色拱门、花花公子的小兔子等都已在消费者心中产生独特的联想。

三、贝尔的品牌形象模型

贝尔(Biel)认为品牌形象由企业形象、产品形象、使用者形象三者构成(见图4-2)。由这三个品牌形象构成元素又带来了两个方面的属性,即硬性属性和软性属性。

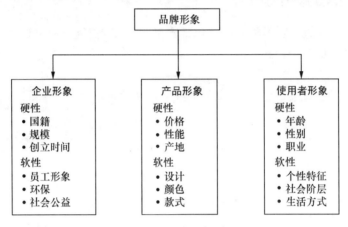

图 4-2　贝尔的品牌形象模型

资料来源:Biel, Alexander L. 1992. How Brand Image Drives Brand Equity[J]. Journal of Advertising Research, 32(6).

企业形象是指有关企业的全部信息和使用企业产品的相关经验,主要包括企业的历史(如国籍、创立时间、创始人等)、企业的规模和实力、企业的社会营销意识等。产品形象是指产品给消费者带来的使用利益,包括产品的价格、包装、外观等。使用者形象则是指使用者的人口统计特征和使用者的个性、生活方式、价值观等。

硬性属性是指对品牌的有形的或功能性属性的认知。对于一个随身听产品来说,硬性特征包括价格、音质等。硬性属性对于一些功能性、易于评估的产品非常重要。软性属性是指消费者对于一个品牌的情感倾向。比如目前在MP3领域里处于高价地位的OPPO让人联想到甜蜜的爱情。相对于硬性属性来说,软性属性不易模仿,因此能够创造比较持久的品牌差异,对于形成品牌竞争力更为重要。

四、凯勒的品牌形象测评模型

凯勒(Keller)的品牌形象测评模型(见图4-3)是从其以顾客为基础的品牌资产(customer-based brand equity, CBBE)模型转化而来,下面截取其中有关品牌形象的部分进行介绍。凯勒将品牌形象定义为消费者对品牌的感知,由消费者记忆中的品牌联想反映出来。消费者的品牌联想的种类分为属性、利益、态度。属性是产品或者服务的描述性特征,即消费者对于产品是什么、有什么以及在购买的过程中包含什么的想法。利益是消费者认为产品或者服务的属性所具有的个人价值,即消费者认为产品或者服务能为他们做什么。态度是消费者对于品牌的总体评价。

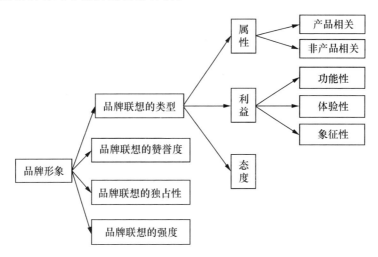

图 4-3 凯勒的品牌形象模型

资料来源:Keller Kevin Lane. 2001. Building Customer-Based Brand Equity[J]. Marketing Management,10(2):14-20.

品牌联想的属性又分为产品相关和非产品相关两种。产品相关属性指实现消费者需求的产品或者服务的功能的必要组成成分,涉及产品的物质组成或者服务所必备的条件。非产品相关属性指与产品或服务购买和消费相关的外部特征。四种主要的非产品相关属性是:价格信息;包装或者产品外观信息;使用者形象,指什么类型的人使用该产品或服务;使用形象,指产品是在什么地点和情形下使用的。

品牌形象的利益分为功能性、象征性和体验性三种。功能性利益是产品和服务消费中最本质的好处,通常与产品的相关属性相关。如功能利益通常与非常基础的动机(生理和安全需要)相关,并且涉及解决问题或者逃避问题的期望。体验性利益是在使用产品或者服务中所感受到的好处,通常也与产品的相关属性一致,这些利益满足了感官愉悦、多样性以及认知刺激。象征性利益是产品和服务消费中更加非固有的好处,通常与非产品相关属性相一致,与潜在的社会支持、个人表达或者符合客观外界标准的自尊相关。因此,消费者可能重视品牌的声望、档次和流行性,因为这些与自我概念相关。象征性利益尤其是与社会可见的、表明身份的产品相关。

品牌联想在种类上有三类,品牌联想本身也有三个特征,分别为品牌联想的赞誉度、品牌联想的强度、品牌联想的独占性。品牌联想的赞誉度是指消费者相信品牌具有能满足其需求的属性和利益,并且希望获得这些属性和利益。品牌联想的强度是指与品牌相关的信息能够被激发起来的难易度,越容易激发起来的信息就是越强的品牌联想。品牌联想的独占性是指品牌带给消费者的联想是异于竞争品牌的,是品牌所独有的卖点。品牌联想的赞誉度、强度、独占性是决定品牌形象差异化的重要部分,为品牌提供差异化的价值。

品牌营销

第三节 品牌形象的塑造

随着时代的不断发展,企业的营销手段不断成熟,营销重点也在不断转移,品牌已悄然成为营销阵营中不可或缺的一分子;同时,品牌形象的塑造也成为品牌设计中的重要组成部分,其作用和魅力也日益突出。如何在消费者心目中树立一个清晰、健康、良好的品牌形象成为品牌管理者最为重视的一个问题。清晰的品牌标识,独特、鲜明的品牌个性,以及产品品质等方面都是塑造品牌形象的关键。但总的来说,塑造品牌形象主要通过塑造公司形象、产品形象和使用者形象三个方面来实现。

一、公司形象的塑造

对消费者而言,公司形象是消费者在选择品牌时首先要考虑的方面。良好的公司形象可获得消费者的喜爱和信任。具体而言,公司形象包括公司的企业形象、企业家形象和员工形象。

1. 企业形象

企业形象是指人们通过企业的各种标志而建立起来的对企业的总体印象,是企业文化建设的核心。企业形象是企业精神文化的一种外在表现形式,是社会公众与企业接触交往过程中所感受到的总体印象。企业形象的组成因素虽然非常复杂,但我们可以将其归纳为三个层次,即理念形象、行为形象和视觉形象。

(1) 企业理念形象

企业理念形象是由企业哲学、企业宗旨、企业精神、企业发展目标、经营战略、企业道德、企业风气等精神因素构成的企业形象子系统。当前,企业理念已成为知名企业最深入人心的概念,已在悄悄地引起一场企业经营管理观念的革命。在这种情况下,许多企业都制定了本企业的口号,反映企业的理念,显示企业的目标、使命、经营观念和行动准则,并通过口号鼓励全体员工树立企业良好的形象。"口号"通常指企业理念的表现形式。如海尔集团"日事日毕、日清日高"和"有缺陷的产品就是废品"、三洋制冷有限公司"创造无止境的改善"和万科集团"专注的企业理念,简单、透明和规范的经营目标"等等,都说明精神理念在企业中的重要性。实践证明,培育和弘扬企业精神,是塑造企业良好形象的一种很有效的形式,对企业的发展起到不可低估的作用。

案例 4-2

如家快捷酒店的"HOME"文化

如家快捷酒店,提供标准化、干净、温馨、舒适、贴心的酒店住宿产品,为海内外八方来客提供安心、便捷的旅行住宿服务。如家始终以顾客满意为基础,以成为"大众住宿业的卓越领导者"为愿景,向全世界展示着中华民族宾至如归的"家"文化服务理念和民族品牌形象。

如家酒店连锁集团于 2002 年 6 月由中国资产最大的酒店集团——首都旅游国际酒店集团、中国最大的酒店分销商——携程旅行服务公司共同投资组建而成。公司借鉴了在欧美完善成熟的经济型酒店模式,为商务和休闲旅行等客人提供干净、温馨的酒店产品。

如家倡导"适度生活,自然自在"的生活理念。便捷的交通,使顾客入住如家从此差旅无忧;亲切的问候和照顾,让顾客仿佛置身温馨的家庭氛围。如家在意每一个细节,专业的服务为顾客带来舒适的住宿感受;贴心的价格,高品质的服务,选择如家,超值就是这么简单。

如家酒店的使命是:用我们的专业知识和精心规划,使我们服务和产品的效益最高,从而为我们的客户提供干净、温馨的经济型酒店产品;要让我们的员工得到尊重,工作愉快,以能在"如家"工作而自豪;同时,使得投资者能够获得稳定而有竞争力的回报,由此创造我们的"如家"品牌。

资料来源:百度百科-如家快捷酒店,http://baike.baidu.com/view/389176.htm?fromId=1062343,2013 年 3 月 5 日。

(2) 企业行为形象

企业行为形象是由企业组织及组织成员在内部和对外的生产经营管理及非生产经营性活动中表现出来的员工素质、企业制度、行为规范等因素构成的企业形象子系统。内部行为包括员工招聘、培训、管理、考核、奖惩,各项管理制度、责任制度的制定和执行,企业风俗习惯,等等;对外行为包括采购、销售、广告、金融、公益等公共关系活动。例如,企业通过履行社会责任,建立与利益相关者的密切关系,有助于提升企业形象和长期绩效。企业的绩效水平源于其企业的社会形象对社会公众所产生的吸引力。例如,2008 年汶川地震,企业捐赠金额的大小和行动的早晚都会使消费者对企业产生不同的评价。企业在大灾难中行动越晚,消费者的评价越低;企业捐赠金额相比企业规模而言过低,也会得到较低的评价,甚至是骂声一片。由此可知,企业是否承担社会责任和承担社会责任的方式均对塑造企业形象影响甚大。

(3) 企业视觉形象

企业视觉形象是由企业的基本标识及应用标识、产品外观包装、厂容厂貌、机器设备等构成的企业形象子系统。其中,基本标识指企业名称、标志、商标、标准字、标准色等;应用标识指象征图案、旗帜、服装、口号、招牌、吉祥物等;厂容厂貌指企业的自然环境、店铺、橱窗、办公室、车间及其设计和布置。

在公司形象的三个方面上,理念形象是最深层次的、最为核心的部分,也最为重要,它决定行为形象和视觉形象;而视觉形象是外在、最容易表现的部分,它和行为形象都是理念形象的载体和外化;行为形象介于上述两者之间,它是理念形象的延伸和载体,又是视觉形象的条件和基础。如果将企业形象比作一个人的话,理念形象好比是他的头脑,行为形象就是其四肢,视觉形象则是其面容和体型。

学术智库 4-2

情感化的品牌和品牌形象分身的战略性价值

本研究以情感化的品牌为源头,探究情感化的品牌可能存在的风险,以及如何通过有效的品牌管理规避其中的风险并从中获得一定的价值。本研究通过对星巴克的 36 家分店长达两年的深入访谈发现:品牌情感确实会带来一定的风险,而与此同时,另一种有区别于情感品牌的分身形象①也会产生,而这种分身往往对管理者塑造品牌形象产生干扰,情感品牌的这种文化氛围会遭到严重破坏,再加上网络传播的时效性,立马会导致这种形象分身挑战了起初的情感品牌文化。随后情感品牌文化氛围的真实性立刻遭到消费者的质疑。但作者通过将两种品牌形象(情感化的品牌和品牌形象分身)的对比发现,企业可以将分身作为品牌形象的预警机制,并通过对分身的品牌形象的文化内涵进行分析,重新表述品牌情感新故事,从而为企业带来更多的战略性价值。

文献来源:Thompson, C. J., A. Rindfleisch, et al. 2006. Emotional Branding and the Strategic Value of the Doppelgänger Brand Image[J]. Journal of Marketing 70(1):50-64.

2. 企业家形象

企业家形象就是公众或消费者对企业家众多属性的模糊感知,受企业家言语和行为的影响。企业家形象是由企业家的魅力、能力、正直、可靠性和个人特质等方面构成的。这些因素以不同的形式组合,面对不同的受众群体展现出不同层面的形象,影响不同的群体。例如,华为任正非的低调、联想柳传志的儒雅和富有远见、阿里巴巴马云的幽默风趣,这些特质在消费者心目中留下一定的印象。

企业家形象是品牌形象的高度浓缩,是构成品牌形象的重要因素。例如,企业家个人的价值观影响企业的文化。新东方一直致力于发扬一种朝气蓬勃、奋发向上的精神,一种从绝望中义无反顾地寻找希望的精神,而这正是俞敏洪本人的精神写照。新东方致力发展成为优秀的教育机构,培养成就中国的精英,推动中西文化的融合,而这正是俞敏洪的人生目标。

企业家形象是品牌形象的有力传播符号。戈夫曼将社会比作舞台,每个社会成员都是登台表演的演员,在这种前台表演中,每个人都十分关注并试图控制自己留给他人的印象,通过社交场景、语言风格和着装风格等表现来制造一种情景,欲在观众心目中留下印象。企业家作为社会成员之一,他的种种表演行为都是为了能给作为观众的消费者留下良好的印象,并借此影响消费者对其领导品牌的印象。企业家形象可以在不同的表演舞台上展现并影响到不同的受众群体。企业家前台展示形象的舞台很多,表演的方式也是五花八门,如有去高校演讲的、有为自己出书的、有接受电视访问的、有公开作慈善的、有给自己企业代言的、有开微博的等等。

---

① 分身形象指一些不认可品牌故事的激进分子组成一个圈子,在圈子里,有个别激进分子作为意见领袖,他们通过博客、新闻媒体等大众传媒方式破坏公司固有的品牌形象。

良好的企业家形象的传播对品牌形象的塑造、传播有极大的推动作用。企业家首先必须有一个清晰的自我概念,在他进行前台表演时,必须清楚地知道自己在社会这个舞台上扮演的角色,观众对这个角色有什么样的期望,自己应该展现的是一个什么样的形象,然后才能采取相应的表演技巧。企业家的行为需要符合社会规范对其所饰演角色的要求,承担相应的社会责任,否则其表演行为就会因脱离社会规范而在其他社会成员的心目中留下不好的印象。王石"捐款门"事件就是典型事例。2008年汶川地震,万科的董事长王石在其博客中写道:万科捐200万元是合适的。为此,王石遭到网友炮轰,导致万科品牌形象严重受损。据世界品牌实验室2008年6月的报告,万科品牌价值缩水12亿元。其所提供的数据还表明,王石发表言论后,万科股票连跌6个交易日,公司市值蒸发了204亿元。由此可知,企业家形象一旦受损,企业形象也会严重受损。而且,相比正面信息,媒体更愿意曝光企业家甚至企业的负面信息,负面信息传播和影响更深远。黄静等(2010)将企业家的负面行为分为违法和违情行为,并指出相对于企业家违法行为来说,当企业家出现违情行为时,消费者对企业家形象会产生更差的评价。

3. 员工形象

员工是企业形象的主体,因为企业的每个活动都离不开员工的参与。员工形象是指企业员工的技术素质、文化水平、职业道德、精神风貌和仪表装束给社会的整体印象。从员工形象的构成要素来看,可以将员工形象分为外在形象和内在形象。

(1) 外在形象

仪容仪表是员工形象展现的首要途径,同时它也是传递企业形象的重要渠道。规范而又极富内涵的员工形象不仅有利于营造和谐的工作氛围,更是一个企业内在风范的突出表现。它包括以下三个方面:第一,外貌;第二,服饰;第三,动作、礼仪。这三个方面对于服务企业是尤为重要的。从顾客的角度来看,企业一线员工的形象就是公司的形象。在服务企业,员工的外在形象是服务的可见元素,这就好比生产企业的产品包装。包装是消费者对产品的印象,设计优良的包装能够较容易吸引消费者购买。

很多时候员工的一言一行都代表着企业的形象,动作、礼仪是否规范都会通过公众对员工形象的判断而间接影响对企业形象的判断,当然员工的人格、品德,对工作的态度,处事方式等都会给公众带来影响,并会对此作出适当的评价。

(2) 内在形象

员工内在形象要素可以说是员工对企业形象的一个真实反映,因此可以把员工的内在形象要素分为以下四个方面:第一,员工的创新能力;第二,员工的业务能力;第三,员工必须具有一定的心理调试能力、心理承受能力和洞悉他人的能力;第四,员工的组织能力。虽然这四点是体现员工的内在形象,但是员工外在的服务表现是内在素质传达的一种载体。很多时候员工的一言一行都代表着公司的形象。然而,员工服务的时间长、顾客问题的突发性、员工自我与角色的冲突等问题容易导致员工的情绪劳动,而情绪劳动常常又导致顾客与员工的冲突,与顾客的冲突对企业形象的损害是非常严重的。施莱辛格认为,顾客之所以满意是因为他感觉得到了比在你的竞争对手那里更多的价值,而且强调这些价值是由高素质的、有责任心的、忠诚的企业一线员工创造的。由此可见,企业员工的素质对企业形象、公司绩效的影响是非常巨大的。

资料 4-2

丽嘉酒店的黄金准则

在豪华酒店中,很少有品牌能够像丽嘉酒店一样实现这样一种高标准的客户服务。丽嘉酒店集团公司的前身是波士顿丽嘉酒店,这家著名的波士顿酒店出色的服务,已成为丽嘉在世界各地所有酒店恪守的标准。这一标准的本质已被归纳总结为一系列被称为黄金准则的核心准则:信条、优良服务的3个步骤和员工的20条基本守则。

信条:

1. 我们的服务宗旨,使丽嘉酒店成为一个让宾客获得体贴关怀和舒适款待的地方。

2. 我们保证为客人提供最完善的个人服务及酒店设施,让客人身处一个温馨、舒适而又优美的环境。

3. 丽嘉的服务经验除可令宾客身心舒畅外,甚至可满足客人内心的需求与愿望。

优良服务的3个步骤:

1. 真挚热诚的问好。应尽可能称呼客人的名字。

2. 预见客人所需,应做好充分准备,并须遵从客人意愿办事。

3. 欢欣的道别。跟客人亲切地说再见,应尽可能称呼客人的名字。

员工的20条基本守则:

1. 信条是我们公司的基本信仰,所有员工均必须了解、谨守和实践该信条。

2. 我们的座右铭是:"我们以绅士淑女的态度为绅士淑女们忠诚服务。"作为专业服务人士,我们以相互尊重和保持尊严的原则对待客人与同事。

3. 优良服务的3个步骤是丽嘉酒店的待客基础。每位员工必须遵循,以确保客人满意,愿意忠于丽嘉酒店。

4. 员工承诺是丽嘉酒店工作环境的基础。全体员工都将信守该承诺。

5. 所有员工均须圆满完成其工作岗位的年度培训课程。

6. 应将公司目标传达给所有员工,支持该目标的实现是每位员工的责任。

7. 在工作中创造乐趣和自豪感,所有员工都有权参加制订与其工作相关的计划。

8. 每位员工应不断寻找酒店运作弱点。

9. 为满足客人和同事的需要,每位员工都有责任建立团体协作和相互扶持的工作环境。

10. 授权于每位员工。例如,当客人有问题或有任何特殊需求时,即使需要暂停您的正常工作,也要全力解决客人的问题。

11. 时刻保持整洁是每位员工的责任。

12. 向客人提供最好的亲身服务,每位员工都应负责了解和记录客人的喜好。

13. 不可失去一位客人。每位员工都有责任确保客人得到即时安抚。任何员工接到客人投诉都须负责,妥善解决并做好记录。

14. 经常展示微笑。保持积极的眼光接触。对客人和同事使用恰当的礼貌用语,例如"早上好""当然可以""乐意效劳"和"荣幸之至"。

15. 无论身处工作环境以内或以外,均须充当酒店的使者。言谈保持积极肯定。将关注转告相关人员。

16. 亲自带客人到酒店内的其他地方,避免只是指示方向。

17. 使用丽嘉酒店的电话礼仪,在铃响三声内接听电话,语带"微笑"。尽可能称呼客人的名字。若需要客人等候时,应问客人"您可否稍等片刻?"不可询问来电者的姓名和意图或挑选接听来电并尽量避免转接电话。遵守语音信箱标准。

18. 关注自身仪表并为之感到自豪。每位员工都应通过遵守丽嘉酒店的着装、仪容标准,展示职业化的形象。

19. 安全第一。每位员工应负责为客人和同事建立起一个安全和无事故的工作环境。警惕所有的火警和安全紧急程序并立即汇报任何险情。

20. 保护丽嘉酒店的财产是每位员工的职责。节约能源,正确地维护酒店资产并保护环境。

时至今日,这些黄金准则已用书面形式印刷在一张口袋大小的薄片上,为丽嘉酒店2.5万名绅士和淑女们所熟知,信奉并执行。酒店总裁兼首席执行官Simon Cooper说:"虽然我们模仿其他酒店制定了黄金准则,但这准则被印制在宗旨卡片上却是这一行业首创,这为我们的成功绘制了蓝图。每位员工在口袋里都装有丽嘉酒店的商业计划,时刻提醒他们让顾客满意是酒店的最高使命。"

资料来源:http://www.wftonline.com/hotels/Html/20081118/20081118110917.html,2008年11月18日。

二、产品形象的塑造

产品形象是指社会公众对某产品整体性、全面性的认识与评价。因此,它反映了顾客对该产品的需要程度以及满足程度。产品形象是企业产品在市场上长时间形成的,是企业产品市场竞争力的综合反映。产品形象包括产品功能形象、产品体验形象和产品象征形象。

1. 产品功能形象

产品功能形象主要体现在满足顾客需要的基本效用或效益。例如,产品质量是满足功能需求的基本保证,质量也是产品形象的生命。实际上,西方企业开始注重产品形象就是从注重产品的质量开始的,虽然现在产品形象的发展阶段已由最初的品质管理阶段发展到品牌管理阶段,但质量仍然是产品形象的生命,因为对消费者来说,产品质量就是可靠和耐用,好的品牌是要靠好的品质创造并维持的,无法想象一个质量低劣的产品能有良好的产品形象。比如,法国的鳄鱼牌T恤衫不仅行销全球,而且供不应求,但公司仍然严把质量关,决不降低要求。制作的每件衣服必须用20公里长的棉线织成,而棉线必须是用上好的长纤维棉花纺成的。如果年景不好,棉花质量低,公司宁可原料短缺,也不低价订购质次的棉花。

2. 产品体验形象

产品体验形象主要体现在满足消费者内在的需求，强调购买的乐趣。消费者对产品的诉求日益复杂，他们开始不再把眼光放在纯粹的产品功能上，而是讲究体验感和使用的愉悦感。他们更青睐独特个性的产品，如从视觉上，包装精美、外观设计独特；从触觉上，手感柔软、舒服；从听觉上，声音优美、动听等等五官良好的感受。

3. 产品象征形象

产品象征形象主要体现为产品品牌所蕴涵的人生哲理、价值观、审美品位、身份地位等，人们往往通过使用这样的品牌产品，体验人生追求，张扬自我个性，寻找精神寄托。例如，奔驰体现权势、财富、成功，百事可乐张扬青春活力和激情。

在很多情况下，消费者购买产品不仅仅是为了获得产品所提供的功能效用，而是要获得产品所代表的象征性价值。换句话说，消费者购买产品或者服务不仅为了它们能做什么，而且还为了它们代表什么。因此，消费者购买的许多产品或者服务反映了消费者的形象——消费者的价值观、人生目标、生活方式、社会地位等。

三、使用者形象的塑造

使用者主要是指产品或服务的消费群体，通过使用者的形象，反映品牌形象。使用者形象是驱动品牌形象的重要因素，其硬性指标有使用者年龄、职业、收入、受教育程度等，软性指标有生活形态、个性、气质、社会地位等。消费者在购买产品或服务时，关注的不仅仅是产品或服务本身的质量好坏，同时也看重与自己消费同样产品的其他消费者的情况。当消费者觉得与自己消费相同产品或服务的消费者不匹配时，他们就可能选择适合自己身份的品牌。还有一种情况就是某些消费者从未购买过某种品牌的商品，但如果消费该品牌商品的使用者的身份或某种特征，是这些消费者所期望拥有的，那么这些消费者会想尽办法去拥有或者使用该品牌商品，以期望得到该品牌使用者的认同。

在塑造消费者形象方面，企业通常采用会员俱乐部和概念群体的两种形式。

1. 会员俱乐部形式

采用会员俱乐部形式塑造有效的使用者形象有两点好处。其一，会员俱乐部具有品牌官方性质，具有正统性，公众对品牌的使用者形象就找到了名正言顺的参照群体，其对参照群体的联想就有了指向性；其二，俱乐部的形式具有相对严密的组织性，有与之匹配的章程和行为规范，企业可以制定规则控制俱乐部成员的组成结构。现今，有许多运作成功的品牌俱乐部，如哈雷摩托车的 HOG 俱乐部、全球通的 VIP 俱乐部等等。如果说会员俱乐部的形式一般仅限于高端化、个性化、小众化的品牌，那么对于相对大众化的消费品牌来说，会员俱乐部形式毕竟只能给少数使用者树立参照群体。为了能使更多的使用者了解品牌形象，还需要组建一种适用于大众消费者的参照群体形式。

2. 概念群体形式

所谓概念群体的打造，就是品牌根据对目标消费者的生活方式和消费形态的洞察，提炼出群体的共同特征，以此形容该群体的方法。这种概念群体与俱乐部形式相比，几乎没有运营成本，并且可以更有效地融入品牌的广告宣传之中，从而迅速得到传播，但是组织性很松散，企业无法实现有效的控制。现在市场中常见的概念群体有长安奔奔汽车的"奔奔族"、动感地带的"M-ZONE 人"等等。

总之,作为品牌形象的重要组成部分,首先品牌的管理者应该将品牌的使用者形象管理重视起来;其次依循品牌成长的规律,制定出富有成效与针对性的策略,实现品牌使用者形象的有效管理与控制。由于企业形象和产品形象的主体属于企业内部,因此这两者在企业的可控范围之内。但就使用者形象而言,企业不能够限制自己的产品被哪些人购买,也不能控制使用者如何使用,因此品牌形象的管理是相对被动的。

本章小结

品牌形象是消费者对传播过程中所接收到的所有关于品牌的信息进行个人选择与加工之后存留于头脑中的关于该品牌的印象和联想的总和。品牌形象的特征主要包括多维组合性、相对稳定性、独特性和发展性等四个方面。

品牌形象构成模型主要包括以下四个模型:帕克等人的战略品牌概念—形象管理框架、阿克的品牌形象识别模型、贝尔的品牌形象模型和凯勒的品牌形象测评模型。

塑造品牌形象主要通过塑造公司形象、产品形象和使用者形象三个方面来实现。公司形象塑造需要打造公司的企业形象(理念形象、行为形象和视觉形象)、企业家形象(前台化形象)和员工形象(外在形象和内在形象)。产品形象主要通过塑造产品的功能形象、产品的体验形象和产品的象征形象来实现。使用者形象主要通过会员俱乐部和概念群体两种形式来塑造。

品牌形象的塑造是一项系统工程,所有品牌与消费者接触的地方,都是品牌形象形成的来源。因此,品牌形象的塑造不仅要从全局上把握,更要从品牌的细节处着手,精心细致地维护品牌形象。

复习思考题

1. 品牌形象的定义是什么? 品牌形象概念的流派有哪几个?
2. 品牌形象与企业形象有什么异同?
3. 品牌形象具有哪些特征?
4. 品牌形象的构成要素包括哪几个层面?
5. 如何塑造品牌形象?

课后案例

劳斯莱斯:手工打造的经典品牌

劳斯莱斯(Rolls-Royce)汽车公司是以一个"贵族化"的汽车公司享誉全球的。劳斯莱斯汽车公司年产量只有1 000—2 000 辆,历史最高纪录是3 000 多辆,连世界大型汽车公司产量的零头都不够。但从另一角度看,却物以稀为贵。劳斯莱斯轿车之所以成为显示地位和身份的象征,是因为该公司要审查轿车的购买者的身份及背景。曾经有过这样

品牌营销

的规定:只有贵族身份才能成为其车主。黑蓝色的银灵系列的目标顾客为国家元首、政府高级官员、有爵位的人;中性颜色的银羽系列卖给绅士名流;白和灰浅色的银影系列则是为企业家、大富豪等人设计的。在20世纪50年代以前,英国皇室用车一直是戴姆勒(Daimler)。伊丽莎白女王1952年登基后,逐渐用劳斯莱斯取代了前者。1955年,劳斯莱斯被授权使用皇室专用徽章,一直到今天。

该公司的创始人劳斯和莱斯两人的出身、爱好、性格完全不同,但对汽车事业的执著和向往,使他们成为一对出色的搭档。查尔斯·斯图亚特·劳斯1877年出生在英国伦敦一个显赫的贵族家庭。弗雷德里克·亨利·莱斯的身世与劳斯相比显然有着天壤之别。莱斯1863年出生在一个贫困的磨坊主家庭,由于生活所迫,曾经上街卖过报纸,而后又在铁路公司当学徒。尽管出身贫寒,莱斯却在机械方面表现出了惊人的天赋。1904年,年过40岁的莱斯亲手设计制造了一辆两缸汽车,这辆车在当时堪称杰作,该车使用马达启动而非传统的摇柄,并且运行非常平稳,故障率很低。恰巧莱斯的一名商业伙伴亨利·埃德蒙兹是英国皇家汽车协会的会员,他把这件事告诉给了同为协会会员的劳斯,没想到劳斯极感兴趣。这样,境遇和背景完全不同的两个人被一件事联系在一起。

会面后,两人决定共同组建劳斯莱斯汽车公司,莱斯负责设计和生产,劳斯负责销售,两人签订了合作协议。1904年,劳斯莱斯公司生产了第一辆10马力车型,并把这款车打上了"Rolls-Royce"的商标,因此这款车成为劳斯莱斯的第一款车。第一批共生产了10辆,他们参加了当年在巴黎举行的汽车展览会并一举成名。面对大量的订单,公司仍然坚持用手工制造,当时制造一辆车大概需要25个工人8个月的时间完成,这些人力和工时让车辆从外观到内饰无不精心雕琢、精益求精。从那时起,手工制造就成为劳斯莱斯一成不变的传统。

1906年3月,劳斯莱斯汽车公司正式注册成立,当年便生产了一辆4缸20马力轿车,这款车赢得了当年英国"男儿岛旅行者杯"汽车大赛的胜利。这项比赛在英国上流社会影响很大,当时英国女王亲自出席授奖仪式并亲手颁发奖牌。凭借这次胜利,劳斯莱斯开始赢得英国贵族乃至王室的垂青。凭借这股良好的势头,第二年,劳斯莱斯便推出了震惊世界的车型"银色幽灵"(Silver Ghost)。

1911年,为了继续扩大劳斯莱斯的影响,扩大、加深品牌形象,公司请来著名的雕刻家查尔斯·赛克斯为劳斯莱斯设计立体车标。车标形象取材于卢浮宫中的胜利女神像,在赛克斯的手中,一个双臂后摆,迎风飞舞的"狂喜之灵女神"出现在车鼻最前端。

劳斯莱斯的女神车标采用传统的蜡模工艺,完全用手工倒模压制成型,然后经过至少8遍的手工打磨,再将打磨好的神像置于一个装有混合打磨物质的机器里研磨64分钟,经过最后手工修正后的每一尊女神像都是不完全一样的,都是独一无二的艺术品。同时,两人精诚团结的双R标志也正式确立。劳斯莱斯汽车的标志图案采用两个"R"重叠在一起,象征着你中有我、我中有你,体现了两人融洽和谐的关系。

生产过程中,劳斯莱斯轿车严格挑选高档皮革和上等胡桃木来制作内饰,选剩下的皮革都被时装制造业用于制造高档提包。每一辆劳斯莱斯轿车木饰的纹理都自成一种风格,有记录归档并存有完全相同的备用材料,日后若有损伤而车主要求修补时,即可按照原状恢复。虽然这些备用材料99.9%不会用到,但却再次证明了劳斯莱斯造车的严谨,绝不松懈于任何细节。

　　1931年，劳斯莱斯收购了因经济衰退而濒临破产的运动车品牌宾利，并把该品牌改造成豪华轿车。至今，宾利都是世界豪华轿车品牌中重要的一员，而其作为豪华轿车品牌的历史却要追溯到劳斯莱斯身上。

　　1998年，宝马公司收购了劳斯莱斯，而大众公司领走了宾利。宝马为这位比自己历史还要悠久许多的贵族准备了什么呢？一所三万平方米的大房子，厂址仍然是英国的伍德弗德。各种组件由德国运来在这里组装，而装配方式仍然是传统的手工方式。2003年，工厂出产了重组后的第一款车，新劳斯莱斯"幻影"。

　　资料来源：改编自《世界顶级品牌档案》，http://www.citymao.com/n75a7c54p6.aspx，2005年11月28日。

案例讨论题

　　1. 劳斯莱斯的品牌形象源自哪几个方面？
　　2. 劳斯莱斯的品牌精髓是什么？什么造就了劳斯莱斯的品牌精髓？

第五章 品牌个性

> 厂商若能致力于运用广告为其品牌建立最有利的形象,塑造最清晰的个性,长此下去必能获取市场最大的占有率,进而产生最高利润。让我们记住,正是品牌的整体个性而不是琐碎的产品差别,决定了它在市场上的最终地位。
>
> ——大卫·奥格威

本章主要阐述以下几个问题:
- 品牌个性的价值是什么
- 品牌个性有哪些维度
- 怎么塑造独特的品牌个性

第一节 品牌个性概述

一、个性与品牌个性

在对品牌个性作出明确的界定之前,有必要先对个性作一个清晰的定义。个性(personality)也称人格,来源于拉丁语 persona,最初是指演员所带的面具,其后是指演员和他所扮演的角色。弗洛伊德等心理学家在此基础上对个性进行相关的研究和发展后,将个体在人生舞台上所扮演角色的外在行为和心理特质都称为个性。个性的形成既受遗传等生理因素的影响,又与后天的社会环境密切相关。人的个性是其对外在环境刺激所表现出的习惯行为倾向和心理特质,具有连续性和一致性。对消费者的研究表明,消费者的个性直接影响消费者的购买行为。如具有冒险个性特质的人,喜欢购买新产品;自信的人较难受其他人购买经验的影响等。

虽然品牌代表没有生命的物体,但是通过良好的营销策略,品牌也可以具有人性化的魅力,构成魅力中的一项要素——品牌个性,起到画龙点睛的作用。品牌个性和人的个性一样,具有连续性和一致性,是识别品牌的重要依据。美国著名品牌战略专家戴维·阿克曾经在其品牌形象论中提出:"最终决定品牌市场地位的是品牌总体上的性格,而不是产品间微不足道的差异。"由此可见,品牌个性是构筑品牌竞争力的重要元素,决定了品牌的市场表现。

关于品牌个性的定义,国外学者从不同的角度对它作出了阐述,目前大致形成了四个视角。

1. 从品牌个性的功能来定义

这一视角主要从品牌个性和自我的关系来对品牌个性下定义。马尔霍特拉(Malhotra, 1998)认为,品牌个性是一个理想的自我。凯勒(Keller, 1993)认为,品牌个性倾向于提供一个象征性的或者自我表达的功能。

2. 从品牌个性的表现来定义

阿普绍(Upshaw,1995)认为,品牌个性与品牌形象和品牌声誉是一个意思,它指一个品牌的外在面貌,其特质几乎和人的特质一样。麦克莱克(Macrcae,1996)认为,品牌个性是借由人和动物的形态,使得品牌具有多变的属性。阿普绍认为,品牌个性是指每个品牌向外展示的个性,是品牌带给生活的东西,也是品牌与现在和将来的消费者相联系的纽带;品牌有魅力,也能与消费者和潜在消费者进行感情方面的交流。

3. 从品牌个性的形成来定义

麦克拉肯(McCracken,1989)认为,人们直接与某一品牌产生关联,因而产生了此品牌的人格特质。例如,通过品牌的使用者形象①、公司的员工或者高层管理者以及此品牌的支持者(brand endorser)等,与此品牌有所关联的人的人格特质就直接转移到这个品牌上来了。雷吉·巴特拉(Rajeev Batra,1999)认为,品牌个性即整体品牌形象内在的联系,它包括(但不限于)与品牌特色、标志、生活方式及使用者类型的联系,这些品牌个性联系创造了品牌的综合形象。康勒特和扎特尔曼(Conlter and Zaltman,1994)、福尼尔(Fournier,1995,1998)用深度访谈的方法,得出结论:品牌个性在于品牌自身的意义,以及它给人们所带来的生活意义,这种形象的建立是通过品牌作为一个合作伙伴与使用者的相互作用而形成的。这些定义从品牌个性的产生上来解释品牌个性,倾向于把品牌个性看成是一种独特的整体联系方式,它淡化了品牌个性作为品牌的人性化特征的含义。

4. 从品牌个性的人性化特征来定义

珍妮弗·阿克(Jenniffer Aaker)认为品牌个性是与品牌有关联的一整套人性化的特征。例如,人性化的 Absolut Vodka 倾向于被描绘成酷的、赶时髦的 25 岁的当代青年;Stoli Vodka 的人格特征被描述为一位有教养的、保守的老者。因此她认为品牌个性既包括品牌性格,又包括年龄、性别、阶层等排除在人格、性格之外的人口统计学特征。她还进一步指出,和产品相连的属性倾向于向消费者提供实用功能,而品牌个性倾向于向消费者提供象征性和自我表达的功能。

综上所述,解读品牌个性有两个视角。从厂商的视角来说,品牌个性是指通过营销组合对品牌名称和标志、品牌文化、使用者形象、产品本身等品牌要素的价值进行提炼,使品牌具有人性化的魅力。而对于消费者来说,品牌个性的感知、内化则建立在消费者自我概念的基础之上。消费者对一个品牌个性的认知是从自我的视角出发,有可能和厂商设计的品牌个性不一致。

二、品牌个性与相关概念的区别和联系

品牌个性与其他的品牌概念比较容易混淆,其中的异同较难分辨。下面选取其中几个与之有着密切联系并且容易引起混淆的概念进行分析。

1. 品牌个性与品牌定位

品牌定位是针对目标市场建立一个相关的品牌形象的过程与结果。由于市场需求的多样性和企业资源的有限性,企业必须针对某些自己有优势的目标市场进行市场开拓。

---

① 使用者形象在此被定义为:某一品牌的典型使用者人格特性的组合。

品牌定位就是在选定的目标市场上,企业对品牌形象进行整体设计,从而在目标顾客心中占据一个独特地位的过程或行动。在当今品牌竞争日益激烈的情况下,品牌必须找到一个吸引顾客的突破口,作为品牌情感化、人性化价值集中体现的品牌个性就理所当然地成为企业的选择。

(1)品牌定位是品牌个性的基础

品牌个性建立在品牌定位的基础之上,要和品牌定位保持一致。如七喜在可口可乐和百事可乐把持的碳酸饮料市场上,提出"非可乐"的定位,因此七喜的品牌个性就不能和含有咖啡因的"两乐"的品牌个性一样具有刺激兴奋的特性,而应着重突出自己清新、健康的一面。

(2)品牌个性为品牌定位提供支持

品牌个性的塑造有利于品牌定位的成功,为品牌在顾客心中占据一个有利的位置提供强大的支撑。要想在众多的品牌中脱颖而出,在消费者的心智中占据一个特殊的位置并不是一件容易的事情。品牌个性代表特定的生活方式、价值观念,容易与消费者产生个性表达、心理上、情感上的共鸣,从而达到占据消费者心智中某一地位的目的。

(3)品牌个性并不完全决定于品牌定位

即使两个定位一致的品牌,在消费者眼中也可能具有不一样的个性。虽然孔府家酒和孔府宴酒都是依托儒家文化来进行定位,但是孔府家酒在消费者眼中具有淳朴、诚恳的个性;孔府宴酒则具有世故、外向的个性。

品牌定位是品牌塑造的起点,为品牌塑造提供了大致的框架;品牌个性依托于品牌定位,为品牌定位的成功进行提供了情感性、人性化的差异点,成为占据消费者心智的有利途径。在时间上,品牌定位在先,品牌个性在后,两者联系紧密、相互依存,都是品牌管理的一部分。

2. 品牌个性与品牌形象

打造强势品牌的关键就是要打造成功的品牌形象。但品牌形象的塑造不可能在一朝一夕之内完成,它是一项系统工程,需要优化整合企业各方面的资源,最终实现消费者对品牌的认知与评价。而品牌形象塑造的核心就是塑造品牌个性。品牌人格化理论认为,品牌个性就像人的个性一样,因为每个人的个性都是不一样的,所以每个品牌的个性也应该是不一样的。品牌个性是通过品牌传播赋予品牌的一种心理特征,是品牌的独特气质和属性,是品牌形象的核心要素。

品牌个性与品牌形象的关系就像人的灵魂与躯体一样。灵魂在宗教中认为是离开人体而独立存在的非物质的东西,一旦灵魂离开人的躯体,人即死亡。没有个性的品牌形象就如同一具没有灵魂的躯体,绝没有真正的活力可言。也有人将品牌个性与品牌形象的关系比作血管和身体的关系。血管是人体生命运动的主要运输通道,如果没有血管源源不断地为身体输送新鲜的血液,身体的机能就会停止运转,也就是死亡。没有个性的品牌形象就如同没有血管的身体,是不会具有生命力的。由此可见,唯有个性,才能赋予品牌形象生命;唯有个性,才能赋予品牌形象活力。

案例 5-1

李维斯——自由与性感的化身

李维斯(Levi's)——来自美国西部的享誉世界的品牌,1853年由犹太青年商人李维·施特劳斯(Levi Strauss)创立。从为挖金工人量身定做的经久耐磨的帆布工装裤开始,施特劳斯以自己的名字李维斯作为品牌。李维斯的核心精神是:empathy(同情心)、original(原创)、integrity(正直)和courage(勇气),这些既是李维斯的行动指南,也是李维斯历经百年依然兴盛的原因所在。

只要提及李维斯,我们就会想到性感、青春、活力,以及永不落伍。李维斯是一棵百年常青树,历经了150多年的风风雨雨,从一个国家流行到全球。李维斯始终保持着自己的品牌个性——"它是一种文化,亦是一种传奇;它是一种精神,更是一种象征"。

在世人心中,李维斯不仅是时尚潮流的引领者,更是美国精神的一个典型代表,带有鲜明的符号象征意义:"独立""自由""冒险""性感"。随着时代和环境的演变,李维斯被赋予更多的精神和文化艺术气质,但最初的野性、刚毅、叛逆与美国开拓者的精神,始终是李维斯爱好者最欣赏的一种生活态度。

资料来源:华军软件园,http://news.newhua.com/news1/pc_other/2008/416/,2008年4月6日。

三、品牌个性的价值

品牌个性改变了产品简单的功能价值,丰富了产品和品牌的情感性,更多地突出了人性化的软性价值。从品牌个性理论来看,品牌也能像人一样,可以提供消费者许多体验和象征价值,这些价值有助于实现消费者个人期望的目标。当消费者感到品牌提供了他们需要的价值时,他们就会对该品牌产生依恋情感。依恋就是个人与品牌之间一种富有情感的独特纽带关系。例如,万宝路粗犷、豪放、不羁的品牌个性深深感染着香烟消费者,它激发了消费者内心最原始的冲动、一种作为男子汉的自豪感,以致消费者用万宝路作为连接个人展示男子汉气概的重要纽带。

随着消费者自我表达意愿的增强,消费者更偏爱与自我特质一致的品牌。品牌除了提供应有的功能价值外,其所提供的情感价值对消费者影响更大。独特鲜明的品牌个性有助于突破消费者的情感阀门,占据消费者的心智,产生独特的品牌联想。消费者感受到的情感价值越深,对品牌的依恋程度也会越深。而且消费者对品牌依恋的程度,会影响消费者所能承受品牌溢价的程度。例如,对消费者自身而言,使用苹果电脑可以表达自身个性追求和富有创造性的个性识别。消费者喜爱、赞赏、依恋、购买和使用的品牌常常可以被认作一种表达个性和生活方式的工具。对企业而言,当消费者对品牌的依恋程度越高,就会越愿意与品牌保持长期关系,排斥竞争品牌,给竞争对手构筑竞争壁垒,从而为企业营造持续的核心竞争力带来天然的优势。

品牌营销

学术智库 5-1

品牌个性能否走入消费者的生活?

本研究基于内隐人格理论研究品牌个性对消费者的影响,探究品牌个性能否引起消费者的共鸣,以及能否彰显消费者的身份。本研究通过四个实验发现,持实体论的消费者(认为人的个性特质是固定不变的,倾向于用抽象概括化的和静态的内在特质来理解人的行为)容易被有吸引力的品牌个性吸引,而持渐变论的消费者(认为人的个性特质是动态可塑的,倾向于用影响心理动态过程的内外具体调节因素来理解人的行为)没有发生显著性的变化。本研究认为原因可能是因为:持实体论的消费者借助品牌体验作为一种自我表达的信号,提高自我与品牌个性的一致性感知,从而强化对品牌的认同和喜爱;持渐变论的消费者并不以品牌体验为目的,而是强调品牌体验是一个学习过程。从营销实践来说,本研究对品牌传播有一定的指导意义,有效地传播品牌个性对强化消费者形象是非常重要的,尤其是针对实体论消费者。但是品牌一旦犯错,对于持实体论的消费者,企业想再续品牌关系就非常难了。

文献来源:Park, Deborah. 2010. Got to Get You into My Life: Do Brand Personalities Rub Off on Consumers? [J]. Journal of Consumer Research, 37(4):655-669.

案例 5-2

阿玛尼——简单创造优雅

阿玛尼公司由意大利著名时装设计大师乔治·阿玛尼创建于 20 世纪 70 年代,是全球最时尚的品牌之一。阿玛尼公司除经营服装外,还设计领带、眼镜、丝巾、皮革制品、香水乃至家居用品等,产品畅销全球 100 多个国家和地区。在 2006 年《商业周刊》评出的世界品牌价值 100 强中,阿玛尼名列第 97 位,品牌价值 27.83 亿美元。

许多年来,乔治·阿玛尼总是以休闲但是一丝不苟的个人形象出现,灰色的头发整齐地梳着,一件海军蓝的开司米开衫,配一件简单的 T 恤衫和卡其布男裤。他既不吸烟也不喝酒。他不说英文,意大利语不离口,因此一直被媒体形容为一个沉默寡言、害羞而骄傲的人。

阿玛尼的设计理念有三条:(1)去掉任何不必要的东西;(2)注重舒适;(3)最华丽的东西实际上是最简单的。乔治·阿玛尼的设计创造并非全凭空想,而是来自于观察,他在街上看到别人优雅的穿着方式,便用他的方式重组,再次创造出他自己的、属于乔治·阿玛尼风格的优雅形态。阿玛尼认为高级晚装应保持含蓄内敛的矜持之美。优雅、简单、追求高品质而不炫耀,"看似简单,又包含无限"是阿玛尼赋予品牌的精神,使他成为影响"极简主义"的重要人物。他的设计并不启发人们童话式的梦想,他追求的是自我价值的肯定和实现,他的服装给予女人的是自信,并使人深切地感受到自身的重要。许多世界级公司的高级主管、好莱坞影星就是看上这种自我的创作风格,而成为乔治·阿玛尼的追随者。这其中包括美国前总统克林顿、电脑大亨比尔·盖茨等顶级世界名流。

资料来源:互动百科-阿玛尼,http://www.baike.com/wiki/阿玛尼,2007年7月12日。

第二节 品牌个性的维度

一、品牌个性的五大维度

美国斯坦福大学教授珍妮弗·阿克通过调查研究建立了品牌个性维度量表(Brand Dimensions Scales,BDS)。由于珍妮弗·阿克的品牌个性五大维度和人类个性大五模型联系紧密,在此,先对人类个性的大五模型进行简单介绍。大五模型(the big five model)是所有关于人类个性的研究到目前为止得到较为普遍认同的个性结构。科斯塔和麦克雷(Costa and McCrae,1985,1989)、麦克雷和科斯塔(McCrae and Costa,1987)、戈德堡(Goldberg,1990)、约翰(John,1990)等人对个性要素集合不断进行研究和完善,最终形成了人类个性的大五模型并建立起一套完备的测量量表体系。大五模型将各种个性特征都划归到情绪的稳定性(emotional stability)、外向性(extraversion)、开放性(openness)、随和性(agreeableness)以及责任心(conscientiousness)五大个性维度(具体见表5-1)。

表5-1 人类个性"大五"模型的重要特征

组成特征	组成成分
情绪的稳定性	焦虑、愤怒、沮丧、自我、冲动、易受伤
外向性	热情、社交、专断、活跃、寻求刺激、积极
开放性	幻想、艺术、敏感、实践、思考、有价值
随和性	值得信任、直率、利他、顺从、谦虚、脆弱
责任心	能干、讲次序、忠实、尽职、追求成就、自律、深思熟虑

珍妮弗·阿克第一次根据西方人格理论的"大五"模型,以个性心理学维度的研究方法为基础,以西方著名品牌为研究对象,开发了一个系统的品牌个性维度量表,如表5-2所示。该量表通过一个631人组成的样本对37个品牌的114个个性特征评价而得来。该量表基于个体的代表性样本、广泛的特性列表和在不同的产品类别中系统地选择系列品牌。它可以用来比较众多产品类别中品牌的个性,由此使得研究者可以确定品牌个性的基准。在这套量表中,品牌个性分为五个维度:真诚(sincerity)、刺激(exciting)、称职(reliable)、有教养(sophisticated)和强壮(ruggedness)。这五个维度下有15个面相,包括42个品牌的人格特性。

表 5-2　品牌个性量表

五大个性要素	不同层面	描绘词语
真诚 （如柯达）	淳朴	家庭为重的、小镇的、实在的
	诚实	诚心的、真实的、真诚的
	有益	健全的、原生的
	愉快	感情的、友善的、快乐的
刺激 （如保时捷）	大胆	极时髦的、刺激的、勇敢的
	有朝气	冷酷的、年轻的、英勇的
	富于想象	独特的、有想象力的
	最新	独立的、现代的、时尚的
称职 （如 IBM）	可信赖	勤奋的、安全的、可靠的
	聪明	技术的、团体的、智能的
	成功	领导者的、有信心的、有成效的
有教养 （如奔驰）	上层阶级	有魅力的、好看的、高贵的
	迷人	女性的、流畅的、可爱的
强壮 （如万宝路）	户外	男子气概的、西部的、运动的
	强韧	粗野的、强壮的

二、品牌个性的国别维度

品牌个性的国别维度，顾名思义，指在不同国家的文化背景下，主张不一样的品牌个性维度。珍妮弗·阿克(2001)在沿用美国品牌个性维度的基础上，对日本、西班牙这两个来自东方文化区和拉丁文化区的代表性国家的品牌个性维度和内涵进行了探索和检验。结果发现，美国、日本和西班牙共同的品牌个性维度是：真诚、激动人心、能力、精细；彼此有差异的维度分别是：具有美国特色的品牌个性维度是强壮(Ruggedness)，日本是平和(Peacefulness)，西班牙是激情(Passion)，详细如表 5-3 所示。

表 5-3　不同国家的品牌个性维度

国别	品牌个性维度	属性
日本	纯真(sincerity)	热心(warmth)
	刺激(excitement)	健谈(talkativeness)、自由(freedom)、幸福(happiness)、活力(energy)
	能力(competence)	责任感(responsibility)、决断力(determination)、耐力(patience)
	教养(sophistication)	优雅(elegance)、风格(style)
	平和(peacefulness)	温柔(mildness)、天真(naivety)
西班牙	纯真(sincerity)	亲切(thoughtfulness)、真实(realness)
	刺激(excitement)	幸福(happiness)、年轻(youth)、独立(independence)
	教养(sophistication)	风格(style)、自信(confidence)
	平和(peacefulness)	喜爱(affection)、天真(naivety)
	激情(passion)	强烈(intensity)、精神性(spirituality)

资料来源：Jennifer Aaker, Veronica Martinez. 2001. Consumption Symbols as Carriers of Culture：A Study of Japanese and Spanish Brand Personality Constructs[J]. Journal of Personality and Social Psychology,8(3):492-508.

在营销实践中，企业品牌呈现出来的个性并非单一的某种个性，更多的是混合多种个性特征，就像人的个性一样复杂多变。然而，企业总会以某种鲜明的品牌个性为企业宣传的重心。如李维斯牛仔裤在纯真、刺激、称职和强壮四个个性特征上都能被感知，但强壮（有男子气概的、运动的）是其主要的特征。

我国学者黄胜兵和卢泰宏（2003）基于中国传统的儒家文化，提出了属于中国本土文化的品牌个性五维度，分别是"仁、义、勇、乐、雅"。例如，中国糖果品牌的老字号大白兔，在品牌个性方面呈现出仁和、诚信和智慧。

三、品牌个性的性别维度

万物有灵论证实了品牌是可以比作人的，品牌已经不再是一个符号，而是赋予灵性的生命。品牌拥有和人一样的个性，当然也拥有和人一样的性别。性别角色量表是由贝姆于1973年率先开发的，该量表共用60个问项区分男性化、女性化、中性化的性别特征，详细如表5-4所示。

表5-4 贝姆的性别角色量表

维度	问项
男性化	自强、有理想、独立性、爱运动、坚定、个性强的、有力量、有分析能力、领导能力、爱冒险、果断、自给自足、爱支配人、男子气、坚信自我、爱挑衅、有领导范、个人至上、竞争性强、有野心
女性化	柔情、乐观、羞涩、重感情、爱奉承、忠诚的、女性的、同情心强、敏感、通情达理、善于怜悯他人、需抚慰的、说话委婉、给人以温暖的、温柔的、轻信、天真烂漫的、不说粗话、爱孩子、柔情
中性化	助人为乐、情绪不稳、道德的、爱夸张、自感幸福、变幻莫测、依赖性强、嫉妒、诚实、不坦率、诚恳的、自负、可爱、庄重、友好、无能为力的、顺应环境、杂乱无章、有才能、保守的

资料来源：Bem S. L. 1974. The Measurement of Psychological Androgyny [J]. Consulting and Clinical Psychology, 42(2): 152-162.

格罗哈曼（Grohmann, 2009）提出品牌个性的性别维度分为男性化维度和女性化维度，并利用贝姆的性别角色量表开发了一套品牌个性性别量表，详细如表5-5所示。该量表有效地补充了阿克的品牌个性的五大维度，还指出消费者通过选择不同性别特征的品牌来表达自我性别特质。男性特质的品牌往往更勇敢、大胆、强健、爱冒险和具有挑衅性，而女性特质的品牌则更温柔、甜美、敏感、脆弱并能够表达细腻的情感。例如，"红牛"饮料给人一种强壮的、男性化感觉，而"露华浓"化妆品给人一种性感的、女性化的感觉。另外，产品类型对塑造品牌个性的性别形象有着重要的作用，如可乐、汽水、功能性等饮料常常被认为是强壮的、冒险的、男性化产品，而红茶、绿茶、茉莉花茶等茶饮料则常常被认为亲切的、软弱的、女性化的产品。

表 5-5 品牌个性的性别角色量表

维度	问项
男性化（MBP）	冒险的（adventurous）
	挑衅的（aggressive）
	勇敢的（brave）
	大胆的（daring）
	主导的（dominant）
	坚忍的（sturdy）
女性化（FBP）	抒发情感的（expresses tender feelings）
	脆弱的（fragile）
	优雅的（graceful）
	敏感的（sensitive）
	亲切的（sweet）
	温柔的（tender）

资料来源：Grohmann, B. 2009. Gender Dimensions of Brand Personality [J]. Journal of Marketing Research, 46(1)：105-119.

第三节 品牌个性的塑造

一、品牌个性的认知因素

人们会从一个人的言行举止来把握他的个性，而他的名字和外貌以及出生地和家庭背景，也会影响人们对其个性的判断。同样，影响人们对一个品牌个性的认知因素分为两大类：与产品有关的因素和与产品无关的因素。从这些影响因素中，我们可以发现品牌个性的来源，从而对企业的品牌个性塑造提供有益的指导。

1. 与产品有关的因素

与产品有关的因素包括：产品品质、产品属性、产品包装、产品价格。

（1）产品品质

产品是和消费者最为接近的实体，从消费产品的过程中体验到的产品品质对消费者的影响最大。一个制作工艺精良的 NOKIA 手机，无论处于多么恶劣的环境，它的信号依然良好。在你同伴的手机都没有信号的时候，你拿出手机能够轻松交谈，这个时候你是不是会觉得 NOKIA 是值得信赖的，并给你成功的感觉？

资料 5-1

Gucci——豪华、性感之美

Gucci，是一个意大利时装品牌，由古驰奥·古驰（Guccio Gucci）于 1921 年在佛罗伦萨创办。古驰的产品包括时装、皮具、皮鞋、手表、领带、丝巾、香水、家居用品及宠物用品等。古驰品牌时装一向以高档、豪华、性感而闻名于世，时尚之余不失高雅。它以"身份与财富之象征"的品牌形象成为富有的上流社会的消费宠儿,一向被商界人士垂青。古驰现在是意大利最大的时装集团。

1881年,Gucci出生于佛罗伦萨,曾在伦敦Savoy饭店担任行李员。1921年,Gucci回到老家佛罗伦萨,开了一家专卖皮革和马具的店铺,随着业务的扩展,新的店面在罗马著名的Via Condotti开幕。1939年,Gucci的四个儿子相继加入,古驰也由个人企业转型为家族企业。

从20世纪40年代末到60年代,古驰接连推出了带竹柄的皮包、镶金属祥的软鞋、印花丝巾等一系列的经典设计,其产品的独特设计和优良材料,成为典雅和奢华的象征,为杰奎林·肯尼迪、索菲亚·罗兰及温莎公爵夫人等淑女名流所推崇。

时尚潮流瞬息万变!从90年代中期以来,时尚界呼风唤雨的品牌寥寥可数,但古驰绝对是其中最炙手可热的。古驰与很多品牌一样,都是在经历了一段品牌低潮期之后,才逐渐回到国际主流。

第二次世界大战之后,由于皮革等原料缺乏,古驰选择以帆布为替代品,印着成对的字母G的商标图案及醒目的红色与绿色作为古驰的象征出现在各式帆布的公事包、手提袋、钱夹等古驰产品之内。卓越的古驰在箱包行业已发展成为与法国的Louis Vuitton(路易·威登)齐名的品牌,同时也成为世界各地其他制造商抄袭、模仿的物件。在此后的一二十年间,随着产品范围的不断扩大,早年以佛罗伦萨为基地的古驰迅速崛起,发展为在世界各地拥有分支机构的国际性集团,产品遍及欧洲、美洲、亚洲,不仅有流行的鞋、包、箱等,还有服装、香水、家庭日用品、头巾及其他配饰品。

可以说,在一定程度上正是由于这些品种的不断扩大发展,提高了古驰品牌的知名度,使其不再限于原有的市场领域,而日益成为受人瞩目的品牌。由于假冒仿制产品的大量出现,古驰品牌不得不耗费大量的财力、物力与其进行斗争,以维护其良好的企业形象。事实上,多年来的生产与经营,使古驰有了一些标志性的经典产品,如平底鞋及永远不变的镀金饰物是古驰的传统拳头产品,也正是那种不系带的浅底鞋,曾经为古驰带来巨大的商业利润。古驰的皮革制品中尤以鞣制、皮质细腻的猪皮产品最见特色。1989年,Dawn Mello(唐·梅洛)被任命为副总经理及创作指导,使古驰从奢侈荣耀之象征的品牌成为一种"必须"的时髦。1994年以后,Tom Ford(汤姆·福特)使古驰焕然一新。2004年米兰秋冬Gucci Tom Ford的告别秀,他手拎着一杯威士忌向在场观众举杯致意,一派从容潇洒,正如他为古驰奠定的形象一般性感迷人。

资料来源:百度百科-Gucci,http://baike.baidu.com/view/9986.htm? fromId=859164。

(2)产品属性

当海飞丝宣称其去头屑的功能,潘婷着重强调其滋养头发的理念的时候,强生婴儿洗发露以没有刺激,可以使头发微微卷曲赢得了消费者的青睐。海飞丝和潘婷让人感觉到专业的一面,它们都可以从不同的角度解决消费者头发的问题,而强生让人感觉到它是纯真的、可爱的。不同的产品属性使人对品牌个性的感知显然不一样。

(3)产品包装

产品的包装犹如身上穿的衣服,它不仅美化了产品,还体现了产品品牌的个性。健康、优良的包装材料,独具匠心的包装造型,图案、字体、色彩甚至印刷等各种手段的综合运用,都有助于品牌个性的塑造与强化。例如,香港屈臣氏集团生产的屈臣氏蒸馏水,就以独特、美观、使用方便的瓶型设计打破了现有饮料市场的一般造型设计,这有助于强化消费者对屈臣氏时尚品牌个性的认识。

(4) 产品价格

产品价格的高低反映出产品内在的品质。除了影响人们对产品品质的认知外,产品的价格就像一个信号一样反映出不同的品牌个性。吉利轿车的低价竞争策略让人感觉到它是蓝领的、低阶层的,而奥迪汽车的高价给人的感觉是成功人士的、上层阶级的。

2. 与产品无关的因素

与产品无关的因素包括:品牌的名称和标志、使用者形象、品牌的营销策略组合(包括品牌的分销渠道、广告、事件营销等)、企业形象、品牌历史、品牌来源地等。

(1) 品牌的名称和标志

象征符号心理学家的一项调查显示,在人们接收到的外界信息中,83%以上是通过眼睛,11%要借助听觉,3.5%依赖触觉,其余的则源于味觉和嗅觉,视觉符号的重要性可见一斑。

品牌的名称和标志除了有帮助消费者辨认的作用外,还会引起消费者潜意识的变化,影响消费者对品牌个性的感知。它以符号的形式刺激消费者的视觉感官,使消费者在脑海中留下印象、产生联想。比如丰田公司的凌志牌轿车改名为雷克萨斯。凌志给人的感觉是雅致的、迷人的、沉稳的,雷克萨斯则让人联想到男子气概的、强韧的、精力充沛的、冒险的。一个成功的标志符号是品牌个性的浓缩。麦当劳金黄色的"M"形拱门对其品牌欢乐、友善的个性具有强化效果。雀巢是人们熟悉的品牌,它的标志性符号是一个鸟巢里,一只鸟在哺育两只小鸟,这极易使人联想到嗷嗷待哺的婴儿、慈爱的母亲和健康营养的育儿乳品。雀巢通过这个标志在消费者心中注入了慈爱、温馨、舒适和信任的个性。

(2) 使用者形象

不同的品牌会有不同的目标市场,因此也会有不同的使用者。当某些具有相同特征的消费者经常使用同一个品牌的时候,附着在他们身上的个性会转移到品牌上来。比如恒基伟业的商务通的使用者多半是成功、自信、世故的商务人士,经过一段时间后,商务通也具有了成功、自信、世故的品牌个性。

(3) 品牌的营销策略组合

一般通过聘请品牌代言人,能够比较迅速地把代言人的个性传递到品牌上来。但是这种策略运用不当也有可能损害品牌形象。比如金嗓子喉宝请足球明星罗纳尔多做代言人,但是罗纳尔多具有的强韧、运动的个性和金嗓子要树立的称职、可信赖的品牌个性明显不一致,此举不但在短时间内导致了金嗓子销量的下滑,更为严重的是,也损害了金嗓子的品牌资产。耐克是这方面的专家,从乔丹到科比,它一直在强化其领导者的、强韧的、男子气概的品牌个性。

不同的分销商品牌具有不同的品牌个性,在一定的分销渠道里面销售的产品的品牌个性往往会受到分销商品牌个性的影响,会和分销商的品牌个性趋同。如沃尔玛代表着淳朴的、蓝领的、传统的品牌。当初三星为了塑造一流的制造商形象,就从沃尔玛撤出所有的三星产品,以塑造其成功的、可信赖的、时尚的品牌个性。

品牌策略的不同会导致不同的品牌个性。联想就曾经推出过联想-家悦、联想-锋行等采用主副品牌策略的电脑。家悦以联想这个企业品牌为依托,以家悦品牌所蕴涵的家庭的、温暖的、淳朴的品牌个性来吸引那些以家用为目的的买家。锋行则以其时尚、迷人、上层阶级的品牌来吸引电脑发烧友。同时这两款电脑又具有联想领导者的、世故的品牌个性,以吸引更多的消费者。

事件营销通过把品牌和一定的事件联系起来,影响消费者对品牌的态度和信念。事件营销能够在一定程度上把事件所代表的个性融入赞助品牌上。三星的奥运会营销策略就非常成功地把奥运会所代表的不断超越、坚韧、积极的个性内涵融入三星里面来。通过公共关系来改善消费者的认知也是企业经常使用的营销策略。丰田曾经在美国大量抵制日货的时候,在报纸、电视台等多种媒体上,通过报道丰田为美国人创造的就业机会,丰田对一些公益性组织的捐款等企业行为,弱化了美国公众的抵制情绪,同时也为丰田注入了友善的、诚恳的、有道德的品牌个性。

(4) 企业形象

整体的企业形象由企业的领导者和创始人、企业的经营理念、企业文化、企业员工等构成。一个形象良好的企业创始者,对品牌的影响是巨大的。我们是通过比尔·盖茨了解微软的,从他大二中途辍学,以及他是一名天才的程序编写者和激进的垄断者等事迹中对微软有了初步的感知,进而购买微软的产品。微软能够从其他的软件供应商中区别出来,在于盖茨赋予了它聪明的、领导者的、激进的品牌个性。

(5) 品牌历史

品牌拥有的历史会影响消费者对品牌的感知。一般来说,诞生较晚、上市时间短的品牌在人们心目中有年轻、时尚、创新的品牌个性,而历史存续时间较长的品牌在人们心目中有传统、沉稳、世故的品牌个性。不一样的产品类别对于品牌历史的要求也不一样。比如,对于酒类品牌来说,历史越长,越利于形成专业的、有魅力的品牌个性。

(6) 品牌来源地

由于历史、文化、经济、自然资源、产业集群等因素的不同,每一个地方会形成别具特色的地方形象,它深深地影响着消费者对这些地方产品的认知。比如,来自法国的香水,我们认为它是迷人的、有魅力的、性感的;产自意大利的服装,我们认为它是上层阶级的、雅致的;来自日本的汽车和消费电子产品,我们觉得它们是可信赖的。

从以上的阐述中,我们可以发现影响消费者对品牌个性认知的因素有很多,每一种都能够在一定程度上对品牌个性的形成造成影响。由于影响品牌个性形成的因素如此之多,因此需要有良好的营销策略,把不同的影响因素整合起来,以形成一致和稳定的品牌个性。

二、塑造品牌个性

1. 了解目标顾客的心理特征是塑造品牌个性的第一步

已有的研究表明品牌个性与消费者自我概念的一致性会影响消费者的品牌态度和品牌偏好,因此塑造一个独特的品牌个性的首要步骤在于充分地了解目标顾客的心理。一般来说,消费者的自我与他选择的生活方式、人口统计特征、个性息息相关。要综合运用生活方式、人口统计特征、个性特征等变量来对消费者进行区分。在此基础上,对消费者有一个清晰的了解。

2. 结合产品类别与竞争者的品牌个性

产品是品牌个性的载体,消费者是通过接触产品和服务来感知品牌个性的。由于消费者对特定产品大类有一个总体的、固定的印象,因此品牌个性要符合消费者头脑中对该产品大类的印象。如人们一般认为高科技产品是人类智慧的结晶,与"称职"的品牌个性维度联系紧密,而咖啡、香水、服装等象征着消费者的审美取向,所以其品牌个性就接近"成熟"维度,具有性感、高尚、有魅力等特点。在确定了自己的目标市场后,如果发现在该目标市场上已经存在了很多品牌,这时候就要根据竞争者的品牌个性来选择本品牌的个性目标,以提供差异化的价值。比如在豪华车市场,奔驰展露出世故的、自负的品牌个性,法拉利彰显的是男子气概的、运动的、强韧的品牌个性,而宝马选择的是追求驾驶快乐的个性。

3. 选择相互配合的品牌要素

一致性是品牌个性的内在特征,只有选择一致性的品牌要素,才能使消费者对品牌个性的感知一致。比如,美特斯·邦威的品牌个性是时尚的、刺激的、外向的、活跃的,作为美特斯·邦威的品牌代言人的形象个性就要和美特斯·邦威的品牌个性一致,假如美特斯·邦威请赵本山做品牌代言人,消费者会作何感想?同样,作为雅致的休闲场所,星巴克背景音乐的选择要能使消费者产生迷人的、高雅的联想,因此星巴克绝对不会选择《两只蝴蝶》作为其背景音乐。

4. 选择合适的营销组合

品牌个性的认知因素有价格、分销渠道、广告、事件营销等,所以在选择营销策略的时候要注意彼此间的配合,不能相互独立,甚至相互冲突。比如派克是高档的书写工具制造商,它代表着上层阶级,具有世故的、领导者的品牌个性。但是后来派克推出了低价的派克钢笔,这与原先派克的品牌个性产生了强烈的冲突,不但在高档市场上的占有率下降,在低档市场上,派克也迟迟没有收获。

学术智库 5-2

品牌个性何时才能起作用?——基于依恋风格的调节作用

本研究从依恋理论中的依恋风格类型(焦虑型和回避型)视角,探究不同依恋风格类型的消费者对品牌个性的影响。本研究发现:不同的依恋风格和品牌个性对品牌绩效(品牌依恋、购买意愿和品牌选择)影响是有差异的。具体而言,在高焦虑条件下,低回避者更倾向选择纯真的品牌个性,高回避者更倾向选择刺激的品牌个性。而且本研究在依恋风格和品牌个性的基础上,还找到它们影响品牌选择的两个调节变量。消费者在不同的消费场所(公开和隐私)以及对品牌关系的期望(高期望和低期望)都会使依恋风格和品牌个性对品牌选择的作用发生改变。从营销实践来说,企业需归纳统计出不同依恋风格的消费者在人口统计学方面的特征,再根据不同特征的消费者采用不同的品牌策略,如年轻女性消费者较易发展成强品牌依恋的关系,她们较倾向于选择真诚个性的品牌,而年轻男性消费者更倾向于选择刺激个性的品牌。

文献来源:Swaminathan, V., K. M. Stilley, et al. 2009. When Brand Personality Matters: The Moderating Role of Attachment Styles [J]. Journal of Consumer Research, 35(6): 985-1002.

三、塑造品牌个性应注意的问题

品牌个性的塑造不但是一门科学,更是一门艺术,在塑造品牌个性时要尽力避免品牌个性的创意良好,却对产品的销售没有任何作用。下面列举了几个在塑造品牌个性过程中容易出现的问题。

1. 品牌个性和品牌适用性的关系

品牌个性和品牌的适用性是一对矛盾的统一体,品牌个性越强则其适用性越弱。因此,塑造品牌个性时必须注意,品牌个性不能对其适用性有太大的损害,否则,市场占有率太低,不利于品牌的传播和维护。利郎商务男装就是一个极具个性的品牌,它倡导简约的设计风格,具有男子气概的、自信的、有效率的品牌个性,在消费者的心目中留下了深刻的印象。这为利郎延伸到女装等领域设置了非常大的障碍。

2. 要防止品牌个性老化

品牌个性在一段时间内是合乎消费者的心理需求的,但是随着时代的变迁,人们的消费习惯和价值观也在变化,因此只有随需而变,作出应有的变化,品牌个性才能持续地吸引消费者。芭比娃娃的品牌个性是"时尚、潮流",她长盛不衰的奥秘在于其品牌个性的协调整合——紧随时代风格的变化。马特尔公司一直在捕捉时尚的细微变化,芭比娃娃在40年里改变过多次形象:20世纪50年代,她是热带沙滩女郎的形象;60年代,她是派头十足的女明星;70年代,她是追风嬉皮士,趋于随意野性;在80年代女权运动中,她变成了职业女性,而在女宇航员出现的时候,芭比又身着宇航服了。

3. 品牌个性塑造是一个长期的过程,不能急功近利

品牌个性的塑造是一个循序渐进的过程,需要通过长时间的积累,才能在消费者心中留下深刻的印记。试图通过短时间、大密度的广告,塑造一个鲜明的个性,吸引消费者,往往只能短时间提高销量,对于品牌个性的形成却没有太大的作用。品牌个性在品牌价值中的核心地位也决定了品牌个性塑造是一个系统工程,需要和产品包装、事件营销、分销渠道策略、公共关系等营销组合策略密切配合。

本章小结

品牌个性是指通过营销组合对品牌名称和标识、品牌文化、使用者形象、产品本身等品牌要素的价值进行提炼,使品牌具有人性化的魅力。这是从厂商的角度来理解品牌个性。而从消费者角度,品牌个性是消费者对设计好的品牌个性的认知的再现,是消费者对该品牌的真实感受与想法。

品牌个性与品牌定位的关系为:品牌定位是品牌个性的基础;品牌个性为品牌定位提供支持;品牌个性并不完全决定于品牌定位。

品牌形象包含了品牌个性,但品牌个性更具抽象性,是品牌形象的关键与灵魂所在。品牌个性具有人格化、独特性、不可模仿性、持续性、稳定性和互动性等特点。品牌个性有助于企业构筑核心竞争力,增加品牌资产。品牌个性直接影响着消费者是否会购买产品、对产品的喜好以及品牌的主副品牌策略、联合品牌策略等。

品牌个性的五大维度为:真诚、刺激、称职、有教养和强壮,包括15个面相特征。品牌个性的国别维度,如日本的品牌个性维度为纯真、刺激、能力、教养和平和,西班牙的品牌个性维度为纯真、刺激、教养、平和和激情。品牌个性的性别维度为男性化和女性化的12个测量因子。

品牌个性显露于产品的各个方面,如产品自身的表现、包装设计、价格、名称、品牌的使用者、品牌的代言人、品牌的创始人和品牌的历史等。品牌个性的塑造应尽可能地使品牌个性与目标消费者的自我概念相一致,或与他们所追求的自我形象相一致,并遵循个性与适应性相结合、适度创新和改进、循序渐进的三大原则。

复习思考题

1. 品牌个性的内涵是什么?
2. 品牌个性的价值是如何表现的?
3. 品牌个性与品牌形象、品牌定位之间的联系与区别是什么?
4. 关于品牌个性的维度有几种研究?
5. 影响品牌个性认知的因素有哪些?如何通过这些影响因素塑造品牌个性?
6. 品牌个性的塑造应注意哪些原则?

课后案例

哈雷-戴维森:品牌个性造就的经典

1901年,在美国的北部小镇——威斯康星州密尔沃基,年仅21岁的威廉姆·哈雷和20岁的阿瑟·戴维森在一个德国技师的帮助下,在一间150平方英尺的小木房子里忙碌不停,两年以后,终于制造出第一台哈雷摩托车。2001年,哈雷公司共生产销售整车23.4万辆,销售收入为30.36亿美元,被《福布斯》杂志评为"2001年年度公司",被《财富》杂志评为"最受尊敬企业之一"。

哈雷-戴维森来自美国的西北部。西部的蛮荒和辽阔对生存在那里的人们来说,意味着自由、粗犷、奔放、洒脱和狂放不羁,甚至带有浓郁的野性。身怀绝技、独来独往的西部牛仔们没有高贵的出身,凭着过人的胆识、精湛的枪法和骑术就可以在辽阔的天地间建功立业。牛仔文化彰显力量、个性、正义和激情,其精髓就是自由、平等、富有和进取。哈雷-戴维森品牌文化与牛仔文化一脉相承,是牛仔文化的演绎和物化。哈雷-戴维森彻头彻尾地流淌着美利坚的血液,如果说可口可乐代表美国精神,那么骑上哈雷-戴维森摩托车就像在世界性的体育盛会上披上米字旗。一个世纪的沉浮、一个世纪的文化沉淀,孕育出灿烂丰富的哈雷摩托车文化——自由、个性、进取,它一直被作为哈雷品牌的特殊精神含义,令无数的哈雷车迷们为之倾倒、为之痴狂。

哈雷车独有的颜色——橄榄绿色在战后一直被沿用下来,甚至成为象征胜利的流行色,在人们心目中,它代表勇敢、活力和必胜的信念。从外形看,哈雷摩托车的最大特点就是体积硕大,给人一种突出的存在感;外观庄重、装备整齐、整装豪华;马力强劲、接近汽车的大排量、大油门带来的独特的轰响。炫目的色彩、硬朗的线条、独特的造型,甚至烫人的排气管都令哈雷车迷疯狂。哈雷之所以如此受到欢迎,主要是因为经得起时间考验的经典设计,哈雷车的造型是那样的古典、浪漫、粗犷,甚至最流行的车型往往是最古典的车型。哈雷还有一个美学原则就是裸露美,能裸露的地方尽量裸露,这与法国的皮蓬杜中心追求的是裸露美一样,尽管哈雷裸露的是钢铁的心脏、金属的质感,但在男人心目中犹如裸露的女神。与其说哈雷车是交通工具,不如说是一件巧夺天工的艺术品。模仿哈雷的企业很多,宝马、雅马哈都试图模仿哈雷,但它们都没有识得哈雷的真谛,无法做到形神兼备。哈雷车的发动机也是相对落后的,但这不意味着哈雷车的落后。从选料到加工工艺,以及将 CAD 技术运用到车驾设计当中,令模仿者望尘莫及。尤其是驾驶哈雷的那种从容、那种卓尔不群的气度、那种无与伦比的自豪感是很多人心驰神往的,加上沉重的车身,没有强健的体魄、过人的胆识是驾驭不了哈雷的,驾驭哈雷其实就是一种征服的快感,能够驾驭哈雷的人没有理由不骄傲。怪不得有人说哈雷是自由的钢铁、滚动的风景。

哈雷车一个最大特点就是比轿车还贵。一般流行的哈雷车的售价在 15 000—20 000 美元之间,20 世纪五六十年代的哈雷经典车型 ROAD KING 的身价为 25 000 美元,三四十年代的老车型现在仍然可以卖到 30 000—40 000 美元以上。不菲的价格让普通的消费者望尘莫及,玩得起哈雷车的人大都是商界名流、影视大腕、体育明星和政界精英。哈雷的驾驶者来自不同国家的不同领域,但他们有共同的梦想和追求(追求个性、崇尚自由、积极进取),有很高的经济收入和不俗的生活品位。哈雷时尚的始作俑者,恐怕要算美国摇滚鼻祖猫王了,当年猫王的一大嗜好就是驾驶哈雷-戴维森摩托车。猫王的这一做法相当于担当了哈雷的形象大使,免费为哈雷做了广告。现在,哈雷车迷的名单中又增加了我们熟悉的名字——约旦国王侯赛因,伊朗前国王巴列维,著名演员施瓦辛格,中国艺人王杰、许巍、叶童、钟镇涛等。美国亿万富翁福布也是哈雷车迷,他是世界上个人拥有哈雷车最多的人(100 辆),他的一大爱好就是驾驶一辆哈雷车出门游玩。不论是好莱坞的明星大腕、F1 赛车手,还是 MBA、律师以及政界要员无不以哈雷为乐、以哈雷为荣,他们都在为哈雷做广告,人人都宣传自己的爱车是精品,哈雷是他们的价值取向和精神依托。驾驶哈雷逐渐成为一个阶层的生活方式。

资料来源:中国进口网,http://www.import.net.cn/bus/html,2007 年 3 月 9 日。

案例讨论题

1. 哈雷-戴维森的品牌个性来源于哪几个方面?
2. 哈雷-戴维森的消费者有哪些个性?他们的形象与哈雷的品牌个性有何关系?

第六章 品牌传播

> 在品牌和品牌传播中,最重要的是消费者或者他们的消费行为,而不只是他们对你的品牌感觉良好、能够辨认出你的品牌或者穿上你生产的T恤衫。
>
> ——唐·舒尔茨

本章主要阐述以下几个问题:
- 什么是品牌传播
- 品牌传播的过程和模型
- 如何开发有效的品牌传播
- 品牌的整合营销传播

第一节 品牌传播模型

一、品牌传播的定义

品牌传播是向目标受众传达品牌信息以获得他们对品牌的认同,并最终形成对品牌的偏好的过程。品牌传播是一种操作性实务,即通过广告、新闻报道、公共关系、事件传播、植入式传播、体验式传播、企业家传播、社交网络传播及感官品牌传播等传播策略,最有效地提高品牌在目标受众心目中的认知度、美誉度。

其实,"品牌传播"的概念也可以这样简单地表述,"品牌传播就是品牌信息的传递或品牌信息系统的运行"。这是因为,任何一种传播都是某种信息的传递,或者说"传递信息"是传播的本质所在。至于传播的手段,不管是通过广告、新闻、公关,还是其他,说到底都是信息的传递。同时,作为传播手段重要组成部分的传播媒介也是随着社会的发展而不断发展变化的。比如过去用"实物""招幌"作为媒介,后来有了报刊、广播、电视,现在又有了互联网、手机、网络电视、移动电视,还有在新的技术支撑体系下出现的媒体形态,如数字杂志、数字报纸、数字广播、手机短信、数字电视、数字电影、触摸媒体,以及以微信、微博、个人日志、个人主页为代表的自媒体和社交平台,如Facebook、Twitter、Qzone和人人网等。不管传播信息的手段是什么、媒介的形式怎么变,"传递信息"这一本质始终是不会改变的。

二、品牌传播过程模型

传播学的奠基人拉斯韦尔(Lasswell)在其1948年发表的论文《传播在社会中的结构与功能》中首次提出了传播过程的五种要素,即发送者、信息、媒介、接收者和效果。后来经过许多学者的不断完善,增加了其他相关要素,构成了一个完整的信息传播系统。我们可以用此模型来分析品牌的传播过程。

图 6-1 展示了品牌信息传播模型的九个要素。其中,品牌信息发送者和接收者是传播过程的主要参与者;品牌信息和媒介是主要的传播工具;编码、解码、反应、反馈是传播的主要职能;噪音包括参与传播过程并损害传播效果的各种外生变量,如随机的和竞争的信息。

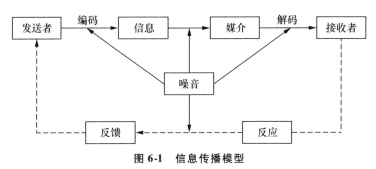

图 6-1 信息传播模型

1. 品牌信息发送者

品牌信息发送者指拥有可以与其他个人或团体共享品牌信息的个人或团体,企业、广告主、消费者等都能够成为品牌信息的发送者,但一般情况下,品牌信息的发送者主要是品牌的经营者,也就是说品牌信息是由品牌经营者"制造"出来的,这也是品牌信息不同于一般信息的特点之一。品牌经营者在制造品牌信息的时候首先考虑的是客观事物方面的信息,这包括两个方面:一是消费者的需求信息,二是产品本身的信息。消费者的需求是品牌信息的基础,品牌经营者更强调主动发现消费者的需求,并创造与之相适应的观念。品牌经营者在制造品牌信息时,还会考虑到品牌所代表的产品本身的客观信息,这是由品牌信息本身的属性决定的。品牌信息传播的最根本目的是让消费者认知、了解、记忆品牌所代表的产品,并最终产生购买行为,所以产品本身的客观信息是品牌信息中不可或缺的一个部分。品牌经营者会将产品的属性、特征、功用等相关信息清晰、具体地包含到品牌信息中去。在新媒介时代,品牌信息除了由品牌经营者发送外,消费者也能传递品牌信息,如利用社交网站、微博、微信等工具发表对品牌的评价,而且研究表明 UGC(用户生成内容)对其他消费者的购买意愿影响更大。

案例 6-1

"昆仑山"借力营销成中网大赢家

2011 年,昆仑山与中网达成合作协议,成为中网白金赞助商及赛事唯一指定饮用水。昆仑山与中网的联姻,并不仅仅是简单的赞助行为,而是通过一系列组合营销行为,将其作为提升品牌影响力的良好契机。

中网开赛前,昆仑山邀请网坛巨星海宁与奥运会冠军孙甜甜一起,奉献了一场迄今为止海拔最高的网球表演赛。此后,李娜又成为昆仑山的品牌代言人,将国人对中网的期待值和对昆仑山品牌的关注度提至新高。中网开赛后,通过提供饮用水服务,昆仑山独特的口感和"水源来自黄金水源带、海拔 6 000 米的昆仑山玉珠峰、世界稀有的小分子团水、含

品牌营销

多种有益人体健康的微量元素、PH值呈弱碱性"等特性得到了人们的普遍认同。另外,昆仑山携手中网设立了昆仑山"最有价值中国球员奖",对每年中网赛事中成绩最好的中国运动员加以奖励。

第三方调研数据显示,在中网赛事期间用户认知度最高的赞助商名单中,昆仑山矿泉水位居第一名。

资料来源:"'昆仑山'借力营销成中网大赢家",《北京商报》,2011年11月1日。

2. 品牌信息接收者

品牌信息接收者是指与品牌信息发送者分享品牌信息的人。一般而言,品牌信息接收者是一个广泛的概念,包括所有感觉到、看到、听到发送方所发出品牌信息的人。然而对于品牌信息的发送方来说,他们最关心的是他们所期望的那一部分人收到品牌信息,并作出期望中的反应,这一部分人就是品牌信息的目标受众。

消费者是品牌信息最主要的目标受众。作为受众的消费者是一个非常复杂的对象,可以按照社会阶层、文化水平、经济收入、社会地位、民族习俗、地理差异等标准划分出不同的群体。消费者(受众)能否接受某个品牌信息跟这些因素有着密切的关系,因此在策划和制作品牌信息时必须考虑到消费者(受众)的这些特征,从而针对某一特定的消费群体采取相应的表现形式和诉求重点来传播品牌信息。除了消费者自身的原因之外,产品因素、购物环境因素、需求因素、品牌信誉因素等也会影响消费者是否会接受品牌信息以及在多大程度上接受品牌信息。Web2.0时代,每个人都可以成为一个媒体。每个人既是传播者,同时又是受众。

3. 品牌信息

品牌信息指传播中发送者向接收者传递的品牌内容。品牌信息可以是语言的、口头的,也可以是非语言的、书面的甚至是象征性的。对于品牌传播,所要传播的品牌信息可能是功能性的信息,如品牌的功能、属性、价格以及购买地点等,也可能是情感性的信息,如品牌的个性、形象等。但无论什么种类的信息,都必须采用合适的媒介进行传播。

4. 品牌传播媒介

品牌传播媒介指品牌信息的载体以及信息发送者与接收者进行传播的方式。从广义来说,品牌传播媒介可分为人员媒介与非人员媒介。人员传播媒介指与目标受众进行直接的、面对面的沟通接触。人员传播媒介还包括社会上人与人之间的口碑传播。非人员传播媒介指发送者向接收者传递信息时并没有通过人员之间的接触来达到传播结果的媒介,这类媒介一般被称为大众传播媒介。又因为在传播时信息可以传播给许多人,这类媒介又可以分为印刷品媒介和电子传播媒介。不同的传播媒介有它独有的特点,对品牌信息传播效果的影响也很大,所以,品牌信息的发送者在传播品牌信息时对媒介的选择总是认真谨慎的,一方面要针对目标消费群选择最有利于品牌信息传播的媒介,另一方面要考虑所选择的传播媒介是否能够很好地表现品牌信息。

5. 品牌信息编码

编码指信息发送者选择词语、标志、图画等来代表所要传递的信息的传播过程,这个过程也是一个把发送者的想法、观点寓于一个象征性符号当中去的过程。由于存在经验域的不同，发送者必须把信息以接收者可以理解的方式发送出去，即发送的信息必须是目标受众熟悉的语言、符号、标志。

在品牌传播过程中，品牌的代理公司，如广告公司等其实是品牌信息的编码机构，它将品牌经营者提供的信息进行编码，即以某种方式组合信息并以某种形式表现出来，这种表现形式必须准确反映品牌经营者提供的信息以及意图，同时又能够为广大公众所接受，并能在消费者心中产生冲击与震撼作用。为了保证能够有效地对品牌信息进行编码，代理公司必须有三个方面的信息支持：一是品牌经营者的信息，即有关品牌的发展历史、经营情况、管理水平、技术力量等；二是产品信息，即对品牌所代表的产品或劳务有充分的了解；三是市场信息，即了解目标市场在哪里、市场容量有多大、市场有何特点等。这三方面的信息提供是进行科学的、合理的信息编码的前提条件与保证。

6．品牌信息解码

解码指接收者把信息还原为发送者想表达的思想的过程，这个过程受到接收者的个人背景的影响。接收者的经验域和发送者的经验域越接近，解码后的信息就会越真实，传播的效果就会越好。很多导致传播失败的因素是由于接收者和发送者的经验域相差太大，因为信息发送者和接收者往往不是同一阶层的人，这就会导致解码的失真或失败。

7．反应

反应指接收者在看到、听到和读到发送者传递出的信息后作出的行动。这种行动可能是一个无法观察到的心理过程，如把信息储存在记忆中或在收到信息后所产生的厌烦的情绪，也可能是明显的、直接的行为，如拨打提供的免费电话或订购产品等。消费者（受众）在接收了品牌信息之后，会根据使用产品或享受劳务的感受，不由自主地对原有的品牌信息进行修正。这个修正，既会影响到从此以后消费者对这一品牌的态度，也会影响到消费者在向其他人传播这个品牌信息时的态度、方式及内容。

8．反馈

在品牌信息接收者的反应中，有一部分反应会传递回品牌信息发送者，被传递回发送者的信息就是反馈。这部分信息也是发送者最感兴趣的，因为对反馈信息的分析一方面可以便于发送者评估信息传播的效果，另一方面可以调整下一阶段的传播，以达到信息沟通的目标。因此，在品牌信息传播过程中，要采取措施鼓励品牌信息接收者反馈信息，品牌信息发送者也应该主动对接收者的反馈意见进行调研和整理。品牌经营者在获得了反馈信息之后，会根据情况对品牌信息作适当的调整，使其能够更多地满足目标消费者的需求，取得更好的传播效果。可以说，正是因为有了反馈的存在，才能使品牌信息传播过程不断完善、传播效果不断提高。

9．噪音

噪音指影响或干涉品牌信息传播过程的外来因素，这些外来的无关因素很容易影响品牌信息的发送和接收，以至于信息受到扭曲。比如信息编码过程中出现的错误、媒介传播过程中的信号失真以及接收过程中的偏差都属于噪音。噪音是传播过程中不可避免的因素，但是，发送者和接收者所具有的共同背景越多，传播过程受噪音的干扰就会越小。

案例 6-2

公交车移动电视广告传播中的机械噪音

在品牌信息传播中,出现的噪音一般可分为三类:机械噪音、环境噪音和心理噪音。机械噪音更多的是指由于技术设备问题而带来的传播不畅通,如移动电视由于技术问题而出现的马赛克、画面停顿等现象,会严重影响传播效果。目前公交车上的数字电视基本克服了信息传递上的机械噪音,但在设备布置中依然存在着问题。例如,若只在车厢前端悬置一台显示器,车厢中后部的乘客就无法有效收看。此外,音箱的设置也会造成传播过程中的噪音,当前大多数公交车都是后置动力,在车辆行驶中,车厢后部的噪音会比前面大得多,这时该如何合理布置后车厢的音响以及调设合适的音量,就成为棘手的事。目前的做法就是简单地将音量调大,通过"强迫收听"达到传播目的。

事实上,一定大的音量是必需的,但若声音本身缺乏艺术美感只是一味地加大音量,就会适得其反,造成"强迫传播",引起受众抵触甚至投诉。

资料来源:李明合,"移动电视广告传播特性分析",《中华新闻报》,2004 年 5 月 31 日。

三、传播受众反应模型

(一) 传统的反应层次模型

制订传播计划时,一个重要的步骤就是要理解消费者的反应过程。当然,传播者希望的反应是要促进消费者的购买,但购买行为是消费者进行决策的长期过程的结果。因此传播者要了解消费者所处反应过程的阶段,并要把他们由目前的阶段向更高级的、最终的购买阶段推进。传统的反应层次模型都把消费者的反应过程看做是由三个阶段组成的、一个依次向上运动的过程,这个过程描述了消费者从对品牌一无所知到实际的购买行为必须跨越的各个阶段。这三个阶段分别为认知阶段、情感阶段和行动阶段。认知阶段是指消费者对品牌的知晓和感知,包括对品牌存在的感知,对品牌属性、特性的知晓或了解。情感阶段是指消费者对品牌的喜好程度,包括在喜好的程度上形成对品牌的肯定。行动阶段是指对品牌采取的最终行动,包括试用、采用或者摒弃。

1. AIDA 模型

AIDA 指注意(attention)、兴趣(interest)、欲望(desire)、行动(action)。注意指消费者对传播的品牌信息关注与否,传播首先要能引起消费者的注意,但一般消费者都存在一个选择性的心理过程,即他们只关注那些他们所期望的信息以及那些突然发生了很大变化的事物;兴趣指通过传播引起了消费者对品牌信息更大的注意程度以及想去了解更多信息的愿望;欲望指消费者通过了解更多的信息认识到自己存在一些曾没有意识的未满足的需要,这样他就会产生对某一品牌的欲望;如果消费者知道的信息使其确信该品牌可以满足他的某一需求,那么他就会作出购买这一最终行动。

2. 效果层次模型

效果层次模型最初是由拉维基(Lavidge)和斯蒂纳(Steiner)为确定和测定广告目标

而提出的。这个模型有两个假定:一是消费者从最初意识到品牌的存在到实际的购买要经过一系列的步骤;二是广告的作用是滞后的,广告并不能引起立即的购买。效果层次模型认为,消费者的反应层次由注意、了解、喜欢、偏好、确信和购买六个层次组成。消费者在由一个反应层次转到下一个层次前都必须经历一系列的反应,而且这些反应层次都是层层相接的,任何一个层次都不能被超越。

3. 创新扩散模型

创新扩散模型被用来说明消费者采用一个新的品牌或新的服务的过程所经历的各个阶段。这个模型说明消费者在采取行动之前经过了"意识、兴趣、评价、试用"这几个阶段,说明新的品牌面临的挑战就是首先要在消费者当中树立起知名度,激发他们的兴趣,引发他们对新品牌作出正面评价,在此基础上吸引他们试用新品牌,因为只有试用才能使消费者正确评价品牌的优劣。经过这个过程后,消费者要么接受这个新的品牌,要么拒绝使用这个新的品牌。

4. 信息处理模型

信息处理模型是威廉·迈克盖尔(William McGuire)为测量广告信息效果而提出的一个层次反应模型。这个模型假定消费者是低度地参与传播过程,并且处在一个说服性的传播环境中,在被说服的过程中,一个反应层次的形成要经过一系列的阶段。信息处理模型与效果层次模型很相近,但在信息处理模型中有一个阶段是其他几个模型都不具有的,即保持记忆阶段。这个模型说明消费者只对自己认为有价值、与己相关的并能够理解的那部分信息进行记忆,同时也说明传播活动的目的并不是立即促成消费者的购买行动,而是为他们以后的购买决策提供信息,使他们在购买时会选择本品牌。

(二) 新的反应层次模型

传统的反应层次模型认为认知先于情感、情感先于行动,但是在实际中,消费者的反应次序并不总是这样的。这也是很多学者对这几个传统反应层次模型加以批评和质疑的地方,由此导致了一些新的反应层次模型的出现,如标准学习模型、失调/归因模型和低参与度反应层次模型。

1. 标准学习模型

标准学习模型适用于这样一种情况,即消费者按照传统的传播模式描述的顺序,即学习—感受—行为来经历整个反应过程。这个模型一方面说明消费者在获得了各种品牌信息的基础上产生了情感反应,然后再去指导自己的行为;另一方面说明了消费者是传播过程的积极参与者,他们主要通过主动学习来获取信息。比如,消费者在购买一些耐用品如电脑、冰箱、彩电、汽车等时,在作出购买决策前需要了解一些有关耐用消费品的信息。

2. 失调/归因模型

消费者有时在高度参与某项产品的购买时,由于看不出各种品牌间的差异,会受一些外在的原因,如别人的推荐,而购买了某一品牌,但他往往会在购后对这一品牌产生失调感。失调/归因模型就可以用来说明上述行为基础上形成的态度或感受,然后学习或处理支持此行为的信息。用失调/归因模型来解释前面所述的情况就是,如果消费者在购后产生了积极的态度,甚至有可能放弃对该品牌存在的偏见,这样他就减少了对购买决策的怀疑和购后产生的不协调感。

3. 低参与度反应层次模型

低参与度反应层次模型来自于赫伯特·克鲁格曼（Herbert Krugman）的电视广告效果理论。赫伯特·克鲁格曼为了找到电视广告能对品牌知名度和回想率产生强烈影响却很难改变消费者对品牌态度的原因，他假设电视是一个低参与度的媒体，人们在收看广告时，知觉的防御会减少甚至消失，不会把收到的广告信息和他们以前的信息、个人经历加以比较。反复出现的广告可以潜移默化地影响消费者的认知结构，但并不能改变他们的态度。但是，广告中的一些品牌信息如品牌名称、广告主题、口号将被记住，当消费者进入一个购买情景时，记忆中的信息会促成他的购买行为，有了对品牌的购买和使用经验后，消费者将会在此基础上形成对品牌的态度。

第二节　品牌传播的步骤

品牌传播一般具有如图 6-2 所示的七个步骤。

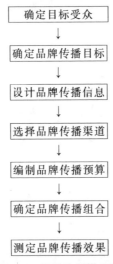

图 6-2　品牌传播的步骤

一、确定目标受众

必须从一开始就有明确的目标受众，才能保证企业的传播做到有的放矢。目标受众可能包括企业品牌的潜在购买者、目前使用者、购买决策者或影响决策者，也可能是个人、小组、特殊公众或一般公众。针对不同的目标受众，品牌传播者要使用不同的传播策略和接触方式。如针对个体受众，传播者需要了解个体的生活背景、个人的价值观等，这时要根据他们的需要来选择传播方式，比如使用大众传播还是人员传播。

二、确定品牌传播目标

品牌传播的目标是营销人员希望品牌传播所达到的反应。营销人员可能要寻求目标受众的认知、情感和行为反应,通过向消费者灌输品牌信息来改变消费者的态度,或者影响消费者行为。品牌传播的目标一般可以设立为增强目标受众对品牌的知晓、认识、喜爱、偏好、信任和购买中的某一个层次,但是,传播的最终目标仍然是要增加消费者对品牌的认知度、美誉度和激起他们的购买欲望并促成消费者的最终购买。

三、设计品牌传播信息

在理想状态下,信息应能引起注意、提起兴趣、唤起欲望、导致行动。因而,确定传播信息需要解决四个问题,即说什么(信息内容)、如何合乎逻辑地叙述(信息结构)、以什么符号进行叙述(信息形式)和谁来说(信息源)。

1. 品牌信息的内容

在这个信息爆炸的时代,人们每天都被无穷多的信息包围,消费者只会关注那些他们感兴趣的和与他们切身利益相关的信息。因此,品牌传播者要为目标受众创意出能引起他们兴趣的信息。品牌信息的传播诉求可分为三类:(1)理性诉求。受众对自身利益的要求,它们能显示产品产生的一定利益,如能展示产品质量、经济、价值或性能的信息。人们普遍相信,行业购买者对理性诉求最有反应。(2)情感诉求。试图激发某种否定或肯定的感情以促使消费者购买,可分为正面和负面的情感诉求。正面的情感诉求包括幽默、热爱、骄傲和高兴,而负面诉求则包括害怕、内疚和羞愧等,以使人们去做应该做的事情(如进行健康检查),或停止做不应该做的事情(如酗酒)。(3)道义诉求。用来指导受众有意识地分辨什么是正确的和什么是适宜的,常用来规劝人们支持社会事业或参与公益活动。道义诉求通常表现为公益广告,其目的往往是为了提升品牌形象和美誉度。

案例 6-3

洋河:"蓝色"的经典

"世界上没有比海更宽广的地方,也没有比天空更高远的情怀,一种伟大的力量缔造我们共同的梦想。释放蓝色的激情,我们的梦想在远方,面对辉煌的未来,我们率先起航。洋河蓝色经典,男人的情怀。"就是这朴实的广告语,洋河蓝色经典在短短的五年时间里,品牌形象和品牌价值逐年攀升。

色彩作为商品构成的一个要素,已渗透到人们生活的方方面面。但凡经历过岁月洗礼的品牌都有属于自己的品牌色,如爱马仕的橙色、法拉利的红色、西门子的白色等。对于中国白酒行业来说,红黄两色作为惯用色沿袭至今。如果说黄色代表了富贵,红色代表了喜庆,那么蓝色则代表了时尚,给人以宁静、典雅、智慧的感受。从这一点来说,洋河蓝色经典在包装上是一次革新。

中国人喝酒不仅仅考虑酒的口味,更在意酒杯背后的文化。"男人博大的情怀"这种富有深意的酒文化,成就了洋河蓝色经典的品位和流行。反观社会,但凡成功的人士,都有大海、天空一样既博大又沉稳的胸怀,可以容纳和宽容别人。并不是只有胸襟广阔的男人才会喝蓝色经典,凡是男人都会追求这种收放自如、胸襟博大的境界。"洋河"用这至深、至高、至遥的意境为中国白酒市场带来一片绵柔悠长的蓝色风情。

资料来源：屈浩峰，"洋河：'蓝色'的经典"，第一营销网，http://www.cmmo.cn/article-34315-1.html，2010年1月8日。

2. 品牌信息的结构

信息结构指信息设计时的逻辑顺序，即决定哪部分信息先说、哪部分后说，哪部分多说一些、哪部分少说一些，以及用什么样的方式说。例如，银行往往会联络一段时间内没有使用信用卡的顾客，对于一部分没有使用的顾客，耐心解释使用该卡的好处；对于另一部分没有使用的顾客，耐心解释不用该卡可能遭受的损失。结果表明，与收到正面信息的顾客群相比，收到负面信息的顾客群一般会重新使用信用卡，并且他们的用卡金额也要高出一倍。这个例子说明了不同的信息结构在传播中具有不同的效用。

如果一段信息是由几个信息点构成的话，信息结构设计要合理安排信息点的顺序。在品牌传播中，以怎样的逻辑顺序把信息传递给受众，有时会影响传播的有效性。也就是说，在一次信息传播中，把最重要的信息点放在开始、中间还是结尾不应该是随意的。有关研究表明，相比中间的信息，人们更容易记住开头和结尾的信息。在信息的开头提出最有力的信息点会产生首位效应；在信息的结尾提出最有力的信息点可以产生新近效应；最后出现的信息最具说服力，因为人们会觉得那样更符合事物发展的顺序。

3. 品牌信息的形式

信息可以通过文字、视觉、听觉等形式来表达，且设计的形式必须有吸引力。为了设计出具有吸引力的信息形式，传播者需要了解文字、视觉和听觉等形式在影响人们认知上的不同作用。在印刷广告中，标题、文字、文稿、插图和颜色搭配适当与否会影响人们关注广告内容的兴趣，有吸引力的图片和别具一格的版面往往可以获得人们更多的关注。在广告中的视觉因素会影响目标受众处理信息的方式，插图和画面可以帮助强化受众对品牌的直接印象。相对文字而言，传播者更加难以控制目标受众由画面激起的反应，在这种情况下，为了避免受众的误解，传播者有必要在广告中辅以其他说明，如文字，来帮助他们得出正确结论。

为了考察颜色在食品偏好方面所起的信息传播作用，有这样一个实验：让家庭主妇比较放在棕、蓝、红、黄四种颜色的被子里的咖啡的质量（实际上这几杯咖啡的质量是一样的，但并没有告诉她们），75%的人认为放在棕色杯里的咖啡味道太浓；近85%的人认为放在红色杯中的咖啡香味最佳；几乎所有的人都认为放在蓝色杯中的咖啡味道温和，而放在黄色杯中的咖啡香味不够。

4. 品牌的信息源

有吸引力的信息源发出的信息往往可以获得更大的注意与回忆，这可以通过广告中常用名人作为品牌代言人体现出来，当名人把产品的某一主要属性拟人化时，传播效果往往就变得更好了。信息源可以理解为传播信息的人，包括直接信源和间接信源。直接信源一般是传播品牌信息的代言人；间接信源如广告中的模特，他们并不真正传递信息，在广告中出现只不过是为了吸引人们的注意力。当然，在大多数情况下，品牌的信息源往往就是发出信息的组织本身。

信息源的可信度是保证信息有效最重要的因素,被公认的信息源可信度由三个因素构成,即专长(expertise)、可靠性(trustworthiness)和令人喜爱性(likability)。专长是信息传播者所具有的、支持他们论点的专业知识。可靠性是涉及的信息源被看到具有何种程度的客观性和诚实性。比如,熟悉的朋友往往比陌生人或销售人员更可信赖。喜爱性描述了信息源对观众的吸引力。诸如坦率、幽默和自然的品质,会使信息源更令人喜爱,这也是洗发水广告中普遍使用美女模特的原因。

案例 6-4

聚美优品陈欧：我为自己代言

"你只闻到我的香水,却没看到我的汗水;你有你的规则,我有我的选择;你否定我的现在,我决定我的未来;你嘲笑我一无所有不配去爱,我可怜你总是等待;你可以轻视我们的年轻,我们会证明这是谁的时代。梦想,是注定孤独的旅行,路上少不了质疑和嘲笑,但,那又怎样？哪怕遍体鳞伤,也要活得漂亮。我是陈欧,我为自己代言。"这是2012年10月聚美优品广告中陈欧的内心独白,也是2013年风靡互联网的"陈欧体"。

在这则广告中,规避了纯粹的产品宣传,配上了考试录取、工作受挫、恋爱告白等画面,还原了一个年轻人在质疑声中的奋斗经历,整个镜头给人带来一种激情澎湃的正能量;既道出了当前"80后"年轻人所遇到的困难,也展现了年轻人的理想与憧憬,引起很多"70后""80后""90后"的共鸣。而这些人正是互联网的主要使用人群,也是作为B2C电商的聚美优品的目标市场群体。

资料来源：http://www.s1979.com/news/china/201303/0278539902.shtml,2013年3月2日。

四、选择品牌传播渠道

从传播方式的角度看,品牌信息传播渠道可以分为人员传播渠道和非人员传播渠道。

1. 人员传播渠道

人员传播渠道是指两个或更多的人相互之间进行的信息传播。他们可能面对面,诸如工作人员面对听众;也可能是在电话里或通过电子邮件等进行信息传播。人员传播渠道通过个人宣传和反馈来取得成效。人员传播渠道可分为提倡者、专家和社会渠道三种类型。提倡者渠道是由公司的销售人员在目标市场上与购买者接触而产生的。专家渠道则是由具有专业知识的、独立的个人对目标购买者的交谈所构成,比较常见的是药品广告中的医生。社会渠道则由邻居、朋友、家庭成员与目标购买者的交谈所构成,在这一渠道中,"意见领袖"具有非常大的影响力。

2. 非人员传播渠道

非人员传播是指不直接面对某一个人的传播方式,包括媒体传播、销售促进、事件和体验以及公共关系四种形式。媒体传播由印刷媒体、广播媒体、网络媒体、电子媒体和展示媒体组成,是非人员传播的主要形式。销售促进包括针对消费者的促销活动(如打折、优惠券等)、贸易促销(如对经销商的相关补贴等)和针对销售人员的促销活动(如销售代表竞赛等)等。事件和体验包括运动、艺术、娱乐,以及与消费者互动的故事性活动,有人将现在这个时代称为"体验经济时代",以使消费者参与体验的营销行为逐渐成为发展趋势。公共关系渠道则包括公司内部的员工传播和外部消费者、其他公司、政府和媒体之间的传播。

五、编制品牌传播预算

美国百货业巨头约翰·沃纳梅克(John Wanamaker)曾有一句名言:"我认为我的广告费一半是被浪费掉了,但是我不知道是哪一半被浪费掉了。"最常见的品牌传播预算编制方法有四种,即量入为出法、销售百分比法、竞争对等法和目标任务法。

1. 量入为出法

这种方法是基于对公司未来收入的预测而决定传播预算,也考虑了公司所能承担的费用能力,但在变化万千的市场中,公司的收入往往是难以准确预测的。因而,这种预算安排方法完全忽视了营销传播对销售量的即时影响,导致年度预算的不确定,给制定长期市场预算带来困难,而且不能够根据市场情况作出及时反应。

2. 销售百分比法

许多公司以一个特定的销售量(现行的或预测的)或销售价格来安排营销传播费用。常见的有,汽车制造公司以计划的汽车价格为基础,典型地按固定的百分比决定预算;饮料生产企业往往会计算在每瓶饮料的售价中以多大的比例作为营销传播的费用。一方面,这种方法考虑了企业的费用承受能力和竞争对手的选择,同时有利于鼓励管理层以营销传播成本、销售价格和单位利润作为营销战略的先决条件进行思考;另一方面,这种方法根据可用的资金而不是市场机会来安排预算,显得不够灵活。

3. 竞争对等法

用竞争对等法来确定预算水平是以行业内主要竞争对手的传播费用为基础来进行的,采用这种方法的企业都认为销售成果取决于竞争的实力。但是,用这种方法必须对行业及竞争对手有充分的了解,而这种资料往往是难以获取的,在通常情况下,得到的资料都只是反映往年的市场及竞争水平状态。而且,不同公司的声誉、资源、机会和目标有很大不同,它们的预算很难作为一个标准。

4. 目标任务法

目标任务法是目前应用最广泛,也是最容易执行的一种预算编制方法。这种方法要求营销人员通过明确自己特定的目标,确定达到这一目标必须完成的任务以及估算完成这些任务所需要的营销费用,来决定品牌传播预算。它可以有效地分配达到目标的任务,但是要求企业管理层认真研究关于花费、暴露水平、试用率和常规方法之间关系的假设,而且这种方法要求数据充分,管理工作量相当大。

六、确定品牌传播组合

在完成品牌传播预算的编制后,就可以根据预算多少来确定传播组合。品牌传播的组合决策主要是指在广告、销售促进、直接营销、公共关系和人员推销等各种传播方式之间进行选择。即使是在同一行业中的公司,它们对于传播组合的选择都有所不同。如在化妆品行业,雅芳公司把它的促销资金集中用于人员推销传播,而露华浓公司则着重于广告传播。公司总是探索以一种传播工具来取代另一种传播工具的方法,以获得更高效率的品牌传播,许多公司已经用广告、直邮和电话营销来取代某些现场销售活动。互联网的广泛发展也为多样化的传播组合提供了有力支持。

七、测定品牌传播效果

在品牌传播开展后,营销传播者需要对传播对目标受众的影响进行衡量,可以询问目标受众能否识别或记住该信息、看到它几次、记住哪几点、对该信息的感觉如何等。企业还应该收集受众反应的行为数据,诸如多少人购买这一产品,多少人喜爱它并与别人谈论过它。测定传播效果,就是要看传播效果是否达到了预定的品牌传播目标。

测定传播效果可以为下一次传播活动的开展提供反馈信息。对品牌传播效果的测量可以采用两种方法,一种是直接比较传播活动开展前和传播后的销售效果。这种方法是以销售为导向,并不能真正反映出品牌传播的效果,但却是一种简单得多的方法,事实上更多的营销传播者把这种方法视为衡量传播效果的唯一方法。然而,对于一个品牌的长期建设而言,更应该关心的是消费者对这个品牌的态度是怎样的,这就是测量的另一种方法——态度测量。即要询问消费者是否知道某品牌,能否记住一次传播后接收到的信息,而且经过一次传播活动后消费者对品牌的态度是否有改变,以及有怎样的改变、有多大幅度的改变,这些都是衡量传播效果要做的工作。

案例 6-5

小米手机的社交团购

2011年下半年,国人对iPhone的追捧几乎陷入疯狂,各大手机品牌纷纷使出浑身解数救市。国产新品牌小米手机营销的目的是建立品牌知名度,促进销售。小米手机的目标受众是热爱时尚、追求新鲜的智能手机发烧友。小米手机运用跨媒体、跨平台营销方式,极大地提升了品牌的知名度。

糯米网利用自身团购平台的优势,联合社交网络,通过移动互联网与互联网媒体打通团购与SNS平台,将小米手机的性能、配置等信息送达给消费者。所有糯米网的注册用户,都收到活动短信:5部0元抽奖机会和60个0元预购名额及限量600部的小米手机;PC端对团购进行首页推荐、详情展示、实时抽奖。糯米网和人人网实现账号互通,让信息的获取、二次传播变得更加快速、有效。

一次仅提供65部手机的预热营销活动,小米手机获得了过百万意向客户的真实信息及联系方式,不仅提升了品牌知名度,更为后续正式上市获取了极为精准的营销数据库,超值实现"一本万利"。

资料来源:"小米手机:社交团购 一本万利",《广告大观(综合版)》,2012年7月。

第三节　品牌传播策略

品牌传播策略是企业以品牌的核心价值为原则,在品牌识别的整体框架下,选择多种传播方式,将特定品牌推广出去,以建立品牌形象、促进市场销售。常用到的品牌传播策略包括广告、新闻报道、公共关系传播、事件传播、植入式传播、体验式传播、企业家传播、社交网络传播及感官品牌传播。因为感官品牌传播是近几年学术界才开始关注的传播方式,而且独具特色,因此在本章第四节单独进行叙述。下面先导入前面的八种传播策略。

一、广告

广告是指品牌所有者以付费方式,委托广告经营部门通过传播媒介,以策划为主体、创意为中心,对目标受众所进行的以品牌名称、品牌标志、品牌定位、品牌个性等为主要内容的宣传活动。人们了解一个品牌,绝大多数信息是通过广告获得的,广告也是提高品牌知名度、信任度、忠诚度,塑造品牌形象和个性的强有力的工具,可见广告是品牌传播的重心所在,它虽然无法帮助一个新品牌建立领先地位,但是可以维护品牌已经获得的领先地位。

品牌文化在很大程度上是通过广告来设计创造的。与其他传媒信息相比,广告是在心理学、传播学、市场营销学等基础上形成的,有着强烈说服策略的大众传播策略。由于品牌文化是无形的,在品牌推广之初,消费者是很难从商品本身得以体会,而通过广告可以将它所指向的某种生活方式或价值取向彰显,让目标消费者通过认同广告中设计的文化感受,而迅速认同品牌,是一种十分鲜明且直接的途径。如台湾地区一家广告公司在为统一企业推广奶茶产品时,在广告中设计了一家"左岸咖啡馆",刻意营造出一种极其雅致的文化氛围,结果奶茶销量大涨,不少消费者纷纷打听这家咖啡馆在什么地方。

广告创作中也存在一定的问题,除了海尔、养生堂等少数企业在广告中体现着一贯、和谐的品牌形象外,绝大多数企业的广告中存在着品牌个性频繁变动的问题,始终没有为品牌树立具体的形象。另一方面,是因为企业不断地更换广告公司,不同的广告公司对广告定位的看法和创意的主张也不同,从而在广告创作中无法确立明确的品牌形象。

学术智库 6-1

自我责任对道德属性产品偏好的影响作用

品牌定位中对道德属性的关注一直滞后于功能属性。作者根据自我差异和自我一致性理论,通过四个实验的研究发现,当消费者自我责任高时,相对于自我利益诉求定位的产品,消费者更偏好于道德诉求定位的产品;当自我责任被激活(群体情境)时,消费者更愿意选择基于道德属性定位的产品;当自我责任低(私密情境)时,消费者不再表现出对道德定位产品的偏好。

营销者切忌滥用道德诉求,应该在诉求类型和情境匹配时使用。举例来说,当消费者单独接收信息时(如直邮),自身利益诉求更有效;相反,在一群人中强调责任时,道德诉求更有效,这在零售行业非常有用,此时的顾客经常会在群体的情况下被诉求。

另一方面,当自我责任低(私密情境)时,详细的道德诉求不会对道德产品的选择产生影响,此时微妙地激活自我责任,会有更加正面的反应。消费者对道德诉求产品的偏好是为了避免预期会产生的内疚。而且当品牌是道德定位时,或产品在竞争中有能感知到的道德属性时,在自我责任低的情境下,最好避免使用道德诉求。

文献来源:John Peloza, Katherine White & Jingzhi Shang. 2013. Good and Guilt-Free: The Role of Self-Accountability in Influencing Preferences for Products with Ethical Attributes [J]. Journal of Marketing, 77(1): 104-119.

二、新闻报道

所谓新闻报道,即通过大众媒体和新媒体等渠道,传播企业内、外部的新闻,并把该信息传递给受众的一种传播方式。新闻报道是一种有效的、低成本建立品牌的策略。首先,新闻宣传的权威性是任何品牌传播方式都无法比拟的,新闻宣传对树立企业品牌形象和建设品牌美誉度都非常重要,公益新闻事件还有利于处理企业与政府、公众、社团及商业机构的关系。其次,新闻具有转载、转播等独特特性。新闻报道要求有一定的由头,对于企业来说,新闻由头产生于企业策划的新闻事件。很多企业都是通过新闻报道的形式建立了品牌,安妮塔·罗迪克(Anita Roddick)在没有做任何广告的情况下把美体小铺(the Body Shop)建设成了一个大品牌。她通过周游世界来推销她的环保理念,通过连续不断的报纸、杂志的文章,加上电视台的采访,逐步建立了美体小铺的品牌。

三、公共关系传播

公共关系传播简称公关传播,是组织通过报纸、广播、电视等大众传播媒介,辅之以人际传播的手段,向其内部及外部公众传递有关组织各方面信息的过程。公关传播是企业形象、品牌、文化、技术等传播的一种有效解决方案,包含投资者关系、员工传播、事件管理以及其他非付费传播等内容。

公共关系可为企业解决以下问题:一是巧妙、创新地运用新闻点,塑造企业形象和品牌知名度;二是树立美誉度和信任感,帮助企业在公众心目中取得心理上的认同,这是其他传播方式无法做到的;三是通过体验营销的方式,让难以衡量的公关效果具体化,普及一种消费文化或推行一种购买思想哲学;四是提升品牌的影响力,促进品牌资产与社会责任增值;五是通过危机公关或标准营销,化解组织和营销的压力。

除此之外,公关活动在许多情况下也可起到保护品牌不受损害的作用。例如当企业与公众发生冲突或发生突发事件,公众舆论反应强烈的时候,如果处理不当,最直接与最明显的后果是品牌的影响力被削弱,产品的销售受到影响。此时,应针对造成危机的不同起因(如企业行为不当、突发事件或失实报道等),动员各种力量及传媒来处理危机,协调与平衡企业与公众之间的紧张关系,使品牌少受或免受损害。同时,公关活动能使品牌人格化,以文化的力量来培养公众的好感,使品牌脱离商业味,产生人情味,从而更容易赢得公众的信任。

四、事件传播

事件传播,是指企业在真实、不损害公众利益的前提下,有计划地策划、组织、举办和利用具有新闻价值的活动,通过制造有"热点新闻"效应的事件,吸引媒体和社会公众的注意与兴趣,以达到提高社会知名度、塑造品牌良好形象,最终促进产品或服务销售的目的。事件传播是近年来国内外非常流行的一种传播与推广手段,集新闻效应、广告效应、公共关系、形象传播、客户关系于一体,并为新产品推介、品牌展示创造机会,建立品牌识别和品牌定位,是一种快速提升品牌知名度与美誉度的传播手段。

事件传播的媒体作为第三方传输中介,具有一定的权威性、可信性,并且受众接收到媒体传达的信息很多都属于主动接收的信息,更具可信度。脑白金在不同时期制造了不同的热点事件,如"脑白金与克隆技术并称人类生物领域的两大发明""脑白金拍卖商标所有权"等,对其品牌传播起到了提速的作用。20世纪90年代后期,互联网的飞速发展给事件传播带来了巨大契机。通过网络,一个事件或者一个话题可以更轻松地进行传播和引起关注,成功的事件传播案例开始大量出现。

案例 6-6

加多宝冠名《中国好声音》

随着《中国好声音》的持续爆红,"正宗好凉茶,正宗好声音"成为人们耳熟能详的口号,独家冠名的加多宝集团成为大赢家。同时伴随 2012 年广告投放、渠道、供应链等一系列的成功运作,加多宝完成了由经典红罐凉茶到加多宝凉茶的品牌转换。

显然,加多宝的冠名并不仅仅是"加个名字"那样简单,除了主持人华少频繁重复的绕口令似的广告之外,现场大屏幕、舞台地面、评委座位旁、选手入场的大门……加多宝的标识和产品铺天盖地,甚至连评委、现场工作人员的调侃也离不开加多宝。与此同时,配合以全国几万个加多宝终端的海报、几千个产品路演,掀起 PK 华少语速成为"中国好舌头"的网络热潮,继续发酵《中国好声音》与加多宝的热度。

资料来源:刘晓云、康迪,"加多宝冠名中国好声音:一拍即合的合作",《成功营销》,2012 年 11 月。

五、植入式传播

植入式传播,是指将产品或品牌及其代表性的视听符号甚至服务内容策略性地融入视听媒介中的一种隐形传播方式。这一方式可运用于电影、电视剧、综艺类节目、报纸等,以给观众留下印象,从而达到营销目的。这种潜移默化的宣传比硬性推销的效果要好得多。

植入式传播的表现空间十分广阔,在影视剧和娱乐节目中可以找到诸多适合的植入物和植入方式,常见的植入物有商品、标识、视觉识别(VI)、企业形象识别(CI)、包装、品牌名称以及企业吉祥物等等,最常见的植入传播方式有影视植入、文学作品植入、网络游戏植入这三种。

1. 影视植入

影视作品植入的传播方式中,最常见的是特写镜头,如影片《手机》中平均几分钟就出现一次摩托罗拉手机。场景提供的方式也能产生不错的效果,如影片《泰囧》的上映在影迷心中掀起一股拍摄地——泰国清迈的旅游热。影视台词的方式虽然植入感比较明显,但在影视作品中也屡见不鲜,如影片《一声叹息》中,徐帆扮演的妻子在电话里多次提到"欧陆经典",特别在影片结束前,还在电话里再次说道,"过安慧桥,过了安慧桥左转,就是'欧陆经典',牌子很大,一眼就看见了!"除此之外,还包括角色扮演这种深度植入的形式,如动画片《海尔好兄弟》用海尔的吉祥物做主演,在低龄观众心目中植入了对海尔品牌的广泛认同。

2. 文学作品植入

文学作品植入是将品牌作为文学作品的情景或素材,如小说《藏地密码》中写道:"我们可以在克罗地亚买一座小岛,天气晴好就穿着我们最喜欢的 TTDOU 一起驾船出海……"在《奋斗乌托邦》一书中,LOTTO 运动服装品牌成为女主人公服装设计师夏琳设计的对象,也是其他人物的日常着装的品牌。

科普教材类图书中,往往需要很多案例,在案例部分,可以将企业及相关信息进行详细的分析,并巧妙地向读者表达企业所要展示的信息。由于这类图书的读者的阅读是基于学习动机,因此往往能取得不错的效果。将文学作品植入方式运用到极致的是企业或企业家传记,典型的代表是《联想风云》《走出混沌》等作品。

3. 网络游戏植入

网络游戏植入是以游戏用户群为基础,通过特定条件,在游戏的适当时间、适当位置出现的品牌符号。如在游戏场景中,将静态的产品图片、品牌 Logo 或文字描述作为墙壁、公告板之类的背景出现。目前网络游戏中比较常见的形式是将产品(或品牌)直接植入网络游戏过程中,使之成为游戏中的道具,这种方式和游戏本身结合相当紧密,不会出现人们通常所具有的广告抵触情绪,反而会觉得很有趣。如开心网应用组件"争车位"中,植入了长安、福特、沃尔沃等多个品牌的汽车道具,当用户点击"购买"某品牌的汽车时,将会显示该款汽车的价格和性能,同时还给出该品牌汽车官方网站的链接。此外,"争车位"中还引进了场景植入,比如戴尔场景卡、卡西欧场景卡等。

六、体验式传播

体验式传播是企业运用营销活动在消费者购买前或购买后提供一些刺激,消费者通过看、听、用、参与的手段进行响应,调动消费者的感官、情感、情绪等感性因素以及知识、智力、思考等理性因素,让消费者对企业品牌进行重新定义的一种传播方式。体验通常来源于对事件的直接观察或是参与,不论事件是真实的还是虚拟的。体验的基本事实会清楚地反射于语言中,例如描述体验的动词有喜欢、赞赏、讨厌、憎恨等,形容词有可爱的、诱人的、刺激的、酷毙的等等。

体验式传播在品牌传播中的作用日益凸显,主要是因为消费者价值观与信念迅速转变,情感需求比重增加,他们的关注点逐渐向情感利益方面转变。体验式传播能增加消费者对品牌的感性认识,提升对品牌的信任。

案例 6-7

伊利工厂开放之旅

结合"态度决定品质"的年度传播主题,伊利集团2013年4月启动了"伊利工厂开放之旅"活动。活动为每一位愿意走进伊利工厂的消费者提供免费接送班车及全程专业讲解,让消费者深入了解乳制品的生产工艺,亲眼见证伊利的品质。消费者可以参观工厂引进的国际领先设备的生产线、先进的机械化挤奶设备,以及伊利奶的整个生产环节:真空灌装技术,全程无菌、密闭,原奶运输环节全程GPS监控等。

一名参观过伊利车间的消费者这样讲道:"眼见为实,伊利的生产工艺真可以让老百姓放心。而将普通消费者请进家门,也让我们感觉到企业的亲切,相信这能够为伊利赢得更多的信任和尊重。"在伊利看来,品质不是自上而下的口号,而是每一位消费者的亲身感受和见证。这一活动打造了较好的消费者体验,提升了消费者对奶制品企业的信任。

资料来源:姚鹏,"伊利开放工厂夯实品牌基础",《中国消费者报》,2013年4月24日。

七、企业家传播

企业家传播是指企业家灵活运用公共关系、营销推广、广告宣传等多种方式将企业家的个人形象传递给公众,以期获得公众的认同,并在他们心目中确立一个理想形象的过程。企业家传播的渠道可以是传统媒体(如电视、报纸、杂志等),也可以是新兴媒体(如个人网站、个人主页、博客、微博等),还可以是通过积极出席行业峰会或论坛、接受媒体采访、录制电视节目、出版个人书籍、进行慈善捐赠等来提高个人的知名度,再或是将上述传播途径有机地整合起来,更广泛地扩大个人品牌传播的范围,有效强化个人品牌传播的力量。

企业家作为品牌形象代言人或品牌拟人化的象征(Eichhol,1999),其行为将会对消费者的购买行为产生重要的影响。当受众所感知到的企业家个人品牌形象越来越好的时候,他们对企业的评价也会越来越高,从而增强他们对企业的信任感,愿意购买该企业的产品或服务。如乔布斯在苹果新产品发布会上的演讲,既能彰显乔布斯本人的个人魅力,又让人们对苹果公司的新产品充满期待;爱国者总裁冯军经常通过微博发布有关企业活动的信息;小米科技董事长雷军也非常善于利用微博发布企业信息并注重与粉丝的互动。

八、社交网络传播

SNS(Social Networking Services)即社交网络,是人们根据六度分割理论创立的面向社会性网络的互联网服务。从广义来说,一切将"建立关系"功能视为互动核心的网络产品都可以归于 SNS 的大概念之下,典型的包括 Facebook、人人网、开心网、新浪微博等。SNS 除了信息发布外,还全面整合了各种社交功能,比如聊天、微群、分类汇聚的社区等,可以根据相同话题进行凝聚(如贴吧)、根据学习经历进行凝聚(如 Facebook)、根据周末出游的相同地点进行凝聚等。

SNS 社区众多的信息发布渠道降低了应用门槛,通过绑定移动设备还可以做到信息的生产和发布同步,信息快速聚合满足了用户对信息的即时需求,信息的快速传播让广大的用户参与到信息传播中来,在熟悉和非熟悉的人际关系圈里实现和他人即时的互动,满足了用户社交的需要。最重要的是,用户作为一位普通的消费者,对品牌的体验得以分享和传播。这种将自身的消费经历和体验以用户生成内容(User Generated Content)的方式进行传播,其效果是企业发布信息所无法比拟的,因为相同的角色,用户更愿意相信消费者所发布的信息。

资料 6-1

六度分割理论

有一个数学领域的猜想,名为 Six Degrees of Separation,中文翻译成六度分割理论或小世界理论。该理论指出:你和任何一个陌生人之间所间隔的人不会超过六个,也就是说,最多通过六个人你就能够认识任何一个陌生人。

1967 年哈佛大学的心理学教授 Stanley Milgram 做过一次连锁信实验,尝试证明平均只需要六个人就可以联系任何两个互不相识的美国人。

2002 年哥伦比亚大学的 Watts 教授开展了一项"小世界研究计划",其媒介由信件转成了 E-mail,验证了"六度分隔理论"不仅在物理世界适用,而且在虚拟世界同样也适用。后来有学者根据这种理论,创立了面向社会性网络的互联网服务,进行网络社交拓展,这就形成了所谓的 SNS 社会性网络。

资料来源:Duncan J. Watts. 2003. Six Degrees: The Science of a Connected Age [M]. W. W. Norton & Company.

第四节 感官品牌传播

感官品牌传播也被称为"五感"品牌传播,是指在品牌传播中突破传统的二维营销模式(视觉和听觉),加入其他的感官元素(味觉、触觉和嗅觉),通过综合感官刺激传递企业信息,树立品牌形象的系统识别方法。在高密度广告洪流的冲击下,消费者注意力越来越分散，能记住的品牌越来越少。马丁·林斯特龙历时五年的研究表明，消费者忠诚甚至沉迷于某个品牌，最大的原因在于情感的触动与归属，而非理性的推理及判断。强烈的情感能冲破大脑的重重过滤，进入记忆和回应的程序，促使购买决策的达成更为顺畅，而感官是激发情感纽带形成的最佳通道。

一、视觉传播

人体有70%的感受器集中在眼睛里，眼睛是人身上占支配地位的一种感觉器官。视觉也是迄今为止五感中被应用得最为充分的元素。传统的视角传播是通过文字和标识来实现的，如字体的选择、文字之间的排列组合，以及标识内容、标识图案的设计等等。引起视觉感觉除了文字和标识以外，还包括形状和色彩，这些却一直被忽略。

1. 形状的设计

瑞士的"三角巧克力"就选择了将瑞士的景观标志——阿尔卑斯山的马特洪峰作为巧克力的形状，成为世界上首个拥有专利权的巧克力品牌。可口可乐的曲线瓶，让消费者即使在黑暗中，通过触摸也能辨认。有关消费者行为方面的研究发现，消费者在选择商品时，倾向于选择外包装较大的产品。视觉对面积的大小判断会受形状的影响，一般人会觉得正方形的面积比同样大小的长方形的面积要小，因此营销者可以从各个方面对视觉进行利用，把包装尽量设计成长方形。

2. 色彩的选择

通过色彩命名的品牌很多，目的是借助消费者对色彩的感知和记忆，让人印象深刻。在所有的色彩中，红、绿、蓝、黄、白、黑在视觉传播中能给人留下较深的印象，因此有许多以这些色彩命名的品牌：红塔山、绿箭、蓝月亮、白沙、黑人等。色彩分为暖色调（红、黄、橙）和冷色调（绿、蓝、紫）。暖色激发活跃和兴奋，冷色令人舒缓和平静。对于快餐店或健身俱乐部而言，暖色常常是较好的选择；对于医院或者疗养院而言，冷色则更加合适。快餐店里的橙色装饰可以引发饥饿感，医院里的蓝色和绿色装饰可以减轻病人的焦虑。色彩偏好还与社会阶层、年龄及性别有关。流行、明亮的色彩总能吸引年轻人和低端市场，深色（如茶色）则更吸引高端市场，蓝色则是老少皆爱的色彩。

学术智库6-2

消费者什么时候吃得更多？
——消费者自尊及食品包装线索的作用

食品包装的大小影响消费者的消费量，但小包装并非总能够控制消费量，相反可能增加消费量，尤其对于低自尊的消费者。根据控制理论，低自尊的消费者更加关注控制食品的消费量，同时他们又缺乏信心。因为小包装（作为一种外部控制）能传递控制消费量的信息，导致低自尊的消费者放弃自我管理，当小包装食品的数量可获得时会产生过度消费。

作者通过五个实验研究发现，低自尊的消费者对包装的外部控制属性表现尤为敏感。

小包装上诸如产品数量的可见度、卡路里含量标识的位置、卡路里含量信息等外部控制属性都可能会增加低自尊消费人群的消费量。这种过量消费现象的形成过程，至少部分原因是因为低自尊的消费者认为包装能控制他们对于食品的消费量，因此他们将控制消费量的责任从自我控制转移到包装控制。

在实践启示方面，社会公益性或提供减肥食品的企业如果要塑造企业形象，可以通过单个的小包装销售产品，而不是把小包装捆扎在一起的大包装。如果是小包装的零食，使用透明包装、在包装的正面凸显低的卡路里含量的信息，对于低自尊水平的消费者来说，能增加消费量。营销者可以根据以上信息，调整产品的包装策略，以实现营销目的。

文献来源：Jennifer J. Argo & Katherine White. 2012. When Do Consumers Eat More? The Role of Appearance Self-Esteem and Food Packaging Cues [J]. Journal of Marketing, 76（3）：67-80.

二、听觉传播

听觉传播在营销中的利用很早就受到学者们的重视。最直接的莫过于在品牌命名中运用声音效应了，随变（雪糕）与"随便"谐音，克咳（止咳药）正好是咳嗽的声音。这种命名方法不仅便于记忆，而且能满足消费者求变、求异的心理。容易识别的声音能获得非常好的品牌识别效果，如诞生于1998年的英特尔的广告声音成为这个品牌最打动人心的品牌要素，并注册了声音商标。我国将于2014年5月1实施的新《商标法》中明确规定，声音也能注册商标，这种排他性为很多营销者提供了听觉传播的新契机。

产品在消费的过程中发出的独特的声音也能形成品牌记忆。每当你打开一瓶新买的矿泉水时，瓶口都会发出一声"咔嗒"的塑料断裂的声音，这意味着这瓶水是新鲜的，没有人喝过。很多消费者对"家乐氏"早餐麦片的天然松脆声情有独钟。戴姆勒·克莱斯勒公司正在努力制作一种完美的关车门声，因为他们发现，关车门的声音成为最容易左右消费者购买的因素之一。日本本田公司也注意到这一点，为讴歌系列车型设计了一种特殊的车门封条，使关门声听上去沉稳厚重，在消费者心中增加"品质感"。

不同形式的声音能够使顾客产生轻松或刺激的情绪，从而影响人们的购物行为。英国的一项研究显示，当播放慢速音乐时，消费者的就餐时间要比播放快速音乐时长得多，同时增加了饮食消费支出。美国营销学者尼曼在超市中调查发现，慢节奏音乐让顾客心情平静，增加购买量。当音乐与产品形象和消费者的心情匹配时，可以使消费者心情愉悦，进而产生时间错觉。

三、触觉传播

触觉传播是指通过在触觉上为消费者留下难以忘怀的印象，宣传产品的特性并刺激消费者的购买欲望。但凡被皮肤感知的因素，诸如质地、硬度、温度、重量都是触觉的组成部分。消费者对于商品的触摸会直接影响其态度。Krishna & Morrin（2008）的研究发现，消费者所获得的产品或其包装的触觉感受会直接影响到消费者对产品的评价。商品的物理属性对触觉传播具有重要意义。

1. 质地

商品材质是决定其质地的重要因素,正如木头会让人觉得温暖,钢铁、玻璃会让人觉得坚硬而冰冷。甚至有时候低质量的产品也会产生高评价,只是因为消费者认为更难撕开包装的产品可能更加新鲜。在软木塞包装的红酒和螺旋盖包装的红酒之间,大多数人应该都会选择软木塞。其实,这与红酒本身的品质无关,人们在乎的是手指碰触到软木塞时,所联想到的红酒在气味芬芳的木桶中慢慢发酵的过程。

2. 温度

商品或环境的温度会影响消费者的触觉体验。Willianms & Bargh(2008)的研究发现,环境温度低时,握着热咖啡的被试者会感知别人更加慷慨,坐在热垫子上的被试者会表现出更多的赠与行为。一方面,商品本身的保存需要适宜的温度,如常温商品的保存温度是23℃—25℃,冷冻商品的保存温度在冰点附近,人们才会觉得是新鲜的;另一方面,市场终端环境的温度也应该关注,只有在适宜的温度条件下,消费者才愿意停下脚步享受购物过程。

3. 重量

消费者在购买商品时会下意识地拿起商品掂量一下重量,即使商品的重量并不是消费者作出购买决策的重要依据。多数消费者认为,产品越重代表质量越好。还有一些产品本身具有特殊的重量特性,例如一本书的特殊重量感受永远不能被电子产品替代。音箱设计制造公司B&O在市场调查中发现,消费者之所以如此青睐B&O的产品,很大一部分原因是因为B&O遥控器的重量是普通遥控器的两倍,消费者认为这种重量的遥控器拿在手里感觉"很实在、有质感"。

4. 硬度

硬度作为触觉的表现形式具有柔软和坚硬两种极端。Peck & Childers(2003)在商品的不同材料属性对消费者触觉偏好影响的研究中发现,不是所有商品的材料属性都会使消费者产生同样的反应,当评估商品的柔软性时,消费者产生的愉悦感体验可能不同于商品的其他物理属性,如重量。

另外,触觉可以影响人际交流的程度。有研究发现,受到销售人员碰触的消费者更有可能对商店和销售形成正面的印象,更有可能接受销售员的请求。

四、嗅觉传播

嗅觉是建立全新的感官品牌视野时最重要的要素之一。气味牵动着人们的记忆以及和经验相关的情绪。在所有的感觉中,嗅觉与记忆性情绪的关联最紧密。环境中使用香气可以唤起人们的记忆。比如,咖啡店里的咖啡香味,既可以唤起人们对日常生活场景的情感记忆,也可以唤起人们对某段快乐消费情景的记忆。

Mitchell(1994)认为营销人员利用香气,主要集中在两个层面:

其一,与产品属性、产品选择和试用有关。与产品特征相符的怡人香气能够提升对产品的评价。营销者可以通过优化产品本身的香气来促进消费者的购买欲望,如在日用护肤品中添加香气,诱发某种特殊的情绪状态。以体验式营销闻名的星巴克,对于咖啡的味道与香味要求近乎苛刻,其香味已经成为星巴克特有的品牌文化。香气可提升人们对品牌的评价,尤其是对非知名品牌而言。对很多购车者来说,好闻的混杂了皮革香气、令人兴奋的"新车味"是促使其作出购买决策的潜在原因之一,只是他们未必意识得到。

其二,与销售环境相关。对于一些无特别气味的产品或服务,如服装店、酒店、银行等,商家可以通过在零售环境中点薰特定香气,创建理想的氛围,提升消费者对产品及服务的认可度和品牌记忆。因为适宜香气的购物环境可以提升购物者对店内环境及商品的评价,显著增加消费性支出,并增加购物者再次光临该店的欲望。零售商更愿意提供独具个性的气味,通过这种方式形成气味与该店的记忆连接,加强消费者对品牌的记忆。但要注意的是,不同于产品自身发出的香气,环境香气可能会同时影响购物者对货架上所有待售商品的评价,包括那些不适宜有香气的商品。

五、味觉传播

品牌味觉是增强品牌认知度的重要因素,应该尽可能地赋予品牌以味觉的暗示。康德说:"味觉与嗅觉是人类五种感觉中最内在的感觉"。味觉是一个很个性化的感觉,靠分布在口腔不同部位的约 10 000 个味蕾分辨酸、甜、苦、辣、咸等味道。营销者常常创造一些物质来骗过味蕾,像人造鸡精、甜味素和脂肪来模拟鸡肉、糖和饱和脂肪的味道。很多肉类和奶制品正是有了这些味道才吸引消费者。

在商场促销中,尽管现场陈列(靠视觉)是购物者最先注意的手段,但免费品尝和试用才是最能影响消费者购买的营销手段。在推出新产品的过程中,营销人员常常通过口味测试来掌握消费者的口味。对食品或饮料类产品,口味往往会成为重要竞争力。不仅要推广产品的口味,更重要的是坚持其口味的精髓,过多的变化反而会损害品牌形象。例如德芙巧克力"牛奶香浓,丝般感受"中幼滑的味觉联想;两面针牙膏的留兰香型已经成为中国几代人的集体记忆;高露洁独特的牙膏味道具有较高的市场认知度,公司还特意将这种味道注册了专利。

六、通感传播

通感传播,是指人们在特定的对象面前临时打通各种感觉器官,把视觉、听觉、触觉、嗅觉、味觉等各种感觉沟通起来,通过联想引起感觉转移。林斯特龙的研究发现,人类的五种感官在任何形式的传播中,重要性不分上下,而且,给消费者提供的感官接触点越多,越有益于在其心中建立稳固的情感维系。

人们天生具有将一个感官系统的信息传递给另一个感官系统的能力(Meltzoff & Moore,2002),而不同感官系统信息的整合同样也可以进行传递(Lugo et al., 2008)。将一种或多种感觉通道的信息传递给另一种或多种感觉通道的过程,被称为多感官交互(multisensory interaction)。例如,放映电影时,影片中的声音来自于影院四周的音响,而观众却感到声音来自于银幕方位。在一些特殊的情况下,色觉可以诱导出听觉,颜色似乎会有温度,声音似乎会有形象,冷暖似乎会有重量。

五感协同作用的传播方式,极大地提升了品牌的附加值。营销者不仅要挖掘之前被忽略的感官元素的作用,更要将感官元素结合起来形成协同效应,使得品牌与消费者的每一个连接点上,都可以从感官元素上获得支撑。例如,新加坡航空公司要确保机舱内的气味和配色统一协调,空姐的化妆和制服也要与机舱的整体风格相一致。

案例 6-8

<h2 style="text-align:center">宜家:感官制造的体验</h2>

瑞典宜家(IKEA)是家居用品连锁集团,以商品品种齐全、服务出色而著称。随着家居产品功能性价值的逐渐淡化,宜家已不再是简单的家具制造商和经销商,而是致力于打造"家的感觉"。产品不再是营销活动的主角,而是变成营造某种生活方式的一个道具。

为了让消费者真切体验到"家的感觉",宜家对商场环境进行了精心的设计,将舒缓的音乐、蜿蜒的过道和不同风格的家居组合融合到一起,并充分考虑不同产品的颜色、灯光、材料等在一起的搭配效果。削好的木质铅笔和便笺摆放在货品旁边,方便顾客随时记录看中的商品。宜家鼓励消费者在卖场进行全面的亲身体验,比如拉开抽屉、打开柜门、在地毯上走走、试一试床和沙发是否坚固等等,在沙发、餐椅的展示处还特意提示顾客:"请坐上去!"

资料来源:张平,"宜家:体验营销专家",《企业改革与管理》,2008 年第 1 期。

第五节　品牌整合营销传播

一、整合营销传播的定义

从 20 世纪 80 年代开始,一些公司为了更好地与消费者进行沟通,开始了整合营销传播的尝试,即将各种促销工具和其他营销活动更好地结合起来。进入 90 年代后,整合营销传播获得了长足的发展,外在环境的变化要求众多的公司以顾客为导向,积极利用技术进步的成果进行整合营销传播(integrated marketing communications,IMC)。

美国广告协会(American Association of Advertising Agencies,4A)给整合营销传播下了如下定义:整合营销传播是一个营销传播计划概念,要求充分认识用来制订综合计划时所使用的各种带来附加值的传播工具——如普通广告、直接反应广告、销售促进和公共关系——并将之结合,提供具有良好清晰度、连贯性的信息,使得传播效果最大化。这个定义的关键在于综合使用各种促销工具并使得营销传播的效果最大化。被营销界誉为整合营销传播之父的唐·舒尔茨(Don Schultz)则认为,整合营销传播代表一个更广泛的概念,即利用一切公司和品牌能接触到的信息源去吸引消费者。舒尔茨同时认为,整合营销传播需要一个"大构想"来制订营销传播计划,协调各种传播机构,要求公司在了解利用促销等所有的营销活动与顾客沟通的基础上制定整体营销传播策略。

由前面两个定义可以看出,整合营销传播的目的在于使公司所有的传播活动在市场上形成一个整体、统一的形象,即"一致的声音、统一的形象"。

二、整合营销传播的特征

整合营销传播作为一种革命性的传播策略实现了"由内向外"到"由外向内"传播模式的转变,同时整合营销传播还具有双向沟通和保持传播策略一致性的特征。

(一)"由外向内"的传播模式

整合营销传播遵循的是一种"由外向内"的传播规划模式,这是一种真正的以顾客为导向的观念,有别于传统营销传播的"由内向外"的模式。"由内向外"的模式追求的是"需要什么样的消费者",而不是追求和识别"消费者需要什么",这种先天的缺陷必然导致传播的失败。"由外向内"的模式实质上是通过各种传播途径收集、分析、识别消费者的资料,发现他们的真正需要并为他们建立数据库,开发营销传播活动来传递他们所需要的信息。以顾客为导向就是要遵循"由外向内"的模式,寻找并识别消费者的真正需要,与消费者沟通直至满足他们。

(二)整合营销传播是一种双向的沟通模式

整合营销传播是一种双向的沟通模式,能适应新的营销环境的需要。整合营销传播作为一个双向沟通的传播模式在于它是一个循环的系统,首先从建立消费者的资料库开始,然后进行多方的传播活动,并收集分析消费者的反应,最后利用另一种形式的沟通激发消费者的反应,形成一个循环往复的过程。

案例 6-9

太平洋保险的"F1 默契"

太平洋保险是 2012 年 4 月在上海举办的世界一级方程式赛车锦标赛(F1)的"电视媒体转播合作伙伴"和"上海国际赛车场指定保险供应商",为赛事提供公众责任保险和赛事工作人员团体人身意外伤害保险。

太平洋保险的服务理念是"快速、专业、亲和",这与 F1"专业、快速"的特征高度契合。太平洋保险将品牌形象和保险业务进行有机融合,衍生出一个拟人化的形象 BLUEMAN,以促进品牌形象、服务和产品的立体化传播。在太平洋保险的广告片中,一队身着蓝色(太平洋保险标志色)赛服的工作人员(BLUEMAN)正为一辆进站的赛车进行检修;随着镜头的切换,赛车转化成了一辆发生事故的民用车,在 BLUEMAN 熟练地操作 3G 理赔专业设备、查勘、定损、出单等一系列专业的流程化服务中,问题被迅速地解决了。

在 CCTV-5 的 F1 赛车锦标赛电视转播、《精彩 F1》以及上海电视台五星体育频道 F1 大奖赛直(录)播中,视频、标版、演播室植入等多种形式的太平洋保险广告被高频次投放。另外,在"转发广告赢取门票"活动之后,太平洋保险官方微博又发起"把 BLUEMAN 带回家"的活动,提升了客户黏度。

资料来源:郝凤苓,"太平洋保险的'F1 默契'",《21 世纪经济报道》,2012 年 12 月 1 日。

（三）整合营销传播有利于保持传播策略的一致性

策略一致性指综合协调所有关于品牌形象、定位和口碑的信息。从顾客的角度而言，策略一致性代表一贯的品牌形象并且易于辨别，但这并不意味着品牌的每一个信息都局限于同一个标准，相反，品牌信息要依照不同的关系人和顾客群加以区分并且要随情况的不同而改变。整合营销传播从外到里依次为营销传播执行层、品牌定位层、品牌识别层、产品功能与服务质量层、顾客导向的营销观念层以及企业核心价值观和企业任务层。

1．品牌传播执行层

针对某一种顾客群体、特定关系利益人和每一位需要特殊个性化信息的顾客，要保持统一的声音、统一的形象。在执行整合营销传播计划时，虽然由于不同的促销活动需要根据不同的顾客强调不同的品牌特点，但某些特定的设计、语气和其他形象要素仍然要保持一致。

2．品牌定位层

品牌定位的目标就是要彰显与其他竞争品牌的不同、表达出本品牌独树一帜的地方。整合营销传播的开展要从品牌定位出发，因为所有的品牌信息、广告、产品设计、促销和包装都要依据这个来定位并整合。

3．品牌识别层

保持品牌识别标志的一致性有助于顾客或其他相关利益人迅速正确地辨认出一家公司和品牌。如果品牌标志无法统一，特别是对于消费性品牌，顾客就很难在成千上万的商品中找到他们所需要的品种。要保持统一的形象和识别必须要忠于设计的准则，如简单、易于识别等。

4．产品功能与服务质量层

保持产品功能和售后服务的一致性是整合营销传播不可或缺的组成部分，因为产品功能与服务质量具有沟通的功能，向顾客传达了具有决定性的品牌信息。一般而言，通过传播活动向顾客只能作出品牌的承诺，而这些承诺的印证只有在顾客对产品和服务使用后才能获得。当顾客认为产品和服务不一致时就会导致负面的品牌传播。因此，产品与服务的信息是整合营销传播保持策略一致性的一个出发点。

5．顾客导向的营销观念层

从信息设计的角度而言，以顾客为导向是一件容易的事情，但作为发展一致性策略的根本基础，以顾客为导向却是最难达成一致的地方，主要表现在执行上，尤其是当服务信息中包括了销售、顾客服务、维修和退货的时候。一种最激进的观点是：一家公司如果在考虑了货源供应、竞争性产品方面的新突破以及其他服务性因素后，仍在竞争价格较划算的特殊情况下建议顾客购买竞争者的品牌时，那么这家公司便达到了顾客至上的最高境界。

6．企业核心价值观与企业任务层

核心价值观是企业的灵魂，它有助于定义企业的形象及品牌。成功的企业（品牌）能够区别核心价值观与实际做法之间的差异，并在坚持核心价值观不变的前提下随着企业的需要来改变实际做法。

案例 6-10

东风雪铁龙:"东方之旅"整合传播

雪铁龙公司于1931年开启的"东方之旅"是人类第一次借助汽车跨越欧亚大陆,也是人类第一次利用摄影机、录音机考察丝绸之路。为了纪念这一事件,2011年4月上海车展现场,东风雪铁龙启动了"世纪传奇驾驭未来——纪念汽车史上首跨欧亚大陆/雪铁龙东方之旅80周年"的活动。同时利用微博、SNS、论坛、WIKI等传播手段进行线上与线下的沟通,为活动预热。

活动整合了品牌营销、体验式营销、网络营销、病毒式营销及区域营销。活动共分两季,第一季为4—7月,第二季为9—11月。

1. 新东方之旅第一季

2011年5月21日,东风雪铁龙新东方之旅车队从北京启程,历时62天,以城市接力形式穿越全国19个省、市和自治区,全程近15 000公里,终点是新疆的红其拉甫达坂。通过媒体对线下全程进行跟踪报道,邀请车主、潜在客户、经销商随行体验;线上以微博(微访谈、微直播)、论坛、SNS等渠道全程直播,实现与网友的直接互动体验。同步释放东方之旅优惠季活动讯息,引导网民参与互动,促进品牌销量提升。通过舆情监测,成功捕获网友自发从上海开车到达伦敦事件,结合东风雪铁龙80周年品牌传播主线,打造品牌车主形象"罗卜丁夫妇上海伦敦丝路行"事件。此外,车队还通过一系列的环保和公益行动,发动东风雪铁龙车主和社会各界人士,为环境保护和公益事业贡献更多的力量。

2. 新东方之旅第二季

2011年10月21日,新东方之旅第二季在北京正式启动,活动沿用了雪铁龙在柏林、巴黎、莫斯科三站中使用的标志性球形穹顶结构展厅,分设展示老爷车的"传奇馆"和展示雪铁龙旗下畅销车型的"创新馆"两个展厅,并在展厅外开设雪铁龙概念车GT和SUR-VOLT试乘体验区域。此外,在活动当天,东风雪铁龙C5东方之旅纪念版上市。

第二季在北京、武汉、南京、杭州、广州和上海等城市全面展开,深挖用户价值,强化与消费者生活方式层面的感性沟通。社会化媒体对这六大主流消费区域进行全程跟踪直播,用影像记录了全国600余位概念车领航员;全国20家重点社区意见领袖受邀参与,形成热议;微博互动"无处不在的雪铁龙",全网征集创意图片,宣传雪铁龙品牌在中国的品牌形象。

在"东方之旅"的传播过程中,有效提升了东风雪铁龙网络舆论热度,使其超越同级别竞争品牌位列第一,共搜集有效销售线索8 000余条。"东方之旅"的整合传播突出了雪铁龙品牌的历史底蕴,让更多消费者了解品牌、了解产品,提升品牌知名度,促进销量增长。

资料来源:2012年中国网络营销大会(案例大赛),2012年7月。

三、整合营销传播的实施

整合营销传播的策划模式和传统营销沟通策划模式最大的不同之处,在于整合营销传播是将整个策划的焦点置于消费者及潜在消费者身上,而不是放在公司的目标营业额或目标利润上。之所以将营销目标放在整合营销传播策划模式底端的消费者身上,是因为所有的营销者、营销组织,在销售量和利润上的成果,完全依赖于消费者的购买行动。

整合营销传播的创始人唐·舒尔茨提出了整合营销传播规划模型(如图6-3所示),这个模型的起点是消费者和潜在消费者数据库,对于产品种类众多、生产状况变动快速的消费品生产企业或营销组织而言,这尤为显著。根据这个模型,可以将整合营销传播的实施归纳为四个步骤。

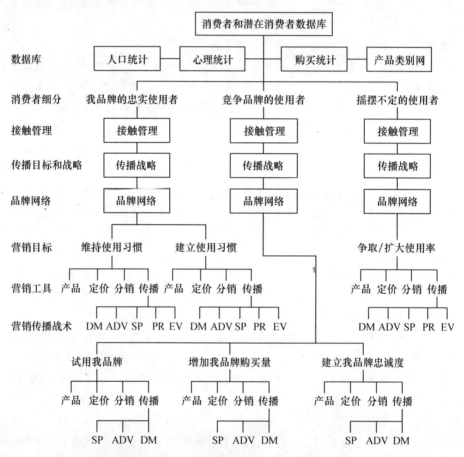

图6-3 整合营销传播的营销规划模型(适用于消费品企业或营销组织)

注:DM=直销,ADV=广告,SP=促销,PR=公共关系,EV=事件营销。
资料来源:唐·舒尔茨著,何西军译,《全球整合营销传播》,中国财政经济出版社,2004年。

1. 建立消费者资料库,并对消费者进行细分

这个步骤是通过建立消费者资料库来实现的。资料库的内容至少应包括人口统计资料、心理统计资料和消费者以往购买的记录。此外,消费者态度的信息,如消费者的产品

类别网络及消费者对他们所使用产品的想法等信息,对一个扎实的整合营销传播方案也是必需的。

通过分析消费者数据库,可将消费者分成三大类型,第一类是本品牌的忠诚消费者群,第二类是其他品牌的忠诚消费者群,第三类是游离消费者群。很明显,第一类和第二类消费者有着各自不同的产品类别及品牌网络。品牌网络是该规划模型中的一个营销变量,想要了解消费者的品牌网络就必须先了解消费者的行为信息,消费者的行为信息主要来源于收银机扫描器、消费者调查资料等。

2. 对消费者实施接触管理

接触管理的定义是选择并决定营销者在什么时间、什么地点或者什么状况下与消费者沟通。在以往消费者与营销者能充分沟通、消费者会主动找寻产品信息的年代里,企业或营销组织决定说什么要比决定什么时候与消费者接触重要。然而,现在的市场由于信息超载、媒体繁多而干扰大增,因此现在最重要的反而是决定如何以及在何时接触消费者,在确定了解方式的同时,也决定了要和消费者沟通的是什么主题。也就是说,该规划模型认为"信息的传达"和"信息的内容"分量相等,甚至更为重要。

3. 制定传播沟通战略和传播目标

这意味着要决定在什么样的背景环境(接触管理)之下,传达何种信息。这里最重要的是,要明确传播的目标以及企业或营销组织期待的接触者的反应。该目标可以是消费者行为的显著变化,也可以是消费者或潜在消费者心中品牌网络的改变。

4. 根据传播目标确定明确的营销目标

营销目标必须非常明确,同时本质上必须是数字化的目标。例如,针对某企业品牌的忠诚消费者,营销目标只能是尽可能地去维持或增加使用量。如果该企业决定维持原来的使用量,那么企业就要制定一个可以量化的目标;同样,如果该目标是要增加使用量,这个目标也必须量化。在图6-3所示的整合营销传播的营销规划模型中,目标对象只包含了本产品类别的消费者或潜在消费者,而实际上还应包括其他产品类别的非产品使用者,以及不再使用本产品类别的消费者。

5. 选择营销工具和营销战术

一旦营销目标确定下来,就要决定要用什么营销工具来完成这个目标。显而易见,如果将产品、渠道、价格都视为和消费者沟通的要素,那么整合营销传播策划人员将拥有相当多样且广泛的营销工具来完成策划,关键在于哪些工具、哪种组合最有助于达成营销传播目标。接下来,营销者需要确定有助于达成传播目标的战术。这里所用的传播手段可以无限宽广,包括广告、促销活动、直销、公关及事件营销、店头促销活动、商品展示、产品包装等,可以根据实际需要从中选择一种或者几种手段。

本章小结

品牌传播是向目标受众传达品牌信息以获得他们对品牌的认同,并最终形成对品牌的偏好的过程。完整的信息传播系统包括发送者、接收者、信息、媒介、编码、解码、反应、反馈与噪音。其中,发送者和接收者是传播过程的主要参与者;信息和媒介是主要的传播工具；编码、解码、反应、反馈是传播的主要职能；噪音包括参与传播过程并损害传播效果的各种外生变量，如随机的和竞争的信息。传播受众反应过程可以用传统的反应层次模型和新的反应层次模型来进行分析。

品牌传播的过程应该包括七个步骤：确定目标受众、确定品牌传播目标、设计品牌传播信息、选择品牌传播渠道、编制品牌传播预算、确定品牌传播组合及测定品牌传播效果。品牌传播策略是企业以品牌的核心价值为原则，在品牌识别的整体框架下，选择多种传播方式，将特定品牌推广出去，以建立品牌形象、促进市场销售。常用到的品牌传播策略包括广告、新闻报道、公共关系传播、事件传播、植入式传播、体验式传播、企业家传播、社交网络传播及感官品牌传播。

感官品牌传播也被称为"五感"品牌传播，是指在品牌传播中突破传统的二维营销模式（视觉和听觉），加入其他的感官元素（味觉、触觉和嗅觉），通过综合感官刺激传递企业信息，树立品牌形象的系统识别方法。它包括视觉传播、听觉传播、触觉传播、嗅觉传播、味觉传播及通感传播。

整合营销传播是一个营销传播计划概念，要求充分认识用来制订综合计划时所使用的各种可带来附加值的传播工具——如普通广告、直接反应广告、销售促进和公共关系——并将之结合，提供具有良好清晰度、连贯性的信息，使得传播效果最大化。整合营销传播策略实现了"由内向外"到"由外向内"传播模式的转变，同时整合营销传播还具有双向沟通和保持传播策略一致性的特征。整合营销传播的理论基础是4C理论和消费者信息加工理论。实施整合营销传播策略的四大步骤是：建立消费者资料库，并对消费者进行细分；对消费者实施接触管理；制定传播沟通战略和传播目标；根据传播目标确定明确的营销目标。

复习思考题

1. 论述品牌传播的内涵。
2. 简述品牌传播的过程。
3. 品牌传播过程包括哪些步骤？
4. 品牌传播策略有哪些？
5. 感官品牌传播的特色体现在哪些方面？
6. 怎样实施品牌的整合营销传播？

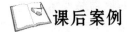 课后案例

百事营销新主张：加入"渴望"元素传播

从"启动渴望""突破渴望"到"渴望无限"，渴望一直是百事传播的主题元素。

1. 品牌新主张：渴望就是力量

2011年5月27日晚，百事中国在居庸关长城举办百事的品牌新主张发布会。通过3D投影，一条蓝色巨龙在居庸关长城腾空而起，当蛟龙咆哮着点亮烽火台时，百事的品牌

新主张"渴望就是力量"六个大字闪耀于长城之上。居庸关自古以来就是力量的象征。作为天下第一雄关，无数人赞叹居庸关的险峻，但更多的是对它所代表的精神表示认同——保卫家园的强烈渴望，以及这种渴望迸发的巨大力量。居庸关成为百事品牌新主张的最好注解。

与之前的品牌主张相比，"渴望就是力量"将过去的"渴望"理念转变成为切实的行动，通过一个个小小的渴望，积聚成前所未有的力量。在品牌新主张发布会现场，百事大中华区首席市场官李自强讲述了安猪的故事："安猪是一个普通的年轻人，他喜欢旅行，有一个自己的渴望，就是帮助农村的孩子。于是他提出了一个创意，在旅行的同时，多背一公斤，给农村的孩子带去书和文具。安猪的这个小小的渴望，通过百事的媒体平台，得到了无数年轻人的响应，一公斤变成十几万公斤，渴望的力量在不断凝聚，因为这个渴望，无数农村小孩有了更多的学习机会。"

很多人借助互联网表达自己的想法与渴望，但他们缺少将想法变成现实的平台。百事希望年轻人把其品牌资源和渠道作为一个"将渴望转化为现实"的平台，将渴望的理念转化为有意义的行动。

2．营销年轻族群

百事一直以来都对年轻人消费心理变化保持着敏锐的嗅觉。在百事有一个非常特别的团队——青少年顾问团，他们是帮助百事捕捉、引领年轻人需求的重要力量。互联网让消费者可以在第一时间表达他们对产品的喜好。百事未来会着眼于"开放"进行营销，即在真正了解年轻人喜好的基础上，搭建一个开放平台，帮助他们实现自己的想法。在互联网的支持下，消费者既是一个媒体，也是百事的明星，同时还扮演百事市场总监的角色。

百事一直在开放，通过举办"百事我创"活动，给年轻人提供开放的平台，让他们提交广告创意，百事则将好的创意拍成广告。把广告放到互联网上让消费者投票，将得票最多的广告印制在百事可乐的易拉罐上。未来百事还要提供更加开放的平台。百事的营销精髓就是"开放"，这种"开放"不是单纯的开放，而是要真正读懂年轻人的内心世界，引领他们的需求，引起他们内心的共鸣。

资料来源：闫芬，"百事可乐的开放式营销"，《新营销》，2011年8月。

案例讨论题

1．百事是如何将"渴望"的元素在传播中释放的？
2．百事的开放式营销给我们带来怎样的启示？

第七章 品牌危机管理

> 许多知名的企业都曾经历过严重的品牌危机,总的来说,越是著名的品牌资产和公司形象……尤其是公司的诚信和荣誉……公司就越有可能经历品牌危机,然而,细致的准备和一个管理良好的品牌危机处理机制是十分必要的,正如强生处理泰诺产品危机的案例所建议的那样,处理危机的两个关键是让客户看见企业真诚和迅速的反应。
>
> ——菲利普·科特勒

本章主要阐述以下几个问题:
- 品牌危机特征及其产生的原因有哪些
- 如何预防品牌危机
- 如何处理品牌危机

第一节 品牌危机概述

品牌危机是指由于组织内、外部突发原因造成的始料不及的对品牌形象的损害和品牌价值的降低,以及由此导致的使组织陷入困难和危险的状态。品牌危机带来的危害是巨大的,它可以使一个品牌一夜之间由人见人爱变成人人喊打,也可以使一个百年品牌瞬间土崩瓦解。对品牌危机这样一个品牌毒瘤,企业经营者必须清晰地认识和处理。

案例7-1

锦湖轮胎召回风波

2011年3月15日,央视"3·15"晚会曝光锦湖轮胎天津工厂违规大量使用返炼胶生产轮胎。3月16日,锦湖在其官方微博上发布消息,坚称报道"不准确"——"原片胶、返回胶的添加比例是按照重量来进行计算,并非直观的数量比例"。3月17日,央视跟进报道,反驳锦湖的澄清声明。对此锦湖轮胎称,公司正配合国家质监部门进行检测,会公布官方声明以作回应。

3月21日,锦湖轮胎全球总裁金宗镐、中国区总裁李汉燮在央视正式向广大消费者道歉并承认其天津公司产品和管理有问题,但未提及召回的具体时间及步骤。4月2日,国家质检总局新闻发言人李元平在新闻发布会上通报称,锦湖轮胎(中国)公司从4月15日起,在全国范围内,召回部分锦湖轮胎产品共计302 673条。4月10日,国家质检总局发布公告称,因使用锦湖轮胎,从4月15日开始,东风悦达起亚、长城汽车以及北京现代将共计召回75 480辆问题车。

4月11日,锦湖轮胎在其官方网站正式公布了召回细则,就召回轮胎具体规格、识别方法、召回检测流程、免费检测点及相关服务内容进行了详细介绍,并以磨损率以及鼓包状况为标准判断对轮胎是否予以补偿。同日,涉及的三家车企也发布了对旗下部分车型予以召回的通告。但是细则中对一些问题仍没有给出明确具体的回答,如所涉及的召回批次是如何确定的,为何仅有天津工厂生产的部分批次实施召回;返炼胶的违规操作对于车辆在行驶中会产生哪些影响;锦湖指定维修点的检测流程又是否和官方给出的流程保持一致等。

资料来源:中国营销传播网,2012年2月10日。

一、品牌危机的特征

品牌危机的爆发具有以下特征:

1. 突发性

品牌受市场波动性的影响,品牌危机的爆发也呈现出很强的不确定性,这种危机发生的具体时间、形式、强度和规模是很难预测的。由于这些特点的存在,品牌危机发生时往往置企业于仓促应战的尴尬境地。

2010年7月14日香港媒体报道,霸王旗下产品含有被美国列为致癌物质二恶烷。消息一出,危机的狂潮即刻掀起,各大主流媒体、各大网站开始进行报道。霸王股价一天之内暴跌14%。7月16日,广东省质监局发布新的检测报告称,霸王的二恶烷含量是安全的。但对于市场与消费者信心来说,质监部门的报告无法在短时间内重振消费信心。

2. 破坏性

品牌危机一旦爆发,其破坏性是惊人的,往往会对品牌形象造成巨大的破坏,并引发由于品牌价值的降低而带来的多方面的损失,使企业陷入困难、窘迫的境地,严重时可使一个企业消亡。

2011年央视《每周质量报告》的"3·15"特别节目《"健美猪"真相》报道,河南孟州等地养猪场采用违禁动物药品"瘦肉精"饲养,有毒猪肉部分流向河南双汇集团下属分公司济源双汇食品有限公司。消息一出,在各方均引起了不小的震动。3月15日,双汇集团下属的上市公司双汇发展即以跌停回应市场。大量超市、零售店下架双汇冷鲜肉和火腿肠等肉制品,一些双汇加盟店也"改旗易帜",脱离双汇的销售体系。该事件无疑再度加剧了公众对食品安全的信任危机,中国肉类加工产业链的种种问题也将接受公众拷问。

3. 扩散性

企业的负面消息总会吸引人们更多的眼光,而现代高度发达的信息技术为满足人们这种选择性的关注提供了强有力的技术支持。这使得企业的负面消息以极快的速度扩散传播。2013年8月3日,新西兰政府通报恒天然公司2012年5月生产的浓缩乳清蛋白粉检出疑似肉毒杆菌,部分原料销往中国。娃哈哈、可口可乐、多美滋使用了可能受污染的蛋白粉生产了休闲饮料和婴儿奶粉。此外,新西兰原装进口的可瑞康婴儿奶粉部分批次也在新西兰政府召回的行列。一时间,舆论震惊。一直以来将国外奶粉奉为安全标兵的国内消费者顿感愤怒和恐慌。虽然新西兰初级产业部于8月28日发布声明,确认危机源中的细菌是普通梭状芽孢杆菌,而非高致病肉毒杆菌,但是恒天然也从"绿色安全"的神坛跌下。

4. 关注性

品牌危机爆发时,企业会立刻成为舆论和媒体的焦点。品牌以及所在企业的知名度会以几何倍数增长,此时企业的一言一行都可能导致事态的进一步恶化或平息。2013年央视"3·15"晚会报道称,苹果在中国维修iPhone时声称给予整机更换,但往往不更换手机后盖。而在韩国、澳大利亚、英国等国,整机维修是连同后盖一起更换。报道还称,苹果在中国未执行我国三包服务中关于保修期限内的商品整机维修后应重新计算保修期的法律规定,而是iPhone手机在整机维修后,只能延续此前剩余的保修期。同时,苹果给予iPad整机一年的保修,但按照国内政策,主要部件包括主板、驱动器、显示卡、CPU、硬盘、内存的保修期为两年。苹果此类维修政策曾遭到韩国、欧盟的处罚,并被迫作出了修改。但是在中国,苹果仍然坚持自己的维修政策。央视称,苹果在中国和其他国家采取区别对待的维修政策,有歧视对待之嫌。

5. 被动性

由于品牌危机具有突发性和不可预测性,企业获得品牌危机爆发的消息也大多来自外界,存在滞后性。这使得企业在应对危机时往往比较被动,经常像个消防队员似的哪里有火就救哪里。2010年7月,一名前真功夫主管向外界披露了一份内部文件,该文件显示其供应的进口排骨问题频发,在排骨中先后发现了铁圈、绿色胶线、钛丝。真功夫在发现问题后,并没有立即弃用问题原料,而尽量加以利用,减少损失。这份文件披露的内容迅速引起轩然大波,面对质疑,真功夫发表声明称问题排骨绝不可能上餐桌。为撇清和这两家问题排骨供应商的关系,真功夫在新闻通稿中称已于1月正式结束与问题排骨有关的这两家供应商的合作关系。但资料显示,在4月的紧急采购委员会上,真功夫对这两家供应商进口排骨检疫证明的缺失及涉嫌制假,提出了处理意见。

二、品牌危机的分类

品牌危机可以分为两类:一是突发性品牌危机,二是渐进性品牌危机。

1. 突发性品牌危机

突发性品牌危机是指当某一事件突然发生时给品牌所造成的冲击。一般来说,突发事件给品牌所造成的冲击,主要是由产品问题和品牌欺骗引起的,由于突发事件具有很大的新闻价值,因此,人们关注的品牌危机大多为突发性品牌危机。突发性品牌危机在短期内传播范围广、影响面大,但只要处理得当,从长期来看,可以化危机为契机。

2. 渐进性品牌危机

这类品牌危机在短时间并不会引起人们的关注,但从长期看,往往积重难返,后果更加严重。IBM是企业界的"蓝色巨人",其品牌是美国精神和形象的象征。然而,当巩固了市场霸主的地位后,高傲、自大的情绪开始蔓延到IBM的所有领域,从产品开发到销售,再到售后服务,使得"服务至上"的IBM的服务质量每况愈下,到处都有客户在抱怨服务人员傲慢的、冷漠的、自以为是的服务态度。在人们的心目中,IBM逐渐演变成为傲慢、冷漠的"专制老大"。人们开始不满 IBM 的专横,他们害怕 IBM 的垄断和"黑暗统治"。IBM 品牌逐渐陷入了自己给自己设下的危机中。

学术智库 7-1

产品伤害危机中顾客归因的基率信息

顾客会自发地将产品伤害危机进行归因,基率信息影响着归因的路径。基率信息是指危机行为或事件发生的普遍性。

研究发现前期有着正向信念的品牌,如果行业内其他企业的产品也有相似危机时,高的基率信息会导致较少的责备,这是因为没有其他有说服力的归因,危机源的角色大打折扣,顾客会更少地责备犯错品牌(折扣处理)。如果行业内其他企业的产品没有发生相似的危机,低的基率信息会导致更少的责备,这是因为顾客将较少发生的危机看作是品牌常态的例外,并为犯错品牌寻找托辞(子归类处理)。前期有着负向信念的品牌对品牌危机事件的归因,不会受基率信息和行业内其他企业的产品是否有相似危机信息的影响。

同样的基率信息对后续危机的归因的影响,取决于第一次危机的归因是否出现过折扣或子归类的处理。具体来说,如果顾客已经折扣处理过第一次危机,他们更倾向于折扣处理第二次危机;如果顾客已经子归类处理过第一次危机,他们不倾向于子归类处理第二次危机。

文献来源:Jing Leiniraj Dawar, Zeynep GüRhan-canli. 2012. Base-Rate Information in Consumer Attributions of Product-Harm Crises [J]. Journal of Marketing Research, 49(6):336-348.

三、品牌危机的产生

引发品牌危机的因素很多,大多数危机是由于公司在某个领域的忽略或者不经意的失误造成的,如质量管理体系在某一个细小环节出现问题。但从根本上来说,危机的产生破坏了品牌和消费者的关系,导致消费者对品牌产生不认同、不信任。具体可分为组织内因素、组织外因素和不可抗力。

(一) 组织内因素

1. 品牌欺骗

品牌的强大与可信在于其背后所依靠的产品质量、服务、技术等。一旦产品出现以次充好、以假乱真或者服务承诺的不履行,就会让消费者感觉到上当受骗,造成信任危机,从而波及品牌的诚信度。2011 年 7 月 10 日,央视《每周质量报告》节目曝光家具品牌达芬奇公司销售的天价卡布丽缇家具,并不像其宣称的那样为 100% 意大利生产,而是由东莞长丰家具公司加工生产;所使用的原料并非意大利名贵木材,而是高分子树脂材料、大芯板和密度板。达芬奇公司将这些家具从深圳口岸出港,运往意大利,再从意大利运回上海,从上海报关进港回到国内,这些家具就有了全套的进口手续,成为达芬奇公司所说的 100% 意大利原装、国际超级品牌家具了。各大媒体纷纷转载此消息,达芬奇家具陷入造假风波。

2. 品牌老化

由于消费者需求和竞争环境在不断变化,品牌发展到一定时期,如果无所变化,就会停滞不前。因此,品牌要发展壮大,就要不断创新,不断根据市场的变化调整自己;否则,就会被消费者视为落后的、过时的品牌,被消费者抛弃,从而引发品牌危机。我国著名的烟草品牌"红塔山"在全国烟草行业中曾独领风骚,在烟民的眼中抽红塔山是身份和地位的象征,许多成功人士都是该品牌的忠诚消费者。如今随着红塔山集团的战略调整,广告策略的变化,红塔山在消费者心中的位置发生了很大的变化,逐渐失去了原来的地位和影响力。

3. 过度的价格战

降低价格是企业经常使用的一种促销手段,对企业而言,它的作用是立竿见影的。但是过度的价格战,却是导致品牌价值流失的危险杀手,它使消费者对本品牌持观望态度,在内心产生对本产品持续降价的期待,这对建立品牌的忠诚度和美誉度是非常不利的。

4. 品牌文化冲突

品牌诞生于特定的文化背景下,并被赋予了与其诞生环境相一致的文化内涵,在该文化背景下该品牌受到了消费者的追捧和喜爱,然而当该品牌进入另一种文化圈后,如果不注意两种文化的差异,就有可能引发文化上的冲突,从而遭到消费者的抵制。2005年6月,麦当劳在中国内地播出的一则电视广告中有消费者向商家下跪乞求优惠的镜头,不少人表示有侮辱消费者之嫌,网络上更是掀起批判风潮。对此麦当劳(中国)餐厅食品有限公司表示,设计下跪的细节是为了"让广告显得轻松和幽默",绝对没有羞辱消费者的意思。随后,西安等地开始停播该广告。

此外,品牌合并或兼并不当、品牌授权不当等也可能引起品牌危机。

(二) 组织外因素

1. 来自竞争对手的因素

在市场竞争中,竞争对手会通过模仿、毁谤等不正当竞争手段来打击竞争者,实现自身利益。2008年,华伦天奴(Valentino)专卖店陆续从北京、深圳撤离。事实上,这两家店也是意大利知名服装类品牌华伦天奴在中国仅有的两家店面。这个在世界服装界享有盛誉的品牌暂时在中国谢幕。据不完全统计,中国市场上有将近200个"傍"华伦天奴的服装品牌。这种"傍"名牌的方式,使得真正的"华伦天奴"品牌被严重透支。

2. 来自媒体的因素

媒体工作者由于受时间、知识的限制,甚至自身工作态度的不端正,有时候可能会产生错误的报道,给企业和品牌带来不必要的损失。2013年3月8日,有消费者投诉称自己购买的农夫山泉饮用水中有黑色不明物。3月15日,农夫山泉发表声明,称已将产品送至第三方权威检测机构,检测结果显示,其符合国家标准的各项安全指标;并表示含有天然矿物元素的瓶装水在运输储存过程中,有时会受到温差等影响而析出矿物盐,并不影响饮用。4月10日,《京华时报》刊发了《农夫山泉被指标准不如自来水》的报道。4月12日,农夫山泉发表声明,称其饮用水的品质远高于现在的国家标准、行业标准和地方标准。5月3日,北京市桶装水销售协会发通知,建议下架农夫山泉桶装水。由于饮用水检测存在着多种标准,这也导致媒体和企业各执一词。直到5月9日,《人民日报》刊发了《农夫山泉抽查合格率100%》的消息,浙江省卫生厅明确就标准问题表态,并为农夫山泉正名,整个事件才告一段落。

3. 来自其他方面的因素

这方面的原因是多种多样的,既有来自社会组织、主管单位的因素,也有来自品牌形象代言人的因素(如不妥的言行和穿着等)。2011年1月,美国一份名为《名人广告:揭穿广告效力的神话》的调查报告显示,伍兹毫无悬念地成为2010年度最糟糕的广告代言人,而其为知名体育用品品牌耐克所做的广告也成为最为糟糕的广告。该项研究旨在测量电视广告的效果,它指出伍兹所做的耐克电视广告不仅没有提升耐克品牌的广告效益,反令其价值负增长30%。这一结果相信大多数人都不会感到意外。就如伍兹糟糕的2010年:因为众多情妇的曝光,与妻子艾琳的婚姻走到尽头。其不检点的行为让包括埃森哲、AT&T、佳得乐、宝洁和 *Golf Digest* 杂志在内的五个赞助商先后离他而去。

(三)不可抗力

1. 社会不可抗力

政治、法律、经济规律等社会力量是影响品牌发展的宏观环境因素,它们间接或者直接地影响和制约着企业的品牌营销活动。由于社会力量具有明显的不可控性,企业主观能动性的发挥不能改变其发生与发展状态,如果某些社会力量发生重大突变,企业不能事先知晓,又避之不及时,就有可能发生品牌危机。

2. 自然不可抗力

地震、台风、火灾、洪水、瘟疫等自然灾害以及迫于其他自然规律的非人力所能控制的原因造成的灾害,如组织关键人物的突然死亡等也是企业营销活动的重要影响因素。由于这些因素也是企业不能控制的影响因素,又是不可设防的,一旦这些因素爆发,就极有可能给企业带来毁灭性的打击。

资料7-1

2010—2012年十大品牌危机事件

一、2010年十大品牌危机事件

1. 丰田汽车召回门;
2. 惠普"蟑螂门"事件;
3. 肯德基"秒杀门"事件;
4. 美的紫砂煲内胆黑幕事件;
5. 富士康跳楼事件;
6. 霸王洗发水致癌事件;
7. 真功夫"排骨门"事件;
8. 金浩茶油致癌物超标事件;
9. 蒙牛诽谤圣元"激素门"事件;

10. 腾讯QQ与奇虎360大战事件。

资料来源：林景新、唐嘉仪，"2010年十大企业危机公关事件盘点分析"，博锐管理在线，http：// www.boraid.com/article/html/155/155909.asp，2010年12月28日。

二、2011年十大品牌危机事件

1. 双汇瘦肉精事件；
2. 锦湖轮胎"返炼胶门"事件；
3. 台湾塑化剂风波；
4. 哈药"污染门"事件；
5. 郭美美微博炫富事件；
6. 达芬奇"产地门"事件；
7. 比亚迪安全气囊风波；
8. 俏江南回锅油风波；
9. 淘宝商城内讧事件；
10. 蒙牛黄曲霉毒素事件。

资料来源：品牌中国产业联盟发展研究中心，《2011中国品牌大事记》，2012年1月4日。

三、2012年十大品牌危机事件

1. 碧生源广告三年上黑榜事件；
2. 三亚旅游投诉事件；
3. 归真堂活熊取胆事件；
4. 安信地板甲醛超标事件；
5. "明胶门"毒胶囊事件；
6. 春秋航空乘客黑名单事件；
7. 光明乳业"质量门"事件；
8. 铁路客户服务中心火车订票系统瘫痪事件；
9. 酒鬼酒塑化剂风波；
10. 洋快餐速成鸡事件。

资料来源：品牌中国产业联盟发展研究中心，《2012中国品牌大事记》，2013年1月9日。

第二节　品牌危机管理

危机管理是指企业为了预防、摆脱、转化危机而采取的一系列措施，以维护企业生产经营的正常运营，使企业脱离困境，避免或减少损失，将危机化解为契机，进而促进企业发展的一种积极、主动的企业管理过程。它不仅注重对危机的处理和解决，而且强调对危机的预防和后续处理，是一个完善、有效的管理系统。针对品牌的危机管理，被称为品牌危机管理，是指企业在品牌塑造、运营、维护中针对品牌可能遇到的危机而建立起来的危机预防、危机处理、危机后续处理的管理系统。品牌危机管理的内容相应地也被分为三个层次:品牌危机预防、品牌危机处理和品牌危机后续管理。

一、品牌危机预防

无论企业处理危机的水平多么高,品牌危机一旦爆发,总会给企业的正常运营带来波动,甚至动摇企业发展的根基。因此,预防品牌危机的发生,防患于未然才是企业进行品牌危机管理的理想状态。通过企业日常主动的预防,防微杜渐,将危机扼杀在摇篮之中,才能更好地保证品牌健康、稳定的发展。

从品牌危机产生的原因可知,品牌危机的预防主要针对组织内部的因素,对于外部和不可抗力则不容易防范。品牌危机预防涉及企业的方方面面,是一项复杂的系统工程,需要企业各部门、各环节通力合作,采取的主要措施包括以下几个方面:

1. 企业内部树立群体品牌危机感

树立品牌危机预防意识不仅仅是领导的责任,同时也是企业全体成员的责任,因为他们本身就是品牌形象的组成部分,他们个人的形象、文化修养、精神风貌等都代表着自己的品牌形象,影响着自己的品牌。这就要求企业在日常的生产经营活动中对企业全体员工进行危机教育,培养危机意识。在教育过程中应做到以下几个方面:

(1)要宣传危机与企业生存发展的关联,提高企业员工的警觉意识,教育员工要看到市场竞争的残酷性,使员工认识到危机时刻在他们身边。

(2)要教育员工"从我做起,从现在做起",积极献计献策,并使员工掌握应对危机的基本策略。

2. 严格监控企业运营各环节

品牌的建立要依靠企业全体成员的共同努力,从质量控制、服务跟进到决策制定,每一个环节出现错误,都可能引发品牌危机。这就要求企业在日常的运营中,对每个环节都要进行严格的控制,不仅要求执行部门要确保工作落到实处,而且管理层也要努力避免决策失误,对出现问题的环节更要进行及时的整改和反思。只有这样,才能使企业健康稳定的发展。

3. 在企业内部建立危机预警系统

为了有效预警与防范危机,企业必须建立危机预警系统,使危机意识能转化为实际可操作的防范行为,从而为减少或避免危机提供保障。

(1)建立信息监测系统

建立高度灵敏的信息监测系统,可以及时收集相关信息并加以分析处理,根据捕捉到的危机征兆,制定对策,把危机隐患消灭在萌芽之中。危机信息监测系统既要便于对外交流,又要适应内部沟通;信息内容要突出"忧",信息传递速度要强调"快捷",信息质量要求"再确认"。分析后的紧急信息或事项要实施"紧急报告制度",将危机隐患及时报告主管领导,以便能及时采取有效对策。

(2)成立品牌危机公关小组

为了有效地预警与防范危机,可以成立类似危机公关小组的组织机构,以便在短时间内集中处理危机。危机公关小组的成员应是具有全面素质和才能的人,是视野开阔、遇事冷静、决策果断、表达能力强的人,是企业中有相当地位和影响力的人,是对企业自身及外部环境比较了解的人。危机公关小组的关键作用在于事先预测并排除险情,力阻危机的频繁发生。

(3) 研制应对策略

精心研究制定应对危机策略是健全的预警防范处理体系的重要组成部分,良好的危机防范管理,不仅要能够预测可能发生的危机情景,而且要为可能发生的危机做好准备,针对引发企业危机的可能性因素,制订各种危机预警方案。

案例7-2

味千拉面"骨汤门"事件

味千拉面的宣传资料称:"汤底是由猪骨经过20多个小时慢炖熬煮制成,一碗汤的容量是360毫升,含钙量高达1 600毫克。经中国农业大学食品科学与营养工程学院营养与分析研究室认证,一碗汤的胶原蛋白占蛋白质的含量约15%,钙含量是牛奶的4倍、普通肉类的数十倍"。

有业内人士指出,在餐饮行业里,不少餐饮店销售的所谓"高汤""营养养生汤"其实并非用真材实料长时间熬制的,可能只是用一些材料煲后添加水稀释,至于汤的浓香味则是添加各种香精、香料所致。有报道称,味千拉面号称用猪骨熬制的汤底实则是由汤粉、汤料调制而成,每碗汤成本只有几毛钱。

针对质疑,味千在其官方网站上展示了一份由中国农业大学食品科学与营养工程学院出具的鉴定报告。对此中国农业大学相关专家表示,当年检测的样品不代表汤底,味千公司将检测的骨泥浓缩汤料样品含钙量当成稀释后的汤底含钙量来宣传,这整整相差了几十倍,企业偷换概念进行夸大宣传。

媒体质疑,按味千骨汤一公斤浓缩汁可以"还原"100碗汤换算,一碗汤内的钙含量应该只有48.5毫克,而并非味千官网上显示的1 600毫克。

在媒体的连番追问下,味千官网悄然撤下这一营养数据。2011年7月26日,味千拉面中国公司发表声明承认,该公司所用汤底并非熬制,而是用浓缩液勾兑而成。对于"一碗拉面的汤钙含量是牛奶的4倍、普通肉类的数十倍",味千公司也承认错误:"味千汤的钙含量是浓缩液的检测结果,数据来源真实,味千汤底的钙含量是由于浓缩未还原的计算方式错误而致,对此我们已修改。"

味千官网发布的声明还称,该公司汤料是通过熬制工艺生成了高品质的味千汤料浓缩液,随后配送到餐厅通过一定的比例还原成味千白汤。味千强调,"该公司所用汤料非粉剂勾兑,而是实实在在的猪大骨原材料通过日本的先进生产工艺和专业的设备熬制而成,所有原料都通过受控的严格来料验收程序控制。"

资料来源:欧志葵、熊汉玲,"味千辩称骨汤为浓缩液勾兑而成 专家称消费欺诈",《南方日报》,2011年7月27日;李静,"味千拉面陷'骨汤门'被指虚假宣传",《新京报》,2011年7月27日。

二、品牌危机处理

"危机就像死亡和纳税一样,是管理工作中不可避免的,所以必须随时为危机做好准备。"《危机管理》一书的作者史蒂文·芬克如是说。在他对全球 500 强的高层人士进行的一次调查中,高达 80% 的被访者认为,现代企业不可避免地要面临危机,如同人不可避免地要面对死亡;有 55% 的被访者认为,危机影响了公司的正常运转。有危机管理计划公司的平均危机周期①为 3 周半,没有危机管理计划公司的平均危机周期为 8 周半。而一旦危机出现,就必须立刻反应,它不仅体现出企业的管理水平,也体现出公司的价值体系和文化理念。能否快速平息各方的指责和置疑,重塑市场对品牌的认同,关系到企业的正常运营,甚至生死存亡。企业在应对危机时,最重要的是要做到正视危机、临危不乱,并采取灵活的应对措施控制局势的发展。

(一) 危机处理的原则

科特勒认为处理危机的关键是让客户看见企业真诚和迅速的反应。他认为企业对品牌危机作出反应的时间越长,顾客越有可能形成负面的印象,从而形成"一传十,十传百"的不好的舆论气氛。也许更糟糕的是,当顾客迅速转向另一个品牌时,他们发现不再喜欢原来的品牌了。同时,科特勒也认为快速的反应必须是真诚的。就企业对受到产品影响的顾客道歉以及企业愿意采取任何步骤来帮助顾客而言,企业越是真诚,顾客就越不可能对企业形成负面的印象。

就品牌危机处理,国内学者也提出了一些类似的原则,如"24 小时法则""单一口径法则"等。归纳起来,企业在进行危机处理时应遵循以下原则:

1. 快速反应原则

危机对企业而言具有极大危害性,如果不及时控制,很可能威胁到企业的生死存亡。因此,企业在危机发生时要快速作出反应,及时地与公众、媒体等方面进行沟通,尽量减少各种猜测、怀疑和流言。加拿大化学公司的唐纳德·斯蒂芬认为:"危机发生的第一个 24 小时至关重要,如果你未能很快地行动起来并已经准备好把事态告知公众,你就可能被认为有罪,直到你能证明自己是清白的为止。"

2. 真诚原则

危机发生后,企业要勇敢地面对问题而不是逃避问题。事实上,随着传媒业的日益发达,任何隐瞒和逃避的想法都是行不通的。因此,企业要实事求是地面对问题、解决问题,既不要刻意隐瞒什么,也不要试图逃避责任,更不可以编造谎言欺骗消费者和媒体,那样做只能将消费者和媒体推向自己的对立面,激化矛盾、加重危机。

3. 积极主动原则

品牌危机发生后,企业应主动承担责任,积极进行处理。当企业采取积极主动的态度去应对、解决危机时,往往会在社会公众心目中树立一个负责任的企业形象,从而有助于获得公众的谅解,使危机得以快速的解决。一味地推卸责任、被动地采取补救措施,不仅不会解决危机,反而有可能激化矛盾,使危机升级。

---

① 危机周期指发生危机时企业渡过危机的时间。

4. 重视客户利益原则

危机发生的关键在于引发危机的事件损害到了客户及社会公众的利益,因此,只有将客户和公众的利益放在首位才有可能摆脱危机。实际上,对客户及社会公众的利益保护,也是对企业长远利益的保护,企业的利益是建立在客户及社会公众利益存在的基础上的。

5. 统一口径原则

危机发生时,企业处在社会舆论的焦点上,企业的一言一行都被公众密切关注。企业在处理危机事件时,如果不能协调一致,而是针对危机事件人云亦云,这不但让人觉得企业管理混乱,使舆论和公众对其真实意图莫衷一是,更严重的是可能让公众认为企业缺乏诚信,是在狡辩,从而使危机升级,给企业造成更大的损失。因此,这就要求企业在处理危机时,无论是对外的宣传解释还是对内的解释说明,都要口径一致,不能相互矛盾或存在较大差异。

6. 全员参与原则

企业作为一个有机系统,各个环节不是孤立的,而是紧密联系在一起。当品牌危机爆发后,其所产生的影响会波及企业各环节,社会舆论的关注点也会相应地扩散到企业的方方面面。在这种情况下,企业的员工不应该是危机处理的旁观者,而应该是积极的参与者。企业在危机处理中,应使全体员工了解危机的性质、深度以及影响,了解危机处理方法,动员企业员工为化解危机共同努力。

(二) 危机处理的一般措施

虽然任何企业都有发生品牌危机的可能性,品牌危机并不是个别企业的"专利",但是在应对品牌危机时,却又不得不正视品牌危机的"马太效应":越是品牌知名度、忠诚度高的大企业,越不怕品牌危机;相反,品牌知名度小、忠诚度低的中小企业,却往往会在品牌危机中夭折。当然这并不意味着大企业可以对品牌危机置若罔闻。事实上,越是大企业越容易发生品牌危机,这主要是因为大企业受到了社会更多的关注,其产品和服务的受众更为广泛。但是,既然是品牌危机,总会给企业带来损害,因此无论是大企业还是中小企业都要正确看待危机。在处理危机时,都要保持冷静并有计划、有组织地应对,绝不能因为惊慌而自乱阵脚。一般而言,企业在处理危机时会采取以下一些措施:

1. 立即成立危机处理小组,全面控制品牌危机的蔓延

企业在遇到危机时绝不能听之任之,应该立即组织有关人员,尤其是专家参与成立危机处理小组,调查情况、对危机的影响作出评估,以制订相应计划控制事态的发展。危机处理小组的任务应包括:对危机事件进行全面调查,为企业采取进一步行动提供支持;组织对外信息的传播工作,及时向相关利益人通报信息;对危机事件采取必要的处理措施;与受害人进行前期接触等。

2. 迅速实施适当的危机处理措施

根据危机的性质和发展趋势,企业应秉持对消费者负责的态度,主动承担责任和损失,迅速采取相关处理措施,如停止产品销售、回收产品、关闭有关工厂等。

3. 做好危机沟通

危机沟通极为重要,如果沟通不当会引起公众的进一步猜测,并导致更片面的报道,

这无异于雪上加霜。危机沟通有五大对象:受害者、媒体、内部员工、上级部门和其他利益相关者。

(1) 针对受害者的危机沟通。在危机沟通中,针对受害者的沟通是第一位的。首先,企业应认真了解受害者的情况,冷静倾听受害者意见,主动承担相应的责任,向受害者表达歉意。其次,确定关于危机责任方面的承诺内容与承诺方式、制订损害赔偿方案。最后,向受害者提供后续服务,尽量减少受害者的损失。

(2) 针对媒体的危机沟通。媒体是公众的窗口,是危机事件传播的主要渠道。企业应主动配合新闻媒体的工作,及时向媒体通报危机事件的调查情况和处理方面的动态信息。在与媒体沟通的过程中企业应注意以下几个方面:

① 统一口径,用一个声音说话。

② 主动向媒体提供真实准确的信息,公开企业的立场和态度,以减少媒体猜测,防止报道失真。

③ 对未知的事实不要推测。在事情还没有调查清楚之前,不要就未知的事情进行推测,不要轻易表示赞成或反对的态度。

④ 及时采取新闻补救措施。当媒体发表了不符合事实的报道时,应尽快向媒体发出更正声明,指出失实的地方,并提供真实资料。

通常情况下,召开新闻发布会是企业与媒体沟通的有效形式。它使企业直接与媒体对话,减少了媒体的猜测和不实的报道,同时也向公众展示了一个积极主动、肯负责任的公司形象。在新闻发布会上,新闻发言人对自己的言行一定要做到心中有数,一定要通过新闻发布会表明企业的立场和责任,不能含糊不清,也不能试图推卸责任。正如美国通用中国有限公司公关传播总监李国威所言,说谎和大话是新闻发言人的道德底线。一旦被突破,就会陷于危机的恶性循环中。

(3) 针对内部员工的危机沟通。无论何种类型的危机,都会或多或少地影响企业内部的员工、股东以及员工的家属,处理不好内部公众关系,就可能使整个企业人心涣散、流言四起,从而使陷入危机的企业内外交困、无暇应对。因此,在危机时刻,必须要搞好内部关系,提高内部的凝聚力,使整个企业团结一致、群策群力、共渡难关。为此,企业一方面应向员工告知危机的真相和企业采取的具体措施,以此稳定军心;另一方面,搜集了解员工的建议、意见并做好耐心的解释工作,向员工传达挽回不良影响和重建企业形象的具体措施。

(4) 针对上级部门的危机沟通。危机发生后,应及时向上级部门实事求是地汇报事态发展情况,与上级有关部门保持密切联系,以获得上级主管部门的支持。

(5) 针对其他利益相关者的危机沟通。这主要是指针对企业合作伙伴、金融界、社区公众、社会机构、政府部门的危机沟通。作为企业生产经营活动的利益相关者,他们的支持是企业得以生存发展的支柱。在危机爆发后,如果企业没有就危机事件本身与他们进行合理的沟通、协调,他们可能会对企业的生产经营活动进行抵触,甚至与企业发生对抗。因此,加强与其他利益相关者的沟通,获得他们的支持,是企业渡过危机的重要保证条件之一。

案例 7-3

圣元乳业"致死门"的危机公关启示

2012年1月10日,江西都昌县一龙凤胎一死一伤,疑因食用圣元优博奶粉所致,死者家属将孩子尸体摆放在超市门前停尸问责。圣元江西分公司一方面主动向当地工商和公安部门报案,并配合派出所稳定家属情绪和配合当地工商部门进行产品的下架和封存工作;另一方面,圣元公司对于家属小孩的死亡表示非常痛惜,并称正等待检验结果,若是奶粉问题,绝对不会推卸责任。

1月11日,媒体报道了此次事件。消息一出,一石激起千层浪,将刚走出"激素门"的圣元乳业再次推向了舆论的风口浪尖。圣元公司表示,该公司将会通过公关公司向外界统一发布信息,对此事不予置评,所有关于该事件的最新进展都会在其官方网站公布。圣元公司、客服部人员、生产总监均表态积极配合相关部门调查,公司统一向外界发布信息。

1月12日,圣元公司在其官方网站发布《20111112BI1批次出厂检验报告》,所有检验项目检测结果均为"合格"。

1月13日,第三方检测结果出炉,九江都昌县人民政府也对该事件发布公告,江西二套《都市现场》节目就该事件采访了都昌县工商局局长,至此事件得以澄清。

对于任何一个危机事件的处理,速度是解决问题的关键。从媒体的曝光到事件的澄清,圣元公司反应的速度是值得肯定的。在此次事件中,圣元公司积极依靠当地媒体和政府还原事件真相,借助当地政府官员和当地政府在百姓心目中的公信力为自己澄清事实,此举起到了事半功倍的效果。1月13日的检测结果通过相关媒体、政府官员和政府予以公示,也为平息此次事件提供了最有力的证据。

资料来源:伯建新,"圣元乳业'致死门'的危机公关启示",第一营销网,2012年4月10日。

三、品牌危机后续管理

对企业而言,出现品牌危机并不可怕,可怕的是企业不去总结危机中的得与失,不去改正危机中暴露出来的问题。长此以往,类似的危机将可能再次爆发,到那时无论多么完美的辩辞都无法帮助企业赢回公众的信任。因此,品牌危机的后续管理仍需要企业给予高度的关注。危机后续管理主要包括遗留问题处理和滞后效应处理。

(一)遗留问题处理

1. 对内措施

首先,企业要对本次危机发生的原因、预防和处理措施的执行情况进行系统的调查分析,找出危机管理工作中存在的问题。其次,针对危机中存在的问题进行整改,完善企业品牌危机预警系统,吸取教训,防止类似危机再度发生。最后,加强企业组织内部沟通,让员工了解本次危机的始末、产生的危害以及企业处理的措施,并以此为契机加强对员工的教育,治愈员工在本次危机中受到的心理创伤,获得他们的认同,使企业尽快走上正轨。

2. 对外措施

企业要加强对外传播沟通,及时地向媒体、社会公众通报危机处理的进展情况,并声明愿意负起道义上的责任,以此来重新赢得社会公众的信任。

学术智库 7-2

涅槃重生:品牌和品类如何克服产品伤害危机?

产品伤害危机会导致企业销售额和市场份额的减少,产生高的召回成本,破坏品牌资产。当同品类的竞争者被感知和过错有关时,该危机还会溢出到竞争者。作者基于应急理论的视角,运用大面板数据,分析产品伤害危机后的广告及价格调整对消费者购买行为的影响。这种影响会受到负面曝光的广度以及犯错品牌是否必须承认错误的调节。

研究表明,对于犯错品牌来说,产品伤害危机会导致两个问题:一是广告效果降低,品牌很难恢复失去的市场地位;二是价格敏感度增强,品牌很难通过提价来维持收入。当犯错品牌被责备时,上述风险变得更加显著。对竞争者来说,增加广告投放是把"双刃剑"。作为无过错的品牌,会将危机事件作为投放广告的机会,但是当犯错品牌必须公开承认错误时,该策略未必奏效,甚至有可能起反作用,因为消费者认为竞争者的行为是投机型的。

负面曝光的媒体覆盖差异也会影响应对策略的效果,高覆盖的媒体负面曝光提高了品类的价格敏感性,因此,通过提价来保证销售额是徒劳无功的。但是在高曝光时,增加危机后的广告投放,无论对犯错品牌还是整个品类来说,都是不错的选择。

文献来源:Kathleen Cleeren, Harald J. Van Heerde & Marnik G. Dekimpe. 2013. Rising from the Ashes: How Brands and Categories Can Overcome Product-Harm Crises [J]. Journal of Marketing, 77(3): 58-77.

(二) 滞后效应处理

品牌危机一旦发生,无论企业在本次危机处理中的表现多么完美,危机所带来的影响总会对公众的心智产生冲击,这种阴影可能在很长一段时间内都会存在于公众头脑中。如何帮助公众快速地忘却这段记忆,重新建立起对公司的信心,是本阶段企业工作的重点。比如,企业可以通过推出一项新的服务、开发一种新的产品或者展开一次营销宣传等一系列对社会负责的行为,来向企业利益相关者和社会公众传达企业恢复的信号,唤起他们对企业的信任和好感。

资料 7-2

外资品牌出现危机更易获得国内消费者信任

品牌公关危机是最近的一个焦点话题,不论是外资品牌还是本土品牌,很多品牌都遇到了品牌危机,而危机公关能力也成为考验品牌的一个重要方面。但是,外资品牌和本土品牌,到底谁的公关能力更强呢?盛世指标数据管理有限公司近期开展的一项研究发现,外资品牌由于拥有强大的品牌,出现危机后更容易获得国内消费者信任。

一个品牌的建设涉及很多方面的工作,但是在这些工作中,中国消费者认为,国内企业仅仅在"政府公关"方面比外资品牌做得好,而在其他方面都不如外资品牌,外资品牌特别突出的方面在于"品牌形象与市场推广"(78.8%)和"品牌文化与企业文化宣传"(73.9%),而这刚好也是消费者认为本土企业表现较差的方面。本土品牌未来要超越外资品牌,在品牌的形象建设、品牌推广方面还需要做很多工作。近两年肯德基、麦当劳、雀巢、SK-Ⅱ等外资品牌的产品相继出现质量问题,影响了其在中国市场的品牌形象。但是,调查发现,中国消费者对这些外资品牌的信任度却非常高,即使外资品牌发生危机,70.5%的消费者依然会继续购买外资品牌的产品。其中,有11.1%的消费者不作任何考虑会继续购买外资品牌的产品;有59.4%的消费者会在一段时间内转向其他产品,等事情过去后,会继续购买外资品牌的产品;有23.6%的消费者表示再也不会购买出现危机的外资品牌的产品,但是其中有12.3%的消费者继续转向其他外资品牌,仅有11.3%的消费者会选择国内本土品牌。

造成消费者对外资品牌产生如此高的认同度的原因,根本还是在于外资品牌强大的品牌文化,由于消费者对外资品牌本身充满高度的信任,因此对于外资品牌出现的一些问题,似乎还是可以原谅的。当品牌发生危机时,84.6%的消费者认为企业应该对问题产品进行召回;近八成的消费者认为企业应该公开向消费者道歉,并对消费者进行赔偿。因此,对于消费者来说,及时准确地面对消费者,并积极作出回应是企业品牌出现危机的时候进行公关的最佳手段。而在这一点上,很多外资品牌显然要比本土品牌表现得更突出一些,因为外资企业通常都有强大的公关危机处理系统。

进一步研究还发现,当本土品牌与外资品牌在危机事件处理上采取同样的措施与方法时,37%的中国公众更相信外资品牌,而仅有24.7%的中国公众更相信本土品牌。

资料来源:肖明超,"外资品牌:光环笼罩下的危机认同",《财经时报》,2007年4月22日。

本章小结

品牌危机是指由于组织内、外部突发原因造成的始料不及的对品牌形象的损害和品牌价值的降低,以及由此导致的使组织陷入困难和危险的状态。品牌危机又可以分为突发性品牌危机和渐进性品牌危机两类。

品牌危机的爆发具有突发性、破坏性、扩散性、关注性和被动性等特征。导致品牌危机产生的原因有组织内因素、组织外因素和不可抗力。组织内因素包括品牌欺骗、品牌老化、过度的价格战、品牌文化冲突,以及品牌兼并不当、品牌授权不当等。组织外因素则指来自竞争对手、媒体和其他方面的因素。不可抗力是指政治、法律、经济规律等社会不可抗力和地震、台风等自然不可抗力。

品牌危机管理有三个层次:品牌危机预防、品牌危机处理和品牌危机后续管理。企业在进行品牌危机预防时应从三个方面着手:在企业内部树立群体品牌危机感、严格监控企业运营各环节、在企业内部建立危机预警系统。

品牌危机处理应秉承快速反应、真诚、积极主动、重视客户利益、统一口径以及全员参与原则。在进行危机处理时企业应保持冷静,迅速采取措施。这些措施包括:立即成立危机处理小组,控制品牌危机蔓延;迅速实施适当的危机处理措施;做好与受害者、媒体、内部员工、上级部门以及其他利益相关者的危机沟通。

企业在进行危机后续管理时,应重点处理好遗留问题和滞后效应两个方面。

复习思考题

1. 解释品牌危机、品牌危机管理的概念。
2. 品牌危机的特征有哪些?
3. 品牌危机的种类有哪几种?
4. 导致品牌危机发生的原因有哪些?
5. 品牌危机管理的内容包括哪些?
6. 结合具体案例阐述品牌危机处理的一般措施。
7. 结合实际,说明国产品牌和国际品牌出现品牌危机时有哪些不同的反应?

课后案例

肯德基"速成鸡"风波

2012年11月23日,中国经济网报道称,作为肯德基、麦当劳以及诸多大型超市的鸡肉供应商,山西粟海集团培育雏鸡到成品鸡只需要45天,饲料成为肉鸡速成的关键。

肯德基于当日下午在其官方微博回应称,公司在粟海集团的采购量仅占总采购量的1%左右,过往食品安全记录正常,公司将对媒体报道内容进行调查和处理。

11月24日,粟海集团称,中国肉鸡行业普遍使用白羽鸡,45天属于正常生长期,公司严格执行国家相关标准,对肉鸡养殖全过程实行标准化管理。畜牧主管部门对公司饲料生产、肉鸡养殖和屠宰环节均有监督和抽查,2012年抽检结果均合格。

11月27日,《每日经济新闻》记者走访了粟海集团的多家签约养殖场,看到饲料袋上爬满苍蝇,许多鸡安静地躺着不动。对于45天的速成鸡,多位受访的签约养殖户称"自己不吃"。

11月28日,有消息称,山西省已派出调查处置组和专家组深入粟海集团进行现场查看,并从粟海集团抽取饲料、饲料原料和鸡产品样品进行检验,结果有望在3—4日内出来,届时将及时向社会公布。与此同时,粟海集团的合作供药商表示,"速成鸡"事件后,粟海集团已暂停拿药。

11月29日,肯德基通过其官方微博再发声明,称白羽鸡45天的生长周期属正常现象,没有证据显示供应商山西粟海集团在养殖过程中存在违规操作。

在此次危机事件中,肯德基多次利用其官方微博,借助新媒体传播速度快、范围广的特点,积极向外界表态与回应。但公众对这样的应对显然并不买账。

首先,肯德基称"速成鸡"用量只占其鸡肉采购量的1%左右,但粟海集团官方网站上却有"成为肯德基、麦当劳、德克士等国际著名快餐店主供商"的介绍说明。此外,有人质疑"1%"的计算方式与准确性,企业自家之言不足为信;还有人认为,该说法的潜台词即指"速成鸡"的用量极少,可以忽略不计,但若"速成鸡"真有问题,哪怕是"1%"也不能被轻易带过,何况按照肯德基在中国内地的高业绩,鸡肉采购量的基数不会是一个小数字。

其次,虽然有专家指出,"速成鸡"生长速度快属正常,且多次检验和调查均表明,"合格"鸡肉中不含超量激素,但媒体报道中所提到的饲料添加药物——"这些饲料配了药,有添加剂,具体是什么不知道,但对人体肯定有害,周边的苍蝇都毒死了",使得粟海集团的"速成鸡"是否"合格",成为公众关注的焦点。而肯德基等企业在各自最初的声明或回应中,对"加药的饲料"避而不谈,无疑令公众质疑声愈烈。

最后,肯德基未对消费者的知情权给予足够的尊重。即使粟海集团所供应的"速成鸡"合格,肯德基也应在消费者发生购买行为前知悉其所使用的鸡肉并非来自普通程序饲养的鸡,让消费者行使其自由选择权。尤其在负面舆论声浪涌来之时,更应积极主动地作出解释以及说明,满足消费者的知情权。

资料来源:张敏、刘俊、鞠巧羽,"肯德基、麦当劳遭遇'速成鸡'风波",《中国企业报》,2012年12月4日。

案例讨论题

1. 肯德基在此次危机处理过程中的亮点和败笔分别有哪些?
2. 在此次危机后,肯德基应该采取哪些行动来巩固其品牌?

第三篇

品牌系统管理

第八章　品牌系统策略
第九章　品牌延伸
第十章　品牌系统管理组织

第八章　品牌系统策略

> 决定如何为新产品制定品牌战略十分重要。当一个企业引入一种新产品时,它主要有三种选择:(1)它可以为新产品开发一个新品牌元素;(2)它可以使用已有的品牌元素;(3)它可以把新的和已有的品牌元素结合起来使用。
>
> ——凯文·莱恩·凯勒

本章主要阐述以下几个问题:
- 单一品牌策略的运用条件
- 多品牌策略的特点
- 主副品牌策略的运用
- 品牌联合的方式

第一节　单一品牌策略

随着市场环境的变化以及企业的发展,在具备了一定的外界条件和自身条件后,企业必然会不断开发新产品。这些新产品与企业已有的产品可能属于同一类别,也可能属于不同的系列,此时企业就面临着品牌系统策略的决策:是选择单一品牌策略、主副品牌策略还是多品牌策略。不同的品牌系统策略决策取决于企业当时所面临的市场环境以及企业内部的各种条件。

一、单一品牌策略的定义

所谓"单一品牌策略",是指企业生产和经营的几种不同产品统一使用一个品牌名称。例如,采用单一品牌策略的典型代表有索尼公司、飞利浦公司、佳能公司、李宁公司、TCL集团有限公司等。索尼公司生产的电脑、照相机、电视机、MP3播放器等都使用"SONY"这一品牌;飞利浦公司生产的照明灯、医疗器械、小家电等也都使用"PHILIPS"这一品牌;佳能公司生产的照相机、摄像机、打印机等均使用了"Canon"这一品牌;李宁公司生产的服装、运动器械等都使用的是"李宁"这个品牌;TCL集团有限公司生产的电话、彩电、电脑以及其他电子通信类产品也一律使用"TCL"这个品牌。采用单一品牌策略,品牌架构简单、清晰,企业品牌对产品的拖动力强,同时可以节省品牌传播的费用。但是采用单一品牌策略也具有一定的局限性,市场风险较大。当一类产品出现问题时就会殃及其他,产生恶性连锁反应,而且出现问题的产品影响力越大,企业的危险也越大。同时,采用单一品牌策略,品牌专业化形象易被分散,导致整体效益下降。

品牌营销

案例 8-1

飞利浦的单一品牌策略

荷兰皇家飞利浦电子集团(简称飞利浦)是拥有百年历史的世界上最大的跨国电器企业之一,是欧洲最大、全球名列前茅的电子公司之一。飞利浦公司由菲拉法·飞利浦创建于 1891 年,当时专门制造白炽灯泡与其他电子产品。早在第一次世界大战前,飞利浦公司已经进入美国和法国市场。到了 19 世纪末 20 世纪初,它已发展成为全欧洲最大的厂商之一。飞利浦堪称电子产品业的鼻祖。

飞利浦公司总部位于荷兰,分公司分布于世界上 60 多个国家,在 130 多个国家和地区建立了销售网点,在全球拥有大约 120 000 名员工,其 2010 年的销售额达 223 亿欧元。飞利浦公司的产品涉及心脏监护、紧急护理和家庭医疗保健、节能照明解决方案和新型照明应用,以及针对个人舒适优质生活的男性剃须和仪容产品、便携式娱乐产品、口腔护理产品等领域。飞利浦采取单一品牌策略,均采用"PHILIPS"这一品牌。飞利浦凭借其雄厚的技术基础、人力资源、营销网络和先进的管理经验在世界上享有领导地位。

资料来源:飞利浦官方网站,http://www.philips.com.cn/index.page,2013 年 2 月 10 日。

二、单一品牌策略的种类

在所有的单一品牌策略中,根据其单一程度的不同,又可以分为产品线品牌策略、范围品牌策略和伞形品牌策略三种。

(一) 产品线品牌策略

产品线品牌策略(line-brand strategy),是一种局部单一品牌策略,企业赋予同一产品线上的产品同一种品牌。同一产品线的产品面对的往往是同一顾客群体,它们在生产技术上有本质的内在联系、在功能上相互补充,用来满足同一顾客群体的不同方面的需求。"金利来,男人的世界"正是产品线品牌策略的一个实例。近年来金利来公司对市场进行了仔细的调查,逐步向多元化发展,陆续推出了皮带、皮包、钱夹、T恤衫、运动套装、毛衣、西装、裤子、花边、领结、领带夹、钥匙链、皮鞋等男士服装和饰品,这些男士系列用品在高收入男性阶层中备受青睐。产品线品牌策略在日用化妆品市场也运用得非常普遍。隆力奇集团的日化产品包括花露水、香皂、洗发水、护发素等,该集团通过良好的营销策略在国内占据了不错的市场份额。

金利来公司及众多化妆品公司采用产品线品牌策略的原因在于,这种品牌策略具有这些公司所需要的优点。首先,有利于企业创建统一的品牌形象,提高品牌在目标市场的知名度,增强品牌的销售影响力。其次,企业可根据目标顾客的多方面需要推出系列产品,易于产品线的延伸。同一产品线的产品的特征具有相似性、功能具有统一性,进行品牌延伸时,一般不会掉进品牌淡化或心理冲突的陷阱里去。而且,同一产品线的产品使用同一品牌时,往往还会给消费者产生协调的感觉,这种感觉在消费者购买化妆品时显得尤为重要,因为大多数人认为化妆品配套使用不会产生不良反应,甚至效果更好。最后,有利于企业集中营销资源,节约促销费用,取得品牌规模效益。

尽管产品线品牌策略具有独特优点,但实行这种品牌策略仍存在一些制约因素。比如,产品线总是有限的,因而限制了已有品牌运用的范围,使品牌不能发挥出最大的潜在价值。公司只能开发与已有产品相近或相关的产品,有重大创新的新产品若被冠以原有品牌,则难以让消费者接受,这样会影响公司的创新速度。此外,不同产品使用同一品牌,若其中一种产品出问题,其他产品的销售也会受到不良影响。

(二) 范围品牌策略

范围品牌策略(range-brand strategy)同样是一种局部范围内的单一品牌决策,但其范围比产品线品牌策略要大一些。这种品牌策略是企业对具有同等质量或同等档次的不同产品使用统一品牌。这种不同的产品是跨越产品线的。比如,一个制药企业有多条药品生产线,生产各种不同功效、适用不同人群的药品,但是这些不同的药品都采用的是同一种品牌。其他如日用品、食品等也可以实施范围品牌策略。

实行范围品牌策略的优点是:第一,避免了信息传播泛滥,众多产品使用同一品牌和品牌创意,有利于在消费者心目中建立统一的品牌意识和品牌形象;第二,集中进行统一的品牌宣传,新产品上市费用大大降低;第三,有利于树立该品牌稳定的质量形象,不会产生质量错位的现象。

实行这种策略的缺点是:第一,随着产品数量的增多,品牌的透明度会受到影响,人们不知道品牌具体代表什么,品牌覆盖产品范围越广,这个问题越严重;第二,所有产品使用统一的传播主题,各种产品的具体特点反映不出来,个性不够鲜明。

(三) 伞形品牌策略

伞形品牌策略(umbrella-brand strategy)则是一种完全的单一品牌策略,指企业生产的所有产品均使用一个品牌,而这些产品的目标市场和市场定位可能都不一样,产品宣传的创意和组织活动单独进行。例如,雅马哈公司生产的摩托车、钢琴、电子琴都以"Yamaha"品牌销售。

实行这种品牌策略的优点是:首先,可以充分发挥单一品牌的作用,特别是名牌的效应,有利于产品向不同市场扩张。跨国公司在向国外扩张时经常使用这种策略,利用已有的品牌知名度打开市场,节约进入市场的费用和时间。这一点,在当今这个信息爆炸、传播媒体成本飞涨的时代显得更为重要。其次,允许企业集中使用资源,加强核心品牌的主导地位。最后,具体产品的宣传,可根据市场定位和产品特点进行,因而由基层组织开展促销有较大的自由和针对性。

实行这种策略的缺点主要在于,实施过程中容易忽视产品宣传。人们往往会认为,有强大的品牌做后盾,只要挂上名牌,产品销售就不成问题,结果致使产品具体的特色宣传得不到足够的人力和财力支持。事实上,名牌的影响力像橡皮筋一样,拉得越长,力量越弱。名牌的影响力会随着运用范围的扩大而下降。另外,品牌在同一档次产品中的横向延伸一般问题不大,但在不同档次产品中的纵向延伸较困难,因为纵向延伸意味着品牌要囊括不同质量和水平的产品。例如,凯迪拉克(Cadillac)是通用汽车公司的看家品牌,该公司为应付激烈的市场竞争,曾于20世纪80年代推出了凯迪拉克的经济车 Cadillac Cimarron,结果使人们对凯迪拉克品牌传统的豪华车的象征意义产生动摇,直接影响到其高档车的销售。既然顾客花雪弗兰的价钱就可买到凯迪拉克,不是说明凯迪拉克不值钱了吗?

学术智库 8-1

品牌匹配①效应对消费体验的影响

　　本文研究的是当消费者产生多个产品购买的消费行为时,品牌匹配效应对于消费者体验的影响。即消费者喜欢什么品牌有可能是与其消费的其他品牌有关。本研究认为当消费者同时拥有同一品牌的多个产品时,会体现出消费者对此品牌的忠诚;认为拥有同一品牌的产品所带来的乐趣,会大于不同品牌的产品。研究表明,当消费者联合购买多产品时,相比不匹配的产品品牌,消费者更愿意选择匹配的产品品牌。购买匹配的品牌会增加消费者购买的乐趣。当购买的产品不协调时,其乐趣会减弱。如果产品之间不是协调的关系,品牌匹配性将减弱。产品之间的协调性会影响消费体验,品牌匹配性也会对消费体验产生一定的影响。因此,企业可以通过与相匹配的品牌进行友好互动,从而提升消费者的消费体验,达到更好的推广效果。同时,企业在制定品牌策略时,需要考虑各个产品之间的匹配问题,从而通过构建较高的品牌匹配效应来增强消费体验的评估。

　　文献来源:Rahinel R., Redden J. P. 2013. Brands as Product Coordinators:Matching Brands Make Joint Consumption Experiences More Enjoyable[J]. Journal of Consumer Research, 39(6):1290-1299.

三、单一品牌策略的运用条件

　　企业在运用单一品牌策略时,要着重考虑以下几点:

　　第一,进行准确的品牌定位并界定品牌使用范围,使定位一次涵盖现在与未来。一般来说,品牌定位的最大范围便是第一次使用这一品牌的商品所属的行业;如果企业想跨行业经营,则应考虑选择多品牌策略。在品牌适用弹性限度内进行品牌延伸时,也必须对延伸产品与原产品品牌的适应性进行分析,特别是跨行业产品的品牌延伸,更应考虑到延伸产品与原品牌的适应性问题,要做到延伸产品不能稀释原品牌的定位。

　　第二,企业推出的新产品应在各同类产品中具有相当强的实力。为避免"株连"风险,新产品的质量必须是同行中的佼佼者,如果新产品的质量还不成熟,加工工艺尚需进一步的改进,这时运用单一品牌策略就很危险。这样的新产品宣传越广、销售越多,就表示在销量短期增加的同时,使更多的消费者对产品产生不满,从而让更多的消费者迅速地远离这一品牌的产品。

　　第三,企业在推出新产品时,必须考虑新推出的产品与该企业已有的成功的品牌之间

---

① 品牌匹配指品牌功能互补或者兼容。

的关联度。单一品牌策略实质上就是采用品牌延伸的方式推出新产品,要想使得新产品被市场接受,原有品牌的产品与新产品之间的关联度相当重要。

第二节 多品牌策略

随着消费需求的日趋多样化、差异化、个性化,我们已由大众消费时代进入分众时代,单一品牌策略往往不能很好地满足有着多样化需求的消费者的需要,这就为多品牌的运用提供了广阔的舞台。多品牌策略是指企业针对不同的目标市场,对旗下的产品使用不同品牌的营销策略。这一策略由宝洁(P&G)公司首创。以洗发水为例,从"柔顺功效"的飘柔到"去屑功能"的海飞丝,从"营养发质"的潘婷到"专业美发"的沙宣,再到"草本精华"的伊卡璐,产品的清晰定位使宝洁公司在全球市场占有率遥遥领先。宝洁公司的成功吸引了更多企业加入到实施多品牌策略的行列中,如通用汽车、欧莱雅等公司。

一、多品牌策略的优点

多品牌策略在实践中屡见不鲜,它常被一些卓越厂商运用得出神入化,因为它具有的优点恰是单一品牌策略无法企及的。多品牌策略的优点很多,主要有:

1. 具有较强的灵活性

没有一种产品是十全十美的,也没有一个市场是无懈可击的。浩瀚的市场海洋,为企业提供了许多平等竞争的机会,关键在于企业能否及时抓住机遇,在市场上抢占一席之地。见缝插针就是多品牌策略具有灵活性的一种具体表现。宝洁公司从洗发水的功能出发,及时地向市场上推出了不同功能和不同品牌的洗发水,以满足不同目标市场上消费者的不同需求。多个品牌沿着各自的路走入市场,各自有响亮的牌子,各有各的特殊用途,共同提高了企业产品的市场占有率,使产品迅速覆盖了其目标市场。

2. 能充分适应市场的差异性

消费者的需求是千差万别、复杂多样的,不同的地区有不同的风俗习惯,不同的时间有不同的审美观念,不同的人有不同的爱好追求,等等。同一品牌在不同的国家或地区有不同的评价标准,宝洁公司就是运用了多品牌策略,充分适应了市场的差异性。

3. 有利于提高产品的市场占有率

多品牌策略最大的优势便是通过给每一品牌进行准确定位,从而有效地占领各个细分市场。如果企业原先采取的单一品牌策略的目标顾客范围较窄,难以满足扩大市场份额的需要,此时可以考虑推出不同档次的品牌,采取不同的价格水平,形成不同的品牌形象,以抓住不同偏好的消费者。

4. 能增加企业的抗风险能力

使用多品牌策略可以避免因为企业的某一产品市场推进失败或质量问题所带来的品牌危机的风险。即便是某一品牌出了问题,也很难波及企业的其他品牌,很大程度上降低了企业的经营风险。

案例 8-2

斯沃琪集团的多品牌策略

瑞士斯沃琪集团(Swatch Group)是全球著名的手表制造商,2005年集团销售额逾45亿瑞士法郎,赢利6.21亿瑞士法郎,比2004年增长了21.3%。斯沃琪集团的品牌占据了中国钟表市场70%的市场份额,销售额靠前的分别是Omega、Rado、Longines,这些品牌在中国市场的销售额每年以两位数的速度增长。斯沃琪集团实行多品牌战略,旗下有20多个腕表品牌,各个品牌都有自己的特色和独特的目标市场。

斯沃琪集团对市场进行了深度的细分,将其腕表品牌分为四个档次,不同的价格区间对应着不同的人群。

顶级品牌包括Blancpain、Breguet、Omega等。奢侈手表近年来的强势增长是斯沃琪集团销售额和利润一路飘红的重要因素。

高档品牌为特定人群提供高品质的产品,并通过品牌的外化形成区分。高档品牌包括Longines和Rado,这两个品牌在中高端市场上也有不俗的表现。

中档品牌为满足有支付能力的人群享受更高品质从而愿意支付更高的价格的需求。中档品牌包括Tissot、Calvin Klein、Mido等,它们以其优良的品质和独特的风格获得了较高的市场份额。

低档品牌则为消费者提供最高性能价格比的选择。低档品牌包括Swatch和Flik Flak,它们是斯沃琪与日本石英表争夺年轻、时尚人群最重要的武器。尤其是斯沃琪极大的市场占有率和顾客忠诚率为集团的高端品牌蓄积了大量的潜在消费者,同时也有效地提高和维护了集团的市场份额。

资料来源:程雪:"斯沃琪集团多品牌战略分析",《科技情报开发与分析》,2007年第7期。

二、多品牌策略的缺点

多品牌策略的缺点表现在以下几个方面:

1. 管理难度加大

多品牌策略需要进行协调,包括从产品创新与包装改变,到经销商关系与零售商促销的一切事务。大型的品牌组合也需要经常进行价格变动与库存调整,这些工作会消耗所费不赀的管理资源。

2. 成本加大

采用多元化策略后,企业要对不同的品牌进行广告宣传促销,这样大大增加了企业的营销成本,影响了企业的经济效益。

3. 可能引起同一企业各品牌之间的竞争

多品牌策略可能引起同一企业各品牌之间的竞争,从而可能导致在老品牌的重压下新品牌迟迟抬不起头来;或者,由于新品牌出尽风头,导致已有品牌的没落,这都是企业不愿意看到的。

三、多品牌策略的运用条件

多品牌策略具有单一品牌策略所没有的优势,但它并不能包医百病、无所不能,而有其一定的适用条件和范围。在准备采用多品牌策略时,企业应注意如下几点:

1. 消费者的感知

企业在实施多品牌策略时,各个品牌之间的差异要具有可识别性。可识别性是指各个品牌之间的差异能够被消费者比较容易地感知。当为品牌做定位时,这种定位的设计就应该是消费者能够轻易感知的,因为产品是卖给消费者的,只有让消费者识别出各品牌间的差异才能让消费者更好地在这些品牌中作出选择。如果多品牌中各个品牌的定位让消费者无法识别或识别时感到费力,那么这样的多品牌策略是没有意义的。

2. 企业自身能力

对企业来说,多品牌的管理难度比单一品牌要高得多,因此,从企业营销实践来看,实施多品牌策略是企业实力的象征,比如宝洁、五粮液、丝宝等都是实力雄厚的企业。企业的资金实力、对多品牌的市场驾驭能力是实施多品牌策略的重要条件,中小企业一般无力经营多品牌。贸然选用多品牌策略,不仅不能塑造新品牌,反而使企业原有的优势丧失,导致"赔了夫人又折兵"。

3. 竞争状况

实施多品牌策略的最终目的是,通过新品牌去占领不同的细分市场,夺取竞争者的市场份额。同种产品下的多品牌策略应特别注意:品牌的目标市场是否有足够的市场容量。如果细分市场的容量过小,每个品牌仅能获得很小的市场份额,其营业额很难甚至不足以支持一个品牌成功推广和生存所需的费用,且在较长时间内不会有较大的改变,则不宜实施多品牌策略。

4. 行业特征

多品牌策略的精髓是根据消费者多样化的需求细分区隔市场,没有多样化的消费需求,就没有多品牌存在的必要。一般而言,消费者更注重个性化的产品适合采用多品牌策略,如生活用品、食品、服饰等日用消费品。而家用电器等耐用消费品适合采用单一品牌策略,如松下、东芝、日立、LG、海尔等,无论洗衣机、彩电、音响、空调、冰箱均采用同一品牌。这是因为耐用消费品的产品技术、品质等共性化形象对消费者更为重要,而其个性化形象相对来说已退居其次。

总之,采用多品牌策略可以为企业争得更多的货架空间,也可以用新产品来截获"品牌转换者",以保持顾客对企业产品的忠诚;能够使企业的美誉度不必维系在一个品牌的成败上,降低企业的经营风险。应该说,多品牌策略适应了时代的需要,为企业的发展提供了新的思路。

学术智库 8-2

品牌组合策略对公司绩效的影响

本文通过研究品牌组合的范围、竞争和定位特征对 72 个大型上市公司市场或财务表现的影响,在对几个行业和公司特征进行控制的情况下,分析了五个典型的品牌组合特征(品牌数量、细分市场的数量、品牌组合内竞争程度、顾客对组合品牌质量和价值的感知)与公司市场效果(顾客忠诚和市场份额)之间,与市场效率(广告投入占销售额的比率和销售费用、一般费用和管理费用占销售额的比率)之间,以及与公司财务表现(托宾 q、现金流量和现金流可变性)之间的关系。研究发现,这五个品牌组合特性中的任何一个都与上市公司市场或财务表现方面七个重要变量中的五个或者更多个密切相关,从而得出结论:所生产的产品具有较长间隔购买周期的服务性公司往往在较少的细分市场经营较少的品牌,品牌组合内的竞争较弱,具有较低的顾客感知质量和价格。

文献来源:Morgan N. A., Rego L. L. 2009. Brand Portfolio Strategy and Firm Performance[J]. Journal of Marketing, 73(1):59-74.

第三节　主副品牌策略

所谓主副品牌策略,是指企业在进行品牌延伸时,对延伸产品赋予主品牌的同时,增加使用一个副品牌的做法。具体地说,主副品牌策略是用涵盖企业若干产品或全部产品的品牌作为主品牌,借其品牌之势,同时给各个产品设计不同的副品牌,以副品牌来突出不同品牌的个性。打个通俗的比方,主副品牌就像写作中标题和副标题的关系,比如"康佳—七彩星""长虹—红太阳""海尔—小小神童""厦华—福满堂"等都采取的是主副品牌策略,这种"副品牌"往往能起到"画龙点睛"的关键作用。

案例 8-3

格力的主副品牌策略

成立于 1991 年的珠海格力电器股份有限公司是目前全球最大的集研发、生产、销售、服务于一体的国有控股专业化空调企业,2012 年实现营业总收入 1 000.84 亿元,同比增长 19.84%;净利润 73.78 亿元,同比增长 40.88%;纳税超过 74 亿元,连续 12 年上榜美国《财富》杂志"中国上市公司 100 强"。

格力空调,是中国空调业唯一的"世界名牌"产品,业务遍及全球 100 多个国家和地区。格力家用空调年产能超过 6 000 万台(套),商用空调年产能 550 万台(套)。2005 年至今,格力空调产销量连续 8 年领跑全球,用户超过 2 亿。

格力近年来适应市场需求,采取了主副品牌策略,即以"格力"作为主品牌,同时又给不同的产品起一个生动活泼、富有魅力的名字作为副品牌;以主品牌展示系列产品的社会影响力,而以副品牌凸现各个产品不同的特点。在主副品牌策略下,格力推出了许多系列产品,有格力—凉之静、格力—全能王、格力—睡梦宝、格力—绿满园、格力—悦风、格力—蓝精灵等,每个系列的空调都各有特色。

资料来源:格力公司官网,http://www.gree.com.cn/,2013年2月10日。

一、主副品牌策略的优点

主副品牌策略既可以像单一品牌策略一样实现优势共享,使延伸产品在主品牌保护下受益,又能通过副品牌表明产品之间的差异性。具体地说,其优点主要表现在以下几个方面:

第一,副品牌的命名可以具体化,能直观、形象地表达产品的优点和个性,让消费者一看就可以联想到更具体的产品特征和个性形象。

第二,副品牌可以有效地利用已取得成功的主品牌的社会影响力,以较低的营销成本迅速打入市场、打开局面,从而降低新产品上市的风险和压力,最大限度地发挥企业品牌资本的优势。

第三,主副品牌策略可以节省宣传费用,增强促销效果。采用主副品牌策略后,企业宣传的重心仍是主品牌,副品牌从不单独对外宣传,都依附于主品牌联合进行宣传,从而可以节省品牌及产品的宣传费用。同时,使用副品牌突出了产品之间的差异性,提高了消费者的辨识能力。

二、主副品牌策略的缺点

主副品牌策略虽然综合了单一品牌策略和多品牌策略的优点,但是也存在着许多缺点。具体有以下几点:

第一,赋予同一产品的品牌数量过多,不容易形成企业所要强调的重点,企业对该策略使用不当,很可能使产品变成一种四不像的产品,形不成自身的特点。

第二,该策略还保留了单一品牌抗风险能力弱的缺点,某一产品的失败,很可能会影响主品牌的形象和信誉,从而影响到其他产品。

第三,成功的副品牌也可能淡化企业主品牌的形象,如果副品牌与主品牌的品牌联想不一致,甚至相互冲突时,都会改变消费者对企业主品牌或其他副品牌的印象。

第四,副品牌由于要直接表现产品特点与其产品相对应,大多数会选择内涵丰富的宣传词汇,因而适用面比较窄,过分细分的市场会使副品牌在取得足够的市场份额方面困难较大。

三、主副品牌间的关系

副品牌的引入,是因为多品牌和单一品牌等品牌战略不能适应企业的实际情况。在企业的实际运作中,要正确处理主副品牌之间的关系,具体来说,要注意以下几个方面:

第一,在品牌传播过程中,企业应该重点宣传主品牌,副品牌则应处于从属地位。因为一个企业必须最大限度地利用已有的成功的品牌资产,如果企业舍本逐末,将宣传重点放在副品牌上面,无异于推出了一个全新的品牌,这对于企业已有的成功的品牌形象是一种浪费。由于宣传的重点是主品牌,因此,受众识别、记忆,以及产生品牌认可、信赖以及忠诚的主体都是主品牌。

第二,副品牌应该直观、形象地表达产品的优点和个性,使主副品牌形象更丰满。例如"海尔—小神童"洗衣机的副品牌"小神童",非常形象地表达了"电脑控制、智慧型、全自动"等产品特点和个性。

第三,主副品牌的中心应该是主品牌,副品牌要紧紧围绕着主品牌这个中心。副品牌从属于主品牌,是主品牌的有效补充,绝对不能超越、脱离主品牌,而主品牌是副品牌的根基与核心,是副品牌的生存之本、生命之源。离开了主品牌,副品牌就成了无源之水、无本之木,很难保持旺盛的生命力。

四、主副品牌策略的运用条件

企业是采用主副品牌策略还是其他品牌策略,必须综合考虑企业状况、环境状况、竞争对手状况以及产品状况等,具体情况具体分析。一般来说,在以下几种情况下,比较适合采取主副品牌策略。

第一,企业生产经营的是同一类型的产品,而且企业所处的行业市场竞争激烈,产品使用周期又较长。比如家用电器、汽车等行业就属于这种情况,我国家电行业的企业以及从事汽车制造的企业多采用主副品牌策略。

第二,企业生产经营的产品生命周期较短,产品升级速度较快。比如手机和个人计算机等行业的企业多采用主副品牌策略,原因是手机和个人计算机由于技术更新快,在不长的时间内就有各种新产品涌现出来,采用主副品牌策略既可以区别于以往淘汰的产品,又可以保留主品牌先前留下的良好形象,并能让消费者觉得企业是在不断发展的。

第三,强势的主品牌。强势品牌在人们心中形成了对产品的固定知识结构和思维定势。如提到奔驰就会想到成功人士,提到保时捷就会想到时尚尊贵一样。强势的主品牌增强了副品牌的说服力和可信度,主品牌为副品牌提供担保,副品牌借助主品牌的声誉"借船出海"。

第四节 联合品牌策略

一、联合品牌的内涵

联合品牌(Co-branding)是指两个或多个品牌以某种方式结合(Rao, Qu and Ruekert, 1999; Rao and Ruekert,1994; Simonin and Ruth,1998),利用各自优势的营销资源协同营销活动。品牌联合能够触发高质量品牌对低质量品牌的正向影响(Levin, Davis and Levin, 1996),提高合作者的形象,暗示更好的产品质量(Park, Jun and Shocker, 1996),从而使消费者认为高质量的产品只会和其他高质量的产品合作。如几乎所有的知名电脑品牌都在和英特尔联合;海尔与万达集团联姻,共同进军房地产行业,推出其联合品牌产品"万达-海尔房";爱立信与索尼合作,推出联合品牌索尼-爱立信手机。可见,联合品牌的例子比比皆是。

案例 8-4

华晨宝马的联合品牌扩张之路

华晨宝马汽车有限公司成立于 2003 年 5 月,是宝马集团和华晨中国共同设立的合资企业,业务涵盖 BMW 品牌汽车的生产、销售和售后服务。公司的生产基地位于工业基础雄厚的辽宁省沈阳市,在北京设有分公司,销售和服务网络遍及全国。

2011 年是华晨宝马最成功的一年,国产 BMW3 系及 5 系实现销售 9.44 万辆,同比增长 66%。华晨宝马 5 系长轴距版 2011 年还实现了海外出口,虽然只是小批量,但却创造了中国国产豪华车首次实现出口的先河。BMW3 系虽然到了换代的末期,但销售一直保持旺盛状态,2011 年实现销售 4.7 万辆。2012 年随着国产 BMW X1 和新一代 BMW3 系的推出,华晨宝马将迎来产品最强势的一年。

资料来源:华晨宝马官网,http://www.bmw-brilliance.cn/cn/zh/index.html,2012 年 2 月 20 日。

二、联合品牌策略的优点

1. 联合品牌能够实现优势互补与资源共享

联合品牌中的各个品牌要素,可能在某些方面具有自己独特的优势,而且一个品牌所具有的某种优势有可能恰恰是另一个品牌缺乏并且是所需的。因此,选择联合品牌可以更好地实现各个品牌间的优势互补。例如 1995 年,法国著名的乳制品企业达能(Danone)进入南非开拓市场。由于当地消费者对达能品牌并不熟悉,所以尽管它进行了大量的广告宣传,品牌认知度仍然不高,而企业的促销和广告成本又居高不下。于是,达能选择了南非最大的鲜奶制品生产商 Clover,推出联合品牌"Clover Danone"。Clover"高质量"的品牌形象、生产能力和市场渠道,加上达能国际化的运营经验,使这一联合品牌获得了成功。

2. 联合品牌能够降低品牌运营成本

在开拓市场方面,联合品牌可以降低促销费用,一般促销费用由双方共担;加之各自品牌早期的广告和促销活动对联合品牌又助有一臂之力,双方的促销费用都大大降低。例如,英国著名的连锁餐馆 Harry Ramaden 意欲涉足零售业,并使其鱼片和精肉产品进入超市。但由于资金已投入国际连锁餐馆业务,没有余力进行新的投资,因此它同英国主要的海产品品牌 Young's 合作,以联合品牌的形式打入市场,大获成功。另外,还有金龙鱼与苏泊尔的联合品牌,其联合品牌营销的主题是"好锅、好油、健康美食"。双方投入费用达两千多万元,并在市场和品牌推广、销售渠道共用、媒体投放等方面展开深度合作。由于双方拥有类似的目标消费群,可在销售渠道上形成互补,这样就可在推广时节省成本,实现双方品牌资源利用的最大化。

3. 联合品牌能够提高品牌资产的价值

品牌间的相互联合能够引发消费者的注意和兴趣,并可以使联合品牌更快、更强地导入消费者的头脑,从而使消费者对联合的各方品牌及品牌属性认识得更全面、印象更深刻,所以,联合品牌有助于增强消费者对双方品牌及其属性的记忆,从而提高品牌资产的价值。

三、联合品牌策略的缺点

实施联合品牌战略,也蕴藏着许多风险,如果运用不当就会造成消极后果。具体表现为:

第一,当产品、品牌及企业的形象不一致时,不仅不利于企业形成统一的运营策略,向消费者展现一致的品牌形象,创造新的竞争优势,而且还会损害各自品牌的权益。例如1994年,手表商斯沃琪决定进军汽车业,制造小巧、便宜、时髦的汽车,它选择奔驰作为自己的合作伙伴,但是直到现在,人们还是无法将斯沃琪和汽车联系在一起。

第二,相互合作的两个或多个企业中,如果其中任何一方出现危机,都会产生株连效应,影响到联合品牌。即如果一方企业破产或遭遇其他财务危机,从而导致不能继续履行联合品牌的投资责任,那么合作关系便不得不终止,而与之合作的企业也就会因此而蒙受损失。

第三,破坏战略协调。如果联合品牌中的一个品牌进行重新定位,有可能会破坏合作双方在战略上业已形成的协调。

四、品牌联合的方式

品牌联合的方式有很多,概括起来,主要有以下三种类型的联合品牌:

1. 产业一体化型的联合品牌

当迈克尔·波特的价值链理论的分析对象由一个特定的企业转向整个产业时,就形成了产业价值链。任何企业都只是处在产业价值链的某一环节上。为了提高产品的竞争力,处在产业链不同环节的企业品牌,就有进行品牌联合的可能,目的是为了在该产业内获取超额垄断利润。由于产业一体化又分为纵向一体化和横向一体化,所以产业一体化的联合品牌又分为纵向一体化的联合品牌和横向一体化的联合品牌。

(1) 纵向一体化的联合品牌

纵向一体化的联合品牌是指两个或两个以上的品牌参与了产业链的两个以上的相继阶段,这些品牌实施的联合就被称为纵向一体化的联合品牌。例如,英特尔与多家知名电脑品牌的联合就是纵向一体化的联合品牌。在20世纪90年代的美国,电脑行业巨头英特尔公司为了抵御竞争对手(主要是 AMP 和 Cymx 公司)在计算机机芯市场上的大举进攻,制订了每年耗资1亿美元的促销计划,鼓励计算机制造商在其产品上使用"Intel Inside"(英特尔公司机芯)标志,并对参与这项计划的计算机制造商给予 3%—5% 的折扣。英特尔公司的这种品牌运营策略给其带来了丰厚的收益,1992年英特尔公司的销售额比上一年增加了63%,并且迫于消费者和小制造商的压力,几乎所有的主要计算机制造商都参与了这项计划。这种联合品牌也被称为成分联合品牌。

（2）横向一体化的联合品牌

横向一体化是指企业关注产业链的某一环节，如只把握关键零部件的制造，其他环节委托其他企业来完成。横向一体化注重与外部组织的合作与共存，从而有利于形成企业的竞争优势。横向一体化的联合品牌是指实施联合的品牌处于产业链的同一环节。例如，中国第一汽车集团的一汽品牌携手德国大众汽车集团的大众品牌，在中国市场上推出"一汽-大众"的轿车联合品牌。

2. 技术导向型的联合品牌

技术导向型的联合品牌是指将技术品牌与企业品牌进行嫁接组合而形成的联合品牌。例如2002年10月，李宁体育用品公司与杜邦公司正式结成品牌伙伴，杜邦公司将其开发的"莱卡"①与李宁公司的"李宁"品牌联合，推出品牌为"李宁-莱卡"的运动服装。又如2002年，婷美集团为推出具有绝对差异化的高端保暖内衣产品，对各项资源进行了充分整合。为了提高产品的科技含量，率先与中国科学院合作，在保暖材料上采用高新技术——"聚丙烯超细旦长丝"，婷美集团把这项新技术命名为"暖卡"，在新保暖内衣上市时，推出"中科-暖卡"联合品牌，思路清晰而成熟。"中科"明示了产品和中科院的血缘关系，在消费者的心目中，中科院是一个具有很高诚信度和美誉度的科技单位，从而大大地提高了产品的科技含量；"暖卡"是最具差异化竞争优势的功能纤维，是真正高品质、高科技的保暖材料，是中科院与婷美集团合作的技术品牌。

3. 市场导向型的联合品牌

市场导向型的联合品牌是指两个以上的企业品牌在创造联合品牌的过程中，其中一方品牌通过品牌合作向对方的顾客群展示自己的产品和服务，扩大企业在新的目标市场上的影响，提高企业品牌在新的受众中的认知度，进而提高其市场份额。这种合作过程的益处是相互的。例如，奥妙洗衣粉在产品包装上标明是值得"海尔＋伊莱克斯＋荣事达＋惠而浦＋小鸭圣吉奥"等洗衣机信赖的产品，从而与各洗衣机厂商形成了双赢的局面。

本章小结

品牌系统策略包括单一品牌策略、多品牌策略、主副品牌策略和联合品牌策略等。

单一品牌策略是指企业生产和经营的几种不同产品统一使用一个品牌名称。根据单一程度的不同，可进一步细分为产品线品牌策略、范围品牌策略和伞形品牌策略三种。企业在运用单一品牌策略时应考虑以下几点：第一，进行准确的品牌定位并界定品牌使用范围，使定位一次涵盖现在与未来；第二，企业推出的新产品应在各同类产品中具有相当强的实力；第三，企业在推出新产品时，必须考虑新推出的产品与该企业已有的成功的品牌之间的关联度。

多品牌策略是指企业针对不同的目标市场，对旗下的产品使用不同品牌的营销策略。多品牌策略的优点是：具有较强的灵活性；能充分适应市场的差异性；有利于提高产品的

---

① 莱卡是一种优质的弹性纤维，非常适于提升运动服装的功能。

市场占有率;增加企业的抗风险能力。其缺点是管理难度加大、成本加大并且可能引起同一企业的各品牌之间的竞争。企业在运用多品牌策略时应该综合考虑消费者的感知、企业自身能力、竞争状况以及行业特征。

主副品牌策略就是指在主品牌保持不变的情况下,在主品牌后面为新产品添加一个副品牌。主副品牌策略的主要优势在于:副品牌能直观、形象地表达产品的优点和个性;主副品牌策略能够降低新产品上市的风险和压力,最大限度地发挥企业品牌资本的优势;主副品牌策略能够减少宣传费用,增强促销效果。缺点主要是:如果运用不当,不容易形成企业所要强调的重点;保留了单一品牌抗风险能力弱的缺点;成功的副品牌也可能淡化企业主品牌的形象;过分的细分市场会使副品牌在取得足够的市场份额方面困难较大。运用主副品牌策略需要处理好主副品牌之间的关系,并且要在适宜条件下采用这种策略。

联合品牌策略是指两个或多个品牌以某种方式结合,利用各自优势的营销资源协同营销活动。品牌联合的好处是:能够实现优势互补与资源共享;降低运营成本;提高品牌资产的价值。品牌联合的方式有产业一体化型的联合品牌、技术导向型的联合品牌和市场导向型的联合品牌等。

复习思考题

1. 常用的品牌策略有哪些?
2. 根据单一程度的不同,单一品牌策略还可分为哪几种品牌策略?试比较其异同。
3. 试比较分析单一品牌策略与多品牌策略的异同。
4. 试述主副品牌策略与多品牌策略的主要差别。
5. 主副品牌策略的主要特征有哪些?
6. 试述品牌联合的方式及其战略意义。

课后案例

德国大众的多品牌策略

大众汽车的德文为 Volkswagen,意为大众使用的汽车。大众汽车的图形商标是 Volkswagen 单词中的两个字母(V)olks(W)agen 的叠合,形似三个"V"字,被镶嵌在一个大圆圈内,像是用中指和食指作出的 V 形,表示大众公司及其产品"必胜—必胜—必胜"。大众汽车的图形商标镶嵌在发动机散热器前面格栅的中间,文字商标则标在车尾的行李箱盖上,以注明该车的名称。大众汽车商标简捷、鲜明,令人过目不忘。

德国大众集团目前是德国最大的企业,2010 年打败日本丰田、美国通用成为世界最大的汽车公司。大众汽车公司是一个在全世界许多国家都有生产厂的跨国汽车集团,公司总部曾迁往柏林,现设在沃尔夫斯堡,目前有雇员 35 万人。

大众集团主要竞争优势在于品牌多元战略,从微小型汽车到重卡,几乎各种车型均有覆盖。大众拥有颇具实力的世界性金融服务系统,这使得其影响渗入世界各主要地区。现在大众汽车拥有 Audi(奥迪)、Porsche(保时捷)、Skoda(斯柯达)、Lamborghini(兰博基尼)、Bugatti(布加迪)、Bentley(宾利)、Seat(西亚特)、MAN卡车以及斯堪尼亚等品牌,并拥有铃木19.9%的股份和MAN公司75%的股份。虽然大众旗下拥有十大品牌,但是每个品牌都有自己清晰准确的品牌个性(定位)和服务对象,如顶级奢华的宾利,豪华的奥迪,平民化的大众、甲壳虫、斯柯达和西亚特,豪华跑车兰博基尼,完美跑车布加迪,平民跑车保时捷以及商用汽车斯堪尼亚。大众依靠先入为主和多品牌战略成功地塑造了大众汽车的形象,获得了极高的市场占有率,令其同行难望其项背。

大众从奔驰手上并购奥迪可谓史上最成功的并购。大众不仅复兴了奥迪品牌,而且大众与奥迪品牌之间的合作也一直是多品牌合作的典型案例。一方面,大众从丰田公司买来的半成品发动机不能直接使用在汽车上,奥迪运用它的核心技术,帮助大众把半成品发展成完美产品;另一方面,大众拥有最先进的"PQ35平台",奥迪可以用最优惠的价格购买使用该平台,这对于进军中国市场的奥迪是十分有利的。大众和奥迪在技术上已经共享了很多,但是核心技术却没有相互给予。这显然是大众聪明的地方,既让品牌间实现了有效的合作,又保持了品牌拥有自己的独特性。

多品牌战略有着能够占领不同细分市场、提高企业市场占有率、增加企业抗风险能力的优点,同时又存在着运作成本高、资源消耗大、容易导致产品内部竞争等缺点。汽车企业要做的就是如何"扬"多品牌战略的长,"避"多品牌战略的短。

资料来源:大众汽车中国官网,http://www.vw.com.cn/zh.html,2013年2月10日。

案例讨论题

1. 你如何看待德国大众的多品牌策略?
2. 你如何看待德国大众各品牌之间的资源共享?

第九章 品牌延伸

在现有品牌名称或现有品牌的某个版本之下,你还能推出其他产品吗?显然,如果你可以用同一品牌名称销售多种产品,那就是真正的市场效率的体现,因为你可以节省时间和金钱,还可以获得更多的利润。

——唐·舒尔茨

本章主要阐述以下几个问题:
- 什么是品牌延伸
- 品牌延伸的优点和缺点分别有哪些
- 企业如何进行品牌延伸的决策

第一节 品牌延伸概述

品牌延伸作为企业经营实践中的一种策略,在20世纪初就得到了广泛的运用,那时候像GE、奔驰等品牌利用自身的优势,不断推出一些新的产品。而作为一种系统性的理论,是近年来才开始对其进行深入研究的。

一、品牌延伸的定义

众多学者对品牌延伸的定义给出了不同的看法:

菲利普·科特勒认为,品牌延伸是指"把一个现有的品牌名称使用到一个新类别的产品上"。

凯文·莱恩·凯勒对品牌延伸的定义为"一个公司利用一个已经建立的品牌推出一个新产品。"利用已经建立的品牌包括使用与原品牌名称有关联的新品牌名称。但他承认产品延伸是品牌延伸的一种形式。

所谓"品牌延伸",是指企业利用已经成功的品牌,将品牌要素完全或部分地延伸至相关的新产品,甚至不相关的行业、领域,以品牌优势快速切入新市场,并节省市场进入的成本,以此来拓展活动半径,扩大生存空间,强化品牌升值。

案例 9-1

云南白药的品牌延伸

云南白药是中国中成药中的一个百年品牌。1902年,云南名医曲焕章成功研制"云南白药"。1971年,云南白药厂正式建立,以生产云南白药为主。一直以来,云南白药专注于止血疗伤用药市场,"伤科圣药、止血秘方"的消费者认知是其最宝贵的心智资源,但这个市场空间十分有限。在这个基础上,云南白药开创了"含药的创可贴"的新品类。云南白药创可贴在产品设计理念上进行创新,把具有良好止血愈合效果的云南白药散剂加入使用方便、易于携带的创可贴产品中,开发小创口产品市场。与其他创可贴相比,云南白药创可贴在止血的功能外,又额外添加了促进伤口愈合的功能,打开创可贴后,伤口不会泛白,在效果上优于其他产品。"含药的创可贴"的品类创新和"有药好得更快些"的品牌定位帮助云南白药创可贴迅速成长,销售额从2001年的3000万元飙升至2008年的近3亿元,超越创可贴市场冠军的长期保持者邦迪,成为行业领导者。2010年云南白药创可贴销售额已经达到12亿元。

云南白药依靠其强大的品牌优势,不断推出新产品,其于2004年又成功推出了云南白药牙膏。众所周知,我国牙膏市场具有高度垄断和激烈竞争的双重特点,毫无日化产品销售经验和渠道的云南白药,毅然推出一支售价高达20多元的云南白药牙膏。许多业内外人士认为这是注定失败的事,但事实证明云南白药的这一品牌延伸策略是成功的,从2004年到2008年短短5年间,白药牙膏销售总额突破11亿元。2008年,云南白药牙膏进入全国牙膏市场销售额前5名,也成为功能性牙膏的第一品牌。2011年,云南白药的营业利润高达113.12亿元,仅云南白药牙膏的销售额就达11.6亿元。2012年第四届中国最具竞争力医药上市公司20强评选结果显示,云南白药位居第四。

资料来源:俞春英,"我国医药业品牌延伸影响因素研究",《中国管理信息化》,2012年第22期;董征,"品牌研究的问题与对策",《企业研究》,2012年第22期。

二、品牌延伸的动因

从经济学的角度看,资源是稀缺的,只有合理配置各种资源,才能充分发挥资源的效用。品牌作为企业的一种重要的无形资产,也应该发挥它最大的经济效益。品牌延伸可以充分利用品牌资源,促使企业发展;可以为新产品的上市扫清消费者心理上的障碍,使新产品迅速打开局面。品牌延伸是企业发展的重要手段。具体来说,品牌延伸的动因如下:

1. 晕轮效应是品牌延伸的消费心理基础

从消费者行为学角度看,品牌延伸符合消费者的消费心理。消费者接受和使用某个品牌的产品或服务,如果获得满意的效果之后,就会对这种品牌形成良好的印象,会形成一种品牌的"晕轮效应",从而影响消费行为,接受这个品牌的其他产品。例如,如果消费者购买了海尔的空调,对海尔空调和海尔的服务十分满意,然后就对海尔这一品牌产生好感,也会对海尔的其他产品如冰箱、洗衣机等产生好感,认为它们会和海尔空调一样质量可靠、值得信赖、服务周到,进而产生对海尔其他产品的消费行为。

2. 品牌延伸是企业综合实力推动的结果

要提高企业的综合实力,必须形成规模优势。一般来说,企业的规模优势可以通过自身积累、负债经营和资本运营等途径来实现。在企业生产经营初期,规模相对较小,利润水平较低,利润积累需要的时间很长,很难靠自身积累来实现;当企业发展到一定阶段,积累了一定的资金、技术、人才等优势,为资本运营尤其是品牌运营提供了一定的基础;当企业发展壮大后,在自身实力的推动下,企业主动利用品牌进行延伸,如扩大产品线、控制上游企业或向下游发展等,以充分利用企业的资源。

3. 品牌延伸是品牌长存的需要

在营销实践中,许多企业经过千辛万苦而建立的品牌会因各种原因而消失,如何延续品牌生命周期,并不断增加品牌资产,成为企业的一项重要战略决策。品牌也是一个发展的生命体,它要经历诞生、发展、成熟、消亡等阶段。随着科学技术的迅猛发展,产品的生命周期越来越短,很可能品牌刚刚树立产品就进入了衰退期,通过品牌延伸可以使品牌长存。例如,联想集团曾经以"联想"汉卡独占国内市场份额的鳌头,但随着科技进步,汉卡被集成芯片所代替而走到生命的尽头。联想集团在汉卡销售形势很好时,就看到了这一点,开始着手研究自己的电脑,当汉卡市场萎缩时,联想推出"联想"电脑,由汉卡市场延伸到了电脑领域。

4. 品牌延伸是规避经营风险的需要

企业在经营过程中会遇到各种风险,尤其是专业化经营的企业,经营业务的失败可能会影响整个企业的发展,所以更多的企业往往采取品牌延伸的策略,进行多元化经营,以规避经营风险。在一些国家,品牌延伸甚至成为企业发展战略的核心之一。例如,日本"三菱重工"拥有汽车、割草机等73种机械产品;"宝马"品牌麾下拥有汽车、服饰、钟表、眼镜等多种产品。

5. 品牌延伸是寻找新的利润点的需要

市场在变化,行业在变化。随着技术的创新和社会的发展,当一个行业原有的利润区域消失的时候,一个或更多的利润空间正在产生。特别是技术含量高的行业,当某类产品进行技术升级后,原有的利润区域就会发生转移。企业若想在产业的变迁中保持强大的生命力,就必须沿着产业的利润走向制定战略。产业是动态的,因此利润也是动态的,当一个产品逐步进入一个稳定的利润空间的时候,就意味着这个行业正在悄悄地被另一个新的行业所取代。现有的市场容量总会达到饱和,企业必须培育新的增长点来实现其成长目标,这就在不自觉中延伸了品牌。

三、品牌延伸的优点

品牌延伸具有以下优点:

1. 品牌延伸可以加快消费者对新产品的接受速度

品牌延伸可以加快消费者对新产品的接受速度,保证企业新产品投资决策迅速、准确。尤其是开发与本品牌原产品关联性和互补性极强的新产品时,它的消费量与原产品完全一致,因此对它的需求量与原产品等比例增减,因此对其不需要长时间的市场论证和调研,原产品的逐年销售增长就是最实际、最准确和最科学的佐证。由于新产品与原产品的关联性和互补性,它的市场需求量也是一目了然的。因此,它的投资规模大小和年产量多少是十分容易预测的,这样就可以加速决策的过程。

2. 品牌延伸有助于降低新产品的市场风险

新产品推向市场首先必须获得消费者的认识、认同、接受和信任,这一过程就是新产品品牌化。而开发和创立一个新产品除了需要巨额费用,还必须有持续的广告宣传和系列的促销活动。这种产品品牌化的活动旷日持久且耗资巨大,它往往超过产品直接生产成本的数倍,甚至数十倍。如在美国消费市场,开创一个新产品大概需要5 000万到1亿美元,这显然不是一种新产品所能承受的,没有巨大的财力支撑就只能被扼杀。品牌延伸可以使新产品一问世就被品牌化,甚至获得知名品牌的勃勃生机,这可以大大缩短被消费者认知、认同、接受、信任的过程,极为有效地防范新产品的市场风险,并且可以节省巨额开支,有效地降低新产品的成本费用。

3. 品牌延伸有助于强化品牌效应

品牌延伸有助于强化品牌效应,增加品牌这一无形资产的经济价值。品牌原产品起初都是单一产品,品牌延伸效应可以使品牌从单一产品向多种领域辐射,使部分消费者认知、接受、信任本品牌,强化品牌自身的荣誉度、知名度,这样品牌这一无形资产也就会不断地增值。

4. 品牌延伸有助于拓宽消费者视野,增强其购买欲

新产品能为同一品牌下的现有品牌或产品系列增添新鲜感,促使品牌的整体商品力增强。这样,一方面为消费者提供了更多的选择机会,拓宽其消费视野;另一方面,也刺激了消费者的购买欲。

四、品牌延伸的缺点

品牌延伸策略运用得当,自然能为企业营销活动带来许多方便和利益,倘若品牌延伸策略把握不准或运用不当,则会给企业带来诸多方面的危害。因此企业在运用品牌延伸策略时,要谨防以下情况发生对企业经营活动产生的不利影响,避免损害企业利益的品牌运用风险。

1. 损害原有品牌形象

当某一类产品在市场上取得领导地位后,这一品牌就成为强势品牌,它在消费者心中就有了特殊的形象定位,甚至成为该类产品的代名词。将这一强势品牌进行延伸后,由于近因效应[①]的存在,有可能对强势品牌起到巩固或减弱的作用。甚至当强势品牌产品和延伸品牌产品发生冲突时,不仅损害了延伸品牌产品,也会株连强势品牌产品。

2. 有悖消费心理

一个品牌取得成功的过程,就是消费者对企业所塑造的这一品牌的功用、质量等特性产生特定的心理定位的过程。企业把强势品牌延伸到和原市场不相容或者毫不相干的产品上时,就有悖消费者的心理定位。这类不当的品牌延伸,不但没有什么成效,而且会影响强势品牌在消费者心中的特定心理定位。

3. 容易形成此消彼长的"跷跷板"现象

当一个名称代表两种甚至更多的有差异的产品时,当然会导致消费者对产品的认知模糊化。当延伸品牌的产品在市场竞争中具有绝对优势时,消费者就会把原强势品牌的心理定位转移到延伸品牌上。这种原强势品牌和延伸品牌竞争态度此消彼长的变化,即为"跷跷板"现象。

---

① 近因效应,是指最近的印象对人们认知的影响具有较为深刻的作用。

4. 淡化品牌核心价值

在品牌延伸中，如果破坏了品牌定位中核心价值的一致性，就会降低品牌的市场影响力。若在品牌延伸中的产品核心价值与原品牌定位不一致，会动摇人们心目中对该品牌的思维和情感定势，随着这种状况的持续，自然给公众传达了不利于该品牌的混乱信息；相应地，该品牌的市场影响力就会降低，严重时会危机该品牌的市场地位。

第二节 品牌延伸的基本原则

一、影响品牌延伸的因素

根据国内外对品牌延伸结果的相关研究，一般来说，品牌延伸的结果受到下列四种因素的影响：

1. 核心品牌因素

核心品牌（core brand）又称为原品牌，是指已建立市场地位的、作为品牌延伸出发点的原有品牌。核心品牌因素包括相似度（即核心品牌代表的产品或服务与延伸对象之间相似的程度，具体包括技术相似度、类型相似度、可替代度等）、强大度（即核心品牌的市场地位的高低、品牌资产的大小）、品牌定位（即核心品牌的定位，是偏向功能意义还是偏向象征意义，是属性定位还是非属性定位）、品牌内涵（即核心品牌所形成的含义）、延伸记录等。

2. 消费者因素

品牌延伸的成败最终取决于消费者的态度和评价，因而，消费者因素是影响延伸结果的另一个重要因素。其中，消费者的品牌知识状况对消费者接受延伸品牌起根本的作用。消费者的品牌知识状况包括品牌认知度和品牌联想度等。品牌认知度是消费者对核心品牌的了解和认知的程度；品牌联想度是消费者从核心品牌引发消费者联想的范围和深度。消费者对核心品牌的了解和认识越深，建立起的品牌联想越丰富，延伸品牌就越容易被接受并见效。

学术智库 9-1

文化差异对品牌延伸估值的影响

本文根据思维差异理论对文化差异对品牌延伸估值的影响进行了研究。本文研究了东西方消费者不同的思维模式，将消费者分为整体思维和分析思维两种思维模式。东方亚洲社会主要是整体思维，把情境或场所看做一个整体，关心中心物体和场的关系，并基于此种关系解释和预测事件。西方社会主要是分析思维，将对象从情境中分离，集中在对象的属性上并将对象分类，利用品类的规则来解释和预测对象的行为。整体思维的人比分析思维的人更注重对象之间的联系。因此得出结论，东方消费者比西方消费者感知到的延伸品牌匹配度相对较高，对品牌延伸的评估也较高。当西方消费者以整体思维思考时，会感知到更高的品牌延伸匹配度并给予更高的品牌评估。东方消费者如果以分析思维思考时,则感知到的品牌匹配度低,给予的品牌评估也较低。因此,企业在进行产品营销过程中,可以通过情景的操纵引导消费者进入整体思维模式下来评估延伸品牌,从而产生较高的品牌评估。

文献来源:Monga A. B., John D. R. 2007. Cultural Differences in Brand Extension Evaluation: The Influence of Analytic Versus Holistic Thinking [J]. Journal of Consumer Research,33(4):529-536.

3. 市场因素

影响品牌延伸的市场因素主要有两个方面:一是市场竞争程度。在竞争性的市场条件下,采用品牌延伸会比建立一个新的品牌更有优势。也就是说,竞争越激烈,品牌延伸的相对价值越高。二是生命周期。延伸的时机,即同类产品处于市场生命周期的哪一个阶段亦有影响。将处于萌芽导入期与处于成熟期的同类产品相比较,运用延伸的效果前者会明显好于后者,即品牌延伸宜在早期进行。

4. 营销因素

公司在进行品牌延伸时,有无其他营销组合因素的配合及配合力度,例如相应的广告、营销推广的投入多少,价格和销售网点的状况等,都会对品牌延伸的成败产生影响,这些统称为营销因素。可将营销因素分解为:价格、传播力、销售力等主要因素。

二、品牌延伸的原则

(一) 从原品牌自身的角度来看

1. 品牌是否具有较高的认知度

品牌延伸的一个重要前提,就是这一品牌具有较高的认知度。认知度包括品牌的知名度和声誉等,以及延伸品牌是否能够借助原有品牌的声誉和影响迅速打开市场。如果借助的是一个认知度不高并且受到众多同行强大品牌挑战的品牌,那么这种品牌延伸就存在很大的风险。

2. 品牌的识别元素是否适用

品牌的识别元素包括品牌名称、标志、色彩、口号等,还包括价值、诉求、销售经验、使用者形象、性能、个性、服务、情感功能、利益等。进行品牌延伸,必须区分哪些元素是品牌的延伸识别,哪些是品牌的核心识别。例如,茅台酒是中国酒文化的代表,如果它准备向葡萄酒等产品进行延伸,原有产品的识别因素可能就不太适应。

学术智库9-2

"深层"和"表面"暗示:儿童和成人对品牌延伸的评估

本文根据心理学理论对儿童和成人对品牌延伸的评估进行了研究。本文将儿童的认知分成几个不同的阶段:2—7岁的儿童趋向于注意表面的因素(如有形的、感官的方面);7—11岁的儿童发展到注意深层次的因素(如内在的功能方面);12岁以上的儿童则具有更深和更复杂的思考能力(即类似成人思考)。在品牌延伸中,表面的因素包含诸如产品名称和包装的延伸的有形细节部分;深层次的因素指那些更加抽象的概念,必须得从母品牌与延伸品牌之间的关系中推断出来,如类别的相似性和认知的适当性。

研究发现:11—12岁的儿童更多地依据表面因素而更少地依据深层次的因素来评价品牌延伸;成人则相反。儿童作出评价是基于延伸品牌名称的语言特征而不考虑类别的相似性;成人则是基于类别的相似性,而不考虑名称特征。相对于无韵律感的名称来说,儿童给有韵律感的名称更好的评价;成人则对二者有相似的评价。因此,在目标消费群是儿童类的产品进行品牌延伸的时候,应该尽量采用相似的包装、广告语等,使得消费者容易根据表面因素进行品牌评价;在目标消费群是成年人的产品进行品牌延伸的时候,应该更多地强调延伸产品在质量等深层次因素上的相似性,从而有更好的品牌评价。

文献来源:Zhang S., Sood S. 2002."Deep" and "Surface" Cues: Brand Extension Evaluations by Children and Adults [J]. Journal of Consumer Research,29(1): 129-141.

3. 品牌资产是否可以转移

仅仅考虑品牌元素是否能够转移是不够的,只有品牌资产能够发生转移才能进行延伸。例如,如果品牌资产是视觉性质的(如包装的色彩、型号等),品牌资产就比较模糊,很难进行转移。情感象征性的价值比实际性价值更容易转移。

4. 回避高度定位的品牌

如果某品牌已经成为这个产品的代名词,消费者对它已经确立了固定的联想,在人们心目中以一个完整的形象存在,一般很难再接受其他产品。例如,人人都知道"好莱坞"是美国的电影城,它就是美国电影的代名词,因而很难接受好莱坞饭庄。

5. 品牌名称联想所及

品牌联想所及是指基于相同主体部分而延伸的产品使用主体的品牌。如果主体产品的知名度越高,延伸产品给消费者的可信度就越高,品牌延伸就越成功。所以企业应该改进原有产品的整体质量。阿克等人的研究结果表明,在原产品和延伸产品存在相关性的条件下,消费者对延伸产品的评价与原产品的整体质量正相关,即原有产品总体质量越高,消费者对延伸产品的评价越高;反之,则越低。

案例 9-2

娃哈哈:品牌延伸的难题

1990年,娃哈哈公司凭借"喝了娃哈哈,吃饭就是香"这句广告词,使"娃哈哈"享誉大江南北。1991年,在杭州市政府的支持下,娃哈哈公司兼并了全国罐头生产骨干企业之一的杭州罐头食品厂,组建成立了杭州娃哈哈集团公司,使娃哈哈的产品延伸到食品行业。1995年来,娃哈哈以"我的眼里只有你"的纯洁形象顺利进军纯净水行业,并很快占据全国市场,该年底娃哈哈已包含儿童营养液、果奶、纯净水、八宝粥等30多种产品。25年来,娃哈哈集团的总资产增长了57万倍,旗下的娃哈哈系列产品,销量一直稳居全国第一。

近年来的娃哈哈已不仅仅满足于做一个讲究"喝"的企业,从推出瓜子到上马蓄谋已久的方便面生产线,都表明娃哈哈正在向一个更全面的"贪食"的企业进军。

娃哈哈在向成人饮料和食品行业进军的时候,采取了一系列的措施淡化娃哈哈在人们心中的儿童形象,以"我的心只有你"的影响打开了成人饮料市场,同时也使娃哈哈的品牌内涵由原有的童趣、可爱等变得淡化和模糊。可见,过度延伸淡化了娃哈哈品牌的核心理念。

资料来源:娃哈哈官网,http://www.wahaha.com.cn/news/22,2012年12月28日。

(二) 从原品牌和延伸品牌的匹配度来看

消费者对品牌延伸的评价受到与母品牌相联系的技术和资源与延伸品牌的感知匹配程度的影响。Aaker and Keller(1990)假设原产品和延伸产品关联性越强,消费者对品牌延伸的评价越高;反之,则越低。Boush and Loken(1991)提出,当消费者对品牌延伸作出评价时,主要取决于新产品和母品牌在属性和联想上的匹配程度。对于延伸匹配度的衡量,虽然角度有所不同,但都是基于延伸产品与核心产品或核心品牌间的关系,而且得到了比较一致的研究结果,那就是延伸匹配度与延伸评价正相关,即延伸匹配度高,消费者对品牌延伸的评价就越高。由于延伸匹配度研究结果的一致性,延伸匹配度成为目前对于品牌延伸评价研究的一个主要指标。

1. 产品质量的匹配度

质量是品牌的生命,是品牌存在和发展的基础。进行品牌延伸的产品的质量应该相当于或者高于原有品牌产品的质量,这样才容易获得消费者的认同和赞美,不仅能够促进延伸品牌的销售,还会提升原品牌的价值。如果延伸品牌档次较低,必然会造成对原有品牌品牌资产的"稀释"。Aaker and Keller(1990)认为,消费者认为原有品牌质量越高,其对延伸产品的评价也越高;反之,则越低。McCarthy and Norris(1999)在成分品牌策略中的研究表明,高质量的品牌伙伴可以提高消费者对联合品牌的积极态度。

2. 技术成分的匹配度

原品牌与延伸品牌在产品构成上应该具有共同的成分,即相关性,让消费者容易理解两者为何存在于同一品牌的识别之下,不至于牵强附会。延伸的主要目的是将新产品与品牌的良好印象连接起来,共同的成分也就强调了这一连接点,延伸就容易成功。如果两者的共同成分太少,延伸就失去了效果,同时也将给核心产品带来负面的影响。

3. 服务系统和销售网络的匹配度

品牌延伸是要能够找到原品牌产品和延伸产品相同的地方,达到看到某一品牌的产品时能够联想到另一个产品。相同的服务系统中的品牌延伸容易让人接受。问题的关键是要找出在服务系统中消费者最赞赏的环节,而这一环节又是延伸产品服务系统中最关键的环节。同时,如果销售渠道不同,核心产品和品牌与延伸产品和品牌的目标消费群体也不一样,也很难达到品牌延伸的目的。例如,宝马汽车是世界著名的汽车品牌,但是它与宝马服装等销售渠道不同,所以会增加宝马品牌的未知性与成本投入。

4. 目标市场的匹配度

品牌延伸中强调目标市场的匹配性,主要是为了更加有效地利用品牌忠诚。使用者在同一消费层面和背景下,品牌延伸也很容易成功。随着互联网的日益普及,一些网络社区开始对品牌的传播产生强大的作用。这些与特定兴趣相关的社交网络使得营销者向特定人群传播品牌信息变得更加集中而有效。此时,品牌延伸战略的使用可以很好地利用这种相似的消费倾向和对社区品牌的高度顾客忠诚。例如,中国最大的实名制社交网站人人网在2010年就与迪士尼公司下属的迪士尼互动媒体集团强强联手,在人人网上推出"迪士尼品牌专区",将迪士尼的经典卡通人物形象如米老鼠、唐老鸭、小熊维尼、白雪公主等引入人人网的装扮中心、礼物频道,有效地利用了这两个品牌在年轻人中的顾客忠诚的交互作用。

5. 品牌形象的匹配度

品牌延伸的匹配性不仅仅涉及产品层面,也涉及品牌层面,尤其是产品形象。基于 Murphy and Medin(1985)提出的概念的一致性是作为人们对事物的分类机制的理论。产品可能由于在属性、使用上具有相似性,也可能在品牌概念上相似,比如将品牌区分为威望性和功能性。Park,Milberg and Lawson(1991)表示,产品可能由于他们的实用性或者威望导向的形象而被感知为相似,因此即使是共享很少属性的产品也可能因为品牌的概念相似而形成延伸机会。Farquhar,Herr and Fazio(1990)也观察了消费者用产品类别或者品牌的相似性来作为匹配感知的标准,这使得知识和影响的转移更加容易。当进行品牌延伸时,各自特定的品牌形象会相互影响。如果延伸的品牌与母品牌形象不一致时,消费者可能会从另一个角度去解读品牌延伸,甚至质疑品牌延伸的合理性。

案例 9-3

王老吉品牌延伸的败笔

广药集团从2011年起启动"王老吉"品牌扩张之路,在2012年3月宣布成立广药王老吉大健康产业公司,构建出500亿资金打造的"大健康产业"战略。在大健康产业战略的主导下,王老吉通过授权白云山制药推出王老吉百世康绞股蓝饮料,授权广粮集团推出王老吉固元粥、莲子绿豆爽、月饼等产品,向食品、保健品、药酒、药妆等多个领域延伸扩展。由此不难看出,广药集团对王老吉的吸金能力预期非常高。

品牌延伸的美丽"光环"使许多企业难挡诱惑,许多企业都希望通过品牌延伸来拓展自己的市场空间,王老吉也不例外。然而品牌延伸并非一劳永逸的点金之术,也不是一个用之不竭的宝藏。事实上,品牌延伸是一把双刃剑,合理的品牌延伸是企业发展的加速器,使企业一本万利;不合理的品牌延伸则可能是企业发展的滑铁卢,使企业面临巨大风险。

王老吉在消费者心目中已经根深蒂固地成为"凉茶"的代名词,而将其延伸到食品、保健品、药酒、药妆等多个领域,则严重稀释了王老吉"凉茶"的专属性,稀释了王老吉"预防上火"的品牌诉求。这样的品牌延伸只能导致王老吉曾经拥有的凉茶优势消失殆尽,最终什么都不是。

资料来源:"王老吉品牌延伸的败笔",中国品牌总网,http://news.ppzw.com/article_show_199961.html,2012年12月28日。

第三节 品牌延伸策略

一、产业延伸

(一) 产业链品牌延伸

产业链品牌延伸是将一条既已存在的产业链尽可能地采用同一品牌名称的品牌策略。产业链向上游延伸一般使得产业链进入到基础产业环节和技术研发环节,向下游拓展则进入到市场拓展环节。产业链的实质就是不同产业的企业之间的关联,而这种产业关联的实质则是各产业中的企业之间的供给与需求的关系。在既有的产业链上下游的产品采用同一品牌名称,即为产业链品牌延伸。例如,中石油向价值链的上游即石油开采业延伸是向上延伸,向价值链的下游即石油精细加工或销售延伸是向下延伸,同时向价值链的上游和下游即石油开采业和石油加工与销售延伸是双向延伸。在中石油的产业链延伸中,上下游的产品均采用中石油这一品牌。

(二) 相关性品牌延伸

1. 高相关性品牌延伸

高相关性品牌延伸是指延伸品牌下的产品与原有品牌在核心技术上具有较高的相关性的品牌延伸。企业在发展过程中,往往首先是以某种产品在市场上取得知名度和竞争优势,在企业有了一定的积累之后,其多元化发展容易在与原有产品关系密切的产品上取得成功,因为这种多元化发展方向可以充分利用原有的技术和市场经验。而推出新产品后使用原有品牌是很多企业自然的选择。如上海庄臣有限公司生产的蚊香加热器、电蚊香片、蚊香水等都是采用"雷达"品牌。

2. 低相关性品牌延伸

低相关性品牌延伸是指延伸品牌下的产品与原有品牌在核心技术上的相关性较低的品牌延伸。使用这种品牌延伸策略的企业往往已经有了相当的规模和实力,它们为了进一步拓展发展空间,充分利用已有的资源,在实行多元化发展的过程中,业务单元逐渐增多,但依然使用同一品牌。例如伊利集团以奶制品为主,同时也有雪糕、冰淇淋等延伸产品;耐克公司既生产运动鞋,也生产其他体育产品等。

3. 无相关性品牌延伸

无相关性品牌延伸是指延伸品牌涵盖了不同行业的不同种类的产品,满足多种需求。例如日本的三菱公司既开设银行又生产车辆和家用电器;雅马哈公司生产摩托车、钢琴、吉他以及计算机声卡等多种不相关的产品。这些企业虽然产品很多,但使用的却是统一的品牌。

案例 9-4

迪士尼品牌成功延伸

作为一个综合性娱乐巨头,迪士尼公司拥有众多子公司,并且其品牌已经延伸到很多领域,如影视娱乐、主题乐园度假区、消费品、媒体网络和软件游戏。迪士尼品牌在《商业周刊》(*Business Week*)和 Interbrand 联合发布的"世界品牌价值100强"中,最近几年的数据如下:2011年,迪士尼的品牌价值为173亿美元,位列世界品牌价值100强第38位;在2003年至2008年间,迪士尼的品牌价值基本上稳定在260亿美元至300亿美元之间,在世界品牌价值100强中位列第6位至第9位之间。

迪士尼品牌成功延伸的原因是:第一,迪士尼"快乐"的品牌诉求为大众所普遍接受;第二,迪士尼"童话世界"的文化理念让消费这一产品成为一种个性和生活方式的体现;第三,迪士尼"三维娱乐"的产品细分使自己的产品在娱乐领域无所不在;第四,迪士尼运用"捆绑式"的营销手段全面宣传自己的品牌;第五,迪士尼的目标群体以儿童为基点逐渐延伸;第六,迪士尼在消费品领域主要通过"授权"的方式进行延伸,这样做既省事又省力。

资料来源:刘淼、徐峰,"迪士尼品牌成功延伸的启示",《企业改革与管理》,2012年第6期。

二、产品线延伸

(一) 向上延伸

向上延伸(扩展)是指在产品线上增加高档次的产品生产线,使产品进入高档市场。以"红塔山"为例,在"红塔山(经典1956)"和"红塔山(经典100)"风靡全国大江南北的同时,"红塔山"又向上延伸推出零售价为160元/条的"红塔山(经典150)"和500元/条的"红塔山(大经典)",力争在做大品牌规模的同时,提升品牌结构。但在国内市场,这种策略实施成功的则较少。

向上延伸的好处是高档产品具有较高的增长率和利润率,但是也有一定的风险。例如,高档产品市场的竞争对手不仅可能巩固阵地,还有可能借机进入低档市场;顾客可能不愿相信企业能够生产优质的产品;企业的销售人员和分销商缺乏培训,不能很好地为高档市场服务等。

(二) 向下延伸

向下延伸是指在产品线中增加低档的产品。企业进行向下延伸可能是由于消费者对价格的敏感增加,或者销售渠道的力量增强,或者技术进步使得产品成本下降;也可能是由于企业在高档市场的地位受到威胁而增长缓慢,或者当初进入高档市场只是为了树立质量形象或是为了填补市场空白。向下延伸有利于利用高档名牌的声誉,吸引购买力水平较低的顾客慕名购买这一品牌的低廉产品。但是,这样做的风险很大,尤其是知名度很高的品牌,可能会破坏原有品牌的品质形象,例如"派克"钢笔的失败。

这种向下延伸还可能由于新的低档产品品目会蚕食高档的产品品目,使得企业面临更为尴尬的局面;也可能使得竞争者将产品转移到高档市场,经销商可能不愿意销售或者没有能力经营这种产品。

(三) 双向延伸

双向延伸是指原定位于中档产品市场的企业掌握了市场优势之后,决定向产品线的上下两个方向同时延伸,一方面增加高档产品,另一方面增加低档产品,扩大市场阵容。

例如上海奇瑞汽车,开始向市场推出的是中档汽车"奇瑞风云""奇瑞旗云",之后同时向市场推出低档汽车"QQ"和高档汽车"东方之子"。目前,奇瑞汽车产品线已经日趋完善,拥有了 SUV 产品"瑞虎"(Tiggo)、"新旗云"轿车、"A5"轿车等。

双向延伸的风险主要是一些消费者认为高档、中档、低档产品之间的差距不大,因而宁愿选择更低档的产品;同时,可能会模糊原有品牌清晰的定位。

本章小结

品牌延伸是指企业利用已经成功的品牌,将品牌要素完全或部分地延伸至相关的新产品,甚至不相关的行业、领域,以品牌优势快速切入新市场,并节省市场进入的成本,以此来拓展活动半径,扩大生存空间,强化品牌升值。

品牌延伸的优点有:有助于加快消费者对产品的接受速度、降低新产品的市场风险、强化品牌效应,以及拓宽消费者视野,增强其购买欲。同时,品牌延伸策略若运用不当也会损害原有品牌形象、有悖消费心理、容易形成此消彼长的"跷跷板"现象、淡化品牌核心价值。

品牌延伸的原则应从品牌自身的角度以及原品牌和延伸品牌相关性两个方面来看。从原品牌自身的角度来看,品牌延伸应遵循的原则有:品牌是否具有较高的认知度;品牌的识别元素是否适用;品牌资产是否可以转移;回避高度定位的品牌;品牌名称联想所及。从原品牌和延伸品牌的匹配度来看,品牌延伸应遵循的原则有:具有较高的产品质量匹配度;具有较高的技术成分匹配度;具有较高的服务系统和销售网络匹配度;具有较高的目标市场匹配度;具有较高的品牌形象匹配度。

品牌延伸的策略有产业延伸、产品线延伸等。产品线延伸包括向上延伸、向下延伸及双向延伸。

复习思考题

1. 什么是品牌延伸?有哪些类型?
2. 结合实际说明品牌延伸的利弊。
3. 举例说明影响品牌延伸的因素有哪些。
4. 进行品牌延伸应遵循哪些原则?
5. 品牌延伸包含有哪些策略?
6. 消费者如何评价品牌延伸?

课后案例

五粮液的品牌延伸之路

1994 年,福建邵武糖酒副食品公司携百万现金入川,与五粮液联姻推出"闽台春"酒,拉开了五粮液品牌延伸的序幕。截至 2002 年,五粮液家族已延伸出五粮春、五粮醇、金六福、六和醇、铁哥们、干一杯、四海春、京酒、浏阳河、圣酒、友酒、老作坊、东方龙、岁岁乐、川酒王、国玉春、送福酒、六百岁等百余个品牌，两百多种规格的新产品，创造了年销售70亿元的辉煌业绩，并取代茅台，成为中国白酒之王。这百余个品牌绝大多数处于成长期，需要"五粮液"这个母品牌的形象支持。而"五粮液"早已不胜其累，品牌资产被严重透支。

2012年1月，以五粮液（000858，股票代码）名义生产的"自园春酒（特酿）"出现在广东省工商局公布的节前食品——酒类商品质量监测结果质量黑榜上。对此，五粮液新闻发言人、副总经理彭智辅表示，这批问题酒很有可能并非公司出产，公司正在对此事进行具体调查。

一石激起千层浪。在深交所投资者关系互动平台上，自园春酒被查出不合格成了投资者关心的焦点。"自园春酒在广东被检出不合格，它是五粮液股份公司出品的吗？""最近五粮液14年前的某批次子品牌酒被检出酒精度不合格，希望五粮液能及时出面解释。"对此，五粮液回复称："感谢您的关心和支持，此事正在调查中。"

值得关注的是，国家工商行政管理总局商标局旗下的中国商标网信息显示，注册商标"自园春"（酒，国际分类号33）由四川省宜宾五粮液集团有限公司于1998年10月26日提出申请注册，专用权期限为"2000年4月28日至2010年4月27日"。该商标许可合同备案首次时间为2007年5月。

1998年10月26日方才提出商标注册申请，1998年11月17日印有"自园春"商标的酒怎么就生产出来了？商标申请人是四川省宜宾五粮液集团有限公司，而生产厂家却是宜宾五粮液股份有限公司，两者需要签订商标许可使用合同的。合同结果表明，五粮液在品牌延伸的许多环节存在管理问题。

五粮液不仅是延伸管理存在问题，延伸定位问题才是其主要问题。例如，在2009年11月，由华晨集团和五粮液集团共同投资的绵阳新晨动力机械有限公司、绵阳新华内燃机股份有限公司50万台动力轴承项目开工典礼在绵阳举行。该项目投资18亿元，项目占地612亩，将建造四种类型的汽车发动机，预计后年达到50万辆产销能力。这标志着一直谋求多元化发展的五粮液集团开始进军汽车业。

当许多不相关的产品或相关太少的产品，全部贴上了五粮液这一商标，试想消费者还会不会像以前一样认得你并且认准你？五粮液又还能不能够保持当初本来就不多的那么一点儿品牌特色和专业号召力？盲目或过快延伸，确实能得到巨大规模和一时之利，但明天呢？明天可能是"伤仲永"——少年天才变成了平常人，明日黄花，不再具有神奇的魅力。

资料来源：刘霞、丁彬，"华晨回购新晨动力，五粮液造车梦断"，《第一财经日报》，2011年7月18日。

案例讨论题

1. 如何看待五粮液的品牌延伸策略？
2. 五粮液是多元化经营的企业，你如何看待五粮液进军汽车行业？

第十章 品牌系统管理组织

> 宝洁的品牌管理系统之所以成效卓著,乃是因为一个促使此系统蓬勃的基本信念:消费者购买品牌而不是购买产品。品牌是宝洁的制胜核心,其企业组织也以品牌经理人为中心。
>
> ——《宝洁的观点》

本章主要阐述以下几个问题:
- 品牌系统管理组织的基本形式
- 各种品牌管理组织形式的优缺点
- 各种品牌管理组织形式的职能

第一节 传统品牌管理组织

从历史上看,曾先后产生过三种传统的品牌管理组织形式:业主负责制、职能管理制和产品品牌经理制。这三种品牌管理组织形式均完成或发挥了各自的历史使命,尤其是产品品牌经理制,自宝洁首创这一品牌管理组织形式之日起,至今仍在一些领域发挥着重要的作用。但是,产品品牌经理制也愈益显示出其局限性,这也是新的品牌管理组织形式,如类别品牌经理制和企业品牌经理制兴起的原因之一。

一、业主负责制

业主(或公司经理)负责制,是指品牌(或产品层次)的决策活动乃至很多的组织实施活动全由业主或公司经理以及公司的高层领导承担,而只有那些低层次的具体活动才授权下属去执行的一种高度集权的品牌管理制度。在20世纪20年代以前,这种品牌管理方式在西方国家企业中占统治地位。例如,亨利为了创立亨氏(Heinz)这一品牌,将大部分时间花在产品的改进和重大促销活动的策划上。而可口可乐公司的业主和总经理坎德勒(Candler)从1888年买下可口可乐专有权后至1916年,他用一种几乎宗教般的激情建造全国性的分销网络,并亲自参与选择广告代理商等活动。

业主负责制的优点是决策迅速,协调能力强,同时可以注入业主的企业家精神,从而为品牌发展提供强大的策动力。

但是业主负责制先天不适合规模较大的企业,换句话说,当企业规模达到一定程度,需要与各方面的组织和机构打交道时,业主负责制这种品牌管理组织形式就会显示出其越来越大的局限性。从这个意义上说,业主负责制并不属于严格意义上的品牌管理组织形式。

品牌营销

二、职能管理制

职能管理制是在 20 世纪 20 年代以后兴起的,它的出现,标志着品牌管理真正发展并逐步完善起来。

职能管理制是指在公司统一协调下,品牌管理职责主要由公司各职能部门分担,各职能部门在各自的权责范围内分别对品牌进行管理,其中通行的做法主要由市场部或广告部制定有关的品牌管理制度。职能管理制在 20 世纪 20 年代至 50 年代的西方国家比较盛行,至今仍被一些西方企业所采用。我国目前也有相当多的企业采用这一品牌管理形式。

(一)职能管理制的优点

1. 使高层集中精力于企业发展的重大问题

职能管理制可使公司领导摆脱很多具体事务的纠缠,集中精力思考和解决有关公司发展的重大问题,如构建公司发展的总体战略、塑造适应公司的特征、创造有利于公司经营业绩提升的企业文化等。

2. 促进品牌管理的科学化

可使品牌管理由传统的直觉与经验型转向以知识为基础的科学管理,从而提高管理水平。如市场部门会通过市场调查来了解消费者真正的品牌偏好,从而为广告部门制订品牌传播计划提供真实科学的市场数据。

(二)职能管理制的缺点

总之,职能管理制较之于业主负责制是一种巨大的进步,其明确的分工和职能分配极大地提高了工作效率。但是,随着社会的发展,职能管理制也愈益暴露出它与品牌管理的新要求不相适应的弱点,概括起来,主要有以下几点:

1. 彼此平行的职能部门之间缺乏有效的沟通与协调

由于各职能部门属于同级关系,不存在谁领导谁的问题,因此在遇到利益冲突时,往往各自从部门利益出发而不顾大局,结果使得各职能部门间难以进行有效的沟通及协调,各个品牌无法整合,甚至在同一企业内部出现各品牌互相残杀的现象。例如 1926 年,美国通用面粉公司推出其品牌 Wheaties 时,公司的销售人员对它的发展持非常消极的态度,以致上市三年,该品牌一直销售不振,几近撤退的边缘。直到 1929 年公司广告部一位经理全权接管了该品牌的销售业务后,才使该品牌出现转机,并在 30 年代和 40 年代获得了巨大的成功。

2. 容易导致品牌管理责任不明确

当公司拥有多个品牌,尤其是同一业务内已发展出几个不同品牌时,到底该由谁来对某个品牌的发展负主要责任通常表现得模棱两可。在这种情况下,公司不得不将更多的决策权力下放,但不可能让彼此平行的各职能部门共同承担品牌经营的责任,于是导致各个品牌的定位和经营目标出现管理"真空"。

以上两方面问题的存在,使得职能管理制面临捉襟见肘的困窘。1929 年,全球性经济危机爆发,在大危机的冲击下,很多品牌受到了严峻的挑战,为了生存,企业不得不开始探求更为有效的品牌管理方法,就是在这种背景下,产品品牌经理制应运而生。

产品品牌经理制为市场营销界带来一股清新的风,世界很多知名大公司都先后采用这一制度对产品销售进行全方位的计划、控制与管理,减少人力重叠、广告浪费和顾客遗漏,有效地提高了一个或几个品牌在整个公司利润中的比例,提升了品牌的竞争力和生命力。总之,产品品牌经理制的出现,几乎改写了美国市场营销的历史,而且在近半个世纪的时间里一直主导着品牌管理的大潮,成为西方跨国公司普遍采用的"标准"的品牌管理模式。鉴于这种制度的重要性,我们专设一节对其进行介绍。

学术智库 10-1

快消行业品牌管理结构的问题与未来:希腊品牌经理的观点

本文通过在12个月时间内对希腊的品牌经理进行问卷调查和深入访谈,研究了快消行业品牌管理结构现在存在的问题,分析了这些问题产生的原因,并提出了品牌管理结构未来的发展方向。研究认为环境因素对于品牌管理结构有重大影响。本文指出,能够影响品牌结构的环境因素有两大类:微观环境因素和宏观环境因素。在微观环境因素中,顾客、竞争对手、分销渠道和生产技术分别居于前几位;在宏观环境因素中,经济、技术和生物因素位于前几位。这些因素的变化导致了管理时间不足、官僚化、环境带来压力太大等问题,最后作者提出品牌管理结构应该减少官僚主义、加强内部合作、增加权限、发展新的组织结构等,以此来解决品牌管理的问题。对营销者而言,文中提到的品牌管理结构问题与解决方案都具有借鉴意义,营销者应该积极顺应环境的变化,推动品牌管理结构的优化与革新。

文献来源:Panigrakis, Gorge G., Veloutsou Cleopatra. 2000. Problems and Future of the Brand Management Structure in the Fast Moving Consumer Goods Industry: The Viewpoint of Brand Managers in Greece [J]. Journal of Marketing Management, 16: 165-184.

第二节 产品品牌经理制

一、产品品牌经理制的产生

产品品牌经理制(product brand manager),又称品牌经理制(brand manager),由美国宝洁公司于1931年首创。其基本操作思路是:企业为每一品牌安排一位品牌经理,由其负责协调该品牌的各项活动。其基本示意图见图10-1。产品品牌经理制的推行为宝洁公司建立成功品牌(国际知名品牌)立下了汗马功劳。

产品品牌经理制诞生于1931年,创始者是美国宝洁公司负责"佳美"(Camay)香皂销售的尼尔·麦克尔罗伊(Neil McElroy)。1926年,刚从哈佛大学毕业的麦克尔罗伊被指派协助规划宝洁公司新上市的第二个香皂品牌"佳美"的广告活动。此前宝洁公司已有一个招牌香皂品牌"象牙"。当时象牙和佳美的广告都是由黑人(Blackman)广告代理。麦

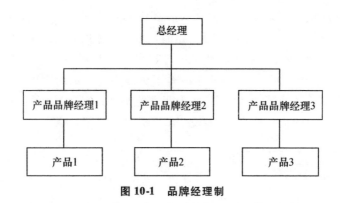

图 10-1 品牌经理制

克尔罗伊全心想为佳美打开市场,但销售一直不见起色。宝洁便决定将佳美的广告业务转给新的代理商派乐·理扬(Pedlar & Ryan),麦克尔罗伊也被公司正式任命为佳美香皂的"品牌经理",这也是美国历史上第一位品牌经理。在专任经理的照顾下,佳美的生意开始有了转机。麦克尔罗伊对一个品牌由一个经理负责的做法深有信心。他在对品牌竞争进行观察和思考的基础上,于 1931 年 5 月初写了一份长达三页的备忘录,得到了时任宝洁总裁的杜布里(Deupree)先生的首肯,使得"品牌经理"从实验性质转变为真正具有资源和职权保证的管理职位。从此,宝洁公司的市场营销理念和营销管理体系逐步建立。美国《时代》杂志称赞道:"麦克尔罗伊赢得了最后的胜利。他成功地说服了他的前辈们,使宝洁公司保持高速发展的策略其实非常简单:让自己和自己竞争。"

由于麦克尔罗伊的品牌管理系统确实相当有效,许多美国公司,如庄臣公司、棕榈公司,甚至连服务业的银行、邮局也都竞相采用这套做法。在美国,1967 年有 84% 的主要耐用品生产企业采用了品牌经理制。如今,宝洁仅在美国本土就雇用了 100 位品牌经理,虽然这只占其所有管理人员的 5%,但是品牌经理人却成为 95% 的一般主管阶层的主要来源,并且是步入公司高层的必经之路。宝洁也成长为一个历经 160 年后拥有 290 亿美元资产的巨头公司,在国际范围内销售 200 多种不同的消费品,其中国际知名品牌就达 15 个之多。

学术智库 10-2

品牌经理对于职业经验的专注性自我思考:
影响薪酬、自我效能和工作绩效

本文研究了品牌经理的职业经验和薪酬、职业地位和工作绩效之间的关系,认为品牌经理的职业经验可以影响薪酬、职业地位和工作绩效,而这种影响是通过自我效能(认为自己有能力做好某件事情的信念)来发挥作用的,而专注性(一个人全身心投入到当前的经历中,并影响自己和他人的能力)和教育/培训水平会对这种关系的强弱起到调节作用。作者同时还发现职业经历的长短会影响薪酬,但是并不会影响职业地位和工作绩效,这意味着工作经历丰富的品牌经理会有比较高的薪酬,但是不一定会有很高的职业地位和很好的工作绩效。因此,对企业而言,选拔任用品牌经理时需要考虑其工作经历,但是更需要考察他对于工作的专注性。工作经历丰富,同时有较强的专注性会带来更好的工作绩效。

文献来源:Roger Bennett. 2011. Brand Managers' Mindful Self-management of Their Professional Experience: Consequences for Pay, Self-efficacy and Job Performance [J]. Journal of Brand Management, 18(8): 545-569.

二、产品品牌经理制的意义

对任何一个企业来说,建立产品品牌经理制,追求的是一个双赢或多赢的结果,它不是要求某一品牌一枝独秀,而是要求每一个品牌在内部和外部市场上获得全面的平衡,形成"1+1>2"的市场效应。从这个意义上说,推行产品品牌经理制,有助于企业实现整体上最优。

资料 10-1

美国品牌管理的四个阶段

(一)第一阶段(1870—1914年):品牌革命的时代

业主型企业家和高层经理们成功地创造了第一波全国品牌消费品。完成这一成就的背后是在产品质量、能力、广告以及建立渠道关系方面的重大改进。品牌化产品的推出是营销史上的一场革命。

(二)第二阶段(1915—1929年):品牌发展的黄金时代

新创立的品牌如雨后春笋般纷纷涌现。成功品牌成为营销计划的核心以及公司力量的源泉。与此同时,品牌管理发生了转移,职能制品牌管理制度开始盛行,肩负原有品牌管理与新品牌创立责任的不再是业主型企业家及高层经理,而是职能专门化的中层经理们,他们与广告代理机构一起实施品牌宣传和促销活动。

职能制管理的创立是组织管理上的一次革命。其标志是新型的职业经理的诞生,特征是科层组织机构的建立。职业经理享受薪俸,受过专业训练,各司其职,经理们的精诚合作是成功的关键。职能制品牌管理有许多优点。在上一阶段,营销职能的发挥主要是靠个人经验和直觉。现在则迅速让位于系统的以知识为基础的方式。例如,销售人员要经过精心挑选、系统培训。在培训中,他们要学习产品知识、销售技巧及访问技巧等。这一时期,广告的持续进步对品牌的发展起到了推波助澜的作用,在有效的品牌管理职能制的实施和广告的推动下,诞生了大批名牌产品,如福特汽车、象牙肥皂、金宝汤料、高露洁牙膏、固特异轮胎等。品牌管理职能制的创立展现出极大的有效性,与此同时也暴露出一些问题。比如,协调问题。由于任何一个品牌的责任都被分解给几个职能经理以及广告公司的专家,协调不良始终是一个潜在的问题。还包括单个品牌的责任问题。对同一公司的相同品牌的协调策略没有正式的制度,当公司的品牌数量不多时,这还不至于引起太大的问题。但是,到20世纪20年代,公司开发了更多的新品牌,通过兼并也吸收了众多的品牌,单个品牌的协调工作困难骤然增大。

(三) 第三阶段(1930—1949年):品牌经理制度诞生

1929年的经济大萧条使得营销环境发生了剧烈变化。零售业发生了连锁革命,这些中间商发现了品牌的巨大作用,开始创立自己的经销品牌,向制造商品牌发起了挑战,结果弱势的制造商品牌日渐式微。与此同时,人们接受的教育水平不断提高,他们对广告的怀疑不断加深,这为品牌创立带来了心理障碍。

为了应付新的环境,宝洁公司首先想到必须针对不同的品牌采用不同的营销和广告策略。为了做到这一点,各个品牌有必要拥有各自的品牌助理和经理。于是品牌经理制度在宝洁公司正式诞生。但是,一方面,大多数厂商认为原有的品牌管理制度依然有效;另一方面,也许是因为知道品牌经理制度的企业为数不多,因此采用该制度的企业在当时还是凤毛麟角。

(四) 第四阶段(1950年至今):品牌经理时代

第二次世界大战之后,经济发展进入高速增长阶段,个人收入和出生率提高,城市中产阶级迅速壮大。地区购物中心不断崛起,新产品层出不穷,对全国性品牌的需求急剧膨胀。电视广告的兴起强化了品牌的重要性。这一时期,大部分消费品公司都采用了正式的品牌经理制度。在五六十年代,品牌经理制甚至成为一种热潮。到1967年,84%的美国大型有包装消费品采用了品牌经理制。

资料来源:杨望成,"美国品牌经理制度的演变及展望",《商业时代》,2008年第15期。

对于生产多种产品或品牌的企业,产品品牌经理制是十分有效的组织形式之一,其意义如下:

1. 为企业每一种产品或品牌的营销提供了强有力的保证

产品品牌经理负责单一产品品牌,可避免因产品线过宽过长,而对有些产品品牌营销的忽略,或对所有产品品牌均采用相同的营销策略而使不同产品品牌的营销手段缺乏针对性。产品品牌经理对单一品牌进行管理,这样能够更好地得到关于该产品品牌的顾客群体、竞争对手和产品战略等详细信息,能更快地针对市场上出现的问题作出反应。

2. 增强了各职能部门围绕品牌运作的协调性

通常各职能部门都是从本部门的角度出发,制订产品营销方案,这样就很难为一种品牌从整体上作出精心全面的规划,容易导致产品品牌营销的失败。而产品品牌经理可从整体上考虑产品的利益,并运用制度的力量去协调各部门围绕品牌作出种种努力,使企业每一种品牌的营销得到企业内部整体、协调的支持。

3. 维持品牌的长期发展和整体形象

产品品牌经理能够根据品牌的长远利益作出正确的选择,使品牌得到长期发展。如果从产品的生命周期方面进行分析,产品品牌经理就如同保护品牌的保姆,他会从每一个角度细心呵护产品品牌,比如在品牌延伸方面,他会想方设法地去保护品牌个性,而在销售工作中,他也会尽可能地消除销售过程中可能出现的短期行为,以确保品牌良性发展。这一点可从宝洁公司的部分品牌发展史中得到支持,如"潮汐"洗涤剂已行销40多年,

"佳美"香皂已行销60多年,而"象牙"香皂的行销历史更是长达110年以上。

4. 是改变企业毛利率实现的目标管理过程

由于产品品牌经理要对产品品牌的销售额和毛利率等财务指标负责,使得产品从开发阶段就受到成本指标的严格控制。产品品牌经理十分注意控制各环节的成本支出,一旦发生异常情况,便会迅速作出反应,改变了没有人具体负责产品营销过程中成本控制的情况。

5. 有助于创造一种健康的内部竞争环境

企业采用产品品牌经理制对其品牌进行管理,使得各产品品牌经理不仅要面对公司外的竞争品牌,还需与公司内部的其他品牌争夺顾客。良性竞争带来发展的动力,促使公司经营业绩的总体上升。

6. 有助于培养营销管理人才

由于产品经理必须和企业的不同经营部门打交道,这一职位能够给年轻的经理人员提供极好的锻炼机会。特别是对产品经理的协调和沟通能力是一个极大的锻炼。对产品结构单一的小企业而言,总经理实际上也是产品经理。因此,一个成功的产品经理其事业发展的舞台是无限的。

7. 可使零售商和消费者获得更为广阔的选择空间

从对零售商和消费者的意义来说,产品品牌经理制的建立,可使零售商和消费者获得更为广阔的选择空间。企业不再以产品为出发点,而是以品牌所服务的消费者和零售商的需要为出发点,使消费者和零售商的需求从一开始就得到品牌经理的关注和重视,以便获得更多、更丰富、更满意、更符合个性需求的差异化产品。

8. 有助于企业贯彻执行市场导向

产品品牌经理制使品牌管理的重心从企业层面转向每一具体的品牌,密切关注市场。宝洁公司的品牌管理系统之所以成效卓著,就是受公司基本信念的驱使,公司为消费者提供的不是产品,而是品牌。同时,由于产品品牌经理要对他所负责的品牌销售额和毛利率负责,这就促使产品品牌经理更多地关心市场的需求和变化,作出快速反应,在对品牌的策划上作出缜密、周到的部署。

可见,产品品牌经理制的建立,为市场营销带来了革命性的转机。产品品牌经理通过对产品品牌全方位的计划、控制和管理,使之灵活高效地适应消费者需求的变化,改善了公司参与市场竞争的机能,延长了产品的生命周期,强化了企业品牌形象,为企业赢得了更为广阔的市场前景。

三、产品品牌经理制的局限性

产品品牌经理制自创建以来的半个多世纪里,发挥了很大的作用,几乎成了西方跨国公司普遍采用的"标准的"品牌管理模式。然而,随着社会的发展,产品品牌经理制的局限性也表现得越来越明显。1994年,英国《经济学家》杂志曾发表了题为《品牌经理制的终结》一文,对产品品牌经理制的弊端进行了尖锐的批评。2001年,宝洁(中国)公司爆发"玉兰油事件",产品品牌经理制更是被指责为此次事件的罪魁祸首。在宝洁公司目前的运作构架中,产品品牌经理制是主体,几乎所有部门都围绕不同的品牌经理开展工作。因此,品牌经理无疑有着巨大的权利空间,而这种空间不仅是滋生腐败的沃土,而且导致各品牌间难以协调。一项权威统计表明,2001年,宝洁公司除了飘柔之外,其他品牌的市场占有率都有不同程度的下降,其中潘婷等品牌尤甚。宝洁公司也意识到了问题的严重性,因此正在努力寻求对产品品牌经理制的改革。具体来说,产品品牌经理制的局限性主要表现在以下几个方面:

1. 竞争有余而合作不足

产品品牌经理制的设置会在企业内部产生一些冲突或摩擦。一方面,因为产品品牌经理所拥有的权利往往小于他们承担的责任,他们主要靠劝说的方法来影响诸如生产部门、广告部门、销售部门等其他各职能部门与其配合,他们常常被人看作低级别的协调者;大量的时间得花在参加各种协调会议、处理日常文件等工作上。另一方面,各产品品牌经理相互独立,品牌之间缺乏必要的合作和协调机制。这样,他们会为保持各自产品品牌的利益而发生摩擦,常常导致各品牌经理不遗余力地争夺企业资源,各品牌业务相互重叠。

2. 品牌管理缺乏统一的规划和领导

处于组织基层的品牌经理的权限十分有限,他们既缺乏制定战略性、跨职能决策的长期观点,也缺乏必要的权力和技能,因此,这种分散的品牌管理方式虽然有利于激励品牌经理的积极性,但由于缺乏必要的合作机制和统一规划,往往导致企业资源浪费和品牌管理失控,从而使企业失去竞争优势。

3. 导致腐败滋生

由于品牌经理有着巨大的权利空间,而分权制的产品品牌经理组织形式意味着权力更多地受品牌经理支配,因此客观上很容易导致权力滥用和腐败滋生。

资料10-2

宝洁内部的腐败

2001年9月30日,宝洁(中国)有限公司市场总监奥斯汀、人力资源部高级经理张军华以及安全经理杨新联合出动,围守广州花园酒店荔湾厅,当场捉获涉嫌巨额贪污的玉兰油某品牌经理。由于人赃俱获,该经理立即被宝洁公司开除。

知情人士透露,此次贪污金额估计在100万元左右。而在此之前,该经理曾分别在广州市的丽江花园、翠湖山庄、华景新城等多个小区购置豪宅,其收入来源已经遭受广泛怀疑。就在"玉兰油事件"爆发前后,宝洁公司曾先后出现诸如媒介经理利用职务之便贪污广告时段等多宗腐败事件。在业内,宝洁公司的腐败现象早已是公开的秘密。"宝洁内部贪污风的确很盛,很多人收过我们的钱。"宝洁的一位不愿透露姓名的供应商深受其害,他介绍说,宝洁内部的贪污行为主要分为两种方式,最为广泛的一种被称为"10%法则",即品牌经理所做项目的回扣占总业务额的10%。这位曾经送过巨额贿赂的宝洁供应商声称,"这一法则在宝洁内部已经是心照不宣了"。另外一种方式是参股,即宝洁公司员工及其直系亲属在与其有业务联系的供应商、代理商或客户的公司中拥有所有者权益或利润权益。有宝洁高层透露,各种腐败行为每年使宝洁直接损失不少于 500 万美金。

宝洁公司内部治理结构的问题,主要表现为激励有余而约束不足。其中,宝洁公司赖以成功的品牌经理制度更被认为是罪魁祸首。在宝洁公司目前的运作架构中,品牌经理制度是主体,几乎所有部门都围绕不同的品牌经理开展工作。因此,品牌经理无疑有着巨大的权利空间。而这种空间正是滋生腐败的沃土。事实上,为削弱品牌经理的权力,宝洁也建立了相应的约束机制,比如超过品牌经理批准额度的促销费必须报市场服务部批准等。然而,由于品牌经理的核心地位使然,并不能起到太大的限制作用。有供应商反映,"玉兰油事件"之后,宝洁一度加强了市场服务部的权力,但依旧是换汤不换药。

资料来源:南方网,http://www.southcn.com,2002 年 3 月 7 日。

4. 产品品牌经理有时会过分强调短期成果

公司内部的人常常抱怨,产品品牌经理在追求一个季度或更短时期内的销售量和市场份额目标时表现得过于短视。由于产品品牌经理只对产品的研制、市场开发和销售行使有限的权力,但却要对利润负责,这势必会形成一种矛盾,极易产生短期行为。

四、产品品牌经理的职能

产品品牌经理的职能会因企业而异,但无论什么类型企业的产品品牌经理,其工作目标都是一致的,那就是使他所管理的产品品牌能实现利润最大化,他们的一切工作都是围绕着产品品牌来进行的。总的来说,产品品牌经理的职能是制订产品营销计划,负责实施产品营销计划,监督计划执行的结果并采取改进措施。我们可把产品经理的职能具体归结为:

1. 制定品牌的长期经营目标和竞争战略

产品品牌经理必须为本企业的产品品牌发展指明方向,即确定产品品牌开发的竞争领域,企业未来的产品品牌发展方向是在现有产品品牌领域还是开发新的领域;根据市场细分确定企业产品品牌的市场定位;确定产品品牌创新的程度等。

2. 编制详细的产品品牌年度营销计划,并进行销售预测

这是产品品牌经理的关键职能之一。有人甚至认为制订产品品牌年度营销计划是产品品牌经理最重要的工作。不容置疑,产品品牌营销计划是产品品牌经理工作的指南,它是产品品牌经理实施有效产品品牌管理的纲领性文件。如不能编制一个合理的产品品牌营销计划,产品品牌经理的一切工作将会陷入混乱状态。

3. 与广告代理商和经销商一起进行产品品牌的广告策划

如何将本企业的产品品牌信息迅速、有效地传递给消费者,引起消费者的注意,是产品品牌获得消费者喜爱的首要条件。产品品牌经理须与广告部门一起对此进行精心的策划,如对广告文稿的设计,广告形式的确定,广告媒体的选择,投放广告的时间、范围、强度等。

4. 激发销售人员和经销商对该产品品牌的推销兴趣

产品经理应对销售人员和经销商进行产品知识培训,使他们对推销建立起产品的信心,从而能更好地销售产品。

5. 不断收集有关产品的各方面信息

如顾客对产品性能、质量、价格等的反应，经销商对产品的看法，竞争者针对本产品采取的行动，宏观环境的变化对产品营销的影响，新技术的出现对现有产品的挑战等。

6. 组织产品品牌改进，以适应不断变化的市场需求

产品品牌经理的最终目标是通过为顾客提供满意的产品品牌而实现利润最大化。在当今激烈的市场竞争环境下，产品的生命周期已越来越短，以个人计算机为例，产品的更新换代大约为13—18个月。一般产品的生命周期也从20世纪60年代的20年缩短为4—7年。随着科学技术的迅猛发展，产品的生命周期将继续缩短，产品品牌经理的任务将越来越集中到产品品牌的创新上来。

具体到不同类型的企业，产品品牌经理的职能范围和工作侧重点并不完全相同。如在通用仪器公司的一个分部中，产品品牌经理的职能在大多数情况下表现为协调产品开发与营销、销售与营销之间的关系。他们对有关产品线的广告事宜和促销预算负有直接责任，但对产品项目开发仅仅负责提供营销信息。而惠普公司的产品品牌经理往往是新产品开发的核心人物，他们要准备产品开发计划，主持和监督计划的实施过程。通常消费品产品经理比工业品产品经理所经营的产品品种多，且由于消费品顾客和工业品用户的需求特征不同，消费品经理将更多的时间用于广告和销售促进，此外，他们花在与其他机构和企业内部各职能部门打交道的时间要多于直接与顾客接触的时间。工业品经理则要较多考虑与产品相关的技术和产品功能、质量等的改进，大量的时间用于与工程技术人员进行商讨，与推销人员和大客户保持密切的联系，相反对广告、促销手段等不太关注，与消费品产品经理相比，他们更理性地看待产品。

资料 10-3

上海家化品牌经理的职责

在上海家化，每一个品牌均由专人专职负责，也就是我们所说的品牌经理负责制。品牌经理们在公司整体营销战略的指导和协调下，全面负责各自品牌的发展。他们共享公司资源，既相互竞争又相互启发，保证了各个品牌从营销策略、营销计划、营销执行直至营销评估的全方位的营销管理工作都在各自的轨道中有条不紊地推进，从而实现上海家化的整体营销目标。作为每一个品牌的核心管理者，上海家化的品牌经理有两个方面的职责：

首先，品牌经理需要在对消费者、竞争者和外部市场环境进行分析研究的基础上，为品牌制定营销目标、战略营销计划和战术营销计划。具体来说，战略营销计划着重于细分市场的确定、品牌定位及在此基础上的品牌中长期发展策略，而战术营销计划涉及短期内的产品开发、价格制定、分销渠道选择、广告、促销、公关等营销战术的具体拟定。

其次，品牌经理需要组织、协调公司内外所有相关职能部门去实施围绕品牌的营销组合与相关决策，以实现品牌营销目标。在公司内部，品牌经理是消费者的代言人；而针对外部市场，品牌经理则是公司内外营销力量的组织者和推动者。

为配合品牌经理的两大职责,公司也赋予了品牌经理们具有实质性意义的三大权力,使得他们真正意义上承担起品牌管理者的责任。

第一,产品开发制造权。品牌经理有权根据市场需求及品牌定位,提出新产品开发、改进或淘汰建议。以品牌经理牵头、科研部门深度参与、其他相关部门予以全力配合,是上海家化在实践操作中逐步摸索出来并不断完善的产品开发体系。

第二,整体市场活动组织权。具体体现为品牌经理对市场费用负责。尽管在财务概念上市场费用体现为费用支出,但上海家化却认为这种支出是公司持续性收入的保证甚至是源泉,因此市场费用全部由品牌经理决定,有利于品牌市场活动有效持续地推行。

第三,产品价格制定权。上海家化产品的价格制定,不同于传统意义上的以成本为导向的价格制定方法,品牌经理对于产品价格的控制是以市场为导向、以毛利为杠杆,进而对产品零售价、批发价及制造成本全面负责,其实这也是富有上海家化特色的价格管理体系。

资料来源:http://www.c-te.com/docc/qytxt/mp1.htm。

五、成功产品品牌经理的特点

产品品牌经理制的成效如何,在很大程度上取决于产品品牌经理。产品品牌经理在企业的整个营销运作过程中,并不具有很大的权力,无权指挥其他部门。因此,他们要获得成功,必须依赖其他同仁的合作,尽量创造机会,帮助别人解决问题、提供点子,以便未来别人也对他们提供同样的帮助。这就要求产品品牌经理具有极大的智慧和创造力。所以,没有公认的成功产品品牌经理的标准。我们从产品品牌经理的目标、职能、工作任务及其在组织中的角色来分析,成功的产品品牌经理通常要具备以下特点:

1. 产品品牌经理要有敏锐的市场洞察能力

产品品牌经理的业绩主要体现在他能否不断地提供消费者所需求的产品。消费者的需求是什么,如何将这些需求转化为产品,是产品品牌经理最为关注的事情。具有敏锐的市场洞察力是产品品牌经理成功的重要因素。称职的产品品牌经理能够辨明趋势,并收集相关信息,然后把它们转化为在市场上的正确行动。产品的开发必须立足于顾客,产品品牌经理应该是一流的产品概念创造者,产品概念不仅包括顾客能够说出的需求,还包括顾客不一定说得出的未来潜在的需求。产品品牌经理应该时时刻刻想到爱顾客,而不是爱自己的产品,这一理念尽管已成为当今时代产品品牌经理的共同价值观,但涉及对顾客真正需求产品的界定时,其具体行为却大相径庭,更多的时候是用自己主观的判断来代替顾客需求的客观实际,其结果是主观意识下推出的产品常常遭到市场的冷落。例如,日本尼西奇纸尿布打入美国市场之初,极力宣传纸尿布的"方便",随用随扔,但市场上却少有人问津。公司销售人员大惑不解,不明白对于大大咧咧、讨厌家务事的美国人来说,这样"方便"的纸尿布难道不是一种"无价之宝"吗?直到他们向美国的年轻母亲们请教才获得了答案:"生儿育女是人生的一件大事,不能因贪图方便,而让孩子受委屈,用纸尿布会被亲友小看的!"原来顾客在纸尿布上所认定的价值并不是简单方便。针对顾客的价值需求,公司重新界定了纸尿布这一产品,强调它的"吸水性好,保护婴儿皮肤"这一特点,一下子迎合了顾客的认定价值,从此销路大开。可见产品品牌经理要具有良好的市场悟性,更重要的是要善于捕捉市场信息,科学地分析市场信息,最后将市场信息转化为顾客所需要的整体产品。

2．产品品牌经理要具备全面的产品知识

产品品牌经理工作的核心是对他所管理的产品品牌负责,他应比公司中其他人员更熟悉有关品牌产品的各种知识。各职能部门对产品的熟悉程度只是体现在产品的某一方面,如研发部门熟知产品的技术特点,生产部门精通产品的实体形成,销售部门最清楚产品的销售特征及顾客对产品的反应,广告部门善于借助适当的媒体将产品的信息传递给消费者。而产品品牌经理虽然对产品某一方面的知识没有职能部门那么精通,但他却应具备有关产品的全面知识。如金·克拉克(Kim Clark)和藤本隆宏(Fujimoto Takahiro)在《产品整合性的力量》一文中,根据对汽车行业的调查结果,认为"重量级"产品品牌经理对产品和整车开发的工艺过程具有广博的知识,由于拥有丰富的经验,他们的意见往往得到重视,即使对那些他们并不实施权力的人员,他们也会有影响力。

3．产品经理要具有跨职能的领导能力

产品品牌经理要想成功,必须在公司内部建立起纽带,成为跨职能的领导者。一个产品品牌经理的全部职能在于通过了解不断变化的市场需求和优化产品,将产品推向目标市场,这需要将企业的不同部分凝聚成一个战略上一致而集中的整体。一个强有力的跨职能部门领导者的能力体现在以下几方面:

(1)富有组织能力

产品品牌经理的职能决定了他必须同组织中的各职能部门协同工作,而组织并没有赋予他对各职能部门的领导权,因此他必须学会在没有直接权力的情况下对各职能部门施加影响。人们希望产品品牌经理成为"车轮的轴心",并对其他业务职能部门有广泛的了解,为了与研发、生产、财务、销售、人力资源等职能部门协作,他们要在各种会议上花费大量的时间,以应付存在于部门之间的大量矛盾或冲突。例如,与竞争对手的产品进行对比时,产品品牌经理通常面临至少两个以上的相反观念,技术开发人员总能证明竞争对手的产品比本公司的产品差;销售经理和销售人员则更多地看到竞争对手产品的优点及本公司产品的缺点,诸如竞争对手的产品质量好、价格低廉等。为了权衡这些主观观点,产品品牌经理最好编制产品竞争力评估表格,评估的项目要细化,让观点对立的双方在表格中填写竞争者及本企业产品的优势和劣势。这样既便于组织内部对产品的看法达成一致,加强部门之间的沟通,又能产生积极而具体的建议,进而改进工作。产品品牌经理须运用各种方法和技巧经常保持与各职能部门的沟通,这将有助于产品品牌经理工作的顺利开展。

(2)掌握出色的人际关系技巧

产品品牌经理面临的最大挑战之一是他所拥有的职权往往小于他所承担的责任,在没有明显职权的情况下,整天与各种人打交道,并需要得到这些人的帮助,良好的人际关系技能将会帮助他赢得周围人的支持,特别是在他与其他部门或品牌争夺内部资源时,将会显出特别的优势。这是产品品牌经理在多职能交叉小组取得优异成绩的保证。

(3)具有权威性

在没有直接权力的情况下对其他部门人员施加影响的重要前提之一,是产品品牌经理本人具有权威性。产品品牌经理拥有丰富的产品知识、熟练的技能、敏锐的市场洞察力、良好的人际关系能力、前期产品品牌管理的成功经历等,都有助于其权威的树立。将企业利益放在首位,强调各职能部门相互配合带给职能部门的成功,而并非强调产品经理本人的成功,也会得到各职能部门更多的支持和帮助。此外,借助高层经理的影响也不失为一种办法,但不能解决根本问题。

由此可见,产品品牌经理制是一个挑战性举措,产品品牌经理更是一个充满风险和挑战的职位。

第三节　新兴的品牌管理组织

一、新的品牌管理组织形式

随着产品品牌经理制的局限性日趋明显,新的品牌管理组织形式的兴起已是必然之势。从目前情况看,主要有两种新的品牌管理组织形式正在发育,一种是类别品牌经理制,另一种是企业品牌经理制。

(一) 类别品牌经理制

在产品品牌经理制下,各品牌经理为了各自的利益而战,竞争有余而合作不足,对企业资源造成了很大的浪费,因此从20世纪80年代末90年代初开始,产品品牌经理制的创始者宝洁公司开始推行新的品牌管理制度——类别品牌经理制(category brand manager)。宝洁公司推行类别品牌经理制的目的主要是为了减少企业内部各品牌之间的竞争,尤其是同一产品类别中的品牌协调问题,加强与力量日益强大的零售商之间的合作,提高整合效益。因此,从90年代以来,始于宝洁公司的类别品牌管理制开始在西方企业中盛行,特别是在消费品行业。

类别品牌经理制是在产品品牌经理制的基础上发展起来的,因此并不完全否定产品品牌经理制。类别品牌经理制的具体做法是,将企业中的品牌按产品性质分为若干个类别(category),每一个类别设置一个类别品牌经理,管理该类别下的同类产品品牌。在管理体制上,实行二级管理,即在保留原先的产品品牌经理的基础上,再增加一层协调机构——类别管理层,如图10-2所示。产品品牌经理与类别品牌经理协调共事,共同推动组织目标的实现。

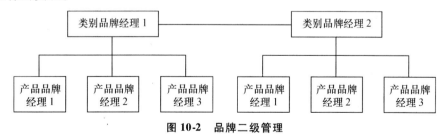

图10-2　品牌二级管理

类别品牌经理与产品品牌经理属上下级关系,二者的职能分工不同。产品品牌经理位于品牌管理的最底层,其主要任务是了解顾客对品牌的看法,收集信息,然后会同公司其他职能部门,包括产品开发、制造、营销和销售等,将它们转化为产品开发和过程设计的

标准。此外,在营销部门的协助下,负责推广和宣传其所管理的品牌。类别品牌经理的主要职能在于:

(1) 协调与其他类别品牌的关系

不同类别的品牌之间,虽然很少有争夺外部顾客的竞争,但却面临着企业内部资源的争夺。作为类别品牌经理应负责考察公司所属品牌间的边界和相互关系,善于为本类别品牌争取企业内部资源,并与相关部门进行沟通协调,为本类别品牌创建一个良好的企业内部运营平台。

(2) 确保同类产品的各品牌间不出现过度竞争

公司内部品牌的竞争多发生在同一产品线下的各品牌之间。同类产品品牌的竞争不仅表现为争夺企业内部的资源,在市场上,这些品牌也是竞争对手。任何成功的产品品牌经理都在极力地设法拓展品牌的范围,以便争夺货架空间,扩大销售,如果不加强管理和控制,必然会导致公司各品牌间相互重复,自相残杀。类别品牌经理一方面要将企业内部资源合理分配给不同的品牌,更重要的任务是将自己管理的各品牌实行严格的市场区隔,这需要类别品牌经理对同类品牌的数量、定位作出科学合理的安排,各品牌分布既不留下市场空白,也不能相互覆盖。

(二) 企业品牌经理制

企业品牌经理制是近年来出现的一种新的品牌管理组织形式,这种品牌管理方式与传统的品牌管理方式不同,它重点培育企业品牌(或旗帜品牌),并通过明确企业品牌与其他品牌的关系,使品牌系统中各品牌能够相互支持,从而实现品牌建设整体最优。企业品牌经理制的出现说明企业在品牌建设中,正逐渐脱离孤立、局部建设,走向系统、整合建设,从而从完全意义上实现企业品牌的系统管理。

1. 企业品牌经理制产生的原因

企业品牌经理制的产生有内部和外部原因,概括起来,主要有以下几个:

(1) 营销环境改变

营销环境改变集中反映在消费者对产品所持态度的转变上。以往消费者对产品比较倚重,至于谁提供产品并不怎么关心。随着互联网的发展和消费者主导地位的建立,消费者开始趋向理性购买,他们不仅关心产品,也关心提供产品的组织,他们希望所购买的任何产品背后都有一个值得信赖的组织。正如有的学者指出的那样,企业品牌将成为重要的识别标志。也就是说,消费者在作出选择时,并不那么看重产品或服务给他们提供的功能性利益,而是更多地考虑他们选择产品或服务前对公司人员的评价,如他们的技能、态度、行为、风格、语言、环保意识、是否为他人着想、交流模式和反应速度等。宝洁公司前总裁埃德·阿茨(Ed Artz)也指出,现在的消费者希望了解公司,而不是产品。一项对美国消费者的大型调查发现(Keller,1998),89%的被调查者认为,企业的声誉常常决定他们购买哪家的产品;71%的被调查者说,他们对一个企业越了解,对其产品的感觉越好。

这种营销环境的变化,使企业开始探讨新的品牌管理方式,也促使了企业品牌经理制的产生。

(2) 市场竞争压力加大

随着技术的发展,尤其是信息技术的发展,一方面,新产品的仿效变得十分容易,这使得市场上竞争品牌的数量急剧增多,消费者每天都要被成千上万的营销信息所包围;另一方面,由于中间商掌握了大量的信息而变得日益强大,再加上它们的货架空间有限,所以它们通常只选择那些强势品牌的产品销售。这样,那些处于非主导地位的品牌就面临着很大的压力,建立一个强有力的品牌变得刻不容缓,因此急需要在品牌管理方式上进行变革,有一个专门的组织形式来集中对企业品牌进行管理和建设。这是导致企业品牌经理制产生的原因之一。

(3) 创建和维持品牌的费用昂贵

创建和维持品牌的费用越来越高,迫使企业集中精力于部分品牌,重点培育企业品牌或旗帜品牌。销售专家认为,在未来的市场竞争中,要想在北美洲及欧洲、亚洲的顾客中夺得显著的"印象占有率",需要约十亿美元的广告费用。但索尼的产品一上市,就会立即被公众认可,原因就是索尼拥有一个强有力的品牌,而这一优势来源于索尼对其企业品牌的培育。培育企业品牌是现代市场条件下取得竞争优势的有力手段,而建立企业品牌经理制则有利于企业更好地培育企业品牌。

(4) 品牌分散管理会削弱品牌竞争力

品牌是识别产品的标志,是企业向最终消费者、客户、股东、管理层传递信息的工具。因此,品牌必须能够传递一个企业所具有的共同文化、目标、语言、方法、风格。但是如果企业有很多独立品牌的话,那么把这些信息放在哪一个品牌上合适呢?如果只放在一个品牌上,那么其他品牌又代表什么呢?如果缺乏系统管理,品牌分散的结果不仅造成企业形象的混乱,而且使企业大多数品牌缺乏竞争力。而建立企业品牌经理制,重点培育企业品牌,则可以较好地解决这些问题,这也是推动企业建立企业品牌经理制的又一个原因。

(5) 产品品牌经理制的缺陷越来越明显

产品品牌经理制的缺陷越来越明显也是间接推动企业品牌经理制产生的原因之一。由于产品品牌经理制一度是企业进行品牌管理的"经典"方法,随着其缺陷的暴露,大多数企业都面临寻求一种新的管理方法的任务,从类别品牌经理制开始,到企业品牌经理制的建立,都说明了企业只有适应环境变化,不断调整品牌管理方法,才有可能在竞争日趋激烈的市场中站稳脚跟。

2. 建立企业品牌经理制的目的

从企业品牌经理制产生的原因分析,建立企业品牌经理制代表了品牌建设的努力方向,其目的主要有两个:

(1) 强化良好企业品牌与优质产品之间的联想

通过企业品牌经理制建立和完善企业品牌(包括旗帜品牌),强化企业形象,在消费者心目中建立良好企业品牌与优质产品品牌之间的联想。企业品牌是企业价值观的体现,是企业对社会的一种承诺,也是企业经营全过程的总体反映。与产品品牌不同,企业品牌表达了企业存在的理由,代表了企业独特的组织目的,传达了企业与众不同的企业形象。建立和完善企业品牌,是企业顺应营销环境变化作出的选择,也是企业建立企业品牌经理制的目的之一。

(2) 通过企业品牌经理制整合品牌系统

这是建立企业品牌经理制的第二个目的。一般而言,大多数企业往往不只有一个品牌。建立企业品牌经理制，就是要通过企业品牌经理制的作用，对企业众多品牌进行系统管理、协调发展，以便形成和谐统一的品牌体系，避免各自为政和相互牵制。正如 Jefferfy Sinclair 所说："一屋子的品牌就像是一个家庭，每一个都需要一个角色及一种和其他品牌之间的相互关系。"一个构思巧妙和管理完善的品牌体系有利于平衡各品牌间的关系，避免重心模糊、市场混乱和资金浪费。所谓"重心模糊"，实际上就是主次不分，也就是说在众多品牌建设中，找不准培育重点，于是盲目进行，结果要么是平均使力，要么是找错了对象，两种结果都不利于品牌建设。"市场混乱"往往是由品牌间相互钩心斗角引起的。有时各产品品牌经理为了维护自己的利益，不得不损坏其他品牌的利益，于是矛盾不断，大家都为各自的既得利益而战，结果狼烟四起，市场混乱不堪。"资金浪费"是品牌管理不善导致的又一个后果。通常来说，每一个品牌角色都需要资源，最常发生的是一项品牌的投资决策是基于与这个品牌相关的狭隘分析上，因此忽略了这个品牌对系统中其他品牌所产生的影响，也未能适当考虑未来品牌的角色，从而使得各品牌相互抵触，造成品牌资产不必要的浪费。

上述三个方面的不利影响可通过企业品牌经理制的整合作用加以克服。其中企业品牌经理的作用就如同协调中介和管理中介，可使企业从战略高度上对众多品牌进行系统管理，从而推动品牌建设良性运行。

3. 企业品牌经理的职责

企业品牌经理的主要职责包括：

（1）制定品牌管理战略性文件，以及品牌管理与识别运用的一致性策略的最高原则；

（2）建立母品牌的核心价值及定位，并使之适应公司的文化及发展需要；

（3）定义品牌架构与沟通组织的整体关系并规划整个品牌系统，使公司每一个品牌都有明确的角色；

（4）解决品牌延伸、提升等方面的战略性问题；

（5）进行品牌体检、品牌资产评估、品牌传播的战略性监控等。

当然，企业品牌经理完成这些职责并不一定非得完全靠自己的力量或内部力量，有时也可借助"外脑"，即专业的品牌顾问咨询公司来完成。

4. 建立企业品牌经理制的意义

建立企业品牌经理制对企业来说，具有以下重大意义：

（1）可使企业从战略高度对品牌进行管理，而不再像以往那样，将品牌交由处于较低层次的产品品牌经理进行分散、孤立的管理。由于企业品牌经理制赋予了企业品牌管理层最高管理地位，同时负责品牌建设的总体规划和布局，因此避免了产品品牌经理制下缺乏协作的致命缺陷，使得企业品牌经理可从大局和整体利益出发，对企业品牌实行统一的系统管理，从而有利于企业品牌达成整体最优。

（2）可使众多品牌相互支持，成为一个有机整体，而不是彼此独立，从而有利于企业形成"1+1>2"的整合效应。

（3）有利于企业集中培育企业品牌（或旗帜品牌），以维持统一的公众形象。一般来说，产品品牌更多地代表产品、配方、专有技术等；而企业品牌或旗帜品牌则代表企业利益、价值理念、企业文化等，是更高层次企业理念的表述。重点培育企业品牌或旗帜品牌，可使企业产品品牌在企业品牌的理念的支持下,共同维持统一的对外形象。

(4) 有利于企业更好地实现资源(用于品牌建设)的合理配置。

(5) 有利于企业从更高、更远的角度选择适合自我发展的品牌管理模式。

二、实现品牌系统管理的途径

在企业品牌经理制下,实现品牌系统管理的途径主要包括以下几点:

1. 建立协调运作的、强有力的品牌管理机构

建立协调运作的、强有力的品牌管理机构是企业品牌经理制实现品牌系统管理的前提条件。协调运作的品牌管理机构是由品牌管理的专门组织机构、队伍与制度构成的系统,是一个有机联系的整体。从组成上看,品牌管理机构一般由企业品牌经理、品牌管理委员会、类别品牌经理、产品品牌经理组成。其基本示意图见图10-3。

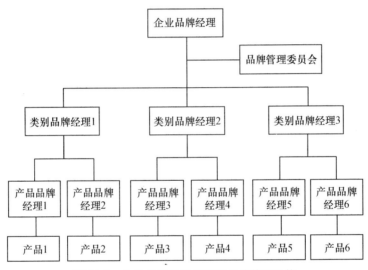

图10-3 企业品牌经理制下的品牌管理机构

一般而言,企业品牌经理是品牌组织的发起人、重要人事决定者及高层协调人,同时协助总裁审定品牌计划。品牌管理委员会负责提出品牌策划的方针,审议品牌计划并给予建议。类别品牌经理,负责大类业务范围中多个品牌的管理,组织品牌计划、品牌设计的拟订,对执行过程如整合营销传播策略与执行活动进行监督。产品品牌经理,负责拟订单一品牌的品牌计划,组织完成品牌设计和品牌整合传播策略与计划,并协调和控制各项执行工作。

品牌的管理与执行,可以由内部完成,也可以聘请外部的品牌管理专业机构进行代理。代理机构可以承担企业品牌经理的品牌管理职能,并负责部门执行工作,如视听识别体系与广告的设计、媒介的选择、传播沟通的整合等。确定一家品牌代理机构的介入,能够使品牌管理的专业水准、策略与执行的一致性、策略的长期持续性、传播组合的统一性,都得到强有力的保证。

2. 建立脉络清晰、有机联系的品牌体系

公司所有的各类品牌,不是杂乱无章地堆砌的,而是应构成一个脉络清晰、相互关联

的有机整体，包括：

（1）企业品牌或旗帜品牌。这是企业中各类品牌的第一层，一般为全国或国际性的品牌。其市场覆盖范围广、品牌投资大，是企业战略性的利润来源，且品牌较为长久。

（2）辅助品牌。这是企业中各类品牌的第二层，一般为区域性的品牌，并形成对主导品牌，即企业品牌或旗帜品牌的支持。

（3）细分市场品牌。这是企业中各类品牌的第三层，也是最底层。其是针对特殊消费群体的品牌，数量众多，市场规模较小，品牌可能不太长久。

企业品牌经理制的建立有利于上述三类品牌形成金字塔形的品牌结构，形成众星捧月的局面，从而有利于企业建立脉络清晰、有机联系的品牌体系，进而实现企业品牌的系统管理。

3．品牌系统的建设

在具体建设上，企业首先应集中资源保证第一层品牌发展的需要，然后再有理性地发展第二、三层品牌。

（1）积极培育旗帜品牌

旗帜品牌是企业的主要品牌，是企业获得持久竞争优势的重要来源，在企业的品牌组合中居于较高层次，发挥核心作用，是企业营销投资的重点。旗帜品牌一般具有较高的知名度和良好的形象，顾客联想较为抽象，延伸能力强，可以同时使用在多种产品上，起到注释和推动产品销售的作用。

旗帜品牌可以是企业的名称，如索尼、本田、IBM、可口可乐等；也可以不采用企业名称，例如松下公司就采用 Panasonic 作为其旗帜品牌。在数量上，旗帜品牌可以只有一个，如 BodyShop、Internet、Nike、Virgin 等；也可以有多个，如吉列公司的 Gillette、Sensor、Gel、Series 等。培育旗帜品牌的做法各公司虽各有侧重，但概括起来大致包括以下三种方式：

① 老品牌的再生。例如吉列品牌，在整个20世纪80年代，分散的广告宣传使得吉列成为廉价、蓝色、塑料剃须产品的代名词，尽管销售量不小，但毫无品牌优势可言。之后，公司改变战略，将吉列品牌重新定位，品牌主题设为"男人的最佳选择"，并将之作为全球通用的一致表达，而避免了狭隘的"剃须"定位；取消了地方性的产品广告预算，集中力量宣传吉列品牌，再配之以技术上突破（如感应剃须技术）。几年内将吉列从分散的、地方性的低价畅销产品品牌转变为领导国际潮流的生活方式品牌。

② 提升明星产品品牌。有些公司的某种产品品牌享有盛誉，可以提升为旗帜品牌。例如，法国的 BSN 公司，尽管公司名称在消费者中默默无闻，但其酸奶产品品牌 Danone 已经是个世界级的品牌。于是，公司也更名为 Danone。联合利华公司的 Elida 和 Ponds 以往都是下属子公司使用的产品品牌，在20世纪90年代通过整合公司最新研究成果，提升为公司的旗帜品牌。Niver 公司的 Niver 品牌，原来是非常成功的护肤油产品品牌，公司发现该品牌在消费者心目中具有关怀、正宗和信任等非常有利的联想，于是，从90年代开始，公司以该品牌名称推出了系列化妆品，从而将其成功地转变为公司的化妆品旗帜品牌。

③ 创建新品牌。例如吉列公司依靠技术上的突破，成功地树立起 Sensor 品牌。美国的 Anseuse Busch 公司创造了 Eagle 品牌，起先主要用在早餐用的花生酱上，而后将之作为战略性扩展的平台，成功地扩展到该公司生产的其他快餐食品上。

无论采取哪种方式,企业都先得进行品牌评估,掂量品牌分量,然后选出有发展前途的品牌进行培育。在评价被选择的目标品牌时,可以从以下几个方面进行:一是被选品牌的市场发展前景以及该品牌在消费者心目中的地位。前者可以通过利润率、市场占有率、市场吸引力等指标加以衍生;后者则可以通过顾客忠诚度、顾客偏好度等指标衍生。二是根据品牌的涵盖性进行评价。一般而言,一个好的旗帜品牌必须要有一定的涵盖性,避免高度定位,提炼出超越品牌所依托的产品的核心利益的价值定位。只有当一个品牌具有广泛的涵盖性时,这个品牌的信息才能更好地被传递,该品牌也才能更容易得到扩展和延伸。例如,雀巢将口号制定为"我们制造最好的食品",而非"我们制造好的咖啡或巧克力";亨氏更是将其品牌主题改为"亨氏热爱家庭",从而成功推出了从婴儿到成人食用的系列食品;汉堡包王公司的口号也不逊色,"任你称心享用";美国联合航空公司则绕开了运输字眼,"你就是主人",在展示给顾客极其丰富的想象空间的同时,也给自己留下了广泛的扩展空间和延伸领地;"有家就有联合利华",这种高度提炼的企业经营理念为该品牌的延伸和扩张留下了无限的空间。所以,好的涵盖性是企业选择培育旗帜品牌时必须要考虑的因素。

(2) 重点建设企业品牌

培育企业品牌是企业品牌经理制实现品牌系统管理的第一条途径。由于企业品牌代表着企业中各品牌的实质,企业品牌建设的好坏也直接关系着企业形象的好坏,再加上随着营销环境的改变,企业品牌日益被消费者所关注和器重,如果企业不能顺应这一潮流,就很难在竞争日益成为主流文化的社会中立足。更重要的是,企业品牌对内部资源可起到优化整合的纽带作用,在整个品牌系统中具有非常重要的作用。因此,积极培育企业品牌是企业品牌经理制实现品牌系统管理至关重要的一环。

近年来,越来越多的企业开始重视企业品牌的内部纽带作用和战略领导作用,把企业品牌作为整合内部资源和调动员工积极性的激励工具。我们都知道,品牌不是一个简单的符号,它是一种承诺,是企业在日常营销活动、每项企业决策和每次顾客接触中都需要恪守的承诺。品牌承诺决定预算和调解纠纷。如果公司中的每个人都知道什么是企业的品牌承诺,知道他们将根据对该承诺的投入得到相应的报酬和处罚,那么,政治权术和钩心斗角就会消失,企业员工将同心同德地将品牌建设工作做好。因此现在很多企业都试图通过企业品牌来激发员工的工作热情和自豪感,增强组织凝聚力,并以此带动品牌管理的良性运作。

另外,企业品牌还可作为整合组织业务的纽带。按照基于资源的企业战略理论,企业的业务扩张应该以核心能力的有效利用为基础。也就是说,企业核心能力有效发挥作用的范围规定了企业扩张的边界。作为企业的一种核心能力,著名的企业品牌也可以发挥连接业务组合纽带的作用,作为企业业务扩张的基础。例如,维珍公司是英国最大的非上市公司,该公司最早经营航空客运,后来业务领域不断扩展,到 20 世纪 90 年代末,其业务范围已涉及航空客运、音乐、商店、饮料、金融服务、制片和铁路运输等多个领域。在许多人看来,如此庞杂的业务组合,很难取得成功。然而,事实让人们打消了疑虑。该公司的总裁是有"20 世纪英国最伟大企业家"之称的 Richard Branson,他认为,虽然看上去业务庞杂,但实际上形散而神不散,维系公司不同业务的纽带就是维珍这一企业品牌,是这一品牌的良好声誉及其表现出来的质量、创新、快乐和低价的品牌特性。公司的所有业务均体现了这些品牌特性,同时,这些品牌特性也是公司选择进入新业务领域的主要依据,是企业扩张的基础。

企业品牌还可与组织战略相结合,并通过企业品牌的导向作用来协调内部资源,实现品牌系统管理。例如瑞典 Pharmacia Nicomrette 公司的经验充分说明了企业品牌在组织战略中的作用。1990 年,Pharmacia 公司收购了瑞典的一家小企业 ABLEO 公司,同时也获得了对方出色的产品——Nicorette 尼古丁口香糖,这是全球第一种戒烟产品,曾在 1984 年被美国《财富》杂志评为当年美国市场最佳产品。收购后,Pharmacia 面临着很大的挑战,于是公司制定了尽快确立市场领导地位的新战略,并将该战略表述为品牌愿景"Pharmacia 生产的 Nicorette 将是戒烟产品市场上领先的国际品牌",同时制定了相应的品牌主题"助您度过困难时期"。与此同时,用 Pharmacia 这个企业品牌加强对专业市场(医生和药店)的沟通。公司通过企业品牌来表述战略,终于使内部资源得到协调并使企业品牌体系脉络清晰、发展有序。

（3）理性培育辅助品牌和细分市场品牌

一般而言,辅助品牌和细分市场品牌是对企业主导品牌,即企业品牌或旗帜品牌的支持,也是企业从特殊消费群体身上获取附加利益的品牌。因此,在保证企业品牌或旗帜品牌重点发展的前提条件下,理性培育辅助品牌和细分市场品牌,有利于企业从整体上获得最大收益,同时,也有利于企业品牌形成脉络清晰的品牌系统。

4. 进行长期一致、全面统一的品牌管理

进行长期一致、全面统一的品牌管理也是建立协调统一的品牌管理系统的重要举措。长期以来,实行产品品牌经理制的企业一直缺乏长期一致、全面统一的品牌管理,主要表现在:(1) 广告与宣传前后不一,各个时期推出的品牌形象与概念前后矛盾、混乱;(2) 各种营销活动,如产品、价格、服务、广告、宣传等各行其是,缺乏同步整合与统一的品牌主题;(3) 没有长期统一的品牌策略,没有长期稳定的品牌管理组织。

以上几种情况的出现,使得企业品牌管理长期处于混乱、孤立、零碎的状态,完全不利于品牌管理的系统化建设。建立企业品牌经理制,则可通过企业品牌经理的牵引作用,有效消除各种品牌管理混乱、不一致的现象,对企业品牌进行长期一致、全面统一的系统管理。

本章小结

业主(或公司经理)负责制,是指品牌(或产品层次)的决策活动乃至很多的组织实施活动全由业主或公司经理以及公司的高层领导承担,而只有那些低层次的具体活动才授权下属去执行的一种高度集权的品牌管理制度。业主负责制的优点是决策迅速、协调能力强,同时可以注入业主(或公司经理)的企业家精神;缺点是不适合规模较大的企业使用。

职能管理制是指在公司统一协调下,品牌管理职责主要由公司各职能部门分担,各职能部门在各自的权责范围内分别对品牌进行管理,其中通行的做法主要由市场部或广告部制定有关的品牌管理制度。职能管理制的优点有:使高层集中精力于企业发展的重大问题;促进品牌管理的科学化。职能管理制的缺点有:彼此平行的职能部门之间缺乏有效的沟通与协调;容易导致品牌管理责任不明确。

产品品牌经理制的基本操作思路是:为每一品牌安排一位品牌经理,由其负责协调该品牌的各项活动。产品品牌经理制的局限性表现为:竞争有余而合作不足;品牌管理缺乏统一的规划和领导,导致腐败滋生;产品品牌经理有时会过分强调短期成果;产品品牌经理制所需的费用常常高出预算。产品经理的职能具体归结为:制定品牌的长期经营目标和竞争战略;编制详细的产品品牌年度营销计划,并进行销售预测;与广告代理商和经销商一起进行产品品牌的广告策划;激发销售人员和经销商对该产品品牌的推销兴趣;不断收集有关产品的各方面信息;组织产品品牌改进,以适应不断变化的市场需求。成功的产品品牌经理须具备以下特点:敏锐的市场洞察能力、全面的产品知识、跨职能的领导能力。

类别品牌经理制将企业中的品牌按产品性质分为若干个类别,每一个类别设置一个类别品牌经理,管理该类别下的同类产品品牌。类别品牌经理的主要职责是:协调与其他类别品牌的关系;确保同类产品的各品牌间不出现过度竞争。

企业品牌经理制重点培育企业品牌(或旗帜品牌),并通过明确企业品牌与其他品牌的关系,使品牌系统中各品牌相互支持,从而实现品牌建设整体最优。企业品牌经理制实现品牌系统管理的途径包括:建立协调运作的、强有力的品牌管理机构;建立脉络清晰、有机联系的品牌体系;加强品牌系统的建设;进行长期一致、全面统一的品牌管理。

复习思考题

1. 试列举传统的品牌管理组织形式的种类并分析其局限性。
2. 简述产品品牌经理制的职责。
3. 产品品牌经理制的缺陷有哪些?
4. 类别品牌经理制的职能是什么?
5. 企业品牌经理制产生的原因是什么?
6. 论述企业品牌经理制实现品牌系统管理的途径。

课后案例

欧莱雅:品牌经理制的实践

化妆品行业通常被称为"把希望装在瓶子里出售"的行业。为了拓展需要,不少化妆品企业纷纷拉长产品线,希望以此拉近与各个阶层的消费者的关系。而多品牌公司的出现,则又引发出了一个问题:如何让各个所属品牌定位清晰,避免品牌之间的竞争消耗战,这些都让管理者感到头痛。

从这个角度说,化妆品公司无异于一家专业的品牌管理公司。而对于刚好走过百年的欧莱雅集团来说,对品牌管理的要求则变得越来越高。

欧莱雅在中国已逐渐发展了17个品牌,既涵盖了兰蔻、碧欧泉等高端产品,也有欧莱雅、美宝莲等中低端系列，还涉及理肤泉、薇姿之类的药妆。正当公司旗下的各品牌为大众呈现美轮美奂的场景时，一些疑问也随之产生：按照传统的理论，品牌的过度扩张可能会造成品牌的稀释与相互的冲突，对此，欧莱雅如何平衡与解决？

在欧莱雅集团中国区 CEO 盖保罗看来，公司旗下各品牌百年来顺畅运行的奥秘在于集团清晰的多品牌理念——明确的品牌结构定位、高效的品牌运作团队与源源不断的品牌创新。这些原则看似平淡无奇，但能够在一个庞大的化妆品王国中长久坚持下来，实在是对经理人的巨大挑战。

许多企业喜欢用"大伞"来比喻自己的品牌发展战略。在它们的设想中，一个品牌是一把大伞，各种品类的产品都涵盖在这把大伞之下。然而，这种做法的效果往往并不理想。正确的方法是，抛开品牌的大伞，培育一棵品牌大树。具体来说，企业应先建立发展出一个主导性的品牌，这个品牌被看作是树的主干。之后，新的品牌从树干上生长出来，逐渐成长为主要的分支。进一步分化后，这些分支上又长出新的品牌……最终，这些分支成就了一棵枝繁叶茂的品牌大树。

换句话说，企业应该用多个细分品牌来诠释不同的品类。如今，欧莱雅集团在全球拥有 26 个知名品牌，在中国内地则达到 17 个。

要管理好这棵复杂的品牌大树，欧莱雅成功的秘诀在于各个细分品牌的定位与布局。集团将这种全方位的品牌结构称为"金字塔式战略"，即按照价格，欧莱雅在中国从塔底到塔尖都有对应的品牌：在塔底的大众消费领域，集团拥有巴黎欧莱雅、美宝莲、卡尼尔与小护士；在塔的中间，集团推出了薇姿、理肤泉等保健化妆品牌；在塔尖的高档品牌中，集团旗下的兰蔻、碧欧泉、羽西与赫莲娜占据了一席之地；此外，在专业美发领域的细分市场，卡诗、欧莱雅专业美发和美奇丝为人们所熟知。

"向不同层次的消费者提供相应的不同层次的产品"是欧莱雅的基本策略，在这个基础上，如何让消费者更好地接受品牌定位，使各品牌间不至于混淆，成了摆在集团面前的挑战。

欧莱雅的做法是以"品位"来形成品牌间的鲜明区隔。众所周知，化妆品是一个以情感与自我表现为主要诉求的行业，品牌间的最大差异不是功能，而是所象征的身份、品位与生活方式。用集团董事长欧文中的话说，"好的品牌管理策略，就是针对合适的客户群投放正确的产品"。

从运营层面看，欧莱雅在发挥集团整体竞争优势的同时，非常重视各个品牌的相对独立性，以此形成品牌间的差异化。在中国，欧莱雅采用了品牌经理制的组织结构，即根据不同的产品种类规定不同部门的相应责权。在集团眼里，不同的品牌就像一个个小公司，每个小公司都有各自的广告、渠道、促销和定价策略。

通过与消费者直接建立联系，这种组织能够迅速地对市场作出反应，迎接竞争者的挑战。欧文中甚至要求，欧莱雅的地区经理们必须经常去销售点传授品牌理念，于是在全球 150 多个国家和地区中，人们经常可以看到地区经理们出现在化妆品专柜中，指导售货员如何将高档与中档产品更好地陈列分布。

在这个基础上，欧莱雅赞成旗下不同品牌间有条不紊地相互竞争。在集团内部，各业务单元的负责人自行发展着合作或竞争关系。

事实上,多品牌公司在扩张产品品类的同时,适当地引入竞争者显得十分必要。新品类如果没有竞争对手的加入来共同培育市场,则很难迅速站稳脚跟。

是谁成就了可口可乐的霸主地位？显然是百事可乐这样的跟随者。而比引入竞争对手更高明的做法,则是企业主动推进分化,推动内部竞争。从另一个角度说,当一个品牌占据了某个市场的主导份额后,企业的最佳策略是主动推出第二品牌,创造新的机会点。

"欧莱雅旗下的品牌之间会有部分重合的地方,内部竞争是确实存在的。但与其面对外部竞争,不如先在内部设立这种机制,这样才能更好地应对外部挑战。"盖保罗称。

资料来源:黄锴,"欧莱雅:品牌经理制的实践 多元化渠道的建立",http://finance.qq.com/a/20090801/000626.htm,2009年8月。

案例讨论题

欧莱雅的品牌经理制带给我们什么启示？

21世纪经济与管理规划教材

市场营销学系列

第四篇

品牌资产管理

第十一章　品牌资产概述
第十二章　品牌资产的建立与评估

第十一章　品牌资产概述

> 管理品牌是一项终生的事业。品牌其实是很脆弱的。你不得不承认,星巴克或任何一种品牌的成功都不是一种一次性授予的封号和爵位,它必须通过每一天的努力才能获得保持和维护。
>
> ——星巴克创始人霍华德·舒尔茨

本章主要阐述以下几个问题:
- 什么是品牌资产
- 品牌资产的价值表现
- 品牌资产的构成和特征是什么

第一节　品牌资产的含义

品牌资产(brand equity)这一概念诞生于 20 世纪 80 年代的美国广告界,并日益成为广泛流行的概念。日趋激烈的竞争格局促使企业认识到了品牌的巨大价值,并将品牌资产视为企业资产的重要组成部分。理论界最初对品牌资产的研究起因于当时一些有影响的企业并购案,这些并购最后的成交价都大大超出被并购方的有形资产价值。对于大多数企业而言,品牌名称及其含义是企业最重要的资产——企业竞争优势的基础、未来利润的源泉。

案例 11-1

联想并购 IBM 的 PC 业务

中国最大的电脑厂商联想集团 2004 年 12 月 8 日宣布,将以 6.5 亿美元现金和 6 亿美元联想股票,共 12.5 亿美元收购 IBM 的个人电脑业务部门,同时,IBM 还将转给联想 5 亿美元债务。收购完成后,联想集团将拥有作为香港上市公司的联想集团约 45% 的股份,IBM 将拥有 18.9% 的股份。

联想将得到为期五年的 IBM 的 ThinkPad 笔记本电脑和 ThinkCenter 台式电脑的品牌使用权,以及 IBM 的全球销售网络。并购完成后的新联想,全球总部将设在美国纽约州,并在中国和美国各设一个运营中心,在中国、美国、日本各设一个全球研发中心。联想控股董事长柳传志表示,今后联想海外业务与中国业务的比重将会是"三七开"。联想年收入约 30 亿美元,IBM 全球个人电脑业务年收入约 90 亿美元。并购后的新联想将以 120 亿美元的年营业收入成为仅次于戴尔与惠普的全球第三大个人电脑生产商,占有约 8%

的全球市场份额。

联想收购 IBM 个人电脑业务意味着中国企业将越来越多地通过类似的并购交易走上世界舞台。联想愿意为富有未来获利潜力的 IBM 品牌支付一大笔溢价，收获的将是在公司财务报表上从未出现的东西，品牌就是企业的资产。

资料来源：高斯，"脱胎换骨——联想在 IBM 并购案中获得新生"，《华盛顿观察周刊》，2004 年第 45 期。

一、品牌资产的概念

目前对品牌资产概念的讨论大致可以分为两个视角：从企业出发和从消费者出发。戴维斯（Davis）在定义品牌价值时，强调了品牌资产的战略重要性："品牌可以给公司带来潜在的战略贡献和利益。"戴维·阿克（David Aaker）的观点是企业导向的品牌资产定义的典型，他认为品牌资产是这样一种资产，它能够为企业和顾客提供超越产品和服务本身的利益之外的价值；同时，品牌资产又是与某一特定的品牌紧密联系在一起的，如果对品牌文字、图形进行改变，附属于品牌之上的资产将会部分或全部丧失。

目前西方多数学者对品牌资产的界定都倾向于考察消费者的反应和感受，他们认为把品牌资产和消费者联系起来才更有意义。例如，法奎汉（Farguhar）将品牌资产定义为"品牌给使用者带来的超越其功能的附加价值或附加利益"。品牌给消费者提供的附加利益越大，它对消费者的吸引力就越大，从而品牌资产的价值就越高。凯勒（Keller）赋予的定义是顾客导向的品牌资产定义的典型，他将基于顾客的品牌资产定义为品牌知识对品牌营销的消费者反应所产生的差异化效应。该定义中包含有三个重要的概念：差异化效应（differential effect）、品牌知识（brand knowledge）和营销的消费者反应（consumer response to marketing）。差异化效应是通过比较品牌营销的消费者反应与虚拟名称或无名称的产品或服务相同的营销的消费者反应来决定的。品牌知识是根据品牌知名度和品牌形象来定义的，并且根据以前描述的品牌联想的特征和关系来进行概念化的。营销的消费者反应是根据营销整合活动（比如，品牌选择、广告复制的理解、优惠促销的反应，或计划的品牌延伸评价等）导致的消费者感知、偏爱和行为来定义的。与虚拟名称或无名称的产品或服务相同的营销整合要素相比，如果消费者对品牌的产品、价格、促销或分销表现出更多的（或更少的）偏爱，则该品牌拥有正面的（或负面的）基于顾客的品牌资产。

从企业出发和从消费者出发的两种视角并不矛盾，而是相辅相成的。因为品牌资产是一个连接过去和未来的概念，反映企业过去营销努力的沉淀，同时又预示品牌未来的收益能力。品牌之所以将来能为企业带来稳定的超额收益，是源于过去的营销努力对消费者心理和行为产生的影响。

按照美国营销科学院（MIS）给出的定义，品牌资产就是品牌的顾客、渠道成员、母公司等对于品牌的联想和行为，这些联想和行为使产品可以获得比在没有品牌名称条件下更多的销售额和利润，同时赋予品牌超越竞争者的强大、持久和差别化的竞争优势。肖克尔（Shocker）等学者也从两种角度界定了品牌资产：从消费者角度，品牌资产是指消费者认知中形成的产品物理属性所不能解释的在效用、忠诚和形象上的差异；从企业角度，品牌资产是指有品牌的产品与没有品牌的产品相比获得的超额现金流。如果品牌对消费者没有意义，那么它不可能向投资者、生产商或零售商提供任何价值。但同时如果品牌将来不能给企业带来市场和财务价值，那么品牌的持续投资和生存将成为问题，这样也就不可能在消费者心目中积累出持续的认知图景。我国实行新会计制度后，无形资产被正式列于企业的资产负债表上。品牌资产作为一项重要的无形资产，应该在企业的资产负债表中列示出来。

资料 11-1

2012 年中国 500 个最具价值品牌

世界品牌实验室 6 月 28 日发布了 2012 年"中国 500 个最具价值品牌"排行榜。这份基于财务分析、消费行为分析和品牌强度分析的榜单，中国移动以 2 385 亿元的品牌价值，位列本年度最具价值品牌榜首；位列榜单第二至第五位的分别是：国家电网、工商银行、中央电视台和中国人寿。世界品牌实验室认为，从品牌价值角度分析，这些品牌已经进入世界级品牌阵容。此外，中央人民广播电台也以 62 亿元的品牌价值入选榜单。

2012 年"中国 500 个最具价值品牌"的总价值为 65 837 亿元，平均每个品牌价值为 131 亿元。2012 年入选品牌的最低价值已经从 2011 年的 10.1 亿元上升到了 11.8 亿元。世界品牌实验室连续 6 年跟踪中国用户品牌购买倾向，覆盖了 25 个主要国家。2011 年信任度排名第一的德国品牌，2012 年被瑞士品牌取代排名第二；美国品牌依然排在第三；而受到诺基亚继续萎靡的影响，芬兰品牌下滑幅度最大，从 2011 年的第七，跌出前十位；荷兰品牌首次进入前十位；而中国本土品牌的排名则由于不断发生的食品安全事件继续下降，从 2011 年的第 13 位下滑到 2012 年的第 14 位。

在此次的"中国 500 个最具价值品牌"分区域排名中，北京以 92 个入选品牌名列第一；广东有 84 个品牌入选，排名第二；上海有 45 个品牌入选，名列第三。

资料来源："2012 年'中国最具价值品牌'排行榜发布 中国移动居首"，http://it.sohu.com，2012 年 6 月 29 日。

二、品牌资产的价值

品牌资产作为公司最有价值的资产，又是一种无形资产，它的价值概括起来可以分为两类：为消费者提供价值和为企业提供价值。

1. 为消费者提供价值

品牌资产为消费者提供的价值主要通过以下几个方面表现出来：

第一，通过品牌名称、品牌标志物的认知作用，有助于消费者解释、处理与储存和品牌有关的海量信息。例如，中国移动旗下的"动感地带"品牌象征着年轻一代的流行与时尚，这个品牌是与年轻、独立、个性等特征联系在一起的。

第二，基于消费者过去的使用经验或对品牌及其特征的熟识程度，品牌资产能够增强消费者的购买信心。例如相比选择一些不知名品牌的手机,选择诺基亚手机的消费者会更有信心,诺基亚会使他们感到安全和放心。

第三,品牌认知度和品牌联想能够提高消费者使用商品的满意度,从而产生品牌忠诚。例如,宝马能够给驾驶者带来非同一般的感受。

学术智库 11-1

品牌资产的作用——抵消失误

以往的研究表明,承诺、消费者认知、事后补救、品牌个性都会影响对企业负面信息的扩散,而顾客认知和品牌熟悉度是衡量品牌资产的重要标准,那么消费者如何看待品牌资产不同的企业在遇到负面信息时的形象呢?经过研究发现,不管是否有事后补救措施,消费者总是会给予高资产的品牌更满意的评价和更高的购买意向。同时也发现,尽管高资产的品牌相对于低资产的品牌有着品牌优势,但在负面信息刚出现的时候,消费者对高资产品牌的满意度和购买倾向会更显著的降低。以往研究也表明,消费者不及时发泄抱怨可能使他们的不满意状态不能得到及时解决,而品牌资产可以抵消负面信息的影响。同时拥有品牌优势的高品牌资产企业必须更加保持警惕来修复负面信息带来的消极影响。所以在未来,企业应当合理利用公关、广告建立自身品牌资产,防范负面信息带来的消极影响。

文献来源:Brady, M. K., Cronin Jr, J. J., Fox, G. L. & Roehm, M. L. 2008. Strategies to Offset Performance Failures: The Role of Brand Equity [J]. Journal of Retailing, 84(2): 151-164.

2. 为企业提供价值

品牌资产除了能够为消费者增加价值以外,还能够通过以下方面增加企业的边际现金流量,从而增加企业的价值。

第一,培养消费者的品牌忠诚。当消费者对某一品牌产生较高的品牌忠诚时,在以后较长的时期里,就会不断地重复购买这一产品。企业即便投入较少的促销费用,也会获取稳定的丰厚利润。

第二,品牌资产可以增强吸引新顾客或留住老顾客的营销计划的效果。例如想让消费者尝试新产品,如果该品牌是消费者熟悉的品牌,或者企业无须打消消费者对品牌质量的疑惑时,促销的效果会更好些。

第三,品牌体现的质量,能促使该品牌产品以溢价销售。品牌体现的质量实质上是一种消费者的感性认识,是消费者对某一品牌产品或服务的全面质量或特征的感性认识。品牌体现的质量来源于有关某品牌产品的特征、性能的信息对消费者的长期影响。如果消费者经常看到有关某品牌产品质量或售后服务有问题的报道,那么他们就会认为该产品质量很差,既不畅销,售价也不可能高于同类产品。相反,如果消费者认为某品牌产品质量上乘,那么较高的价格也是容易接受的。而这种较高的价格实际上就是溢价,即高于产品内在价值的价格。例如人们购买蒂梵尼珠宝时,必定相信自己买的是高质量的商品,付出相应的高价格也是理所应当的。

第四,品牌资产为企业通过品牌延伸达到增长的目的提供了平台。高知名度的品牌为企业产品线的扩展提供了便利条件。因为知名度高的品牌一般具有较高的社会认同,在此情况下,推出的新产品也容易获得消费者的认可。例如日化行业的宝洁品牌,迄今为止已经延伸至多种产品,并为企业开拓了商业空间。

第五,品牌资产能够在分销渠道中起到杠杆作用。消费者一旦能够识别某一品牌的名称并能够由此产生品牌联想,就能够大大降低交易的不确定性。因此在实施品牌营销计划时,拥有高品牌资产的品牌不仅能够在面市时获得优势,还能够产生协同作用。

第六,品牌资产提供了对竞争者来说是进入目标市场的一种障碍的竞争优势。知名度高的品牌体现的质量及由此而取得的深刻的品牌认知是竞争对手难以逾越的障碍。例如,汰渍洗衣粉适用于家庭洗涤那些难洗的衣物,对于既定的细分市场而言,这一品牌联想就占尽了先机。其他品牌就会发现很难在"难洗的衣物"这一细分市场上与汰渍洗衣粉竞争。

资料 11-2

应该向股东报告品牌价值吗?

我们可以假设在资产负债表中体现品牌的价值或者至少将其作为企业财务报告的一部分向股东汇报。事实上,一些英国公司已经将品牌资产体现在资产负债表中了。例如1988 年,RHM(Ranks Hovis McDougall)公司将其 60 个品牌的价值估价为 1.2 亿美元,并体现在资产负债表中。首先,这一无形资产数字轻而易举地超过了谨慎报告的有形资产价值,并将影响股东对公司价值的评估。其次,报告品牌资产的价值能使企业将注意力集中在无形资产上,这样更容易证明创建品牌的活动有助于提高企业的长期赢利能力。没有这样的信息,股东肯定依赖短期财务结果评判企业的赢利能力。

向股东报告品牌价值的主要困难在于:对品牌资产的估价是否能够做到既客观又令人信服。如果品牌价值没有说服力,则报告品牌价值不仅没有用,而且可能会引发法律责任问题。虽然英国有公司已经在资产负债表中报告了品牌价值,但没有一定之规,因此很少发生诉讼。

资料来源:戴维·阿克著,奚卫华、董青海译,《管理品牌资产》,机械工业出版社,2006 年。

第二节 品牌资产的构成

一、品牌资产模型

品牌资产是由品牌形象所驱动的资产,它形成的关键在于消费者看待品牌的方式并由此而产生出来的消费行为。要使消费者对品牌所标示的商品或服务进行购买和消费,需要投资于品牌形象,取得消费者认同和亲近,从而使消费者接受这一品牌,进而购买这一品牌。因此品牌资产有别于有形的实物资产,它是一个系统概念,由一系列因素构成。对品牌资产的构成要素,各派学者也有不同的观点。

(一)戴维·阿克的品牌资产模型

戴维·阿克在综合前人的基础上,指出品牌忠诚、品牌知名度、品质认知度、品牌联想以及其他专属的品牌资产这五项资产是品牌价值构建的源头,图11-1展现了阿克用品牌资产创造价值的观点。

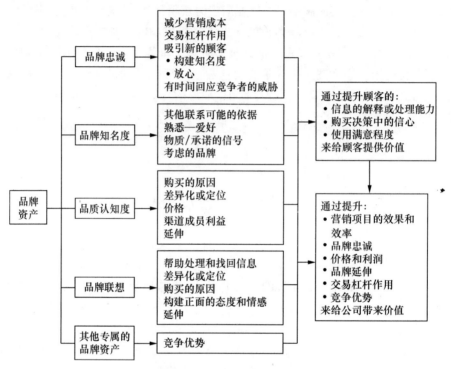

图 11-1 品牌资产如何创造价值

资料来源:David A. Aaker. 1991. Managing Brand Equity [M]. New York:The Free Press.

(二)凯文·凯勒基于顾客的品牌资产模型

凯文·凯勒提出需要采用多种衡量指标以确保获得较为完整的品牌资产的观点,并由此提出了基于顾客的品牌资产模型(customer-based brand equity,CBBE),指出品牌资产由品牌身份、品牌含义、品牌反应、品牌关系四个不同的层面所构成。CBBE 模型采用了类似金字塔式的结构,共包含六个模块:品牌形象包含用户特征、购买使用场合、个性与价值、历史、渊源、经验等;品牌象征是指品牌身份的认知;品牌表现包含基本和次要特征、产品可靠性、维护性、耐用性、服务效率、移情、设计、风格、价格等;品牌判断包含质量、可信、优越性等;品牌情感包含温暖、快乐、兴奋、安全、社会认同、自尊等;品牌共鸣包含忠诚、依恋、共同、承诺等。这个模型的要素很详尽、很具体,但可操作性不强,具体模型见图11-2。

凯勒认为,品牌资产本质上是由顾客头脑中已有的品牌知识导致的顾客对品牌营销活动的差别化反应。这里包括三层含义:首先,品牌资产来自于顾客的差别化反应,如果

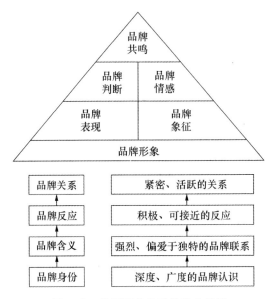

图 11-2 基于顾客的品牌资产模型

资料来源:Keller K. 2001. Building Customer-based Brand Equity [J]. Marketing Management, 10 (2):15-19.

不存在顾客反应方面的差异,品牌产品就与无品牌产品没有什么区别;其次,顾客反应方面的差别是"顾客已有的品牌知识发挥作用的结果",品牌的作用根本上取决于顾客头脑中已经存在的品牌知识;最后,顾客的反应体现在与品牌营销有关的感知偏好和行为等方面,顾客的品牌知识是靠企业以往长期的营销努力积累起来的,是建立品牌资产的关键。凯勒认为品牌知识包含两类要素:品牌知名度(品牌意识)和品牌形象,前者表示消费者对品牌的熟悉程度;后者反映消费者对品牌的态度。具体的构成要素如图11-3所示。

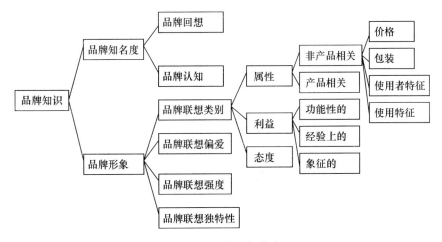

图 11-3 品牌知识维度

资料来源:Keller K. 1993. Conceptualizing, Measuring and Managing Customer-based Brand Equity [J]. Journal of Marketing,57(1):1-29.

对品牌资产的结构维度和生成原因进行研究,一方面有助于对品牌资产的理解,另一方面能够为品牌资产的评估和测量提供帮助,许多学者由此展开了很多相关研究,并对品牌资产的构成得出了很多的结论:戴维·阿克在提出"五星"概念模型后,又扩展了品牌资产十要素模型,采用四组态度维度(品牌忠诚度、感知质量、品牌联想、品牌知名度)八个变量,外加一个市场反应维度两个变量(市场占有率、价格),共十个要素来测量品牌资产。Yoo and Donthu(2001)开发出多维品牌资产(multidimensional brand equity, MBE)和总体品牌资产(overall brand equity, OBE)两种量表,经过多个模型拟合度的比较,证实"品牌忠诚、感知质量、品牌意识/品牌联想"这三个维度共十个测项具有满意的信度和效度,并具有跨文化的普遍性。尼特米耶(Netemeyer, 2004)对 CBBE 量表进行研究创新,得到品牌资产由"感知质量(PQ)/相对于成本的感知价值(PVC)""品牌独特性"和"品牌溢价支付意愿"这三个核心构面组成,其中"PQ/PVC"和"品牌独特性"又是"品牌溢价支付意愿"的潜在直接前因。可以看到上面这些研究结论十分丰富,但也给我们完整理解品牌资产造成了困难。

二、品牌资产构成要素

综合来说,品牌名称和品牌标志物是品牌资产的物质载体,如果品牌或者标志发生变化,如改为新的名称或标志,某些或所有的品牌资产将会受到影响,甚至消失。品牌知名度、品牌美誉度、品质认知、品牌联想、品牌忠诚度和附着在品牌上的其他资产是品牌资产的有机构成,为消费者和企业提供附加利益是品牌资产的实质内容。它们之间的联系如图 11-4 所示,下文由此展开进行说明。

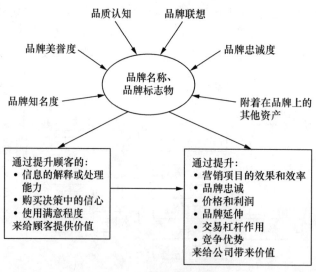

图 11-4 品牌资产系统

(一)品牌知名度

品牌知名度,是指某品牌被公众知晓、了解的程度,它表明品牌为多少或多大比例的消费者所知晓,反映的是顾客关系的广度。品牌知名度是评价品牌社会影响大小的指标。

品牌知名度的大小是相对而言的,名牌就是知名度相对高的品牌。

1. 品牌知名度的层级

品牌知名度的范围很大,包括一个连续的变化过程。一般将知名度分为四个层级:无知名度(unaware of brand)、提示知名度(aided awareness)、未提示知名度(unaided awareness)和第一提及知名度(top of mind),如图11-5所示。四个层次呈金字塔形,从底层往上发展,实现难度逐渐加大。品牌达到第一提及知名度,意味达到金字塔的顶端。

图 11-5 品牌知名度层级

（1）无知名度。是指消费者对品牌没有任何印象,原因可能是消费者从未接触过该品牌,或者该品牌没有任何特色,根本无法引起消费者的兴趣,十分容易被消费者遗忘。消费者一般不会主动购买此类品牌的产品。

（2）提示知名度。是指消费者在经过提示或某种暗示后,可想起某一品牌,能够说出自己曾经听说过的品牌名字。比如,当问及空调有哪些品牌时,可能有人不能马上回答上来。但如果接着问他们知不知道"格力"空调时,他们会给出肯定的答复,那么"格力"就只具有一种提示知名度。这个层次是传播活动的第一个目标,它在顾客购买商品选择品牌时具有十分重要的地位。

（3）未提示知名度。是指消费者在不需要任何提示的情况下能够想起来的某种品牌,即能正确区别先前所见或听到的品牌。对某类品牌来说,具有未提示知名度的往往不是一个品牌,而是一串品牌。比如,说到笔记本电脑,我们会马上想到IBM、惠普、戴尔;提到运动服,阿迪达斯、耐克、彪马、李宁可能就出现在我们的脑海里了。虽然对于这些具体的品牌来讲,它们都不是唯一被马上想到的,但说明消费者对这些品牌都形成了较深的印象,消费者在选购产品时会在这些品牌中进行比较,哪种品牌的特征更能满足消费者的偏好,哪种品牌的产品就能被消费者选中。

（4）第一提及知名度。是指消费者在没有任何提示的情况下,所想到或说出的某类产品的第一个品牌。比如对某些消费者而言,提到碳酸饮料,就会想到可口可乐;提到家用电器,就会想起海尔;提到手机,就会想起诺基亚。"第一提及知名度"的品牌,是市场领导者,或者说是强势品牌(strong brand),当然,不同的消费者对同类产品的"第一提及品牌"是不同的。调研显示,第一提及的品牌在消费者心目中形成了强有力的偏好,是他们购买该类产品的首选品牌。

2. 品牌知名度的资产价值

（1）品牌知名度是品牌资产形成的前提。品牌知名度是消费者赋予品牌一定资产价值的第一步，因为消费者总是喜欢买自己知道、熟悉的品牌，熟悉意味着拉近距离，意味着减少不安全感。当消费者决定购买某种产品后，便会收集有关产品的信息，显然，消费者所熟悉的这类产品的品牌会首先进入其信息库；其次，如果消费者不熟悉该类产品品牌，需要向有关人士咨询这类产品的信息时，他通常首先想知道的是这类产品中知名度高的品牌有哪些，以便于选择，且被咨询者也会首先把自己熟悉的、知名度高的品牌介绍给他人；最后，只有进入消费者产品信息库的品牌才可能成为消费者的最终选择，品牌知名度越高，越容易进入消费者的选择域。大量研究表明，深入人心的记忆与人们的购买态度和购买行为之间存在着关系，各品牌在测试中被记起的先后次序不同，它们在被优先选择和购买的可能性上就表现出很大的差别。对于经常购买的日用消费品，品牌知名度的作用是至关重要的，因为品牌购买决策一般是在去商店之前就作出了。综观中外品牌，资产价值高的品牌无一不是具有极高知名度的品牌。

（2）弱化竞争品牌的影响。品牌知名度的高低是一个相对的概念，是同类品牌比较的结果。当消费者对某种品牌具有较高的认知时，自然会影响对其他品牌的认知，因为消费者的偏好有限、对信息的存储有限。消费者对信息的吸纳，一般要经过"过滤"这个环节，只有那些对消费者有用的、新鲜的、有特殊意义的信息才有可能进入消费者的"长时记忆"被储存起来。品牌知名度越高，意味着消费者对该品牌的印象越深刻，竞争品牌进入消费者的"印象领域"的难度越大。

3. 品牌知名度的测量

测量品牌知名度可从三个方面进行，即测量公众知名度、社会知名度和行业知名度。

（1）公众知名度的测量。从市场营销的角度来说，品牌的公众知名度是指某品牌在相关公众中的影响力，主要是指该品牌在顾客中的影响力。通常采用简单测量法和复合测量法来测量。简单测量法主要测量被访者对某品牌名称的熟悉度，复合测量法是运用多个指标来测试被访者对某品牌的深入了解程度，如该品牌的标志、广告语、品质、生产商等。

（2）社会知名度的测量。品牌的社会知名度是指某品牌在社会大众中的影响力，通常用该品牌在大众媒体上出现的频率来表示。大众传播对社会大众的舆论导向作用巨大，传播的力度和深度是其他方式不能比拟的。品牌知名度的提高主要依赖于传播的力度。考察社会知名度，可以根据企业对品牌的定位，将有关大众传播媒体分类，然后分别计算出该品牌在各类媒体上出现的频率，就可以得到该品牌的社会知名度。

（3）行业知名度的测量。品牌的行业知名度是指某品牌在相关行业（特别是在本行业）中的影响力，通常是通过问卷调查的方法来研究。调查品牌行业知名度可以参照品牌公众知名度的方法。在每个行业中往往有若干个品牌存在，行业知名度可以反映出某品牌的行业地位，以及与竞争品牌在知名度上的差异。

资料 11-3

一项关于品牌知名度的调查

在一项关于品牌知名度的调查中,要求 4 个城市的 100 名家庭主妇尽可能多地回忆品牌名称,并根据其回忆品牌名称数量的多少向其付费。结果表明,她们平均能回忆出 28 个品牌名称,其中 15% 的人能回忆出 40 个以上的品牌名称,其中一半以上是食品名称。这些品牌名称的存续时间也非同寻常:85% 以上的品牌名称已经存续 25 年以上,36% 的品牌名称已经存续了 75 年!

最知名品牌的存续时间

品牌存续时间	所提到的 4 923 种品牌的比率
100 年以上	10
75—99 年	26
50—74 年	28
25—49 年	4
15—24 年	4
14 年以下	3

资料来源:Leo Bograt and Charles Lehman. 1973. What Makes a Brand Name Familiar? [J]. Journal of Marketing Research, 2: 17-22.

(二)品牌美誉度

有了品牌知名度并不意味着有了品牌美誉度。品牌美誉度是指某品牌获得公众信任、支持和赞许的程度。相对于品牌知名度这个量的指标而言,品牌美誉度是一个质的指标,只有建立在美誉度基础上的品牌知名度才能真正形成品牌资产。

1. 品牌美誉度的资产价值

品牌美誉度的资产体现在"口碑效应"上,即通过人们的口头称赞,一传十,十传百,引发源源不断的销售。一些调查报告显示,由口头信息所引起的购买次数 3 倍于广告引起的购买次数;口头信息的影响力是广播广告的 2 倍、人员推销的 4 倍、报纸和杂志广告的 7 倍。品牌的美誉度越高,"口碑效应"就越明显,品牌的资产价值也就越高。

2. 品牌美誉度的测量

品牌美誉度的测量包括公众美誉度、社会美誉度和行业美誉度三方面。因为行业内部影响因素比较复杂,所以行业美誉度只作为参考,应重点对公众美誉度和社会美誉度进行考察。

(1)公众美誉度的测量。品牌的公众美誉度也可以用简单测量法和复合测量法来考察。

简单测量法即运用一项指标对品牌美誉度进行测量,如询问消费者是否喜欢某品牌。

品牌美誉度 = 对该品牌持赞誉态度的人数/被调查总人数 × 100%

复合测量法则是运用多项指标对品牌美誉度进行测量。下列项目可作为测量指标的参考:技术优良,研究开发力强,认真对待顾客投诉,企业规模大,希望到此公司就业,新鲜感,信赖感,具有清新的形象,国际竞争力强,公司风气良好,经营者优秀,对顾客服务周到,销售网络相当完善,想购买公司的股票,对社会的贡献大,喜欢公司的产品,等等。

(2)社会美誉度的测量。品牌的社会美誉度是通过大众传播媒体对某品牌报道的性质来考察,以正面积极报道占总报道量的比重来表示。例如,某品牌被大众传播媒体报道的次数为 286 次,其中 107 次为正面积极的报道,那么,该品牌的社会美誉度就是 107/286 = 37.41%。

(三)品质认知

1. 品质认知的含义

产品品质,从狭义上理解,是指产品的适应性,即产品为达到使用目的应具备的性质;从广义上理解,是指产品的使用价值及其属性能满足社会需要的程度。企业、经销商和最终用户各自对产品品质的评价标准是存在差异的,原因在于评价者在判断产品品质优劣时,不仅渗入了自身的利益因素,而且渗入了个性、心理、环境等方面的因素。从这一角度我们可能会觉得产品品质是一个主观的概念。但是消费者作为一个整体,特别是存在同质性的消费者群体,对产品品质的判断会呈现某种共同的图景,潜藏在这一共同图景下的则是消费者所采取的共同或类似的品质评价标准。从这一意义上讲,品质评价标准具有客观性。根据品质评价标准客观性的原则,我们来分析消费者对产品的品质认知。

品质认知是指消费者对产品或服务的适应性和其他功能特性适合其使用目的的主观理解或整体反应,是消费者对产品客观品质的主观认识,它以客观品质为基础,但又不等同于产品的客观品质。不同产品的客观品质可能完全相同,但消费者对不同产品的品质认知却相差甚远。这种例子不胜枚举,许多商品在标上名牌商标后,身价倍增。显然,消费者形成品牌偏好和品牌忠诚的重要影响因素不是产品的客观品质,而是产品的认知品质,它不仅包括产品自身的品质,还包括产品服务的品质。比如,宝洁——世界一流产品;海尔——星级服务,都是消费者对品牌的一种认同。品质认知大体上包括如下内容:产品功能与特点、适用性、可信赖度、耐用度、外观、包装、服务、价格、渠道等。

2. 品质认知的资产价值

产品品质是品牌资产的基础,或者说是维系、发展长期顾客关系的一个重要方面。品质认知的资产价值体现在四个方面:提供购买理由、产生溢价、提高渠道谈判能力、提高品牌延伸力。

(1)提供购买理由。产品使用价值是消费者选择产品的基本理由,产品品质是体现产品使用价值大小的主要因素。产品品质的高低将直接影响消费者从产品消费中获得的利益。强势品牌受消费者青睐的主要原因在于其卓越的品质,许多消费者愿意购买名牌,是因为这些品牌的产品品质有保证。

(2)产生溢价。消费者愿意支付更高的价钱购买他们认为高品质的品牌产品。例如,耐克的产品价格要明显高于同类产品,但消费者对耐克产品的高品质认知使得他们愿意花更多的钱购买其产品。

(3)提高渠道谈判能力。具有高品质产品的企业在与代理商、分销商、零售商等成员谈判时拥有优势。经销商都乐于出售受消费者青睐的品牌,一是销售量有保障,二是可以减少交易费用,三是能够提高自身形象。由于经销商的形象直接受其提供的产品或服务的影响,因而,经销高品质的产品对经销商自身形象的提升具有举足轻重的作用。

(4)提高品牌延伸力。品质是被延伸品牌能否被消费者接受的基础,只有拥有高品质印象的品牌在品牌延伸上才可能产生较大的辐射力。消费者对延伸品牌产生认同的主要原因是,消费者认为采用延伸品牌的产品与原产品具有同样的品质。

资料 11-4

衡量产品品质的因素

产品质量

1. 性能。例如,洗衣机洗得如何?
2. 特色。例如,某种牙膏是否容易挤出来?
3. 与说明书一致。例如,次品率是多少?
4. 可靠性。例如,每次使用时,割草机是否正常工作?
5. 耐用性。例如,割草机能使用多长时间?
6. 适用性。例如,服务系统是否有效、胜任、方便?
7. 适宜与完美。例如,产品看上去是否像高质量的商品?

服务质量

1. 有形性。例如,实际设施、设备以及服务人员的外表是否表现出高品质?
2. 可靠性。例如,是否能够准确、可靠地完成工作?
3. 能力。例如,修理人员是否具有做好修理工作所需的知识与技巧?他们是否可信与自信?
4. 响应速度。例如,销售人员是否愿意帮助顾客并提供迅捷的服务?
5. 移情。例如,银行是否关心顾客、是否提供个性化的服务?

资料来源:戴维·阿克著,奚卫华、董青海译,《管理品牌资产》,机械工业出版社,2006年。

(四)品牌联想

1. 品牌联想的含义

品牌联想是指消费者在看到某一品牌时所勾起的所有印象、联想和意义的总和,比如产品特点、使用场合、品牌个性、品牌形象等。比如,路易·威登(Louis Vuitton)让人联想到奢华、高贵;百事可乐让人充分领略青春动感、活力无限。品牌联想大致可分为三种层次:品牌属性联想、品牌利益联想、品牌态度。

(1)品牌属性联想。品牌属性联想是指对于产品或服务特色的联想,比如消费者认为产品和服务是什么。品牌属性可分为与产品有关的属性和与产品无关的属性。与产品有关的属性是指产品的物理组成和服务要求，它决定着产品的本质和等级。与产品无关的属性并不直接影响产品性能，但可能影响购买或消费过程。比如，品牌名称、产品的价格、使用者状况、品牌标志、品牌原产地等。

（2）品牌利益联想。品牌利益联想是指消费者感觉某一品牌产品或服务属性能给他带来的价值和意义。品牌利益联想又可分为产品功能性利益联想、产品象征性利益联想和产品体验性利益联想。

（3）品牌态度。品牌态度是最高层次也是最抽象的品牌联想，它是指消费者对品牌的总体评价。品牌态度直接影响消费者对品牌的选择，它通常建立在品牌属性和品牌利益上。例如，请消费者对餐饮店作总体评价，主要通过这几个方面进行考核，如餐饮店的地理位置、店堂的布局、设计、服务的速度、态度、口味、价格等。品牌态度有一定的幅度，包括从厌恶到喜欢等几个层次。值得一提的是，品牌态度是难以改变的。要想改变消费者对品牌的态度，企业需要付出很大的代价。

2. 品牌联想的资产价值

积极的品牌联想意味着品牌被消费者接受、认知，进而可形成品牌偏好和品牌忠诚。品牌联想的价值包括如下几个方面：

（1）有助于品牌认知，扩大品牌知名度。麦当劳这种有别于中国传统餐饮方式的洋快餐，在用餐形式、餐厅卫生、服务及促销等方面的特征让中国的儿童产生了极大的认同感。麦当劳所产生的这种联想使得它在中华大地遍地开花，征服了中国大量的青少年。

（2）产生差异化。产品越来越趋向于同质化，只有形象差异才能对市场和消费者产生震撼。同样是纸和烟草的组合，"万宝路"香烟变成了强悍阳刚的牛仔，"箭牌"激起人们对休闲天地的向往，苹果成为高科技的象征，"百乐门"塑造了一个温馨浪漫的情侣世界。有区别的联想为竞争者制造了一道无法逾越的障碍。品牌名称、定位、广告等沟通手段都可以创造差异化的品牌联想。

（3）提供购买理由。无论品牌属性联想还是品牌利益联想或消费者对品牌的态度，都直接与消费者利益有关，从而能提供一个特别的理由促使消费者购买或使用这一品牌。例如，英特尔品牌让人联想到功能强大、高速、可靠，装上一颗"奔腾"的"心（芯）"，许多消费者之所以购买这种品牌，是因为由该品牌产生的丰富联想让消费者感到某种满足。

（4）成为品牌延伸的基础。品牌所具有的联想可以用于其他产品上，因为它们可以共享同一种联想。比如海尔的"高品质，零缺陷，星级服务"造就了海尔冰箱、海尔洗衣机、海尔彩电、海尔空调、海尔电脑……通过品牌延伸，可以使这些联想更加强劲，并为更多的产品所共享。

（五）品牌忠诚

1. 品牌忠诚的含义

奥利弗（Oliver，1997）对品牌忠诚的定义是：一种对偏爱的产品和服务的深深承诺，在未来都持续一致地重复购买和光顾，因此产生了反复购买同一个品牌或一个品牌系列的行为，无论情境和营销力量如何影响，都不会产生转换行为。这是迄今为止较为成型的也是普遍被接受的品牌忠诚定义,它包括了行为忠诚和态度忠诚两个方面。

品牌忠诚度是品牌资产的核心,拥有一群忠诚的消费者,就像为自己的品牌打造了一道难以跨越的门槛,它能阻挡竞争对手的刻意模仿、破坏性的削价,也是一个品牌所要追求的最终的目标。据美国一个调查公司对 22 个品牌的消费者进行的长期跟踪调查,"平均品牌"[①]的高、中、低度行为忠诚者占被调查者的比例分别为 12%、14%、74%。显然,从消费者数量看,高度行为忠诚者所占的比例比较低,只占低度行为忠诚者的 16.2%。但是,与此形成鲜明对照的是,高度行为忠诚者的品牌购买量占该品牌销售量的 69%,而低度行为忠诚者的品牌购买量仅占该品牌销售量的 5%,这足以说明高度行为忠诚者对于品牌的重要性,品牌忠诚度也是品牌资产中最核心、最具价值的内容。

2. 品牌忠诚的类型

按品牌忠诚的形成过程,品牌忠诚度可以划分为认知性忠诚、情感性忠诚、意向性忠诚和行为性忠诚四种类型。研究消费者行为领域的学者认为,在消费者态度形成的过程中,消费者会首先收集相关品牌的信息(认知);在对这些零碎而复杂的信息进行重新整理、加工之后,会对该品牌作出肯定或否定的综合评估(感情评估),并在这一综合评估的基础上产生某种行为意向。因而,品牌忠诚的形成过程首先是认知性忠诚,其次是情感性忠诚,再次是意向性忠诚,最后是行为性忠诚。

(1)认知性忠诚。它是指经由品牌相关信息直接形成的,认为该品牌优于其他品牌而形成的忠诚。对某个品牌形成认知性忠诚的顾客,仅仅是认可该品牌产品或服务的相关品质,一旦其他竞争品牌产品的品质更好,或者性价比更优惠时,此类顾客就极有可能转向竞争品牌,因而认知性忠诚也是最浅层次的忠诚。

(2)情感性忠诚。它是指在使用某种品牌并获得持续满意后,形成的对该品牌的偏爱和情感。在很多情况下,情感性忠诚是指某一品牌的个性与顾客的生活方式、价值观念相吻合,顾客对该品牌已产生了感情,甚至引以为豪,并把它当做自己的朋友和某种精神寄托,进而表现出持续购买的欲望和行为。比如,一位美国报纸编辑说:"可口可乐代表美国所有的精华,喝一瓶可口可乐就等于把这些美国精神灌注体内,可乐瓶中装的是美国人的梦。"如果顾客持有这样的"心理体认",不论其实际上购买与否,都说明他对该品牌具有较高的情感性忠诚。

(3)意向性忠诚。它是指顾客十分向往再次购买某个品牌,不时有重复购买的冲动,但是这种冲动还没有转化为行动。顾客的意向性忠诚既包括顾客与品牌保持关系的意愿,也包括顾客追求自己偏好品牌的动机。企业可以根据顾客与品牌保持关系的意愿和顾客的行为意向来衡量顾客的意向性忠诚,以预测顾客将来的购买行为。

(4)行为性忠诚。它是指顾客将忠诚的意向转化为实际行动,甚至愿意克服阻碍实现购买。具有行为性忠诚的顾客反复购买某个品牌的产品和服务,他们的购买决策行动是一种习惯性反应行为,他们不留意竞争企业的营销活动,不会特意收集竞争企业的信息。行为性忠诚反映顾客实际的消费行为。但出于惰性或因某个企业的市场垄断地位而反复购买某个品牌的产品或服务的顾客并不是真正的忠诚者。

---

① 平均品牌是指把 22 个品牌进行综合,以一个"平均品牌"来代表它们的整体特性。

3. 品牌忠诚的资产价值

美国的一项调查结果表明,在许多产品和服务业中,如果企业能够将顾客对品牌的忠诚度提高5%,该品牌产品或服务的利润率就会相应提高1%。所以,品牌忠诚度是一项战略性资产,如果对它进行恰当的经营开发,那么它就会给企业创造多项价值。对品牌忠诚的资产价值分析如下:

(1)品牌忠诚可以降低营销成本。留住老顾客比争取新顾客的成本小得多的原因有两个:一是降低直接营销成本,说服老顾客特别是品牌忠诚者购买本企业的产品比说服新顾客要容易得多,相关的沟通、广告、推广费大大减少。一般来讲,一个品牌吸引一个新消费者的费用是保持一个已有消费者的4—6倍。二是降低相对营销成本,本企业品牌的忠诚者是竞争者品牌的新顾客,竞争者要说服本品牌忠诚者购买他们的产品需付出相当大的营销成本代价。为争夺本品牌的忠诚者,竞争者的营销成本则要增加。据有关学者的统计和研究,在汽车行业中,一个终生忠诚的消费者可以平均为其所忠诚的品牌带来14 000美元的收入;在应用制造业,一个终生忠诚的消费者价值超过2 800美元;地方超级市场每年可以从忠诚消费者那里获得4 400美元左右。

(2)品牌忠诚可以增加渠道谈判力。经销商知道,销售拥有大量品牌忠诚者的品牌比其他品牌要容易得多,这在无形中对商店的进货决策产生控制作用。在企业推出新的产品规格、种类或品牌延伸的产品时,这种作用显得尤为重要。

(3)品牌忠诚可以吸引新顾客。品牌忠诚代表着每一个消费者都可以成为一个活的广告。对于潜在的购买者和高关心度的商品,品牌忠诚可以使一个顾客成为一个品牌倡导者,以优秀的广告和美好的使用经验形成口碑,口耳相传,创造新的使用者。

(4)品牌忠诚可以减缓竞争威胁。品牌如果拥有一批忠诚的购买者,则该品牌抵御竞争产品攻击的能力会大大增强,因为忠诚的消费者一般对所选择的品牌有一种眷恋感,他们很难发生"品牌转换"。这就给竞争对手造成很大的市场进入阻力,并削弱了竞争者创造利润的能力。品牌忠诚还为企业争取到了对竞争作出反应的时间。如果竞争者开发了一种新产品,就会逼迫企业对产品进行改进,而品牌忠诚的存在就给企业争取到了对产品进行改良的缓冲时间,以开发出更卓越的产品对抗竞争者。

4. 品牌忠诚度的测量

如果要对品牌忠诚度进行更深入的研究,以更好地指导企业制定相关的营销策略以及品牌建设的话,企业就有必要按照一定的标准先将顾客的品牌忠诚度进行量化。综合起来,测量方法大致可以分为以下七类:

(1)顾客重复购买次数。在一定的时间内,消费者对某一品牌产品的重复购买次数越多,说明对这一品牌的忠诚度越高;反之,则越低。当然,由于产品的用途、性质、结构等因素会影响消费者的再购买次数,因此在确定这一指标的合理界限时,要根据不同产品的性质区别对待,不可一概而论。

(2)顾客购买决策需要的时间。消费者购买商品都要经过挑选这一过程,但由于对相关品牌的熟悉程度、偏好程度等的不同,消费者作出购买决策需要的时间是不同的。通常,顾客的品牌忠诚度越高,其作出购买决策需要的时间就越短;反之,顾客的品牌忠诚度越低,其作出购买决策需要的时间就越长。

（3）顾客对价格的敏感程度。事实表明，对于自己喜欢和依赖的品牌，消费者对其价格变动的承受能力强，即敏感度低；反之，对于自己不是很喜欢或依赖性不高的品牌，消费者对其价格变动的承受能力很弱，即敏感度高。运用这一标准时，要注意产品对于人们的必需程度、产品的供求状况以及产品竞争程度三个因素的影响。

（4）顾客对竞争产品的态度。顾客对某品牌产品的态度发生变化，大多是由于竞争品牌引起的。因此，根据顾客对竞争品牌的态度，可以从对立角度来判断其对某一品牌忠诚度的高低。比如，当竞争品牌降价促销或推出品质更好的产品时，品牌忠诚度不高的顾客可能就要移情别恋了，而品牌忠诚度很高的消费者却能对之熟视无睹。

（5）顾客对产品质量的承受能力。任何产品都有可能出现由各种原因造成的质量问题，如果顾客对该品牌的忠诚度较高，当产品出现质量问题时，他们会采取宽容、谅解和协商解决的态度，不会因此而突然失去对它的偏好；如果顾客对该品牌的忠诚度较低，当产品出现质量问题时，他们会深深感到自己的正当权益被侵犯了，极有可能产生反感情绪，有些甚至要通过法律方式进行索赔。

（6）顾客的购买比例。通过对顾客购买的所有品牌量进行排序可以确定忠诚度，比如在一年中某顾客购买了 A、B、C 三个品牌，按比例排序分别为 70%、20% 和 10%，那么他就最忠诚于 A 品牌，忠诚度为 70%。

（7）顾客的口碑传播。忠诚的顾客对自己忠诚的品牌往往会极力向朋友、同事、家人等推荐、传播，以形成口碑传播效应。

（六）附着在品牌上的其他资产

与品牌资产相关的还有一些专门的、特殊的财产，如专利、专有技术、分销系统等。这些专门财产如果很容易转移到其他产品或品牌上去，则它们对增加品牌资产所作的贡献就很小；反之，则成为品牌资产的有机构成。

专利竞争是国际企业竞争的战略制高点，它既是企业的进攻手段，也能从长远的利益出发，阻止竞争对手的攻击。"产品未动，专利先行"已是跨国公司谙熟的竞争战略。在知识经济时代，唯有善用专利，才能将公司价值完全发挥。中国的企业应该从战略的高度上更加致力于对专利技术的开发和吸收，或者制定相应的应对措施，从而使自己不至于在未来的发展中遭遇四处碰壁的困境。

美国专利与商标局的文件显示，2006 年批准的企业专利达 173 772 项，较 2005 年增长了 20.8%，其中有 3 651 项为 IBM 公司获得，专利数量创下了新纪录。然而，就在十几年前，IBM 因为忽视对个人计算机（PC）领域的专利技术的控制，差点招致灭顶之灾。

曾经一度造成 IBM 衰落的最主要原因是战略决策的失误。过去 IBM 一直以大型机及其软件为主营业务，这部分业务每年大约为其创造 40 亿美元的利润，产生 70% 的投资回报率。但 IBM 没有料到自己投巨资首先开发的 PC 机，会彻底改变计算机行业的格局，尤其是没有预料到 PC 机成长将代替大型机、微型机这些 IBM 传统优势之所在。当它意识到 PC 机的发展潜力时，却没能控制住 PC 最有价值的两个关键部分：微处理器和操作系统。最终，操作系统的专利控制权落在微软的手中，微处理器的专利控制权落在英特尔的手中。IBM 的再次崛起，很大程度上要归因于它的战略调整，积极鼓励员工在任何领域进行发明，因为你很难知道未来产品到底需要哪种专利。因此，专利覆盖的范围越广越好。

技术可以分为两类：基础性技术和专有技术。专有技术能够被一家公司拥有，例如，一家制药公司可以拥有某种药品配方的专利权。只要专有技术受到保护，它就可以成为公司长期竞争优势的基础，使得公司可以从中获得比竞争对手高的利润。"可口可乐"的神秘配方这一百多年以来一直被当做商业机密，这个神奇的配方，勾起了人们无限的遐想，这对可口可乐品牌的个性和形象塑造产生着积极的影响，配方的价值也就自然而然地融入"可口可乐"品牌之中。

案例 11-2

苹果三星专利纠纷

北京时间2012年8月25日上午消息，在美国加州圣何塞地区法院的苹果三星专利侵权诉讼中，陪审团裁定，三星侵犯了苹果的6项专利，并要求三星向苹果赔偿10.5亿美元。苹果的设计和软件指控涉及多款三星设备，包括 Nexus S 4G 和 Galaxy S Ⅱ，这些产品均被认定侵权。这意味着三星在更改设计前不能在美国市场继续销售这些产品。

苹果胜诉

苹果最初向三星索赔25亿美元，而陪审团裁定的赔偿金额不到这一数额的一半。不过法官仍有可能大幅上调最终赔偿金额。陪审团驳回了三星对苹果的专利侵权诉讼以及相关的索赔要求。陪审团周五发布判决，认定苹果的涉案专利均是有效的。陪审团还认定，三星产品侵犯了苹果的外观专利。三星在一封电子邮件声明中表示："今天的判决不应被视作苹果的胜利，而是美国消费者的失败。不幸的是，专利法被操纵，使得某家公司可以垄断圆角矩形的外观，以及三星和其他公司每天都在改进的技术。"三星同时表示，这一判决并不意味着最终结局。

根据彭博产业（Bloomberg Industries）的数据，全球智能手机的市场规模已达2 191亿美元，而市场竞争也很激烈。除美国之外，苹果和三星还在英国、澳大利亚和韩国相互提起诉讼。

苹果在起诉中称，三星侵犯了该公司与 iPhone 和 iPad 有关的4项设计专利和3项软件专利，索赔25亿至27.5亿美元。三星则反诉苹果侵犯了该公司的5项专利，要求苹果赔偿4.218亿美元。在周五美国股市的盘后交易中，苹果股价上涨1.8%，至675美元。陪审团成员认为，三星并未侵犯一项与 iPad 设计有关的专利。苹果有关该专利的诉讼仅针对 Galaxy Tab 10.1 平板电脑。苹果寻求在美国永久禁售三星 Galaxy Tab 10.1，并扩大对三星智能手机的禁令。美国地区法官高兰惠表示随后将考虑苹果的这一请求。

三星仍将保持领先

IDC 驻多伦多分析师凯文·雷斯蒂沃（Kevin Restivo）表示："判决和现实有很大差距。短期内，三星在智能手机市场的领先地位不太可能被苹果和其他厂商取代。只要 Galaxy 系列产品没有在全球范围内被禁售，那么情况就不会改变。"苹果在庭审中表示，三星有至少28款产品侵犯了该公司专利。陪审团成员需要裁定，三星的哪一实体，是母公司还是两家美国子公司应当对侵权行为负责,以及三星每一款侵权产品的应赔偿数额。陪审团最终裁定,三星的 21 款产品抄袭了苹果名为"Rubberbanding"的技术。通过这一技术,当 iPhone 和 iPad 的屏幕滚动到页面边缘时将会产生回弹的效果。苹果发言人克里斯汀·胡戈特(Kristin Huguet)在一封电子邮件中表示:"庭审中展示的大量证据表明,三星的抄袭程度比我们想象得更深。苹果重视原创和创新,并全身心投入到全球最好产品的开发中。我们开发这些产品以满足消费者,而不是为了让竞争对手明目张胆的抄袭。"自三星 2010 年推出 Galaxy 智能手机以来,苹果和三星之间就发生了专利权纠纷。苹果创始人史蒂夫·乔布斯(Steve Jobs)当时就曾联系三星表达不满。

手机销量

苹果和三星目前在全球高端智能手机市场处于领先地位。尽管三星是苹果主要的元件供应商,但两家公司仍发生了激烈的法律纠纷。根据彭博的供应链分析数据,苹果对三星营收的贡献达到 9%,是三星最大的客户之一。根据 IDC 的数据,今年第二季度,全球消费者购买了 4.06 亿部智能手机,高于去年同期的 4.018 亿部,而三星和苹果产品的销量约占一半;三星扩大了对苹果的领先优势,手机出货量为 5 020 万部,占全球市场份额的 32.6%,而苹果的手机出货量为 2 600 万部,市场份额为 16.9%。在此前的专利权诉讼中,苹果和三星互有胜负。

资料来源:"苹果与三星专利侵权纠纷",http://tech.sina.com.cn,2012 年 8 月 25 日。

第三节 品牌资产的特征

品牌资产作为一项重要的无形资产,是企业的资产负债表应当核算的对象,了解它有哪些具体特征有助于品牌资产的核算。

一、无形性和附加性

品牌资产是一种无形资产,它不同于厂房、设备等有形资产,无法凭眼看手摸,凭人们的感官直接感受到。品牌资产的这一特性,增加了人们对它予以直观把握的难度,特别是准确评估其价值的难度。从所有权角度看,品牌资产作为一种财产权,由其无形性决定,它与有形资产存在差异。

1. 品牌资产所有权一般经申请获得

有形资产通常是通过市场交换方式取得的,而品牌资产权一般是经由品牌使用人申请品牌注册,由注册机关按法定程序确定其所有权。因而,品牌资产的使用价值具有不重复性,即不可能出现两个使用价值完全相同的品牌资产。企业对该品牌资产的使用价值拥有独占权、独享权,其他企业如要占有或使用该品牌资产的使用价值,只有通过该企业转让品牌资产的所有权或使用权来实现。

2. 品牌资产的使用价值具有依附性

品牌的使用价值没有独立存在的实体,只有依附于某一实体才能发挥作用。品牌只

品牌营销

有和企业的生产经营活动结合起来,与企业向市场提供的产品与服务结合起来,才能实现其使用价值。当品牌与企业及企业的产品或服务有机地结合在一起的时候,品牌资产就会将自身的使用价值内化于产品和服务中,实现其经济价值。

3. 品牌资产是一种"附加价值"

品牌资产意味着赋予产品一种"附加价值",是品牌持有者长期在营销方面为品牌所做的投资的结果。这种投资所带来的收益就是:更高的忠诚度,对于竞争对手的营销行为具有较强的抵抗能力,对于市场危机具有较强的应变能力,企业的顾客对产品价格的上升有较强的承受力,可以得到更多的行业合作和支持,以及增强营销沟通效果等。正如美国经济学家威德仑所说,"顾客就像工厂和设备一样,也是一种资产"。品牌忠诚度是顾客对品牌感情的量度,反映出一个顾客转向另一个品牌的可能程度。以品牌忠诚为目标的营销成为20世纪90年代中期西方营销学的热点话题。为了保持利润的持续增长,公司的目光要从市场占有率的数量转向市场占有率的质量,而这必须通过创立和巩固品牌忠诚度来实现。

二、构成与估价上的特殊性与复杂性

1. 品牌资产构成的复杂性

品牌资产反映的是一种顾客关系,而顾客关系的深度和广度是通过品牌的知名度、品牌的美誉度、品牌的忠诚度、品牌的品质形象等多方面的内容来反映的。所以品牌资产在构成上是非常特殊的。我们将品牌资产分成不同部分单独考察,只是一种理论上的抽象,目的是为了更好地认识和理解这一资产,而实际上以上各个部分是互相联系、互相影响、彼此交错的,任何一个部分是很难与其他部分截然分开的。

品牌资产的价值由成本价值和增值价值两部分构成。品牌资产的成本价值由企业投入的与品牌资产的形成直接或间接有关的各要素的价值构成,包括直接费用和间接费用两部分。品牌资产成本价值的直接费用是指企业创建品牌资产的过程中发生的能够对象化的费用。比如,品牌名称和标志的设计费用、品牌商标的注册费用、品牌的广告费用等。直接费用的显著特征是能够对象化和量化,它和创建品牌资产的若干活动的对应关系是直接的、明确的,费用金额也是明确的。品牌资产成本价值的构成还包括间接费用。企业为提高产品质量而发生的费用、企业开拓市场的费用、产品售后服务的费用、宣传企业形象的费用等,都是间接费用。对企业来说,品牌是企业产品或服务的组成部分,应该负担产品或服务的一部分成本,而且,间接费用虽然不是直接为品牌资产发生的,但确实使品牌资产的价值有所增加,应该按一定的比例计入品牌资产的成本价值。应该认识品牌资产的价值有很强的吸纳功能,在企业发生生产经营费用时,品牌资产可以自觉地增加价值而丝毫不影响该经营活动的收入费用关系。

2. 品牌资产包括增值价值

品牌资产的价值不仅包括政治经济学意义上的价值,即上述的成本价值,而且包括增值价值,这是品牌资产价值与有形资产价值的一个明显区别。品牌资产价值中超过成本价值的部分便是它的增值价值。品牌资产的增值价值是由它的使用价值决定的,与使用价值成正相关关系,使用价值越高,它的增值价值越多;反之亦然。因为存在增值价值,所以品牌资产的市场价值与成本价值没有必然的关系,这正是品牌资产的市场价值并不取决于其成本价值的原因所在。

3. 品牌资产的价值最终要通过品牌未来获利能力或获利性反映出来

这种获利性既取决于品牌的市场地位或品牌在消费者中的影响力,又取决于品牌投资强度、品牌利用方式与策略;还受到许多外部因素的影响,如市场容量、产品所处行业及结构、市场竞争的激烈程度等,均可能影响品牌投资与运用的效果,并对品牌资产大小和增减变化产生冲击。所以,合理评估品牌资产价值,并不是一件容易的事情。

三、形成上的长期性与累积性

1. 品牌资产形成上的长期性

如果从长期顾客关系的角度考察,品牌资产的发展更是一个不断演进的过程。品牌从无名到有名,从不为消费者所了解到逐步被消费者所熟悉并对其产生好感与偏好,其间无不伴随着企业的不断努力与长期投入。无论是品牌知名度的提高、品牌品质形象的改善,还是品牌忠诚度的增强,均不是一朝一夕完成的。所以说,品牌资产是企业长期投入人、财、物的沉淀与结晶。许多排名世界前 100 位的品牌在一定市场领域内已存在 25—50 年,甚至更长。品牌资产,如同经济上的资产一样,是随时间而建构起来的。

2. 品牌资产形成上的积累性

品牌资产价值的形成,不像有形资产的价值是一次完成的,而是要经历一个从无到有、从少到多的逐步积累、逐步增值的过程。在品牌资产的成本价值中,除注册费用、设计费用是一次性投入以外,其他的直接费用和间接费用都是多次投入,每增加一次投入就会相应增加它成本价值。提高品牌资产的使用价值是一个积累过程,因而其增值过程也存在一个积累过程。一般来讲,企业累积品牌资产的途径和方法大致有以下三种:全面质量管理及质量标准导入、CS 战略导入和 CI 战略导入。其中,全面质量管理及质量标准是企业和产品品牌累积最根本的途径和方法,而且贯穿在企业生产、管理、销售等全部环节中;而 CS 战略由于其考虑问题的起点是顾客,需要建立顾客满意的系统,故从经营理念上讲,更能透露出以人为本、以消费者利益为重的真诚,更能体现出企业深刻的文化内涵;而 CI 战略注重的则是企业外部形象的塑造,在一定意义上很难摆脱"推销"的色彩,导入CI 可以创造或累积品牌但不等于导入 CI 就能成为名牌。对企业品牌资产的累积而言,上述方法尽管角度不同,也各有差异,但从现实的市场运作来看,均会产生良好的效果。企业必须从文化、经济以及整个经营过程的视角来审视这些战略方法,并能够将其有机地结合在一起协同操作,从而使其品牌资产价值得到不断累积。

四、投资与利用的交叉性

有形资产的投资与利用往往是泾渭分明的,存在明显的界限。而品牌资产的投资与利用通常却是相互交错在一起,无法截然分开的。比如,广告投资可以视为品牌投资,这种投资部分转化为品牌资产,部分促进产品的当前销售;当前销售的增加既和当前的广告投入有关,又和品牌资产的过去存量有关。所以,广告促进产品当前销售的过程,同时又应视为对品牌资产利用的过程。

就总体而言，品牌投资会增加品牌资产存量，品牌利用会减少品牌资产存量，但如果管理得当，品牌资产不仅不会因利用而减少，反而有可能获得增加。一些企业在品牌大获成功后，不失时机地将其延伸使用到其他产品上，品牌影响力不但没有因此下降，反而有所提升，就反映了这种情况。

五、品牌资产价值的波动性

品牌资产的价值并不是一成不变的，它会随着时间的推移而增加或减小，也会随着空间的变化而发生变化。品牌资产的价值会随时间发生变化有两方面的原因：一方面，品牌资产的价值是一边积累一边使用、一边使用一边增加的，品牌资产价值所具有的积累性使它的价值不断变化；另一方面，品牌资产的价值会产生无形磨损。企业信誉下降、市场竞争失败、品牌宣传不力、不公平竞争等情况都会导致品牌使用价值的降低。品牌资产的使用价值也受到空间因素的影响。品牌总是表现为一定空间范围内的品牌，脱离了一定范围，品牌资产的使用价值就难以实现。此外，品牌还是一定地理范围内的品牌。比如，在A地是知名品牌，在B地可能就是非知名品牌；在A地是著名品牌，在B地可能就是一般品牌。即使是世界级的知名品牌，在不同的国家、不同的地方，其知名度和影响力也是不同的。

最近几年中国最有价值品牌和全球最有价值品牌排名的变动，如表11-1和表11-2所示。

表11-1　中国最有价值品牌年度排名　　　　　　　　　（单位：亿元人民币）

年度名次	2010年 品牌	价值	2011年 品牌	价值	2012年 品牌	价值
1	中国移动	1 290.71	工商银行	2 162.85	中国移动	2 385.68
2	国家电网	1 263.28	国家电网	1 876.96	国家电网	2 239.66
3	工商银行	1 260.91	中国移动	1 829.67	工商银行	2 217.52
4	CCTV	1 135.83	CCTV	1 261.29	CCTV	1 546.72
5	中国人寿	853.68	中国人寿	1 033.51	中国人寿	1 261.55
6	中国航天	748.93	中国石油	1006.23	中国石油	1 178.35
7	中国中化	736.88	中国石化	958.57	中国中化	1 058.98
8	海尔	701.35	华为	867.46	华为	1 022.47
9	中国石油	697.42	中国一汽	842.66	中国一汽	982.87
10	长虹	682.58	联想	823.91	中国银行	885.16

资料来源：世界品牌实验室。

表 11-2 2012 年 BrandZ 全球最具价值品牌百强排行榜全榜单

排名	升降	品牌英文名	中文名	地区	行业	品牌价值（百万美元）	品牌价值变化	品牌贡献	品牌动力
1	0	Apple	苹果	北美	科技	182 951	19%	4	10
2	1	IBM	IBM	北美	科技	115 985	15%	4	5
3	-1	Google	谷歌	北美	科技	107 857	-3%	4	5
4	0	McDonald's	麦当劳	北美	快餐	95 188	17%	4	8
5	0	Microsoft	微软	北美	科技	76 651	-2%	4	8
6	0	Coca-Cola	可口可乐	北美	软饮料	74 286	1%	5	7
7	1	Marlboro	万宝路	北美	烟草	73 612	9%	3	7
8	-1	AT&T	AT&T	北美	电信	68 870	-1%	3	5
9	4	Verizon	Verizon	北美	移动运营商	49 151	15%	3	7
10	-1	China Mobile	中国移动	亚洲	移动运营商	47 041	-18%	4	9
11	-1	GE	通用电气	北美	综合集团	45 810	-9%	2	5
12	0	Vodafone	沃达丰	欧洲	移动运营商	43 033	-1%	3	6
13	-2	ICBC	中国工商银行	亚洲	金融机构	41 518	-7%	2	9
14	2	Wells Fargo	富国银行	北美	金融机构	39 754	8%	3	3
15	5	Visa	Visa	北美	金融机构	38 284	34%	4	9
16	1	UPS	联合包裹	北美	服务	37 129	4%	5	8
17	-2	Walmart	沃尔玛	北美	零售	34 436	-8%	2	5
18	-4	Amazon	亚马逊	北美	零售	34 077	-9%	3	10
19	16	Facebook	Facebook	北美	社交网站	33 233	74%	3	10
20	-1	Deutsche Telekom	德国电信	欧洲	电信	26 837	-10%	3	2

资料来源：华通明略（Millward Brown），"2012 年 BrandZ 最具价值全球品牌百强榜"，2012 年 5 月 22 日。

由上面的两个表可以看出，品牌的价值不是终身制，价值的大小由每年的市场说了算。世界著名品牌都不可能高枕无忧，更何况知名度一般的品牌呢？所以，企业要有一定的忧患意识，不断进取，化被动为主动，努力提高品牌的资产价值。

本章小结

品牌资产是企业重要的无形资产，它能够为企业和顾客提供超越产品或服务本身利益之外的价值。这种附加的价值来源于品牌对消费者的吸引力和感召力。所以，品牌资产的实质是品牌与顾客之间的一种长期的、动态的关系。

品牌资产是由品牌形象所驱动的资产，具体包括：品牌知名度、品牌美誉度、品质认知、品牌联想、品牌忠诚和附着在品牌上的其他资产。品牌知名度是指某品牌被公众知晓、了解的程度；品牌美誉度是指某品牌获得公众信任、支持和赞许的程度；品质认知是指消费者对产品或服务的适应性和其他功能特性适合其使用目的的主观理解或整体反应；品牌联想是指消费者在看到某一品牌时所勾起的所有印象、联想和意义的总和；品牌忠诚

品牌营销

是一种对偏爱的产品和服务的深深承诺,在未来都持续一致地重复购买和光顾,因此产生了反复购买同一个品牌或一个品牌系列的行为,无论情境和营销力量如何影响,都不会产生转换行为。按品牌忠诚的形成过程,品牌忠诚度可以划分为认知性忠诚、情感性忠诚、意向性忠诚和行为性忠诚四种类型。与品牌资产相关的还有一些附着在品牌上的其他资产,如专利、专有技术、分销系统等。

品牌资产具有五大特征:无形性和附加性、构成与估价上的特殊性与复杂性、形成上的长期性与累积性、品牌资产价值的波动性。

复习思考题

1. 试述品牌资产的含义。
2. 品牌资产包含哪些要素?
3. 品牌资产的美誉度可通过哪些途径获得?
4. 品牌知名度的层次有哪些?
5. 品牌的哪些要素构成品牌联想?
6. 品牌忠诚的类型有哪些?各种类型的特点是什么?
7. 简述品牌资产的五大特征。

课后案例

星巴克:以营销创新提升品牌资产

1992年,星巴克在美国纳斯达克上市成功。这意味着星巴克在1987年由舒尔茨接手后迈入了又一个崭新的发展征程。同时,美国的咖啡零售市场的竞争也日趋激烈。据美国精品咖啡协会估计,1992年全美约有500家浓缩咖啡馆,1999年暴增至10 000家。为保持和提升品牌资产,星巴克必须顺应时局,以新的企业精神不断开拓。

一、市场开发

20世纪80年代末到90年代初,星巴克发展的战略重点是在美国西北部太平洋地区以及加利福尼亚州,芝加哥的连锁店是这一时期唯一不在西海岸地区的星巴克分店。1993年,公司在连锁店选址方面作出了重大的突破,首次将星巴克的旗帜插到了东海岸的华盛顿特区。1994年,公司收购了当地的咖啡连锁店"咖啡关系"(The Coffee Connection),把它在波士顿的咖啡店全部转换成为自己的旗号。同年,公司还进入东南部及南部大城市,如明尼阿波利斯、纽约、亚特兰大、达拉斯以及休斯敦等。1995年,公司又拿下巴尔的摩、辛辛那提、费城、匹兹堡、拉斯维加斯、奥斯汀以及圣安东尼奥等城市。

二、产品开发

1995年,星巴克推出由职员自主开发的、用碎冰打成的法布其诺(又称星冰乐,Frappuccino)。它成了夏天热咖啡的替代品,让向来喝热咖啡的美国人爱上了冰咖啡,也吸引了许多不太喝咖啡的客户群。这个将咖啡、牛奶和冰块按比例调和在一起的甘甜、清凉的低脂乳咖啡冰品,差点因与星巴克正宗形象抵触而被舒尔茨封杀。但在1996年会计年度，这款产品的营业额占星巴克总营业额的7%，被美国《商业周刊》评为该年度最佳产品之一。舒尔茨事后总结出"业主切莫打压下属进取和创新的精神"。

通过与百事可乐公司的联手合作，星巴克生产的瓶装法布其诺打进了美国的各大超级市场，1998年瓶装法布其诺成为美国市场最受欢迎的即饮咖啡。大获成功的星巴克公司仍然不敢有丝毫的懈怠。1998年，公司面向市场推出了几款淡咖啡饮品，这些贴有特殊标签的咖啡是针对某些特定的消费者量身定做的，而星巴克咖啡的传统口味则是比较浓郁的。与此同时，公司在产品多样化的道路上继续探索。同年，名为Tiazzl的果茶饮料出现在星巴克的连锁店中，这是一款混合有芒果和浆果香味的饮品，针对的消费对象是那些并不习惯咖啡口味但渴望在炎热的夏季得到一杯清凉饮料的顾客。

三、多元化发展

星巴克突破传统咖啡连锁店格局的转折点是在1994年，公司决定开发瓶装咖啡饮品、冰淇淋或其他有创意的产品，让消费者能以更多元的方式来享受咖啡，推出爵士乐CD是最有代表性的一例。

1994年，公司同西雅图著名的音乐家肯尼·G联袂进军CD市场，在圣诞节前后的6个星期内该CD销售量超过了50 000张。舒尔茨相信音乐对于星巴克咖啡的外观感受和内在灵魂来说都是一个重要的组成部分。在获取成功后，公司继续在自己的连锁店内销售限量的CD唱片，其中大多数是应消费者的强烈要求才组织的。每一张CD的问世都经过了公司的精挑细选，它们或迎合消费者的品位，或弘扬公司的品牌形象，或强调季节性旋律，备受消费者青睐。20世纪90年代中期，公司又推出了自己的系列产品，包括一种以布鲁斯乐曲命名的咖啡，这个举动引发了一场声势浩大的商业运动，其核心就是首都唱片(Capital Records)发行的爵士音乐CD和星巴克的布鲁斯音乐商标。星巴克进入音乐市场的意义，除了增加营业额外，更重要的是向消费者宣告："星巴克将继续推出意想不到的新产品，来满足或取悦广大客户"，让星巴克永远是个令人惊喜的名字。

四、战略联盟

星巴克提升品牌资产的另一大战略是采用品牌联盟迅速扩大品牌优势。它在发展的过程中一直寻找合适的合作商，拓展销售渠道，与强势伙伴结盟，扩充营销网络。品牌联盟使星巴克在顾客心中创造出了单个品牌无法实现的精彩效果，它寻找那些能够提升自己品牌资产的战略伙伴，为此要求合作伙伴能够清晰理解和掌握星巴克品牌的精髓和宗旨。仅在1991年至1997年间，星巴克就发展了与12个战略联盟的伙伴关系。星巴克相信，将来的成功依旧要靠培育与企业内部和外部的合作关系来实现。

Barnes & Noble书店是同星巴克合作最成功的公司之一。Barnes & Noble曾经发起一项活动，即把书店发展成人们社会生活的中心，这与星巴克"第三生活空间"的概念不谋而合。1993年，Barnes & Noble开始与星巴克合作，让星巴克在书店里开设自己的零售业务。

1994年8月，星巴克和百事可乐发表联合声明，结盟为北美咖啡伙伴，致力于开发咖啡新饮料，行销各地。星巴克借用了百事可乐100多万个营销据点，而百事可乐则利用了星巴克在咖啡界的商誉，提高了产品形象，两者共同推出的罐装"法布其诺"引发了轰动。

1996年，星巴克和全美最大的联合航空公司(United Air Line)合作，在飞机上供应星巴克咖啡,这次合作每年至少为星巴克增加了2 000万客人,大大提高了品牌的知名度。高空品啜星巴克,也增加了星巴克的浪漫品位。

五、渠道创新

1998年,全美国通过超级市场和食品商店销售出去的咖啡占当年全美咖啡总销售额的一半,在超过26 000家的食品杂货店中蕴藏着比星巴克零售连锁店和特种销售渠道更加广阔的市场,充分利用这个渠道可以为公司带来几百万的消费者。除此之外,将产品打入超级市场还能够节省公司的运输费用,降低操作成本,公司的零售能力也将得到进一步的强化。舒尔茨等公司高层决策者认为,超级市场是继续拓展星巴克咖啡销售量的重要途径。尽管当初舒尔茨因不忍新鲜咖啡豆变质走味而立下"拒绝进军超市"的规矩,但环境变化不断要求公司修改行事原则。1997年,舒尔茨和他的高级管理层下令进军超级市场,令舒尔茨担忧的情况并没有发生,相反,当初的决策却产生了良好的效果。

六、国际营销

星巴克在美国市场的地位巩固后,于1996年正式跨入国际市场,在东京银座开了第一家海外咖啡店,至2002年星巴克已在日本开设了467家分店。借鉴了开发日本东京市场的成功经验,星巴克于20世纪90年代末相继在欧洲和东亚地区开设了多家连锁店。到2002年,星巴克已经打入了全球32个市场,现在更以每天开张三四家店的速度成长。

星巴克采取的国际市场营销策略是在坚持品质等标准化的同时,又融入当地文化,寻找适合当地的市场开拓策略。融入当地文化一直是星巴克的追求之一,它对所在地的历史、地理和文化的尊重不只限于海外。即使在美国本土,一家开设在韩裔人居住区的星巴克,其风格也会特别关注与周围韩国古董店、茶叶店的协调,从而达到与整个社区总体上的一种融洽。

在国际经营模式上,星巴克在全球普遍推行三种商业组织结构:合资公司、许可协议、独资自营,并根据各国、各地区的市场情况而采取相应的合作模式。

以美国星巴克总部在世界各地星巴克公司中所持股份的比例为依据,其采取的合作模式主要有四种情况:(1)星巴克占100%的股权,比如在英国、泰国和澳大利亚等地;(2)星巴克占50%的股权,比如在日本、韩国等地;(3)星巴克占股权较少,一般在5%左右,比如在美国的夏威夷、中国的台湾和香港以及增资之前的上海等地;(4)星巴克不占股份,只是纯粹授权经营,比如在菲律宾、新加坡、马来西亚和中国的北京等地。一般而言,星巴克在某一个地区所持的股权比例越大,就意味着这个地方的市场对它越重要。另外,星巴克制定了严格的选择合作者的标准,如合作者的声誉、质量控制能力和是否以星巴克的标准来培训员工等。

舒尔茨坦言,1987年以前的星巴克还不知道建立品牌这回事,或者说不曾刻意建立品牌,但当时为稳定咖啡饮料的品质,以及塑造咖啡馆气氛所做的努力,却在无形中强化了星巴克的声誉。舒尔茨戏称:"这是我们无心插柳柳成荫的另类做法,教科书上绝对找不到。"

资料来源:何佳讯、丁玎,"星巴克:时尚铸就的品牌传奇",《销售与市场》,2004年第1期。

案例讨论题

1. 星巴克的品牌资产在案例中是如何体现出来的?
2. 星巴克营销创新成功的关键因素是什么?
3. 在与其他企业的合作过程中,星巴克是怎样保持原有的品牌特性的?

第十二章 品牌资产的建立与评估

在企业全球化的浪潮中,建立强势品牌的基本关键是建立品牌资产,并且建立长期测量与管理品牌资产的机制。

——凯文·凯勒

本章主要阐述以下几个问题:
- 品牌资产建立的策略和途径有哪些
- 如何评估品牌资产
- 如何保护品牌资产

第一节 品牌资产的建立

彼得·法夸尔(Peter Farquhar,1989)将品牌资产的管理分为三个阶段。第一个阶段是介绍(引入)。首先是高质量的产品,接着是构建品牌形象,它能产生正面的消费者评价。这其中的关键策略就是计划品牌如何成为新产品和延伸的平台。第二个阶段是苦心经营。仅仅偏爱的态度并不能影响行为,这个阶段的目的应该是在消费者心目中培养态度的易近性,使得品牌容易被记住,以及通过尽可能多地鼓励直接的行为体验和重复消费者态度表述来增加品牌资产。一致性对于管理品牌和消费者之间的特定关系很重要。第三个阶段就是防御。策略是通过把品牌延伸到其他产品上来以更好地利用品牌资产。

品牌资产是企业重要的无形资产,它能够为企业和顾客提供超越产品或服务本身利益之外的价值。这种附加的价值来源于品牌对消费者的吸引力和感召力。所以,品牌资产的实质是品牌与顾客之间的一种长期的、动态的关系。建立品牌资产对企业来说尤为重要。

资料 12-1

驰名商标

"驰名商标"(Famous Trade Mark)又称为周知商标,最早出现在 1883 年签订的《保护工业产权巴黎公约》(以下简称《巴黎公约》)中。我国于 1984 年加入该公约,成为其第 95 个成员国。和其他加入《巴黎公约》的成员国一样,依据该公约的规定对驰名商标给予特殊的法律保护,已经成为我国商标法制工作中的一个重要组成部分。

中国驰名商标(Well-known Marks of China)是指经过有关机关(国家工商总局商标

局、商标评审委员会或人民法院)依照法律程序认定为"驰名商标"的商标。

根据国家工商总局2003年4月17日颁布的《驰名商标认定和保护规定》,驰名商标是指在中国为相关公众广为知晓并享有较高声誉的商标。对于什么是"相关公众",《驰名商标认定和保护规定》是这样规定的:相关公众包括与使用商标所标示的某类商品或者服务有关的消费者,生产前述商品或者提供服务的其他经营者以及经销渠道中所涉及的销售者和相关人员等。而对什么叫做"广为知晓"和"享有较高声誉",《驰名商标认定和保护规定》并没有明确的界定。

驰名商标既具有一般商标的区别作用,又有很强的竞争力,知名度高,影响范围广,已经被消费者、经营者所熟知和信赖,具有相关的商业价值。这些特点使之常成为侵犯的对象。为了防止和减少这种侵权行为的发生,《巴黎公约》《与贸易有关的知识产权协议》都对驰名商标的特殊保护作了行之有效的具体规定。《巴黎公约》第6条之2第1款规定,一个商标如构成对经注册国或使用国主管机关认为是属于一个享有本公约保护的人所有,用于相同或者类似商品上已在该国驰名的商标的伪造、模仿或翻译,易于造成混淆,本同盟成员国都要按其本国法律允许的职权,或应有关当事人的请求,拒绝或取消注册,并禁止使用。这些规定也适用于主要部分系伪造或模仿另一驰名商标易于造成混淆的商标。世界贸易组织《与贸易有关的知识产权协议》第16条第3款规定,《巴黎公约》1967年文本第6条之2原则上适用于与注册商标所标示的商品或者服务不类似的商品或者服务,只要一旦在不类似的商品或者服务上使用该商标,即会暗示该商品或者服务与注册商标所有人存在某种联系,从而使注册商标所有人的利益可能因此受损。中国是《巴黎公约》成员国,并已经加入世界贸易组织,履行《巴黎公约》和《与贸易有关的知识产权协议》的规定,保护成员国在中国已注册或者未注册的驰名商标是我国应尽的义务。

为了切实保护驰名商标权利人的利益,根据《与贸易有关的知识产权协议》和《巴黎公约》的规定,结合中国的实际做法,在《商标法》本次修改时,增加了对驰名商标的保护。《最高人民法院关于审理商标民事纠纷案件适用法律若干问题的解释》第2条规定:"依据商标法第十三条第一款的规定,复制、模仿、翻译他人未在中国注册的驰名商标或其主要部分,在相同或者类似商品上作为商标使用,容易导致混淆的,应当承担停止侵害的民事法律责任。"

资料来源:百度百科-驰名商标。

建立品牌资产,即是对其构成要素——品牌知名度、品牌美誉度、品质认知度、品牌联想度、品牌忠诚度及附着在品牌上的其他资产的建立和提升的过程。

一、建立品牌知名度

建立或提高品牌知名度的基本要点是建立品牌认知和加强品牌记忆。品牌认知是指消费者通过各种渠道获取有关品牌的各种信息,从而对品牌有一定的认识和了解,或称消费者识别某种品牌的能力。品牌记忆是消费者在不需要任何提示的情况下能够想起某种品牌的能力,即能正确区别先前所见或听到的品牌。促使消费者主动去识别品牌和记住品牌的关键在于品牌的有效传播。营销传播的方式多种多样,企业应根据具体情况加以

品牌营销

选择。

（一）进行有效的广告传播

广告在品牌传播中起着极为重要的作用。针对建立品牌知名度的广告传播应做到以下几点：

1. 标新立异的广告创意

美国广告大师罗素·瑞夫斯认为，一个优秀的广告应遵循三个要点：一是广告主题必须包括产品的一个具体的效用，这一效用必须是独一无二的；二是这一主题必须能推动销售；三是这一主题必须是能够影响消费者购买决策的重要承诺。在浩如烟海的广告中要想让消费者对广告引起兴趣，并记住广告的诉求，新颖、独特、与众不同的创意是关键。

案例 12-1

特仑苏和金典的广告传播

在特仑苏牛奶的广告中，首先映入眼帘的是在蓝天笼罩着的一片大草原中，一个人在弹奏一架白色的钢琴，钢琴曲优雅轻快，画外音说"自然的恩赐成就我们的不同凡响"。然后钢琴的演奏者郎朗用手抚摸带着露珠的青草，画外音继续描述"追求卓越的人生，就像我选择特仑苏"。接着画面出现一群奶牛在吃着青草，广告上有字幕说明牧草的蛋白质高达21%。而后郎朗手里拿着特仑苏的牛奶，说着"品味特仑苏，享我人生"。最后一个画面摆放着特仑苏的一排牛奶，结束语为"不是所有的牛奶都叫特仑苏"。

而在金典有机奶的广告中，画面一出，便是王菲在做着深呼吸的动作。然后在青草和蝴蝶的交映中出现了两个可爱的小女孩，一边微笑着，一边在青草中奔跑。而后王菲带着两个可爱的孩子吹着蒲公英、散着步。接着便出现了王菲抱着两个喝着金典有机奶的孩子坐在草地上微笑着、孩子在哼着不知名的舒服的调调的画面，画外音响起了王菲的声音："关爱家人，我有天赐的宝贝。金典有机奶，每一滴都来自有机牧场，0污染，0添加。"最后的画面定格在王菲喝着有机奶，响起结束语："金典有机奶，天赐的宝贝，给最爱的人。"

特仑苏的系列广告强调"特仑苏人生"，更加注重享受人生、享受特仑苏。这则广告创意的中心明显是郎朗，着重表现的是郎朗代表的成功人士群体选择特仑苏，享受人生。而在金典有机奶的广告中则是表现王菲和两个孩子的快乐，有着浓浓的温馨，同时着重显示0污染、0添加，表明金典有机奶的自然、高贵。

在诉求方式上，两者都运用了理性诉求和感性诉求相结合的方式，特仑苏着重表现的是高蛋白质含量和享受人生的方式，而金典有机奶则强调该产品是0污染、0添加的健康品以及温馨、甜蜜、自然的感情。

资料来源：根据百度文库中相关资料整理、改编。

2. 独特的广告口号

短小精悍的口号包含了产品可能被形象化的特征,而脍炙人口的广告歌更是应用了韵律、声调使得品牌名称朗朗上口、易于发音和记忆。这些广告口号或广告歌曲,让消费者在有意无意中十分自然地记住了品牌。例如,我们熟悉的娃哈哈果奶的"甜甜的,酸酸的,有营养,味道好!",雀巢咖啡的"味道好极了!",农夫山泉的"农夫山泉,有点甜"。

3. 恰到好处的标志

广告标志是一个以视觉为中心的品牌标志系统。通过符号、图案等展示的标志更容易使消费者识别和记忆。发展一种能与品牌紧密联系的符号,可以在创造品牌知名度过程中发挥重要的作用。例如,我们大多数人都熟悉的奔驰汽车的三叉星、耐克的对钩、麦当劳的金黄色拱门、海尔的小兄弟等等,这些象征和标志都强烈地传达着品牌的识别信息,折射着品牌的个性和文化,给消费者带来很大的视觉冲击。

4. 持续重复

随着时间的推移,对品牌的回想会不断地弱化,要加深消费者对品牌的记忆,必须让信息不断地冲击消费者的大脑。建立记忆的基本技术就是重复。独特的创意、精练的口号有助于品牌的识别。脑白金就是在国内通过使用重复的手段传播其品牌而建立起知名度的。当年各大电视台黄金时段播出的脑白金广告,在五秒钟内连续重复广告内容三遍。但需要注意的是,不恰当的重复也会引起消费者的反感。

(二) 强势公关

品牌知名度传播的另一手段是举办相关的公关活动。精心策划的公关活动有时比广告更能让消费者信赖,而与广告支出相比,公关活动的成本优势非常明显。比较常见的公关活动有:赞助、竞赛、电视或广播访谈、受众参与的节目、展览、新闻报道、与电视台共同举办娱乐节目、设立各种奖励基金等。例如从打造中国乳都、赞助春节联欢晚会到神舟五号上天,以强势公关为本质的事件营销已经成为"蒙牛"起家和发展的杀手锏。

(三) 注重消费者的口传效应

在品牌知名度的扩大和保持中,消费者的口传效应起着巨大的作用。有研究证明,一个消费者一次愉快的购物经历会影响 8 位其他消费者,而一次不愉快的购物经历则会影响 25 位其他消费者。特别是在中国,消费者受传统文化影响,要面子、攀比、从众等心理导致了他们更容易受到他人的影响。因此,在品牌知名度的建立中,企业更应注重品牌的根基:产品质量和产品服务。品牌能真正提供使消费者满意的利益是扩大品牌知名度的根本。随着网络技术的发展和普及,网络口碑也成为消费者口传的一种重要方式。

二、建立品牌美誉度

为保证企业的长期稳定发展,在扩大品牌知名度的同时,应努力提升品牌的美誉度。品牌如同一个人,品牌的知名度和品牌美誉度则是其两条腿,当第一条腿迈出去之后,第二条腿如果不能很快跟上去,品牌是走不动的,甚至还会摔倒。因此,当一个企业具备较高的知名度后,其下一个目标就是要充实品牌内涵,提升品牌的美誉度。

（一）保证卓越的产品质量

1. 优秀的设计质量

一个品牌要得到广大消费者的认可和称赞，没有优秀的产品提供给消费者，光靠广告和媒体的作用是不行的。以家电行业为例，中国的家电行业是一个市场竞争最激烈的行业，每个企业都十分注重品牌建设和品牌形象的策划推广，它们投巨资在央视和各地电视台进行品牌的推广和巩固。利用广告打市场，企业的知名度和第一提及度是增加了，但是如果广泛的知名度没有与优秀的、令消费者心动的产品形成良性互动关系，那么知名度的提升也很少能够带来消费者切实的购买行动，广告及媒体对于品牌美誉度的贡献也相当有限。要改变这种情况，企业就必须设计、提供给消费者与众不同的好的产品，以符合、满足消费者的消费品位。

2. 不断对产品进行改良更新

没有产品质量，品牌的美誉度就成为无源之水、无本之木，就变得不堪一击。新产品在上市之初可能存在很多不完善的地方，特别是对于高新技术产品而言。以 PC 为例，差不多每 3—6 个月就会实现一次技术升级，技术变革的速度是如此之快，以至于对于任何一家 PC 生产厂家来说，都不可能等到确保产品没有任何缺憾时再推向市场。这就造成消费者在使用过程中会发现产品有很多不足，需要企业不断地进行改良和更新。如果企业不能及时对产品进行改良和更新的话，一方面会引起原有客户的不满，另一方面由于产品落后于竞争对手，也会在吸引新客户的竞争中落败。

3. 确保产品品质稳定

通常在强势的广告拉动下，某些品牌的市场迅速扩大，销量膨胀的压力让产品品质控制得不到保证。市场上很多保健品之所以"短命"，就是采取了"掠夺式"的市场进入方式，利用消费者盲目跟风的心理赚取第一笔钱，最终却因产品没有带给消费者满足感而被市场所抛弃。

（二）提供优质的售后服务

售后服务是产品质量的延伸，是品牌美誉度的重要方面，特别是在激烈的市场竞争条件和相对过剩的经济条件下，谁能拥有优质的售后服务，谁就有了战胜对手的法宝。海尔公司实施的"星级服务"卓有成效。维修人员上门维修时，统一穿着印有海尔标志的工作服。进门前，穿上自备的鞋套；维修时，将拆卸的零件放在专用垫布上；维修完，还为用户建立用户台账，并请用户签名确认。海尔的星级服务在为海尔赢得巨大的市场份额的同时，也为海尔品牌赢得了巨大的品牌美誉度。

（三）建立良好的企业信誉

市场经济是信用经济，良好的信誉是企业的无形资产，而好的品牌要靠良好的信誉支撑。当今世界 500 强企业，很多是"百年企业"，它们之所以经久不衰，关键是在长期的经营过程中形成了良好的信誉。在市场经济条件下，企业的信誉应该而且必须成为企业社会责任的一部分，企业应该把建立和增强企业信誉作为自身赖以生存和发展的生命线。对顾客而言，产品承诺和服务承诺是否有力，是建立良好的企业信誉最基本的条件。正如张瑞敏所说，企业应该首先卖信誉，其次卖产品。只有持之以恒地提供优质产品和服务，才能赢得顾客对品牌的信任，才能建立良好的企业信誉，从而提升品牌美誉度。

(四) 加强顾客满意管理

1. 实现顾客满意

品牌美誉度形成的心理机制,表现为当顾客尝试购买后,总会有意或无意地根据自己的期望对商品进行评价。如果该品牌产品的可感知效果与顾客的期望值相匹配,顾客就会满意;如果可感知效果超过期望,顾客就会非常满意;如果可感知效果不符合期望,顾客就会不满意。根据菲利普·科特勒的观点,提供顾客让渡价值是实现顾客满意、赢得赞誉的根本途径。

2. 培养意见领袖,促进人际传播

最先购买该品牌的一批消费者,对品牌形成了某种看法,他们出于各种各样的需要,总会有意无意地把自己对新购品牌的意见告诉别人。这些以非正式形式向别人提供品牌意见、影响别人进行品牌选择的人称为意见领袖。他们的口头传播对品牌选择者具有强有力的影响,这比广告轰炸和雪片似的商品传单要有效得多。企业必须真诚地对待每一位顾客,尽力为其提供最高的顾客让渡价值,并在顾客尝试购买阶段着力培养一批品牌的意见领袖,通过他们的口头传播来带动其他消费者购买。

三、建立品牌认知

消费者对品牌的品质认知是建立在产品客观品质基础上的主观认识,企业在建立品质认知时可从以下几方面努力:

1. 提供高品质的产品和服务

产品表现是一个品牌最直接的品质表现,一个品牌是否有品质,首先体现在产品的质量、性能和外观等方面。保证产品的高品质是消费者建立品牌认知的客观基础。海尔在发展之初,毅然将一百多台不合格的冰箱全部砸掉,给员工带来了极大的震撼,由此在员工心中树立了强大的产品质量意识,也在消费者心中形成了海尔产品质量可靠的深刻印象。为消费者提供高品质的产品是企业基本而长期的追求,这需要企业做到:树立产品品质目标、培养员工质量意识、注重生产高品质产品的技术保证。在此基础上形成企业独特的品质文化,即创造出一种追求品质的价值观、行为准则和习惯,使品质概念在员工心中根深蒂固。

2. 展示品质认知

产品的内在品质必须通过外在的展示才能得到消费者的认可。在很多情况下,消费者对品质的判断往往借助于产品或服务本身传出的信号特征。运用广告展示品牌的品质,有助于消费者认知产品品质。广告传达品质信息,要使用理性诉求方式,解释并展示产品的原理、生产过程、组织保障等方面。有时候,一些小的细节对品质的说服作用很大。例如,现在一般的食品外包装袋上都设有方便消费者撕开的锯齿,如果哪家企业忽略了这一点,它的产品质量和信誉将免不了或多或少地受到质疑。

3. 利用价格暗示

在营销活动中,价格往往是产品品质的一种重要暗示。这在很大程度上是因为顾客对产品质量的主观感知是决定品牌资产价值的一个非常重要的营销变数,而顾客对产品质量的界定或衡量,并不完全以企业提供给他们的技术规格和质量标准为唯一的依据。

有研究证明,以下四种状况的高价位意味着高品质:消费者对商品品质、性能,除了以价格作为衡量标准外,别无其他标准可循;消费者无使用该商品的经验;消费者对购买感到有风险时,或买后感到后悔时,容易以高价作选择标准;消费者认为各种品牌之间有品质差异。该研究对企业实际营销活动极具指导意义,高品质产品采用高价策略的重要意义是,在消费者心中树立了高品质的品牌形象。

4. 提供产品的品质认证证书

具有实际意义的保证书能够给品质提供可信的支持。有效的保证书应该是无条件、易懂、易执行和有实际意义的。在美国,若产品获得了"保险实验室(Underwriters Laboratories)""好管家(The Good Housekeeping)"的认可证书或标签,便能得到消费者的信任。现在国内的好多企业也开始逐渐意识到这一点的重要性,消费者对通过 ISO 9000 质量体系认证、产品由太平洋保险公司承保等保证的品牌更青睐。

四、建立品牌联想

任何一种与品牌有关的事情都能成为品牌联想。促使消费者产生品牌联想的因素有很多,如品牌的名称,产品的性能、包装、价格、销售渠道、广告、促销、服务,企业的形象等都能使消费者产生相应的品牌联想。图 12-1 展示了麦当劳的品牌联想。

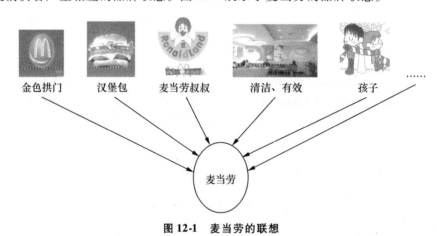

图 12-1 麦当劳的联想

企业若要建立良好的品牌联想,需要注意以下这些方面:

1. 把握品牌联想的关键因素

品牌态度是消费者对品牌的总体评价,它通常建立在品牌属性和品牌利益上。在选择品牌联想的关键因素时,我们应该重点关注品牌属性和品牌利益。

(1) 品牌属性

品牌属性主要有品牌名称、产品价格、使用对象、品牌标志、品牌原产地等方面。

① 品牌名称。当消费者听到品牌的名称时,先入为主的联想对一个品牌能否在市场竞争中站稳脚跟至关重要。暗示性的品牌名称传达出描述性和说服性信息,描述性的信息暗示产品类别,而说服性的信息暗示品牌所具有的核心属性和利益。例如,登喜路让人联想到登上喜悦之路。

② 产品价格。大多数消费者常常以价格高低作为判断产品质量的参照物,因此当各主要竞争品牌的知觉质量有较大差异时,就可用价格来影响消费者的知觉质量。如果品牌间价格相近,那么就要采取其他的定位途径以创造差异。价格战造成的两败俱伤是任何企业都不愿见到的,因而现在的企业都在试图寻找一种共赢的模式。

③ 使用对象。在使用对象上,许多品牌都希望建立与名人的联系,因为名人经常能带来强烈的联想。动感地带就让"人气王"周杰伦用"我的地盘我做主"来号召年轻的个性一代加入进来。

④ 品牌标志。品牌标志是传达品牌特性的直接载体。为了更好地适应国际市场,联想启用英文新标志"Lenovo",其中"Le"取自原先的标志 Legend,承继"传奇"之意;"novo"则代表创新,整个名称的寓意为"创新的联想"。

⑤ 品牌原产地。一个国家或地域的自然环境、资源、文化和传统等与某些类别产品的品质联系非常密切,因而品牌的原产地也会影响消费者的品牌联想。比如,我国新疆的葡萄干、景德镇的瓷器、苏杭的刺绣等等,都会让消费者感觉更加正宗、品质更好。从国家的层面上看,我们总是对法国的葡萄酒、时装和香水,德国的啤酒和汽车,日本的家电更情有独钟。品牌将因这些联想把品牌与品质联系起来而受益。

(2) 品牌利益

品牌利益可分为产品功能性利益、产品象征性利益和产品体验性利益三个层次。

① 产品功能性利益。它来自于品牌产品内在的品质,使品牌的传播与某些特定产品类别牢牢地联系起来,也能更好地促进消费者的品牌联想,如"康必得治感冒,中西药结合疗效好""车到山前必有路,有路必有丰田车"等的诉求。当一种类别中的竞争品牌太多时,我们还可考虑产品属性是否适合另一产品类别,如自行车除了代步,还可用来健身。

② 产品象征性利益。它更多地来源于品牌的附加值,来源于品牌个性带给使用者的情感利益与自我表达利益。消费过程不仅满足了人的基本需要,而且是社会表现和社会交流的过程。如奔驰汽车的驾驶者和佩戴蒂梵尼珠宝的消费者都会感觉到自己比别人更高贵。

③ 产品体验性利益。消费者在星巴克购买的并不是纯粹的咖啡,而是那份难得的体验。

2. 选择品牌联想的传播工具

传播是创造品牌联想的核心方法。包装、广告语、形象代言人、促销、公共关系等是品牌联想传播的核心工具。

(1) 包装

美国杜邦公司有一个十分著名的"杜邦定理"——有63%的消费者是根据商品的包装而作出购买决策的。俗话讲的"人靠衣装,马靠金装,品牌靠包装",说的也是这个道理。与高品质的产品配套的无一例外都是高质量的精美包装。

(2) 广告语

广告语是品牌、产品、企业在市场营销传播中的口号、主张和宣传主题及理念。品牌的所有主张或服务承诺就是通过广告语来承载的,如动感地带的"我的地盘我做主"、百事可乐的"突破渴望"等。这些常见的知名品牌广告语都在某种程度上交叉含有其他类型的含义,有口语化的趋势。有穿透力、有深度、有内涵的广告语的传播力量是无穷的,而且往往成为目标消费者的某种生活信条,直至成为生活方式。广告语所主张和诉求的价值理念与目标消费者的价值理念是高度和谐与对称的。

(3) 形象代言人

形象代言人是品牌的形象标志,它最能代表品牌个性及诠释品牌和消费者之间的感情、关系。例如,在1954年举行的世界杯足球赛中,当时的德国队穿着老阿迪发明的可以更换鞋底的足球鞋击败了世界劲旅匈牙利足球队,从此,"阿迪达斯"开始蜚声体坛。"阿迪达斯"利用体育明星做广告,不仅送给他们产品,还送给他们大笔现金,足球皇帝贝肯·鲍尔、拳王阿里、跳高名将哈里及一些网球巨星都是它的老主顾,甚至连大指挥家卡拉扬在指挥乐队时也穿阿迪达斯。阿迪达斯利用名人效应,其销售额占到世界体育用品销售额的60%左右。

(4) 促销

促销的核心机能是为购买决策带来短期的刺激作用。它的一个明显的负面作用是,过度运用促销,往往会降低品牌的身价,适得其反地损坏品牌形象。但这并不是说促销不能建立或创造积极的品牌联想,关键是要选择恰当的促销手段,使它增加而不是削弱品牌价值。

(5) 公共关系

在创造品牌联想上,公共关系有时胜于广告。好的公共关系活动具有可信度,而且吸引人,在处理品牌的危机事件上还具有专门的功效。

五、建立品牌忠诚

消费者对于某一品牌的忠诚度由于受到各种内外因素的影响,常常表现出变化无常的特征。机会主义、对多样化的追求及自主的需要等消费者特性都排斥忠诚。企业只有深入了解消费者品牌忠诚度的变化规律,才能因势利导,维持和提高消费者对自身品牌的高度忠诚。提高顾客品牌忠诚度的办法,就是设法加强他们和品牌之间的关系。高知名度、受肯定的品质、强有力的品牌设计及丰富的品牌联想都能帮助企业实现这个目标。顾客对品牌忠诚度的高低是由许多因素决定的,因此,提高品牌忠诚度也需从多方面入手才能取得成效。

1. 超越顾客的期待

让产品超越顾客的期待,是争取众多顾客、培养品牌忠诚的有效方法。超越顾客的期待,不仅表现在提高服务质量上,而且往往体现在顾客对产品的重复购买率上。可是要保持较高的重复购买率,没有高水平的售后服务是办不到的,良好的售后服务是企业接近顾客、取得消费者信赖的最直接的途径。据 IBM 公司的经验,若对产品售后所发生的问题能迅速而又圆满地解决,顾客的满意程度将比没发生问题时更高,这能够使"回头客"不断增加,市场不断扩大。

2. 加强顾客关系管理

(1) 建立常客奖励计划

对经常购买本企业品牌的顾客给予相应的让利,是留住忠诚顾客最直接而有效的办法,它能使消费者感觉到自己的忠诚得到了企业的认可和回报。许多商场为经常在本商场购买产品的顾客累积分数,达到一定分数便给购买产品者折扣或奖励,此举保持了大量的常客。

(2)成立会员俱乐部

采用会员俱乐部的促销方法,能不断加强品牌与忠诚顾客的关系。与常客奖励计划相比,会员俱乐部能让顾客有较高的参与感,使得顾客与品牌不间断地、定期地发生联系。在会员俱乐部中各会员还可相互交流、沟通、分享有关品牌的信息,核心忠诚会员可进一步带动其他顾客的品牌忠诚。如参加"任天堂欢乐俱乐部"的孩子们,可以定期收到刊物,享有电话热线咨询服务,他们几乎全都是任天堂的超级忠诚顾客,也是任天堂崛起的最大本钱。和"常客奖励计划"一样,会员俱乐部也能让忠诚顾客们感觉到自己被重视。

(3)建立顾客资料库

建立顾客资料库,将辅助以上两种计划更好地实施。企业可通过顾客资料信息,不断保持与顾客的沟通。例如,了解顾客对本企业产品的看法,征求他们对产品的改进意见,将新产品的信息及时传递给顾客等,有条件的企业还可进行定制营销。在网络经济时代,与顾客的这种一对一沟通,不仅可能,而且必须去做。现代消费者的生活正向着个性化和多样化发展,一方面,人们带着强烈的自我意识,在日常生活的各个领域中生活着,试图通过自我展示来向他人展示自己某一方面的能力,希望通过品牌消费表现出自己独特的个性和品位;另一方面,消费者行为也向着多样化发展,人们大多怀有这样一种渴望,即想要借助一定的道具步入舞台从而可以体验另外一种生活,消费者的生活越来越具有多变和感性的色彩。强化品牌与消费者的关系,必须了解消费者的需求及其变化,在建立顾客资料库的基础上,进行个别化营销。

学术智库 12-1

通过社会赞助达到营销目的(提升品牌资产)

本文从期望理论出发,解释为什么虽然越来越多的企业在通过慈善事业来提升自己的曝光率从而获得自己品牌形象的提升,但也有一部分履行社会责任的企业或行为并没有受到消费者的赞赏,甚至有的慈善行为会被理解为作秀从而引起消费者的反感的现象。作者发现,由于企业自身定位的差异,企业与公益行为或组织之间有着行业、品牌个性等要素的相关性或相似性,会引发企业与公益行为之间的匹配度的问题,从而影响消费者对企业的公益行为的评价。当企业的公益行为与企业的特点相结合的时候,消费者对企业的评价会提高;当企业的公益行为与企业的特点相背离或者冲突的时候,消费者对企业的评价会降低。

同时,作者结合了信息源及动机理论发现,由于信息发布者的身份不同,企业的公益行为曝光的结果也不同。由公益组织发布企业的公益行为会比企业夸赞自己更使人信服并称赞。特别需要注意的是,企业与公益行为彼此的不匹配甚至会伤害到品牌资产。为了解决这些问题,一方面,在选择公益行为时需注意企业定位于公益组织及活动之间的匹配性;另一方面,更多地通过创造匹配性来降低可能存在的风险。

文献来源:Simmons C. J., Becker-Olsen K. L. 2006. Achieving Marketing Objectives Through Social Sponsorships[J]. Journal of Marketing, 154-169.

第二节 品牌资产的评估

一、品牌资产评估的意义

品牌资产是企业重要的无形资产,这种附加的价值来源于品牌对消费者的吸引力和感召力,在市场竞争中发挥着越来越大的作用。

1. 品牌资产评估可以加深对品牌资产的认识

品牌资产作为一种无形资产,不像厂房、机器设备,难以从直观上把握,由此使人们对它有一种神秘感和抽象感。消除这种感觉,除了应对品牌资产的构成、来源等有清楚了解外,还需要从数量上对品牌资产的大小作出估计。不管何种资产,如果缺乏数量上的界定,将对人们的认识和了解造成影响,从而导致在使用过程中不知道如何操作,使企业对品牌资产的把握流于空洞。

2. 品牌资产评估可以更全面地反映企业的经营业绩

品牌资产既是过去经营成果的沉淀,又联系着未来,它的价值在于能够为企业创造未来收益。在今天,品牌等无形资产在企业资产中的比重不断上升,甚至超过有形资产的情况下,仍然单一地用传统财务报表反映企业经营情况,是不全面的。进行品牌资产评估,把品牌资产的价值增减纳入会计报表,能更全面、更真实地反映企业经营业绩。尽管目前很少有企业把公司的品牌资产纳入企业的会计报表,人们在利用品牌资产来衡量经营业绩时更多的是在企业内部纵向进行。主要原因是品牌资产自身具有一些较复杂和抽象的特点,学术界对如何衡量和评估品牌资产还存在很多争议,很难确定一个人们公认的测评程序。不过随着人们对品牌资产的认识更进一步深入,很有可能制定出一个相对稳定和科学的测评系统。

3. 品牌资产评估便于企业间品牌资产的交易

品牌本身是可以转让的,因此在企业间发生兼并、收购或租赁时,交易双方对品牌资产的评估必然非常重视。如果被兼并、被收购或被租赁企业的价值在评估时,品牌资产作为无形资产的重要部分被疏漏或低估,无疑会损害股东的利益。这也是当今品牌资产评估方法研究的一个重要促进因素。

另外,对各公司品牌资产评估结果的排名,无疑是对公司品牌的一种激励或鞭策,优秀公司的品牌资产也会得到升值。北京名牌资产评估事务所从 1995 年开始对中国最有价值品牌进行了跟踪评价,评价结果每年都在《中国质量万里行》杂志上公开发表,它的排名结果会对中国的消费者产生重要的影响。

二、品牌资产评估的方法

对现有的品牌资产进行量化评估,首先需要对品牌资产进行概念上的界定。由于目前在学术界对品牌资产的理解和认识存在一定的争议,导致品牌资产评估产生了多种模型和各种不同的方法。正如美国的 W. D. 韦尔(W. D. Wells)所言,"对品牌资产的研究好像盲人摸象,不同的人出于不同的目的和受个人背景的局限,赋予其不同的含义并采用不同的评估方法"。

目前存在的各种品牌资产评估方法,多是广告公司、市场研究公司、品牌资产专业机构根据各自对品牌资产的不同理解,设计出的不同品牌资产概念模型。大体来讲,较为被接受的品牌资产量化评估理论有两类:会计方法和市场基础评价法。会计方法着重于使用客观财务数据,通过相关的会计报表、档案、文件等,体现出品牌资产的交易价值。市场基础评价法则是基于消费者调查、股市业绩考察等统计数据,通过识别相关参数,用一定的模型来计算,体现品牌资产的内在价值。这两大类方法体现了从不同的角度来看待品牌资产的内涵,具体到操作层面,又受到不同的评估目的的影响,例如,并购财务的需要、品牌管理的需要、市场竞争及战略的需要等。

(一)会计方法

1. 历史成本法

评估品牌最直接的方法莫过于计算其历史成本,而历史成本法是直接依据企业品牌资产的购置或开发的全部原始价值进行估价。最直接的做法是计算对该品牌的投资,包括设计、创意、广告、促销、研究、开发、分销、商标注册,甚至专属于创建该品牌的专利申请费等一系列开支等。例如,宝洁公司为了得到"潘婷"这个亲和力极强的名字,聘请各路专家历时数年,耗费巨资,从众多候选名字中经反复斟酌才得以确定,而推广这个名字的费用更高。

对于一个品牌,它的成功主要归因于公司各方面的配合,我们很难计算出真正的成本。因为我们已经把这些费用计入了产品成本或期间费用,怎样把这些费用再区分出来是一个颇费周折的事情,而且没有考察投资的质量和成果。即使可以区分出来,历史成本法也存在一个最大的问题,那就是它无法反映现在的价值,因为它未曾将过去投资的质量和成效考虑进去。使用这种方法,会高估失败或较不成功的品牌的价值。

2. 重置成本法

如果品牌投资作价时无法以历史成本作为计价依据,可以采用重置成本法。它是用重新建立与某一特定品牌影响相匹配的新品牌所需的费用,来估算该成名品牌资产量的大小。计算公式是:

$$V = C \cdot K$$

其中,V 表示品牌价值,C 表示品牌所在行业的新品牌平均开创费用或平均重置开创费用,K 是该品牌的成本因子或系数。

第一步,计算 C。品牌开创费用是指产品导入市场阶段所支出的广告、宣传等营销费用,以及与注册、保护品牌有关的法律费用。估计平均品牌开创费用时,除了考虑近年内新导入市场并取得成功的有关品牌的平均实际开创费用外,还应根据行业或产品风险程度,估计新品牌在市场获得成功的可能性。比如,就某一行业而言,如果新品牌平均开创费用是 500 万元,而新品牌的市场成功几率为 50%,则在该行业,新品牌重置的平均开创费用或成本应为 1 000 万元。

第二步,确定 K。成本系数可以根据品牌或产品的市场占有率来确定,也可以依据品牌知名度来确定,或者综合产品市场占有率和品牌知名度两方面的因素加以确定。下面仅对以产品市场占有率为依据确定成本系数的方法进行简要叙述。

假设在某一市场上,市场占有率在 5% 以上者为成功品牌,而符合成功品牌标准的品牌总数有 10 个,它们总的市场份额为 60%。现有某一品牌,其市场占有率为 30%,则该品牌的成本系数为 5,即成本系数 = 被评估品牌市场占有率(30%)/成功品牌平均市场占有率(6%) = 5。

3. 股票价格法

这种方法由美国芝加哥大学 C.J. 西蒙(C.J. Simon)和苏里旺(Sullivan)提出,它适用于上市公司的品牌资产评估。该方法以公司股价为基础,将有形与无形资产分离,再从无形资产中分解出品牌资产。具体做法是:

第一步,计算公司股票总值 A,这可以通过股价乘以总股数获得。

第二步,用会计上的重置成本法计算公司有形资产的总值 B,然后用股票总值减有形资产总值,即得到公司的无形资产总值 $C(C = A - B)$。无形资产可以分解成三个部分:品牌资产 C_1、非品牌资产 C_2 以及行业外可以导致垄断利润的因素(如政府管制、产业集约化形成的优势等)C_3。

第三步,确定 C_1、C_2、C_3 各自的影响因素。

第四步,建立股市价值变动与上述各影响因素的数量模型,以估计不同因素对无形资产的贡献率,然后在此基础上可以得出不同行业中品牌资产占该行业有形资产的百分比 β。由 $C_1 = B \cdot \beta$ 即可以得出品牌资产的价值。

用股票价格法得出的是公司各品牌资产的总值,因此,这种方法尤其适用于只有一个品牌或虽然有多个品牌但仅有一个著名品牌的企业。

4. 未来收益法

未来收益法又称收益现值法,是通过估算未来的预期收益(一般是"税后利润"指标),并采用适宜的贴现率折算成现值,然后累加求和,借以确定品牌价值的一种方法。其主要影响因素有:(1)超额利润;(2)折现系数或本金化率;(3)收益期限。它是目前应用最广泛的方法,因为对于品牌的拥有者来说,未来的获利能力才是真正的价值,而该方法试图计算品牌的未来收益或现金流量。因此该方法通常是根据品牌的收益趋势,以未来每年的预算利润加以折现,具体是先制订业务量(生产量或销售量)计划,然后根据单价计算出收入,再扣除成本费用计算利润,最后折现相加。在对品牌未来收益的评估中,有两个相互独立的过程,第一个是分离出品牌的净收益;第二个是预测品牌的未来收益。

未来收益法计算的品牌价值由两部分组成:一是品牌过去的终值(过去某一时间段上发生收益价值的总和);二是品牌未来的现值(将来某一时间段上产生收益价值的总和)。其计算公式为相应两部分的加总。

未来收益法存在的问题是:其一,它在预计现金流量时,虽然重视了品牌竞争力的因素,但没有考虑外部因素影响收益的变化,从而无法将竞争对手新开发的优秀产品考虑在内,而且我们无法将被评估品牌的未来现金流量从该企业其他品牌的现金流量中分离出来,因为它们共用一个生产、分销资源;其二,贴现率和时间段选取的主观性较大;其三,在目前情况下,不存在评估品牌的市场力量因素。

（二）市场基础评价法

以市场为基础的评价法是对传统会计学方法的挑战,它试图克服使用财务指标的不足。因为品牌属于长期性投资,而销售量、成本分析、边际报酬、利润以及资产回报率等指标多半是短期性数据,评估的准确性不够。

1. 溢价法

这是通过观察消费者由于使用某一品牌而愿意额外支付多少货币来确定品牌价值大小的一种资产评估方法。用溢价法评定品牌价值,首先要确定品牌的溢出价格,即经常不使用品牌或经常使用竞争品牌的情况下,消费者为选择该品牌愿意支付的额外货币。为此,可以通过消费者调查获得。比如,为了获得"两面针"品牌的溢出价格,可以就同一产品询问消费者在使用该品牌和不使用该品牌的情况下愿意支付的货币数量,两者的差额即"两面针"的溢出价格。溢出价格乘以当年该产品的销量,即可得到该品牌当年创造的价值。当年价值除以行业平均投资报酬率,可获得该品牌的总价值。仍以"两面针"为例,若调查发现该品牌溢出价格为 0.20 元/支,当年产品销售量为 1.5 亿支,而行业平均投资利润率为 20%,则"两面针"品牌总价值为:$0.20 \times 1.5 \div 20\% = 1.5$ 亿元。

需要注意的是,由于企业在不同年份的产品销售量可能会因经济的波动而有较大不同,我们以过去 3—5 年的年均销售量为基数,确定品牌平均每年创造的价值,再以这 3—5 年的行业平均投资利润率作为除数,获得该品牌的资产总量。

2. 消费者偏好法

消费者偏好法是通过市场调查,了解在使用某一特定品牌与不使用品牌的情况下,消费者对产品的态度或购买意向是否存在差别,然后将这种差别与产品的市场份额联系起来以评估品牌价值的方法。采用这种方法可以确定某一年度或某一时期该品牌所创造的利润,再用该利润除以该时期行业平均投资利润率,即可获得品牌资产总价值。

消费者偏好法的困难是如何确定消费者偏好或品牌态度与市场份额的依存关系,即就整个市场而言,消费者的品牌态度或购买意向每增加一个百分点,该品牌或该产品市场份额相应将有多大变化。为此,需要从时间序列角度,系统收集产品所在行业各主要品牌的有关数据,包括品牌的市场份额、消费者对各品牌的购买意向两个方面的数据。在此基础上建立经验模型,找出购买意向与市场份额两个变量的经验关系。因此,就总体来说,采用消费者偏好法评估品牌资产,时间较长,费用也较高。

3. 英特品牌集团法

英国的英特品牌集团(Interbrand Group)是世界上最早研究品牌评价的机构,它以严谨的技术建立的评估模型在国际上具有很大的权威性。下面介绍其品质评估模型及操作方法。

（1）计算品牌的纯利润。计算品牌的纯利润分为三步:首先估计品牌所在行业的资本产出率,其次假设一个没有品牌的普通产品的资本利润率,最后计算出品牌的纯利润。

例如，1995 年，吉列这个剃须刀品牌的销售额为 26 亿美元，营业利润为 9.61 亿美元。根据产业专家估计，在个人护理业其资本产出率为 38%。首先，算出品牌的税前利润。可算出吉列所需的资本额为 26×38% =9.88 亿美元。其次，假设一个没有品牌的普通产品的资本净利润率为 5%（扣除通货膨胀因素），用 5% 乘以 9.88 亿美元得到 0.49 亿美元，即 9.88×5% =0.49 亿美元。从 9.61 亿美元的赢利中减去 0.49 亿美元，就得到吉列品牌的税前利润，即 9.61-0.49=9.12 亿美元。再次，确定品牌的净收益，为防止品牌价值受整个经济或行业波动的影响过大，采用最近两年税前利润的加权平均值，且最近一年的权重是上一年的 2 倍。计算出税收为 3.37 亿美元。最后，从税前利润中减去税收，即得到品牌的纯利润为 5.75 亿美元。这个数字就是纯粹与吉列品牌相联系的净利润。

（2）确定品牌强度倍数。品牌强度倍数主要由七个方面的因素决定，但各个因素的权重不同（见表 12-1）。

表 12-1　品牌强度评价因素的权重

评价因素	含义	权重(%)
领导力	品牌的市场地位	25
稳定力	品牌维护消费者特权的能力	15
市场力	品牌所处市场的成长和稳定情况	10
国际力	品牌穿越地理文化边界的能力	25
趋势力	品牌对行业发展方向的影响力	10
支持力	品牌所获的持续投资和重点支援程度	10
保护力	品牌的合法性和受保护的程度	5

品牌强度倍数由上述七个因素加权得出。英特品牌集团利用专家评价法，对这七个因素进行打分，然后乘以上述权重就得到品牌的强度倍数。强度倍数越大，品牌的预期获利年限就越长。作为个人护理业的一个特殊品牌，吉列得到的强度倍数值为 17.9。根据计算品牌价值的公式，即可计算出吉列的品牌价值为：17.9×5.75≈103 亿美元。

4.《金融世界》法

美国的《金融世界》（Financial World）杂志从 1992 年起对世界著名品牌进行每年一次的跟踪评估，其所使用的方法与英特品牌集团采用的方法基本接近，主要不同之处是它更多地以专家意见来确定品牌的财务收益等数据。《金融世界》的评估结果被各大媒体转载公布，在世界上具有很大的影响力。该方法强调品牌的市场业绩，具体步骤如下：

（1）先从公司销售额开始，基于专家对行业平均利润率的估计，计算出公司的营业利润；然后，从营业利润中剔除与品牌无关的利润额，例如资本收益额（根据专家意见法估计出资本报酬率）和税收，从而最终得出与品牌相关的收益。

（2）根据英特品牌集团的品牌强度模型估计品牌强度系数，品牌强度系数的范围大致在 6—20 之间。

（3）计算出品牌资产。品牌资产 = 纯利润 × 品牌强度系数。具体计算过程见表 12-2。

表 12-2 《金融世界》品牌资产计算方法　　　　　　　　　单位：美元

步骤	项目	公式	万宝路(1992)	可口可乐(1993)
①	销售额		154 亿	90 亿
②	利润率	（行业）	22%	30%
③	利润	①×②	34 亿	27 亿
④	资本比率	（行业）	60%	60%
⑤	理论资本	①×④	92 亿	55 亿
⑥	一般利润	⑤×5%	4.6 亿	2.7 亿
⑦	品牌利润	③－⑥	29 亿	24 亿
⑧	修正利润	三年加权	—	—
⑨	税率	（行业）	43%	30%
⑩	理论纳税	⑧×⑨	12 亿	7.3 亿
⑪	纯利润	8—10 之间	27 亿	16.7 亿
⑫	强度系数	6—20 之间	19	20
⑬	品牌价值	⑪×⑫	310 亿	334 亿

英特品牌集团和《金融世界》多年发表评估结果,已具有国际性地位,具有较强的权威性和通用性,可用于任何产品类别或品牌。特别在品牌收购、兼并或租赁等情况下,多参考这两种方法的结果。

5. 北京名牌资产评估事务所的评价方法

北京名牌资产评估事务所从 1995 年开始对我国的一流品牌进行评估。他们首先参照英特品牌公司的评估模型,根据中国的实际情况,建立起中国的品牌评价体系。该评价体系以英特品牌模型的七个强度因素为框架,并考虑了品牌市场份额、品牌的超值创利能力、品牌的出口能力、商标是否具有广泛的法律效力和不断投资的支持、品牌超越地理和文化边界的能力。然后将这些因素转化为三个评价指标:品牌的市场占有率(M)、品牌的超值创利能力(S)、品牌的发展潜力(D)。这三个指标的权重各不相同,分别为 4、4、3(不同行业,略作调整)。该事务所的品牌价值评价公式简单表述为:

$$P = M + S + D$$

其中,P 代表品牌综合价值。

第三节　品牌资产的保护

拥有优良的品牌资产是企业一项重要的无形资产,可以给企业带来丰厚的利润,是企业的一笔巨大财富。当企业辛辛苦苦创立了品牌甚至是名牌后,切不可以为可以高枕无忧了。除了经营和管理上的失误会影响品牌资产的价值外,竞争品牌的崛起和假冒产品的出现,都会造成品牌贬值的危险。品牌作为企业的一项无形资产,需要持之以恒的呵护。

一、品牌资产的法律保护

法律保护是品牌资产保护的最主要途径,因为法律保护具有权威性、强制性和外部性。品牌法律保护的主要内容是品牌的注册商标。商标权法律保护的内容包括商标名称、图形及其组合。

（一）商标权的基本特征

商标在法律上的权利包括商标使用权、转让权、专用权、继承权和法律诉讼权等。其中，商标专用权是商标权最基本也是最主要的内容。商标专用权也称商标独占使用权，即注册商标的所有人有权在核定的商品上使用其注册商标，同时可以禁止其他人在未经许可的情况下使用该注册商标。没有商标专用权，商标权也就失去了存在的意义。商标权的基本特征主要有以下几点：

1．商标权的确立或取得

商标权不像有形资产那样是通过市场交换获得的，而是由国家依法授予的。对商标权的占有实际上是一种法律上或名义上的占有，商标所有人不可能像一般财产所有人那样把商标这种财产置于自己的直接控制下，从而实现真正的占有。基于此，商标权较有形的财产权利更容易遭受侵害。商标权遭受侵害时，由于损害的是注册商标的信誉，而商标信誉是看不见摸不着的，因此如何给予被侵害方以赔偿及赔偿额的确定，远比一般侵害要复杂和困难。

2．商标权具有专用性

商标权的专用性又称独占或垄断性。这有两方面的含义：一是指在同一国家同一商标只能由某一企业或个人在指定商品上注册并归其所有，不能由多家所有；二是指商标获准注册后，注册商标所有人具有独占使用权。

3．商标权的地域性

地域性是指在一国核准注册的商标，只在该国领域内是有效的，对其他国家不发生效力。也就是说，经过一个国家注册的商标，仅在该国法律管辖的范围内受到该国法律的保护，其他国家对这一商标权没有保护义务。

4．商标权的时效性

商标在法定的时间内受到法律保护。这一时间称为注册商标的有效期。我国《商标法》规定的有效期为10年。有效期满后，商标权人可以按法定程序进行"续展"。依法获得续展的商标，每次续展的有效期也是10年，并且可以无限地续展下去。

（二）商标注册的原则

一般来说，企业进行品牌注册，应坚持以下几个基本原则：

1．提前注册、及时续展的原则

为了获得法律的保护，商标必须依法注册。通过注册获得商标权，特别是商标专用权，是寻求法律保护的前提和基本保证。过去我国企业由于商标注册不及时而被国内同行或外商抢注的事件屡屡发生，迫使企业或花重金买回属于自己的品牌，或改名换姓，为再创声誉付出高昂的代价。值得注意的是，我国商标注册审批程序复杂、审批时间较长，这就要求企业在注册时间选择上应坚持提前注册的原则，即在产品生产出来之前就申请商标的注册。同时，企业还必须注意到商标的时效性，即商标权超出法律规定的有效期限，就不再受法律的保护，这就要求企业要设立科学的、完善的商标档案，配备熟悉商标知识和商标法规的管理人员，在规定的期限内及时进行商标续展。

2. 全方位注册的原则

即将纵向注册和横向注册、国内注册和国际注册、传统注册和网上注册相结合,并注重防御性商标的注册。如娃哈哈集团为了有效地防止其他企业模仿或抄袭自己的品牌,在注册了"娃哈哈"之后,又注册了"娃娃哈""哈哈娃""哈娃哈"等一系列防御性商标。

3. 地域辐射原则

即品牌注册的地域要广泛,不能仅仅在某一个国家或地区注册,而应同时在很多国家和地区注册。到国外申请注册商标有两条途径:一是国际注册,即根据我国 1989 年加入的《商标国际注册马德里协定》,申请人在国内办完商标注册手续后,向设在日内瓦的世界知识产权组织国际局提出一次申请和缴纳一定费用,就可以在所有协定成员国一一办理商标注册手续;二是在国外进行逐国注册,即分别向各个国家直接提出商标注册申请。目前向尚未加入《商标国际注册马德里协定》的国家申请商标注册,只能通过这条途径。

4. 在范围上坚持宽松有余原则

即企业申请注册时,不应仅仅在某一类甚至某一种商品上注册,而应同时在很多类商品上注册。

5. 申请原产地保护

我国加入世界贸易组织以后,如何在国内加强对工业产权的保护,并进一步利用国际条约和国家间双边协议寻求国际保护已经成为多方关注且不容忽视的问题。在世贸组织的《与贸易有关的知识产权协议》(TRIPS 协议)中把"地理标志"列为与商标、专利、版权并列的知识产权,要求各缔约国或地区切实予以保护。我国《商标法》也增加了这一规定。我国名优特产丰富,申请原产地保护是一条有效的发展途径。

(三) 品牌其他构成要素的保护

品牌的构成要素非常复杂,除了品牌名称、品牌标志和商标外,还有一些要素对品牌形象的形成具有非常重要的意义。例如,品牌传播口号、品牌代言人甚至品牌的标准色等,它们不仅是品牌形象的重要组成部分,也是企业品牌资产的重要组成部分,企业应对其进行有效的保护。按照我国《著作权法》的有关条款,凡是具有独创性的文字、图片及影视作品,都应纳入保护的范畴。企业在塑造品牌形象的过程中,在媒体上所使用的一些广告语,凝聚了广告设计人员的脑力劳动,也必须加以保护。品牌代言人对于品牌形象的形成同样具有极其重要的意义,所以,品牌代言人也是品牌形象重要的组成部分,企业应当对其加以保护,以维护品牌形象的一致性。

对企业的品牌或商标的法律保护应该在职业管理制度上进行健全。国外著名企业有专人和专门机构管理商标、专利、专有技术等专业产权。我国中小企业在这些方面的工作比较薄弱,有出于成本的考虑,但更重要的是在法律意识上的缺乏和制度的缺陷。因此,企业应有专人监督商标的两次公告(初步审订公告和核准注册公告),及时行使异议权、撤销权(将与本企业在同类产品上已注册商标相同或相近似的商标撤下)。另外,应设有专人、专门机构,追踪同行对手、监控市场,一旦发现了商标假冒侵权,应马上采取法律对策,遏止侵权,减少损失,不能允许假冒商标泛滥并侵占市场,毁坏本企业商标的商誉。

二、品牌资产的自我保护

在法制不很健全、执法力度不是很大、地方保护主义强烈的情况下,企业对品牌资产的自我保护构成品牌资产保护的另一重要方面。作为企业,也应当学会自我保护,以下方法可资借鉴:

1. 商标权的保护

(1) 定期查阅商标公告,及时提出异议

企业应定期查阅商标公告,一旦发现侵权行为,应及时提出异议,以阻止他人的侵权商标获得注册。

(2) 运用高科技的防伪手段

如企业通过采用不易仿制的防伪标志、防伪编码等手段,同时主动向社会和消费者介绍辨认真假商标标志的知识,不仅为自己的品牌产品加了一道"防伪"保护伞,也为行政执法部门打击假冒伪劣产品提供了有效的手段。

(3) 协助有关部门打假

当注册商标的专用权受到损害时,企业应采用有力的手段,协助有关部门打假,制止侵权者的不法行为。

(4) 注重向消费者宣传识别真伪的知识

如果消费者能分辨真伪,假冒产品也就可以从根本上予以杜绝。因此,企业应广泛利用新闻传媒、公关等形式向消费者宣传产品的专业知识,让消费者了解产品,掌握一定的商品知识,明白真假之间的区别。只有这样,假冒伪劣产品才能成为无本之源。

2. 商业机密的保护

(1) 申请专利

企业拥有专利就意味着企业拥有了对市场的控制权,它既是品牌之"矛"——通过技术许可证贸易进一步扩展市场,又是品牌之"盾"——排斥其他企业进入这一技术领域。可以说,专利是企业维护自己品牌地位的重要手段。

(2) 严守商业秘密

商业秘密是指不为公众所知悉,能为权利人带来经济利益、具有实用性并经权利人采取保密措施的技术信息和经营信息。它主要包括企业的生产方法、技术、程序、工艺、设计、配方、计划、销售和市场信息、客户名单等,大多数是企业赖以生存的绝招,凝聚着企业的劳动和汗水。商业秘密一般是企业为克服专利的局限性而设立的,因为一种新技术如果申请专利,虽能获得专利权,但却必须以公开这一技术为代价,这就会为竞争对手进一步研究并超越这一专利技术的开发提供了可能;并且,专利的保护也有一定的年限,超过该年限专利的技术就不再受到法律保护。在知识产权保护方面,企业除了可以申请专利进行保护以外,还可以采取高度保密的措施,使之成为专有技术。可口可乐的配方就是典型的例子。

(3) 谢绝技术性参观

技术性参观也是商业间谍们获取情报的途径之一。因此,品牌经营者有必要谢绝技术性参观。

(4) 争创驰名商标

目前,多数国家在各国知识产权立法中对《巴黎公约》中对驰名商标的特别保护内容加以确认,我国也不例外。企业应充分利用这一法律武器,积极创造条件争取驰名商标的认定,从而可以对国内外非法和恶意抢注我国驰名商标、牟取非法利益的行为,加以有效的遏制。

案例 12-2

三星保护品牌注册 470 个 CN 域名

继松下、大众疯狂注册上百个 CN 域名之后,国际手机巨头三星公司通过海外注册机构狂注 CN 域名,一次性注册了 470 个 CN 域名,几乎成了目前 CN 域名注册量最大的一个企业。

我国域名注册管理机构中国互联网络信息中心(CNNIC)的 Whois 查询系统显示,三星早在 1997 年就注册了 samsung.com.cn 并作为主域名使用。而在 2005 年 4 月 25 日,三星一口气注册了 470 个与其品牌相关的地级 CN 域名,注册期限为两年,域名类别涉及三大方面:其一,与企业品牌 samsung 相关的地级域名,如 samsung.zj.cn;其二,与公司领导人相关的 CN 域名,如韩国三星集团董事长李健熙的 CN 域名 leekunhee.bj.cn;其三,包括含有敌对性词汇的 CN 域名,如 antisamsung.bj.cn、nosamsung.bj.cn、stopsamsung.bj.cn 等地级域名。

运用域名保护战略来打消仿冒者的企图已经成为欧、美、日、韩等国和地区的知名企业实施品牌保护的重要措施。跨国企业的网上品牌保护意识比较强,它们不仅广泛地将与自身商标、商号、行业属性等一切可能与自身形象发生关联的衍生形式域名注册下来,甚至为此不惜诉之公堂,不给"李鬼"形式的域名有可乘之机,做到"防患于未然"。因此,也就出现了企业一口气注册了几百个域名的情况。

资料来源:《三星一次性注册 470 个 CN 域名》,搜狐 IT 频道,http://it.sohu.com,2005 年 5 月 31 日。

三、品牌资产的经营保护

品牌资产的经营保护是品牌经营者为维护品牌形象、保持品牌的市场地位,使品牌资产不断增值而采取的一系列的企业生产、经营活动。应注意以下几点:

1. 技术保护

(1) 技术领先是企业品牌地位赖以确立和长久维持的先决条件

技术领先意味着在相同市价条件下,企业提供的产品比同类竞争品具有更多的功能和更优的品质,能给消费者带来更多的利益和效用,使之产生"物有所值"乃至"物超所值"的满足感,将广大消费者吸引在自己周围,促使他们对企业产品形成品牌偏好。

(2) 严格技术保密

差异化是现代企业参与市场竞争的基本战略之一。差异化的实质就是形成企业产品独有的特色,以明显区别于竞争者提供的同类产品,从而形成某种相对垄断局面并在激烈的竞争中赢得一席之地。产品差异可以存在于多个方面,但相当一部分企业产品与其独特的原料、配方、工艺或其他技术秘密有关。

(3) 统一技术标准

质量是品牌的生命,企业在扩散生产时一定要视自己的控制能力而行,对扩散单位坚持统一的技术要求,严格按母公司的质量标准组织生产,绝不能因盲目追求规模而牺牲企业品牌的声誉。

2. 生产保护

(1) 按有效需求组织产销

在现实生活中,企业面对的往往是扩张潜力有限的市场需求。强势品牌企业即使在激烈竞争的市场环境中,也应保持清醒头脑,坚持自己产品特有的品位、风格与个性;按照目标市场有效需求,有计划地安排产销量,巧妙维持供求平衡。

(2) 持之以恒的严格质量管理

实施严格的质量管理是品牌资产经营保护最重要的手段。严格要求、严格管理体现在企业活动的各个方面和全部过程,目的是为了保持和提升品牌的竞争力,使品牌更具有活力和生命力,成为市场上的强势品牌。最重要的是要坚持全面质量管理和全员质量管理。"质量第一"是品牌经营保护的根基,"以质取胜"是永不过时的真理。

3. 营销保护

(1) 审慎地开展品牌延伸经营

绝大多数企业往往从专业化经营起步,经过若干年艰苦努力在行业中有了相当高的地位,塑造出了较有影响力的品牌。为了谋求进一步发展,不少企业走上多元化扩张的道路,我国企业的多元化扩张大多是跨行业而为之,如卷烟厂涉足制药业、电器企业涉足建材业、家电企业涉足金融业等。在这一过程中,一定要严格管理,防止品牌衍生的过度化和泛滥化而导致品牌资产受到损害。

(2) 始终树立以消费者满意为中心的经营理念

品牌资产并不是一旦拥有就终身不变,而是随着市场环境的变化、消费者需求的转变而不断变化的。要想始终维持品牌的知名度、保持顾客的忠诚,就必须不断迎合消费者的兴趣和偏好,赋予品牌新的特征,这就要求企业的品牌经营始终围绕着消费者满意来进行。

(3) 与消费者沟通的连续性

不断将品牌信息传递给消费者才能保持品牌在消费者心中的印象。广告是品牌传播的重要手段。

(4) 维持标准定价

要消费者不计价格、无条件地忠实品牌是不可能的。一旦品牌的价格超过同类产品的平均范围,消费者就会敏感。品牌要想在市场上立足,必须维持同类产品的标准定价。

（5）避免恶性竞争

品牌之间的恶性竞争只会导致两败俱伤，在品牌保护中要力争避免恶性价格战和行业内的相互攻击、诋毁等行为。恶性价格战会破坏消费者已建立起的品牌忠诚，不利于维护良好的品牌形象。品牌之间相互攻击、诋毁的最终结果是失去消费者的信任和好感，有时还会引起法律纠纷。

本章小结

建立品牌资产，即指创造出品牌知名度，形成消费者对品牌的品质认知和有利的品牌联想，努力提升品牌美誉度，并发展消费者品牌忠诚的过程。

建立或提高品牌知名度的基本要点是建立品牌认知和加强品牌记忆。促使消费者主动去识别品牌和记住品牌的关键在于品牌的有效传播。品牌传播方式包括广告传播、强势公关和口头传播等。建立品牌美誉度，需要企业从几个方面着手努力：保证卓越的产品质量；提供优质的售后服务；建立良好的企业信誉；加强顾客满意管理。企业在建立品质认知时可从以下几方面努力：提供高品质的产品和服务；展示品质认知；利用价格暗示；提供产品的品质认证证书。建立良好的品牌联想需要做好以下工作：把握联想的关键因素，主要从品牌属性和品牌利益两个方面着手；选择品牌联想的传播工具，包装、广告语、形象代言人、促销、公共关系等都是进行品牌联想传播的核心工具。建立品牌忠诚是经营品牌资产的关键任务。建立品牌忠诚要设法加强消费者与品牌之间的关系，具体措施包括：超越顾客的期待；加强顾客关系管理。

评估品牌资产的会计方法主要有四种：历史成本法、重置成本法、股票价格法和未来收益法。市场基础评价法包括溢价法、消费者偏好法、英特品牌集团法、《金融世界》法和北京名牌资产评估事务所的评价方法。

品牌作为企业的一项无形资产，需要持之以恒的呵护，并在激烈的竞争中使之增值保值。企业需要对品牌资产加强法律保护、自我保护和经营保护。

复习思考题

1. 试述品牌经营者经营品牌资产的五大任务。
2. 如何建立和提高品牌资产？
3. 分析比较品牌资产的会计评估方法。
4. 分析比较品牌资产的市场基础评价法。
5. 品牌资产保护包括哪些内容？
6. 结合实例分析品牌资产经营的营销策略保护。

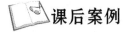

 课后案例

"维多利亚的秘密"品牌资产的建立与提升

"只有发展的品牌才能成为最好的品牌。我不相信更大的规模会让我们更成功,我只相信各个层面的共同进步才会让我们越来越成功。"这是 Leslie H. Wexner 对其公司 Intimate Brand 集团多年努力的概括。

从成立至 2010 年,Intimate Brand 集团已拥有了 Victoria's Secret(维多利亚的秘密)、Bath & Body Works、La Senza 等品牌。集团总裁 Grace Nichols 认为,"维多利亚的秘密已成为女性消费者日常生活中的一部分,是一位生活风格的咨询专家。这位专家可以贴心地了解女性的身体,并满足女性情感的需求。"该品牌的设计师每年都发布新的文胸系列,现在已有十多个系列,同时该品牌还延伸了适合年轻消费群体的品牌 VS PINK。维多利亚的秘密已成为享誉全球的内衣龙头品牌,Intimate Brand 集团已拥有 1 000 多家销售该内衣品牌的商店,销售额早已超过十亿美元。1990 年,维多利亚的秘密的电视内衣秀在美国一炮走红。在女性内衣商家中,Intimate Brand 集团是第一个使用公共媒体加强品牌知名度的商家。到现在为止,维多利亚的秘密每年都为集团创收巨额效益。集团 CEO Leslie H. Wexner 以及总裁 Grace Nichols 带领该品牌尝试更多的方案,为新产品的发布和推广设计更新奇、更吸引消费者的策略。合理的市场策略使得维多利亚的秘密名声大噪,品牌的竞争力增强,使其在全球内衣品牌中脱颖而出。

维多利亚的秘密在美国的内衣市场中占据很大的份额。据估计,50% 的 30 岁以下的美国女性所用的文胸均是该品牌产品。价格定位在 50 美元左右不等,当百货商店以及超市遍布价格促销的标语时,维多利亚却从不使用价格促销策略,过季的内衣会单独处理。

内衣秀

早在 1995 年,维多利亚的秘密便在情人节上演了处女秀。虽然还未登上荧屏,但是为情人节商品的大卖夯实了基础。从 1999 年起,该品牌通过电视、网络,将内衣秀的盛况传播至千家万户。

每年的秀场都会吸引最顶尖的模特争相斗艳,也吸引了众多的娱乐或时尚知名人士参与其中,将品牌的特质与秀场的表演、参与其中的名人特质巧妙地结合起来。譬如,2007 年,辣妹在该年秀场的舞台上回归,充分地渲染了该品牌的代名词——性感、纵容。秀场上最夺人眼球的就是由维多利亚的秘密的天使模特身着奢华的"Fantasy Bra"(梦境中的文胸)。往往该品牌首先会在众多的名模中挑选他们所认为的符合品牌定位的并具有非常高人气的模特。在多变的音乐、华丽的舞台、亮丽的镁光灯下,该名模身着由知名珠宝设计师参与设计的昂贵内衣作品,在观众面前展现内衣也可以如此奢华。其中最让人印象深刻的是,吉赛尔·邦辰所秀价值 1 500 万美元的天价内衣,为维多利亚的秘密增加了品牌联想——奢侈名品。

哥伦比亚广播公司赢得了这场全球瞩目的秀场播放权,维多利亚的秘密也获得了更多的电视媒体或广告宣传的机会。TV 公司以及 CBS 还运用了广播、网站,以及移动电视等渠道为该内衣品牌造势。

品牌联想的传播

"魅力、浪漫、纵容、性感"成为维多利亚的秘密的代名词,"内在美学"的观念也因该品牌在全球传播。

1999年,维多利亚的秘密的名称突然闯入美国橄榄球超级杯大赛,让世人再一次地审视该品牌。让人难以忘记的是,模特身着维多利亚的秘密的品牌内衣,走在橄榄球超级杯跑道上的场景。这则广告吸引了15亿人的视线。2004年该品牌电视广告由于某种原因暂离屏幕后,2008年再次回归到美国橄榄球超级杯大赛的直播频道。广告中,名模 Adriana Lima 身着维多利亚的秘密的内衣,手托橄榄球,诠释品牌的含义。此外,广告用挑逗的声音"这是男人和女人都可以参与的运动"将品牌所强调的"魅力、浪漫、纵容、性感"表现得淋漓尽致。事实上,这则2008年2月3日出现在橄榄球赛季的电视直播过程中的广告,是为圣诞热卖季之后情人节的再度热卖热身。仅在情人节期间,维多利亚的秘密就销售了全年40%的产品。

发展线下品牌,整合内衣品牌

2004年,维多利亚的秘密决定发展 VS PINK 的线下品牌,以满足较年轻女性消费群体对内衣的需求。公司决定以在全美各高校外建立销售网点的形式为目标消费群体提供更便捷的消费模式。2008年,VS PINK 首发了学院系列,将大学的名称、Logo 以及 VS PINK 的标识印于该系列的产品上。为了吸引更多的顾客,该品牌策划了校代的竞赛选拔,精心挑选了少量的学生作为校代。截至2010年5月,在 Facebook 上已有350万人"喜欢"该品牌。在校代的指导下,各高校的学生登录品牌的网站注册,并可享受一定的优惠和品牌最新的信息,校代也会得到及时的反馈信息。

资料来源:沈玺,"'维多利亚的秘密'品牌资产的建立与提升",《中国制衣》,2011年第11期。

案例讨论题

1. 维多利亚的秘密是如何提升品牌资产的?
2. 维多利亚的秘密的资产管理策略对同类企业有何启示?

21世纪经济与管理规划教材
市场营销学系列

第五篇

品牌营销专题

第十三章　网络品牌
第十四章　品牌全球化
第十五章　品牌原产地形象
第十六章　品牌关系管理

第十三章 网络品牌

> 网站做到最后就是品牌和服务,甚至品牌在很大程度上也是要靠服务来支撑的。
> ——易趣网创始人邵亦波

本章主要阐述以下几个问题:
- 如何建设网络品牌
- 如何对网络品牌进行传播
- 网络品牌的发展策略有哪些

第一节 网络品牌概述

一、网络品牌的内涵

在对网络品牌进行定义前,必须先界定网络品牌的塑造者,即网络企业的范围。网络企业是利用互联网进行多样化商务活动的企业,包括以互联网为主业的网站企业和从传统企业转型而来的网站企业。网络品牌与品牌网络化有着明显的区别:"网络品牌是以互联网为生存空间、以互联网业务为核心的品牌,例如新浪、淘宝、腾讯等,网络是这类品牌存在的基础和土壤。品牌网络化指的是将传统品牌在网络上进行推广,而对品牌的网络化来说,网络只是传统品牌增强影响力和巩固品牌实力的工具,例如可口可乐、壳牌等等。"

根据网络企业的类型,可以将网络品牌分为多种类型:提供网上销售为主的网络零售商的品牌,如当当网(dangdang.com);提供网上信息服务为主的网络公司的品牌,如新浪网(sina.com);提供网上社交服务为主的网络公司的品牌,如人人网(renren.com)等。表13-1是我国一些著名的网络品牌。

表13-1 2011年中国互联网品牌竞争力排行榜

网站类			
新门户网站	百度 腾讯搜搜 搜狐搜狗 新浪爱问 网易有道	手机网站	手机腾讯 手机百度 手机新浪 3G门户 手机搜狐
汽车网站	汽车之家 搜狐汽车 腾讯汽车 新浪汽车 太平洋汽车网	购物网站	淘宝网 拍拍网 当当网 京东商城 卓越亚马逊

（续表）

网站类			
房产网站	搜房网 搜狐焦点 新浪乐居 蓝房网 网易房产	团购网站	淘宝聚划算 拉手网 美团网 糯米网 24券
财经网站	东方财富网 新浪财经 搜狐财经 腾讯财经 和讯网	旅行预订网站	携程网 去哪儿网 淘宝旅行 中国南方航空 e龙网
视频网站	优酷 土豆 搜狐视频 酷六 迅雷看看	游戏资讯网站	17173 腾讯游戏 多玩在线 新浪游戏 游久网
网络文学	起点中文网 新浪读书 腾讯读书 小说阅读网 搜狐读书	SNS社交网站	QQ校友（腾讯朋友网） 人人网 开心网 51.com 搜狐白社会
博客	QQ空间+腾讯博客 新浪博客 网易部落 百度空间 搜狐博客		
软件类			
即时通讯	QQ+TM 飞信 阿里旺旺 MSN 歪歪	手机浏览器	QQ浏览器 UC浏览器 3G-go浏览器 Opera 星际手机浏览器
视频客户端	暴风影音 PPS影音 QQ影音 快播 PPTV	输入法	搜狗输入法 智能ABC QQ拼音输入法 极品五笔输入法 微软输入法
浏览器	IE 360浏览器 搜狗浏览器 腾讯TT 遨游	ACG	穿越火线 QQ飞车 QQ炫舞 反恐精英online 跑跑卡丁车
MMORPG	地下城勇士 魔兽世界 梦幻西游 QQ三国 天龙八部Ⅰ/Ⅱ		

资料来源：2011年中国互联网E峰会发布的中国互联网品牌竞争力排行榜。

网络品牌包含三个层次的内涵。第一，网络品牌要有一定的表现形态。一个品牌之所以被认知，首先应该有其存在的表现形式，也就是可以表明这个品牌确实存在的信息，即网络品牌具有可认知的、在网上存在的表现形式，如域名、网站（包括网站名称和网站内容）、电子邮箱、通用网址等。第二，网络品牌需要一定的信息传递手段。仅有网络品牌的存在并不能为用户所认知，还需要通过一定的手段和方式向用户传递网络品牌信息，才能为用户所了解和接受。网络营销的主要方法如许可 E-mail 营销、网络广告等都具有网络品牌信息传递的作用。第三，网络品牌价值的转化。网络品牌的最终目的是为了获得忠诚顾客并达到增加销售的目的，因此网络品牌价值的转化过程是网络品牌建设中最重要的环节之一，用户从对一个网络品牌的了解到形成一定的转化（如网站访问量上升、注册用户人数增加、对销售的促进效果等）的过程也就是网络营销活动的过程。

二、网络品牌的构成

和传统品牌一样，网络品牌也是由品牌名称、品牌图案和品牌附属内容三部分构成，但在网络环境下有其独特的表现形式。品牌名称是指品牌中可用语言表述的部分，网络品牌的名称就是网络的域名或者域名的主要部分，如新浪（sina.com）、百度（baidu.com）等。网络品牌名称可以和企业的传统品牌名称一致，如娃哈哈（wahaha.com.cn），也可以与企业的传统品牌并不一致，在网络上使用新的形式，如腾讯公司的网络品牌就是 qq.com。大多数情况是，出于品牌宣传的便利，网络品牌名称和传统品牌名称一致。还有的纯粹是网上企业或者企业开设的独立网上公司，它们的网络品牌就比较独特。品牌图案是一种可以被识别但不能直接用语言表达的特定标志，包括专门设计的符号、图案、色彩、文字等。如腾讯公司的蓝色小企鹅 QQ 图标、搜狐网站的红色狐狸，等等。品牌图案一般给人鲜明的印象或强烈的视觉效果。品牌附属内容是指附属于品牌名称表达形式和品牌图案表达形式的其他表达形式，如声音、三维动画等。

案例 13-1

Google 在中国的改名

2006 年 4 月 12 日下午的北京饭店，吸引了全球众多人的眼光。在这里，Google 宣布了面向全球中文语言用户的中文名字——谷歌，这是 Google 在全球范围内唯一一个非英文的名字。

发布会现场，当 Google 首席执行官埃里克·施密特博士用七巧板拼合成"谷歌"这两个汉字的时候，全场为之哗然："为什么叫谷歌？谷歌代表着什么含义？"也许是这个中文名字太出乎现场人的预料，也许是李开复博士对这一切早有预料，"谷歌，是播种与期待之歌，亦是收获与欢愉之歌。以谷为歌，象征着收获的喜悦，表达了一种勤恳求实的态度，以及对返璞归真的向往，也想传达出中国人对幸运、吉祥的企盼"。

2005 年，中国互联网络信息中心公布的一份调查报告显示，双字节的中文环境中，用户们习惯赋予这个英文单词自己独特的叫法。43% 的人一直用 Google 的英文称呼，26%

的人称 Google 为"狗狗",13% 的人称 Google 为"古狗"。

资料来源:海磊,"Google 改名为哪般",http://media.ccidnet.com,2006 年 4 月 19 日。

网络品牌代表了企业(包括网络企业和传统企业)和企业的产品或服务。但是,网络品牌不仅是一个标志、一种符号,而且标志着企业或产品本身,更象征着一种风格、精神,甚至是一种生活方式。顾客一接触到网络品牌,不仅想到了企业或其提供的服务,更联想到网络虚拟环境提供给顾客的心理满足。如人们一提到百度,就会想到百度带来的信息搜索便利,自然而然地就会"有问题,百度一下"。

三、网络品牌的特点

互联网的出现给企业塑造品牌的工作增添了许多新的内容,而网络品牌由于在网络环境下成长,相对于一般品牌具有以下特点:

1. 网络品牌的虚拟性

网络品牌依附于虚拟的网络市场而产生和发展,它服务于虚拟市场的消费者,代表网站这一虚拟空间的形象,因而具有虚拟性。这种虚拟性表现在以下四个方面:第一,它本身依附于虚拟空间。第二,它不是附带性标签,而是信息媒介。第三,它趋向展示概念化的形象。第四,它本身的形态趋于多元化。例如,Yahoo 品牌,它既是一个网址,又是一个搜索引擎;既是一个服务品牌,还是一个信息通道,同时又是一个虚拟公司。

2. 网络品牌的国际性

网络品牌是全球化的品牌,网络延伸到哪里,品牌就会被传递到哪里。互联网是没有国界的,它把全球的企业放在同一个平台上进行竞争,各种信息产品和服务不受任何时空限制地输送到世界各地市场。在网上,无论是什么时候、发布什么消息,一旦发布,这条信息就立即属于全世界了。在网上没有国界、没有特权,检查制度也很难发挥作用,无论是有心还是无意,每一个在网上的品牌都会成为全球性的品牌。网络品牌没有地域的限制,除了语言文字和文化的局限外,它比以往任何传统品牌更具国际性。

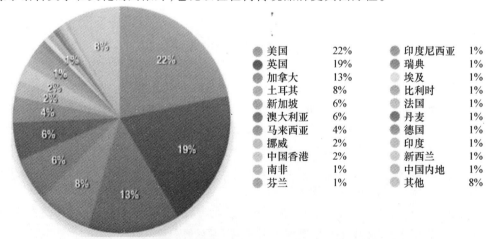

图 13-1 Facebook 各国和地区的用户占用户总数比例(2008 年 1 月)

资料来源:科技中国,http://www.techcn.com.cn/index.php? edition-view-155434-1.html。

3. 消费者与品牌关系的即时交互性

由于互联网是一个交互的领域,以互联网为基础的网络品牌也具备了交互的特性。在网络上,大到品牌的定位、形象及个性,小到品牌传播的具体广告都能通过评论、分享次数、播放次数获得消费者的反应信息,并能够根据消费者的意见与建议对品牌的设计及管理作出合理化的改善。人人网(renren.com)原名为校内网(xiaonei.com)本身定位于大学生的 SNS 社交网站,但随着用户的成长,大学生毕业后参加工作,校内一词已与用户的特性不匹配,因此将域名、品牌名更改为更加能体现用户特点及网站功能的"人人网"。

当今互联网技术的发展,极大地提升了信息传递的速度。一方面,网络品牌在建立和发展的过程中,品牌信息可以通过互联网实现即时传播;另一方面,网络品牌在运营的过程中,也可以通过用户的实时数据获取即时的品牌信息反馈。凡客诚品可以在进行品牌推广后台观测到用户来访的数据,对渠道、时间等进行分类并分析,从而了解品牌推广效果。

案例 13-2

腾讯的及时反应

2013 年 5 月 8 日,腾讯发布手机 QQ 2013(4.0 for iphone,4.1 for Android)版软件,遭遇了用户有史以来最大的吐槽,评论中统一差评,由于和微信的功能及用户界面高度相似,网友戏称手机 QQ 已经成为"二手微信"。在一片骂声中,腾讯的手机 QQ 团队坐不住了,他们表示将对手机 QQ 尽快优化,推出改进版本。

5 月 13 日晚,由于一致的差评,手机 QQ 团队在其官方微博表示:"QQ 全新手机版上线后,很多用户反馈了宝贵的意见。对此,QQ 团队十分重视,预计在两周内完成优化的开发。优化后的版本将会在兼容在线状态的基础上改进联系人列表,方便沟通和使用。同时,还会在安卓版提供便捷的退出键。上线的具体时间,官方微博将第一时间公布。感谢关注!"

5 月 17 日,新版手机 QQ 在收到了大量的用户反馈之后,正式在手机 QQ 官网发布了全新优化后的安卓版,据悉 iOS 版也已经提交 App Store 审核。从手机 QQ 官方微博于 5 月 13 日发布声明到优化版推出,只花了 5 天时间,优化版重新标注了好友的在线状态,优化了安卓版的退出按键,并将登录界面文字改为"用心倾听、为你而变"。

资料来源:CnBeta 中文业界资讯站,"5 天完成改进,手机 QQ 优化版正式发布",http://www.cnbeta.com/articles/237742.htm;"浅谈新版手机 QQ 设计与用户吐槽",http://www.cnbeta.com/articles/237581.htm。

第二节 网络品牌管理

一、网络品牌的建立

与传统品牌相比,网络品牌对销售者的购买决策有着更大的影响力。这是因为网上消费全部在虚拟环境中进行,消费者面临着更大的风险和不确定性。为了尽可能降低风险、消除不安全感,消费者在网上会更加青睐有良好声誉的著名品牌。因此,网络品牌的建设对于网络企业非常重要。网络品牌建设,就是创造品牌在互联网上的知名度,推广品牌的名字和标志,传达品牌的信息,将人流吸引到网站上,在访问者中树立品牌的形象和威望,建立较稳固的网上消费群体,使消费者由此品牌联想到愉快的网上访问经历,然后通过互联网不断增加销售、不断拓展市场,使品牌发展壮大。

(一)进行网络品牌市场调研

进行市场调研,收集、整理有关市场信息,从中分析并发现消费者需求动向,是营销管理过程的起点,也是品牌战略执行的一个重要环节。互联网首先是一个信息汇集的场所,为企业开展网上市场调研提供了便利的条件,企业营销人员可以利用互联网上已有的大量的数据库获取有关产品信息、顾客支持信息和其他市场营销信息,也可建立自己的数据库来获取、跟踪有关信息。一个企业要想成功地开展网上市场调研活动必须注意以下步骤:确定调查目的→设计在线调查表→确定调查对象→吸引调查对象→多种网上调研手段相结合。

学术智库 13-1

大数据时代

大数据开启了一次重大的时代转型,人类生活的方方面面正被数字化的信息记录下来。Facebook 每天更新的照片超过 1 000 万张,人们每天点击自己喜欢的按钮或撰写评论多达 30 亿次,这样的海量数据在以往的研究中是难以想象的,也为研究者及管理者提供了崭新的思路与方法。

在大数据时代,可以通过软件获得大量甚至是全部所需要的数据。调研范围局限于随机抽样。因为数据如此之多,我们可以不再追求精确性。在研究数据时,能够更多地预测、分析数据间的因果关系,通过相关性分析,可能会得到更多从未意识到的联系。例如2003—2008 年,谷歌公司通过观察人们在网上的搜索记录并将其与季节性流感传播时期的数据作比较并试图通过这些记录判断人们是否患上了流感。2009 年甲型 H1N1 流感爆发时,谷歌通过这些联系成功地帮助卫生部门了解了病情。

大数据的发展会逐渐改变人类基本的生活与思考方式,在未来我们能够通过创造性的大数据分析得到更多有用的信息。

文献来源:维克托·迈克-舍恩伯格、肯尼思·库克耶著,盛阳燕、周涛译,《大数据时代》,浙江人民出版社,2013 年。

(二)定位网络品牌

网络品牌的目标是宣传企业和产品、吸引消费者重复购买以及发掘潜在的消费者,因而网络品牌定位的实质就是定位该网站能够为目标顾客提供的个性化价值,主要是完成下面两方面的工作:

1. 定位网络品牌的目标客户群

通过分析企业的产品或服务的目标客户群与网络用户的关联,得出企业的网络业务主要面向的网络用户,即网络目标客户群范围。因为我们所面对的网上消费者受众有可能和传统意义上的消费者不同,作为虚拟市场里的消费者,他们的特征、需求和消费习惯都会有别于传统市场的消费者,因此,企业需要对自己所面对的网络客户群进行筛选和定位,甚至确定对于企业业务来说,最主要的网络客户群会是哪些,企业应该采取怎样的品牌策略与这部分客户群建立和发展良好的关系。此外,网络品牌的目标客户群定位还体现在品牌对目标受众的理解上,成功的网络品牌能够适当地对受众进行细分,并能采取适当的策略向每个细分类别的受众提供核心的和辅助的信息,从而快速有效地为他们服务。

2. 定位网络品牌的利益或价值

在确定了网络品牌的目标客户群之后,我们需要进一步分析,通过网络能够向这些目标客户提供哪些有价值的信息或服务,也就是定位网络品牌利益的内容。换句话说,我们的网络品牌需要有明确的消费者诉求或利益主张,并能够在第一时间向用户明确这种主张。我们可以看到国内大型电器连锁企业国美电器在网站上成为"电器专家",天涯社区是"全球华人"的网上家园,艾瑞网是"中国网络经济研究中心",阿里巴巴是"全球最大的网上贸易市场"。一个有明确定位的网络品牌,能够让接触它的网络客户很快明白它能够带给他们的利益,这不仅能够节省用户的时间,也有助于用户深入了解品牌以及品牌所提供的服务。

(三) 规划网络品牌形象

与传统品牌相似,网络品牌形象也主要由三个部分组成:

1. 产品或服务的形象

网民在网上消费的基本出发点是希望找到能满足自己需要的产品或服务。良好的产品形象是良好的品牌形象的基础,任何著名的网络品牌都是以优质的产品和服务为载体的。亚马逊、思科和美国在线这些网络著名品牌所提供的都是享誉全球的产品和服务。

2. 网站形象

网站形象是用户对网站的认知与评价,由网站设计、网站功能、网站风格与文化、网站经营理念等内容构成,是品牌形象的重要组成部分。网站形象应该与企业产品形象保持高度一致。

3. 网站消费者形象

相对于传统品牌而言,网络中的消费者更容易形成品牌社区,网站的消费者形象能够表现出网站自身的形象,如"猫扑"的访问者以追求时尚的青少年消费者为主,"天涯"的访问者主要是在校大学生,而"新浪新闻"的访问者以20—40岁左右的白领为主。网络品牌的作用是要在激烈的市场竞争中吸引消费者的注意力和兴趣,进而激发其购买欲望,因此品牌的设计要充分考虑到消费者的心理,力图使品牌简洁、易记,网页视觉形象统一、稳定。

网络品牌形象规划是在经过严格的市场营销调研后完成的,并把企业对网络品牌的定位考虑在内,它是进行网络品牌命名和企业网站建设前的一个关键步骤。

品牌营销

(四)设计与命名网络品牌

在网络营销环境中,企业塑造网络品牌的一个重要途径就是设计和管理好企业的网上名称,即企业的域名。也可以认为,网络品牌的名称主要体现为网站的域名或者域名的主要部分。在互联网上,域名是消费者识别不同网站的标志。随着互联网应用的不断深入以及电子商务的日益推广,域名变得越来越重要。

案例 13-3

亿美斥资 330 万元购得顶级域名

移动商务服务提供商亿美软通斥资 330 万元购得"m.cn"域名,此价格创下了到目前为止的本年度域名交易新纪录。由于网络域名具有唯一性、不可再生性和专有性,被誉为"企业的网上商标"。当前,特别是互联网、电信领域及快速消费品企业都在不断加大对域名资源的投入。就在一个月前,独立 WAP 站点 3G 门户公司斥资上百万元从上海一家公司手里买进了新域名"3g.cn"。卖出 330 万元的"m.cn"域名,正是在企业对域名价值认同日益提高的前提下产生的。

资料来源:徐娅萍,"亿美斥资 330 万购得顶级域名",《北京娱乐信报》,2006 年 11 月 28 日。

企业在设计域名时应该注意慎重选择域名,尤其应注意:(1)与企业已有商标或企业名称具有相关性。企业要在网上虚拟市场创立名牌,需要提供优良的产品和服务,因此,虚拟市场是以实物市场为依托的,它是实物市场的延伸,传统企业上网开展业务,应将网上网下的品牌一致起来,这样有利于公众识别、记忆、忠诚于企业,也有利于取得品牌宣传上的规模效应。(2)简单、易记、易用。域名作为一个地址,只有简单、易记、易用,才能方便消费者直接与企业站点进行联系,才能更容易地获得顾客的选择和访问机会,另外,域名选择应尽可能富有特色,能给人留下深刻印象,不易与其他网址混淆,有利于消费者识别。(3)国际性。互联网的使用者遍布全世界,域名的选择应是面向国际化的,要使国内外大多数用户容易记忆和接受,以免失去开拓国际市场的大好机会。(4)加强保护意识。在选择好了域名进行申请注册时,应当同时申请注册多个相关域名,以保护本企业域名。遇到域名被抢注事件,要加以重视,及时通过法律诉讼来解决。

与传统品牌一样,LOGO 设计也是网络品牌塑造过程中重要的一个环节,也须遵循 LOGO 设计中的营销、设计、创意、认知和情感原则。例如,百度"熊掌"LOGO 的灵感来源于"猎人追寻熊掌印迹"的刺激,这与百度的"分析搜索技术"非常相似,从而构成了百度的搜索概念。此外,"百度"的公司名来自于辛弃疾《青玉案·元夕》中的"众里寻他千百度,蓦然回首,那人却在灯火阑珊处"一句。通过不断的品牌强化与传播,"百度"现在已经成为"搜索"的同义词,"百度一下"已成为人们日常生活的口头语。

(五)建设企业网站

以网络营销为导向的企业网站建设的一般原则是:系统性、完整性、友好性、简单性、适应性。

1. 系统性原则

企业网站建设不是孤立的,是网络营销策略的基本组成部分,网站建设不仅影响着网络营销功能的发挥,也对多种网络营销方法产生直接和间接的影响,因此网站建设策略应该是用系统的、整体的观念来看待企业网站。

2. 完整性原则

与一般的信息传递渠道相比,企业网站可以包含最完整的网络营销信息源,应为用户提供完整的信息和服务,这也是网络营销信息传递一般原则所决定的。企业网站的完整性指企业网站的基本要素合理、完整,网站的内容全面、有效,网站的服务功能适用、方便。

3. 友好性原则

友好性原则是以网络营销为导向的企业网站优化思想的体现,包括以下三个方面:(1) 对用户友好——满足用户需求、获得用户信任;(2) 对网络环境友好——适合搜索引擎检索、便于积累网络营销资源;(3) 对经营者友好——网站管理维护方便、能够提高工作效率。

4. 简单性原则

简单是企业网站建设专业性的最高境界。从网络营销信息传递原理来看,简单也就是建造最短信息传递渠道,使得信息传递效率最高、噪声和屏障影响最小。

5. 适应性原则

网络营销是一项长期的工作,不仅网站的内容和服务在不断发展变化,企业网站的功能和表现形式也需要适应不断变化的网络营销环境。随着经营环境和经营者策略的改变,对企业网站进行适当的调整是必要的,否则会阻碍网络营销的正常开展,必要时还需要对企业网站进行全新的升级改造。

企业网站是网络品牌的载体,企业在建设网站的时候,首先要充分考虑到自身的网络品牌定位,根据访问者的偏好进行网站内容规划;围绕客户的需求层面有针对性地设计简洁的栏目及实用的功能;网站定位要清晰,如"百度"定位于全球最大的中文搜索网站,其网站页面以搜索框为主,简洁明了。其次,网站的形象要与网络品牌的形象保持一致,如"联想"的企业网站就要体现其高科技、专业化服务的品牌形象,"同仁堂"的企业网站则要体现出其悠久的中药历史。网站形象受网站的整体风格和创意设计的影响较大,而风格和创意是没有固定格式来参考和模仿的。因此,在建设网站的时候,必须考虑网站的个性化,体现出相对于其他网络品牌的特色。此外,和用户的交互性也是网站建设必须考虑的问题,要通过网站保持与消费者之间的双向沟通,提高消费者对网络品牌的满意度和美誉度。

二、网络品牌的传播

(一) 网络广告传播方式

网络广告是一种新兴的广告形式,它依托于国际互联网而产生并随着互联网的迅速普及而逐渐为人们所熟悉。网络广告对于网络品牌的推广有着非常重要的作用。由于网络媒体不同于一般大众媒体的特殊性,衍生于此的网络广告也具有不同于传统广告的一些特点。

从传播学角度来看,网络媒体具有的即时互动性,使得网络广告的主要传播方式发生了根本性的变化。目前网络广告有下列一些表现形式：

1. 横幅式广告(Banner Ads)

又称"旗帜广告"，是目前网上最常见的广告形式。它是以 GIF、JPG 等格式建立的图像文件(用 Jave 语言还可使其产生交互性)，经常出现于页面上方首要位置或底部中央，多用来作为提示性广告，浏览者可点击进入以了解更多信息。

2. 图标广告(Button Ads)

又称"按钮式广告"，与横幅式广告大体无异，只是尺寸较小。图标广告表现手法较简单，多用做纯提示性广告，只显示一个标志性图案(如商标)，没有标语也没有正文，所以吸引力稍差一些。

3. 插播式广告(Interstitial Ads)

广告主选择合适的网站或栏目，在该网站或栏目出现之前插入幅面略小的新窗口显示广告。这种广告带有一定的强迫性，除非能引起人们的极大兴趣，一般不太受网民欢迎。

4. 关键字广告(Keyword Ads)

这种广告形式在美国十分流行，广告主可买下著名搜索引擎的流行关键字，在用户输入该关键字进行检索的同时，他们就会被吸引到广告主的网站。如在 Yahoo 搜索引擎上输入"烹调"这一个关键字，也许就会出现"到 Amazon 去买一本关于烹调的书"这样的字句。

5. 墙纸式广告(Wallpaper Ads)

广告主将所要表现的广告内容体现在墙纸上，并安排放在具有墙纸内容的网站上，以供感兴趣的用户下载。

6. 互动游戏式广告(Interactive Games Ads)

广告出现在页面游戏之中，时间可以是游戏开始、中间或者结束之时，其广告形式多种多样，如在欣赏完圣诞节的互动游戏贺卡之后，出现一个广告作为整个游戏贺卡的结束页面。利用这种形式，还可以根据广告主产品的特点，定制互动游戏广告。

7. 电子邮件广告(E-mail Ads)

这种形式有点像直邮广告，广告主选择拥有免费电子邮件服务的网站，其广告会出现在个人邮箱页面的上方或底部中央。

8. 分类广告(Classified Ads)

分类广告一直是报纸广告的重要形式，但网上分类广告由于具有数据库的一些功能，能够按要求迅速进行检索、显示，并能自动更新或转发到用户指定的邮箱，其强大的优势已对报纸的分类广告构成巨大威胁。

9. 电子公告牌广告(BBS Ads)

BBS 是一种以文本为主的网上讨论组织，气氛自由、宽松，在这里可以阅读或发布信息与别人进行交流。在 BBS 上发布纯赢利性的广告时，一般采用比较隐蔽的方式。

近年来，由于 Web2.0 技术的大规模推广运用，新的网络广告形式层出不穷，富媒体广告已开始成为网络广告的主流，以博客、播客为代表的新媒体也为网络品牌传播增添了新的内容。例如，图 13-2 是结合了横幅式广告、图标广告、插播式广告等多种广告形式的网站广告，该网站广告信息量丰富，而且当你看到某个感兴趣的广告时，只要点击图标广告,就会有更详细的广告信息供你参考。

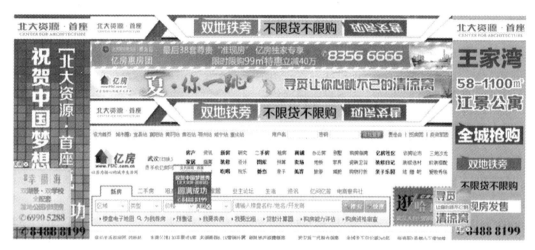

图 13-2 亿房网广告

(二) 网络公关传播策略

网络品牌受众的不确定性和广泛性使得企业公众形象的建立与毁坏都很容易,企业对此必须格外小心谨慎。网络公共关系与传统公共关系功能类似,只不过是借助互联网作为媒体和沟通渠道。由于互联网的交互性,企业可以与目标受众直接进行沟通,了解受众对网络品牌的评价和需求,保持与潜在客户的紧密关系,维持良好的公共关系。

学术智库 13-2

网络口碑对虚拟消费者的影响:
社会资本、消费者学习,行为结果

本文将社会资本理论引入虚拟社区的口碑传播中,通过研究揭示了网络口碑对虚拟社区中的消费者的影响,以及社会资本、消费者学习和行为结果的相关问题。作者通过结合网络数据的调查与访谈,将社会资本的来源分为网络口碑整体方向,认知聚焦和社会联系。网络口碑的大体方向决定了消费者认知聚焦点,从而实现消费者与消费者、企业与消费者之间的社会联系。这些社会资本的构成因素共同提升着消费者对产品知识的了解和说服知识的掌握,最后引起消费者自身对产品、品牌的思考与最终反应。也就是说,虚拟社区中的消费者更容易在掌握高社会资本后分享和创造信息,来帮助实现品牌的传播。本文研究表明管理者对网络口碑的重视,增加忠实客户在虚拟社区的社会资本是提升品牌的一种方法。

文献来源:Hung K. H., Li S. Y. 2007. The Influence of eWOM On Virtual Consumer Communities: Social Capital, Consumer Learning, and Behavioral Outcomes [J]. Journal of Advertising Research, 47 (4): 485.

1. 网络公共关系的优势

网络公共关系与传统的公共关系相比较具有这些优势:(1)信息发布可以不需要经过媒体中介,发布者的主动性增强。(2)突破了时间和地域上的限制。企业可以随时随地更新和发布品牌信息,同时广大的网上受众也可以及时地获取企业的相关信息,并进行信息反馈。(3)增强了信息传播的互动性和针对性,提高了公共关系的效能。这些特点使得企业能够以相对较低的成本来实现网络品牌的高效传播。

2. 网络公共关系的形式

在网络上开展公共关系有多种形式,主要有以下几个方面:(1)站点宣传。网络品牌的很大一部分是企业的网站(域名),企业网站是网上企业的总部,建立自己的网站不但可以起到广告宣传的作用,更是树立企业形象的绝佳工具。(2)网上新闻发布。它完全摒弃了传统新闻发布会需花费大量的人力、物力、财力进行策划和安排的方式,可以以较少的费用、最快的速度将新闻信息发布出去。(3)栏目赞助。由企业对一些知名站点的某些栏目提供赞助,访问者可以通过赞助页面链接到企业的页面,从而扩大企业页面的知名度。(4)网络媒体出版物。通过这种出版物,企业可以宣传和推广企业的产品和技术服务,有计划地开展相关知识的传播,通过增强消费者对企业的了解和信任来提升网络品牌形象。(5)网络广播节目。随着 P2P 技术的成熟,如 PPlive、PPstream 等软件在网络中的广泛运用,网络广播节目越来越成为网民浏览的焦点。企业可以在网上建立自己的广播台,向目标受众传播有价值的信息并进行有效的交流。

(三)网络站点传播策略

网站的形象代表着企业的网上品牌形象,人们在网上了解一个企业的主要方式就是访问该公司的网站,网站建设的专业化与否直接影响企业的网络品牌形象,同时也对网站的其他功能产生直接影响。尤其对于以网上经营为主要方式的企业,网站的形象是访问者对企业的第一印象,这种印象对于建立品牌形象、产生用户信任具有至关重要的作用,因此具备条件的企业应力求在自己的网站建设上体现出自己的风格,但实际上很多网站对此缺乏充分的认识,网站形象并没有充分体现出企业的品牌价值,相反一些新兴的企业利用这一原理做到了"小企业大品牌",并且获得了与传统大型企业平等竞争的机会。

在企业网站中有很多可以展示和传播品牌的机会,如网站上的企业标志、网站上的内部网络广告、网站上的公司介绍和企业新闻等有关内容都可以成为传播的工具。但企业网站域名与网络品牌传播的关系最为密切,从某种意义上讲,网络品牌推广就是域名推广。在使用域名进行推广的过程中,值得注意的是由于英文(或汉语拼音)域名与中文品牌之间并非一一对应的关系,使得域名并不一定能够完全反映出网络品牌。

(四)网络虚拟社区传播策略

在网络经济中仅依靠传统的广告和促销手段来塑造品牌是很难成功的,必须重新定义品牌价值并寻找品牌塑造的新途径。西方学者提出了网络经济中体现顾客价值和利益的4C 理论:内容(content)、社区(community)、商务(commerce)和定制(customization),即当一个新事物至少可以满足以上四个标准之一时(理想情况是同时满足四个标准),它就为顾客创造了真正的价值。其中所提到的社区,即指基于互联网的虚拟社区(virtual community),它是最活跃也是最重要的一个因素。虽然虚拟社区在理论上还是个新概念,但其在实践中的发展速度和商业潜力已经引起国内外一些学者的关注。

学术智库 13-3

品牌社区对新产品采用的影响及抗拒忠诚(Oppositional Loyalty)的作用边界

Thompson 与 Sinha 基于扩展理论(diffusion theory),将品牌社区的成员关系与新产品采用的行为联系起来。经过研究,作者得出:当消费者高度参与到品牌社区的时候,会更加倾向于采用喜爱品牌(社区内品牌)的新产品,并对其他竞争品牌新品的好感下降。当消费者所喜欢的品牌第一个发布了全新的产品的时候,消费者会对这种产品的好感度上升。但当不是消费者所喜欢的品牌发布了全新的产品的时候,这种对消费者的影响就不会存在。同样地,长期的成员关系会提升消费者对喜欢品牌发布新品的好感,降低对其他竞争品牌发布新品的好感。消费者在社区中长期有效的成员关系也会提升消费者对所喜欢的品牌发布的一种全新的产品的好感,对于竞争品牌发布的全新产品则没有影响。当消费者同时加入两个社区,参与度高的那个社区的品牌会更加提升消费者对这个品牌新产品的好感度。本文从品牌社区的角度研究了消费者对待新产品的态度与行为。在商业实践中,指引着经理人们可以通过构建高活跃度的、长期的品牌社区来推动新产品的上市。

文献来源:Thompson S. A., Sinha R. K. 2008. Brand Communities and New Product Adoption: The Influence and Limits of Oppositional Loyalty [J]. Journal of Marketing, 72(6): 65—80.

早期的虚拟社区主要集中在某些非商业性行业及活动方面,但是随着基于互联网的电子商务的兴起,许多迎合成员或组织者商业利益的虚拟社区开始形成并迅速发展起来。因此西方一些学者提出了虚拟社区代表着互联网应用的发展方向的观点。2013 年,艾瑞咨询公司发布最新数据,美国有 2 800 万人平均每个人每月至少一次在手机上使用 Twitter。而且接近 1 亿美国人每月至少一次访问他们的 Facebook 账户。[①] 虚拟网络社区的服务范围也越来越广泛,有越来越多的企业开始向社区投入广告。据调查,目前虚拟社区收入模式以广告为主,50.8%的虚拟社区网站选择广告为盈利模式。社区网站点击流量越高,广告收入也就越高。由此可见,基于互联网的虚拟社区正在吸引着数以亿计的网络用户,而他们最终将成为具有相当规模购买力的群体。

案例 13-4

人 人 网

2009 年 8 月 4 日,千橡集团将旗下著名的校内网更名为人人网,社会上所有人都可以

---

① Twitter 和 Facebook 是美国最热门的社交网络工具。

来到这里,从而跨出了校园内部这个范围。人人网为中国互联网用户提供服务的SNS社交网站,给不同身份的人提供了一个互动交流平台,通过提供发布日志、保存相册、音乐视频等站内外资源分享等功能,搭建了一个功能丰富、高效的用户交流互动平台。

人人网原名校内网,于1999年5月创立。2000年3月15日,人人网在香港的母公司人人媒体控股有限公司(Renren Media Holding Ltd.)购入香港上市公司安佳集团有限公司(代码为0059)82%的股权,更名为人人媒体有限公司(Renren Media Ltd.),实现了上市。2011年5月4日,人人网(NYSE:RENN)在美国纽约证券交易所成功上市,开盘价为19.5美元,相比发行价上涨39.28%;截止到21点50分,人人网股价上涨36%报19.04美元,市值74.82亿美元,超越了搜狐、分众、优酷、网易、携程、新浪,在美上市的中国概念股中排名第二,仅次于百度,成为中国互联网市值第三的公司。

当一个虚拟社区形成之后,它将拥有两项最宝贵的资产:一是社区成员之间的相互信任以及对社区的忠诚度;二是社区所积累的丰富的成员资料,如成员的统计信息、消费风格以及购买历史等。前者可以提高虚拟社区的凝聚力,增强成员的归属感;后者可以帮助企业更准确地把握顾客需求,提供个性化的产品及服务,增加顾客满意度。由此可见,虚拟社区对于企业提高顾客网上体验质量并与之建立信任关系有着重要的影响,是网络经济中企业塑造品牌形象的重要途径。而且,在虚拟社区中,顾客对品牌的评价与信任是经过反复的体验和相互的沟通而自发形成的。这与传统环境中,厂商依靠广告和促销自上而下建立的品牌知名度是截然不同的。显然,顾客在虚拟社区中自下而上建立的品牌忠诚度将更加牢固和长久。

(五)传统媒体传播策略

根据产品的用户定位不同,部分网络品牌在传播的过程中也可以借助传统媒体的渠道,实现多方位的传播方式。网络品牌通过电视广告、报纸杂志、户外广告等方式进行推广已经屡见不鲜。比如,赶集网作为生活服务类网站,不仅仅在互联网上投放广告,同时也聘请杨幂、姚晨等明星在电视、户外投放了广告。

三、网络品牌维护

(一)网络域名的保护

域名是企业和经营者进入互联网的"身份证",具有在互联网上代表企业形象和商誉的功能,是消费者认知网络品牌的桥梁;并且,一个具体的域名在互联网只能被一个唯一的单位使用,其独占性决定了域名代表的网络商标有着重大的商业价值。2005年4月29日,全球互联网搜索巨头Google以百万美元的巨资赎回了多年前被北京国网公司抢注的CN域名google.com.cn和google.cn,创下了有史以来CN域名交易的最高纪录,在业界引起轰动。可见,保护网络域名对于企业非常重要。在网络上,侵害域名的形式主要表现为恶意抢注和利用域名注册的可相似性进行不正当竞争,甚至违法犯罪的行为。企业加强对网络域名的保护,主要从以下几个方面着手:

1. 树立域名的保护意识,及时注册与网络品牌相关的域名

由于网络域名的后缀有多种形式,而企业使用的域名往往只有一种,如.com,但为了

防止他人恶意抢注,也应该注册.net、.cn 等域名。此外,也要注册与域名相近的其他域名。

2. 购买与企业商标、品牌名称有关的网络关键字

美国的相关研究表明,消费者访问企业网站最常用的途径,是通过搜索引擎搜索链接到企业网站的。和网络关键字相关的搜索排名也是目前网络广告的一种重要形式,同时也是有效保护企业域名的一种方法。

3. 通过行政的、法律的手段保护域名

根据国家相关法律法规和国际互联网组织的相关规定,当企业域名被恶意抢注时,可以采取行政或法律手段进行申诉。近年来,以中文域名为主的域名抢注事件又掀起了一轮新的高潮,给企业的域名保护工作提出了新的挑战。

资料 13-1

恶意注册或者使用域名

被投诉的域名持有人具有下列情形之一的,其行为构成恶意注册或者使用域名:

(一)注册或者受让域名是为了出售、出租或者以其他方式转让该域名,以获取不正当利益;(二)多次将他人享有合法权益的名称或者标志注册为自己的域名,以阻止他人以域名的形式在互联网上使用其享有合法权益的名称或者标志;(三)注册或者受让域名是为了损害投诉人的声誉,破坏投诉人正常的业务活动,或者混淆与投诉人之间的区别,误导公众;(四)其他恶意的情形。

资料来源:《中国互联网络信息中心域名争议解决办法》第九条。

(二)网上声誉的保护

声誉是消费者对企业感知的反应,人们总是愿意与声誉良好的企业进行交往。因而,声誉是企业必须加以保护的重要资产。这一原则在网络时代更好地得到了体现。由于互联网的全球性、互动性等特点,它对企业声誉的影响(有利或不利)将以空前的速度在前所未有的范围内传播,因此企业对网络品牌的声誉维护显得格外紧迫和重要。

企业必须努力做好以下工作:(1)高度重视在网上声誉维护方面的投资;(2)建立声誉预警机制,防患于未然;(3)运用法律手段维护网上声誉;(4)灵活运用公关技巧维护网上声誉;(5)信守承诺。

(三)网络品牌忠诚度的维护

1. 提供特色的产品和服务

产品是企业向消费者表达网络品牌的根本。品牌必须以产品为载体,即品牌必须标记在产品之上,包括实体商品和智力密集型产品等。品牌的属性来源于产品的属性,不同的品牌能使人们识别出它所标志的产品有别于其他产品的质量、特色、设计等最基本的特征,同时还体现某种特定的利益,如功能性或情感性利益等。品牌所反映的方方面面都来源于它的物理实体产品。品牌的承诺是借助于产品来兑现的,品牌代表着网上销售者对

交付给购买者的产品特征、利益和服务等的一贯性的承诺,没有产品和服务,品牌的传播与沟通只是空中楼阁。消费者只有通过切实可行的购买活动,才能认同品牌的承诺,从而纳入网络品牌的传播链中,宣传和传播该产品的品牌。

2. 保证信息的真实性

由于网络处于虚拟的环境中,因此在网络品牌创立过程中保证网络信息的真实性尤为重要。只有保证信息的真实性,才能确保顾客对网络信息的信任,从而维护网络品牌的信誉度,有效开展网络营销活动。离开了网络信息的真实性,网络品牌的忠诚维护、网络营销也就无从谈起。

3. 实施有效的网络顾客关系管理

具体措施有:(1)建立客户互动管理系统。主要依托互联网向客户提供最佳、最恰当的产品和服务,并把接触过程中的互动信息记录下来。通过监控在线服务,观察访问者挑选和购买何种产品,以及他们在每个产品的主页上耗费的时间,分析客户的消费习惯,如消费时间、消费地点等。利用 E-mail、FQA、BBS 等,为客户定制产品或服务,及时解决客户遇到的问题,建立快速响应客户要求的管理系统。(2)建立客户数据库。有组织地收集关于个人客户和潜在客户的综合数据,并及时更新。这些数据包括客户过去购买的产品和服务、过去的销量和价格、关键联系人、竞争供应商、合同履行状况、预期未来几年的开支等。(3)对客户进行差异性分析研究。以客户数据库为基础,根据客户对于本企业的价值,按照高、中、低等级划分类别,不同的等级制定不同的市场战略,以便在每一个等级体现特色服务化的优势。(4)会员制的一对一营销。当网站的内容使访问者非常满意时,可以采取会员制的方式。会员制方式,一方面对网站来说可以通过会员费增加收入,另一方面可以对会员提供更好的服务。消费者和网站建立非常友好的关系是会员制实施的一个先决条件。会员制是对品牌忠诚度的进一步发展,网站通过会员制收集和积累大量有关会员的信息,利用这些信息给网站的内容和服务以精确的定位,采取适当的形式与消费者进行沟通,以实现营销的目的。由于会员信息非常准确、真实、有效,这就大大提高了网站的营销效率和营销质量。网站与消费者之间不断地进行沟通和联络,使双方之间存在一种信息交换和分享共同价值的关系,网站的品牌永久地与消费者进行联系、交流,双方的利益互补。

第三节　网络品牌的发展

一、网络品牌的合作

在网络中,为了取得竞争优势,和其他网站进行战略性合作的做法相当普遍。比如我们登录国内的一些著名门户网站(搜狐、网易等),就可以看到其他合作网站的相关链接。不同的网站可以分享不同的品牌,也可以共享同一品牌,如美国在线(AOL)和 eBay 网站共同推出的 AOL-eBay 网络品牌。通过网络品牌的合作,几家网站原有的客户可以自然地进入合作网站进行访问,品牌的知名度可以迅速地扩张。品牌合作使竞争对手明显减少,共享市场,促进自己业务的发展。

品牌的合作是基于一个共同的认识：品牌是可以相互扶持、和平共处的。比如，英特尔的"Intel Inside"计划。英特尔公司通过提供巨额的广告资金，资助使用其芯片的电脑制造公司，使英特尔的标志出现在电脑上。但是传统品牌的合作仍然受到很多限制，电脑业的情况是较为特殊的。在互联网上，网站之间的合作是一种非常流行的做法。几家合作网站可以共享品牌，原先的客户可以自然地进入合作网站访问，网络品牌会得到快速扩张。另一种合作方式是共同出资建立一个网站。这种联合能更好地定位，以吸引定期的访问者，因为这样的网站比单个公司的信誉高，并且由于共同投资使其能成为一个被一群兴趣相投的消费者牢记的网络品牌。

案例 13-5

腾讯携手当当

2012年6月12日，当当网与分拆不久的腾讯电商正式达成合作协成，由当当网独家运营腾讯电商旗下QQ网购的图书、母婴业务，全面进行站外合作。图书频道将于6月中旬上线，而母婴频道拟于7—8月正式上线。同时，腾讯将再次投入5亿元的营销资源，展开为期三天的QQ网购大促销，此举让已然白热化的价格战再次升温。对于腾讯电商的发展策略，电商观察员鲁振旺称，当前腾讯电商需要将原来散乱的电商体系——购销和平台进行整合，而这种内部融合，过程可能比较痛苦，因为现在还没有形成一个完整的电子商务链。

早在2011年第三季度，腾讯方面就已经同当当接触。在腾讯看来，图书品类的用户需求强烈，作为标准品的图书，在保证正品并且价格低廉的条件下，也并不适合很多卖家直接参与经营。这也意味着一直在图书领域经营的当当无疑是最合适的合作伙伴。此次双方合作不涉及任何资本层面，当当进入腾讯的平台，未来用户在QQ网购平台达成的订单，在当当的包装上将会有QQ网购的LOGO。

"当当进驻天猫、腾讯后，可以在提升交易额的同时降低营销成本，而对于腾讯和天猫而言，更多的是利用流量做大增量来提高平台的能力。"互联网资深评论员曹悦平认为，现在是天猫、腾讯挟巨大的流量，向垂直品类商家释放出诚意；而当当等在各自领域做到优胜的垂直品类电商，面对巨大的流量，为了避免边缘化也只能成为其中的一员。

资料来源：谢晓萍、蒋佩芳，"携手当当，腾讯电商战略初露峥嵘"，每日经济新闻网，http://www.ebrun.com，2012年6月13日。

二、网络品牌的兼并

网络品牌的兼并是互联网激烈的竞争造成的，为了抢占市场份额，按照常规的市场扩张手段速度缓慢，最直接的方法就是兼并其他公司，把对方的市场份额直接纳入自己的范围，同时又消除了竞争对手。1998年11月，美国在线以近50亿美元的金额收购网景公司（Netscape），标志着网络业兼并的开始。通过同行业内的并购，企业可以迅速获得自己发

品牌营销

展需要的技术、产品,或是某一个新的市场领域,拥有一个新的业务范围。网络公司的兼并实质上是一场网络品牌的兼并,通过兼并,品牌进行了重新组合,由于品牌的背后是可观的客户群,被兼并的品牌很少被埋没,而是继续发挥着作用,形成品牌群体。品牌兼并实质上是一场市场争夺战,在未来的网络领域,谁拥有强有力的品牌,谁就将获得市场份额,并保持长久的竞争优势,使企业立于不败之地。

案例 13-5

优酷、土豆合并

2012年3月12日17:00,优酷、土豆同时对外宣布合并消息;17:05,双方各自召开全员大会;次日10:00,优酷CEO古永锵出现在土豆北京办公室,首次和王微等土豆高管一起面对面地与土豆员工沟通;11:30,王微出现在优酷北京办公室,与古永锵一同和优酷员工沟通;当天下午,王微和古永锵一同飞往上海,于17:00抵达土豆上海办公室与土豆员工交流,希望在事件发生的第一时间让全体员工了解实情。

就此次合并,内部人士说:"第一,双方利益一致,有共同的远见,视频行业只有把规模做大才能做强;第二,双方都是上市公司,净资调查的时间比通常要短,公司的资料上市时已有投行把过关,且每个季度都发财报,信息核实都有保障;第三,谈判不涉及现金。"优酷土豆集团成立后,优酷占股71.5%,土豆占股28.5%。

优酷和土豆同属创业型企业,皆具备平等开放的特质和对视频影像行业的热爱,但在品牌调性上,优酷定位于"主流、大气、励志,实现梦想",土豆则彰显"时尚、青春、个性,不甘平凡"。"优酷代表了一个全面发展的公司,主流、大气,而土豆的未来则有可能超越公司品牌,成为一种生活方式独立存在。"这表示如今的土豆反而可以做更多有趣的事情,追求个性,不甘平凡,在内容和衍生品领域或可打造出更强大的特色品牌。优酷与土豆合并使得视频行业的发展更加规模化、理性化,内容价格趋向合理,并有利于行业规则的建立。

资料来源:陈晶晶,"优酷土豆合并:影响力正在发酵",http://ent.sina.com.cn/c/2012-12-27/09493821823.shtml,2012年12月27日。

三、网络品牌的延伸

网络品牌延伸一般有两种方式:首先,通过一系列的网络传播,使网络品牌成长为知名品牌,就具有了一定的品牌价值,应该将该品牌运用到相关的产品与服务,消除消费者对新产品和服务的心理抵触并很快产生认同感,从而减少广告和促销费用,增加成功的概率;其次,可以开拓网络企业的经营领域,开展多元化经营,降低经营风险,提升网络品牌的整体形象。因而,不少网络企业把品牌延伸作为实现扩张的捷径。

比如,雅虎在成立后短短的几个月内打响品牌后,迅速把这一品牌延伸到一系列的产品与服务上。如今有《雅虎网络生活》杂志、儿童网络导览"雅虎小霸王""我的雅虎"以及地域性的雅虎目录(如中国雅虎、日本雅虎、加拿大雅虎等),还有许多注有雅虎商标的商品(如运动衫、帽子、皮包、手表等),甚至在旧金山街头还可以看到雅虎出租车。又如,日本索尼公司确立了成为"宽带网上的娱乐提供商"的目标,把这一品牌从互联网延伸至有线电视网络、卫星网络、无线通信网络等空间,从音乐下载、家用游戏机、电子商务延伸至金融和保险业,立志把自己塑造成像微软、IBM这样的企业帝国。

品牌延伸虽然有可能节省市场开发成本,扩大市场范围,争取更多的目标市场。但是,也有可能使原来的品牌淡化,甚至伤害原有品牌的信誉,动摇网上企业的市场地位。在网络品牌延伸过程中要注意两点:一是网络品牌应与其延伸的种类相匹配;二是应使消费者感到满意,把握延伸的时机,采取适当的延伸方式。

四、网络品牌的国际化

网络的全球化造就了网络品牌的国际化特点,在网上进行品牌的国际化运作具有得天独厚的优越性。但是,应该注意的是:品牌的国际化特性并不意味着必然能造就世界品牌。要想在网上真正拥有世界级的知名品牌,必须搞好品牌的国际化运作。具体方式为:

1. 品牌网页的国际化设计

网页设计的国际化,要求网页的相关内容都要具有国际性,具体表现为:(1)网址名称的国际性。网址名称不仅要简短易记,还应具有世界通用性,才能符合各国浏览者的要求。例如,联想将网址名称改为 www.lenovo.com,虽然是为了和其英文名称相一致,但也是基于在网上建立国际性品牌的考虑。(2)网页文字的国际性。网页文字应使用国际通用语言,或使用不同语言版本的网页,这样才能达到沟通、链接、传播的目的。我们看到,从高校和科研机构的网站到企业网站,越来越多的网页出现了两种甚至多种文字的版本。(3)网页内容的国际性。网页内容设置应尽量符合国际惯例,界面应简洁舒适、功能性强、专业化程度高,内容的提供具有国际性特点,广告发布符合国际化运作习惯。

2. 品牌信息的国际化交流

提供适用于国际化交流的有用信息。如介绍本地的文化背景,经济、法律的现状,提供地图概览等。这样便于进行国际化沟通,相互理解,达成共识。

3. 技术标准的国际化应用

使用国际通用的技术标准,有利于保证系统的协调性和兼容性。如使用国际通用的EDI电子数据交换系统、电子现金支付系统等。

4. 品牌服务的国际化运作

可以通过建立全球性的物流配送网、国际性的应急服务中心和联络点,针对不同国家背景的顾客建立顾客分类追踪系统等,来实现品牌服务的国际化。

本章小结

网络品牌就是以互联网为生存空间、以互联网为核心的品牌,网络是这类品牌存在的基础和土壤。品牌网络化指的是将传统品牌在网络上进行推广,而对品牌网络化来说,网络只是传统品牌增强影响力和巩固品牌实力的工具。它高度概括了企业的风格、精神、信誉,以及企业产品或服务的质量、特征、性能和用途。网络品牌也是由品牌名称、品牌图案和品牌附属内容三部分构成。相对于一般品牌，网络品牌具有虚拟性、国际性、即时交互性的特点。

网络为品牌塑造增添了新的内涵，使得品牌能够真正以消费者为中心，并且全方位展示产品功能。

为了建设一个成功的网络品牌，企业需要对网络品牌市场进行调研、定位网络品牌、规划网络品牌形象、设计与命名网络品牌、建设企业网站。

网络品牌管理包括网络品牌的建立、网络品牌的传播、网络品牌的维护三方面的内容。针对不同的网络受众，应该采取不同的品牌营销战略。网络品牌的发展包括网络品牌的合作、网络品牌的兼并、网络品牌的延伸和网络品牌的国际化。

复习思考题

1. 简述企业建立网络品牌的意义。
2. 论述传统品牌与网络品牌的区别和联系。
3. 为什么要保护企业的网站域名？
4. 试述针对不同受众的网络品牌营销战略。
5. 如何发展网络品牌？

课后案例

腾讯的微信

微信（WeChat）是腾讯公司于 2011 年年初推出的一款快速发送文字、照片和支持多人语音对讲的手机聊天软件。用户可以通过手机或平板电脑快速发送语音、视频、图片和文字。微信提供公众平台、朋友圈、消息推送等功能，用户可以通过"摇一摇""搜索号码""附近的人"、扫二维码方式添加好友和关注公众平台，还可以将自己看到的精彩内容分享到朋友圈。自微信诞生以来，逐步渗入到人们生活的方方面面，改变着人们的社交方式，让即时通讯变得更加迅捷，更能表达出用户的情感，因而更具社交性。

2010 年 10 月，腾讯广州研发中心产品团队便开始着手微信的开发。2011 年 1 月 21 日，微信发布针对 iPhone 用户的 1.0 测试版。该版本支持通过 QQ 号来导入现有的联系人资料，但仅有即时通讯、分享照片和更换头像等简单功能，随后逐渐增加了对手机通讯录的读取、与腾讯微博私信的互通以及多人会话功能的支持。截至 2011 年 4 月底，腾讯微信获得了四五百万注册用户。

2011 年 5 月 10 日，微信新增语音对讲功能使用户群第一次有了显著增长。随后 2.5 版推出的"查看附近的人"的功能再次引爆了微信用户的增长点，用户数达 1 500 万。该功能让微信从一个以熟人间通讯为主的软件兼具了同陌生人社交的功能。2011 年 10 月 1 日，微信加入了"摇一摇"和"漂流瓶"功能，并开始迈出了国际化的步伐，先后增加了英文界面，以及支持全球超过 100 个国家的短信注册，这进一步吸引了来自全球的用户使用微信这一服务。截至 2011 年年底，微信的用户数已经达到 5 000 万。2011 年，微信一共发布了45个不同终端的版本,平均1.15周发布一个。微信的定义已经从"能发照片的免费短信""最时尚的手机语音对讲软件",变成了"最火爆的手机通信软件"。

2012年3月,微信用户数突破1亿大关;4月19日,微信增加了相册功能,并且可以把相册分享到朋友圈,这进一步增加了微信的用户黏度。同时,为了更加有利于微信的国际化,从4.0版开始,微信的官方英文名称被定为Wechat。2012年7月19日,微信增加了视频聊天插件,并发布网页版微信;9月5日,微信增加了"摇一摇"传图功能,该功能可以方便地把图片从电脑传送到手机上,这一版本还新增了语音搜索功能,并且支持解绑手机号码和QQ号;9月17日,微信用户数突破2亿。2013年1月15日,微信用户数突破3亿。截至2014年1月,微信的用户已达6亿,其中国内5亿、海外1亿。微信已无可争议地成为移动互联网时代即时通讯软件中的领头羊。

微信一跃成为继开放平台之后腾讯公司最大的亮点。它的成功,究竟是得益于腾讯庞大的即时通讯用户群,还是产品本身的优越性所致？微信如何实现品牌和产品的推广？

2012年1月,微信的广告出现在广州街头的公交车站站牌上,除了白色线条勾勒出的几个拿着手机形态各异的小人,画面上只有四个字"微信o生活"。这是微信在腾讯平台之外的第一次大规模推广,而微信最让竞争对手们羡慕和恐惧的,还是腾讯这个平台。2011年,腾讯对微信的投入约1亿人民币,这其中包括人力成本、带宽,以及上千台服务器的费用。微信的系统插件,已经打通了QQ通讯录、QQ邮箱、QQ微博等产品,表现出移动互联网时代成为平台型产品的潜质。微信发展快,离不开QQ的推广,从QQ聊天面板到QQ邮箱,不遗余力,几乎动用了QQ一切的力量。微信在初期与手机QQ的捆绑,在消息后加入"来自微信"后缀,一度让用户以为微信是手机QQ的替代品。在用户基数实现增长后,微信与手机QQ的互通功能被取消,更多的是凭借用户之间的口碑传播实现增长。

微信公众平台是腾讯公司在微信的基础上新增的功能模块,通过这一平台,个人和企业都可以打造一个微信的公众号,可以群发文字、图片、语音三个类别的内容。微信公众平台支持PC,移动互联网网页登录,并可以绑定私人账号进行群发信息。2013年8月5日微信公众平台也作了大幅调整,微信公众账号被分成订阅号和服务号,运营主体是组织(比如企业、媒体、公益组织)的,可以申请服务号;运营主体是组织和个人的可以申请订阅号,但是个人不能申请服务号。微信公众平台于2012年8月23日正式上线,曾命名为"官号平台"和"媒体平台"。微信公众平台创造了更好的用户体验,形成一个不一样的生态循环。

当用户在自己的APP中看到某个精彩内容(比如一篇文章、一首歌曲)或收到某条信息时,想转发给好友或朋友圈,通过微信,点击"分享给微信好友/微信朋友圈",即可以分享给微信好友或朋友圈了。通过这种方式,微信实现了品牌的二次传播,在微信公众账号不断增长的情况下,越来越多的企业和机构开始使用微信服务号和订阅号,并将微信作为了解用户的重要渠道,对自身公众账号大力推广,无形中也让微信出现在了各企业和机构的推广中,帮助传播了微信品牌和产品。

在2014年春节期间,"微信红包"更是一夜爆红。马年春节最快乐的事之一莫过于"抢"微信红包,少到几分钱,多也不过几十块钱,微信搭建的抢红包平台,不费"一枪一

品牌营销

弹",却让全国微信用户为之"疯狂",在相互讨要、分发的欢乐中拉近了人际距离,让传统的"发红包"注入社交网络的新时尚。微信红包满天飞造就了大量微信支付用户,被马云称为宛如"珍珠港偷袭"。自 2014 年 1 月 26 日悄悄上线后,微信"抢红包"迅速流行开来,而收到红包后想要提现,就必须绑定银行卡,这样一来,绑定微信支付的用户数量大增。腾讯数据显示,从除夕开始,至大年初一 16 时,参与抢微信红包的用户超过 500 万,总计抢红包 7 500 万次以上,领取到的红包总计超过 2 000 万个,平均每分钟领取的红包达到 9 412 个。

资料来源:综合整理百度百科的微信、微信公众平台、微信红包。

案例讨论题

1. 腾讯是如何定位微信品牌的?
2. 归纳微信网络品牌传播的特点。
3. 腾讯是如何利用用户实现品牌的二次传播的?
4. 目前,我国的网络环境已经发生了翻天覆地的变化,淘宝、新浪微博、微信公众账号等各种平台百花齐放,这种变化对网络品牌的创建与传播会产生什么影响?

第十四章　品牌全球化

　　在全球化的时代,我们不能把国内市场和国际市场隔离开来,我们不得不学会如何同 GE、同惠而浦在它们家的草坪上和它们竞争,否则,我们连中国市场也保不住。

——张瑞敏

本章主要阐述以下几个问题:
- 什么是品牌全球化
- 品牌全球化的基本模式以及这些模式的选择
- 品牌全球化应注意哪些问题

第一节　品牌全球化的内涵及意义

一、品牌全球化的含义

　　品牌全球化(global branding)又称为品牌的全球化经营,是指将一个品牌,以相同的名称(标志)、相同的包装、相同的广告策划等向不同的国家和地区进行延伸扩张的一种品牌经营策略。其目的是通过品牌的统一化和标准化经营来实现规模经济效益,从而降低成本、提高利润。

　　品牌全球化有不同的形式,从低级到高级依次是产品的销售、资本的输出和无形资产的输出。最低级的形式是产品的销售,即有品牌商品的输出;较高级的形式是资本的输出,即通过在品牌延伸国投资建厂达到品牌扩张的目的;最高级的形式是无形资产的输出,即通过签订商标使用许可合同等方式,实现品牌扩张的目的。从全球经济发展趋势来看,发达国家企业基本上已经完成了由商品输出到资本输出再到品牌输出的过渡。从国外品牌在我国的发展历程也可以清晰地看出这一趋势。改革开放初期,国外品牌在中国的发展主要采取了直接销售的方式,典型的如"人头马""皮尔·卡丹"等品牌;20世纪80年代以后,其全球化方式逐步向投资建厂的方向发展,而90年代中期以后,国外品牌在中国则更多地采取了品牌输出的方式,典型的如"可口可乐""索尼"和"雀巢"等品牌。当然,风险小、回报高、最理想的方式自然是品牌输出方式,企业品牌的全球化与企业的全球发展战略密切相关。从世界著名品牌的发展过程来看,往往是在国内竞争趋于激烈、企业无法获得持续性发展的情况下转向国外,开拓全球市场,寻求新的发展空间;在全球市场中遇到新的竞争对手、接触新的消费者,开始有意识地注意到自己的品牌形象,并且展开了品牌全球化的研究。

品牌营销

案例 14-1

中兴的全球化

2012年,中兴智能手机出货量超过3 500万部,较2011年增加了一倍,其中50%以上销往国际市场。研究公司IDC称,中兴2012年第三季度的全球市场占有率由去年同期的3.3%上升至4.2%,跃升为全球第四大智能手机厂商,仅次于三星、苹果。中兴一路高歌猛进与HTC、诺基亚的惨败对比鲜明——HTC市场份额同比下降约4%,而诺基亚甚至没能进入市场前五名。这完全得益于中兴进攻性的产品策略。时尚外观的Blade系列大获成功之后,中兴随即推出大屏、年轻、动感的Skate系列,全球发货量亦突破500万部。紧随其后,定位于中高端的Grand系列亦应运而生。以往,中兴的核心竞争力在于"成本优化下的快速交付",未来则趋向"基于用户体验的价值创新"。这一战略将最终迫使中兴改变产品结构,由运营商定制转向终端消费者。

资料来源:《环球企业家》,http://www.gemag.com.cn/html/2013/company_0128/31345.html,2013年1月30日。

二、全球化品牌的意义

凯勒对全球化品牌的意义进行了深入的研究,他认为,实施品牌的全球化对于企业来说有以下六个方面的作用:

1. 实现生产与流通的规模经济

经验曲线告诉我们,随着累计产量的增加,生产制造成本会有所下降。品牌全球化能促进产品的生产和销售,能产生大量生产和大量流通的规模效应,降低成本,提高生产效率。

2. 降低营销成本

实施品牌的全球化,可以在产品的包装、广告宣传、促销以及其他营销活动方面进行统一的活动,降低营销成本。如果在各国实施统一的品牌化行为,降低营销成本的潜力更大。实施全球品牌战略是分散营销成本最有效的手段。

3. 扩大市场影响范围

全球化品牌无疑在向世界各地的消费者传达同一种信息:品牌产品能在全球畅销本身就说明该品牌具有强大的技术能力或专业能力,质量可靠、服务完善,能给顾客带来便利。

4. 保持品牌形象的一贯性

不同媒体对不同的消费者进行同一品牌的宣传,能反映该品牌相同的价值和形象,保持品牌的一贯性。由于顾客流动性的增加,品牌全球化使顾客能在世界各地看到该品牌的形象,并能选购自己喜欢的产品或服务。

5. 促进知识的迅速传播

品牌全球化能增强组织的竞争能力。在一个国家产生的好的构想,能迅速广泛地被其他地方吸收或利用。无论是在企业的研发、制造还是营销方面,在全球范围内汲取新的知识,不断实行改进,能提高企业整体的竞争力。

6. 保持营销活动的统一性

由于营销者对品牌产品的属性、工艺方法、原材料、供应商、市场情况、价格定位、促销策略等都非常熟悉,因此,在品牌全球化过程中,能最大限度地利用企业资源,迅速在全球范围开展营销活动。

第二节　品牌全球化的模式选择

标准化的全球营销方案会导致品牌营销活动缺乏想象、效率低下;而本土化定制的营销策略又会使得品牌的营销成本急剧上升,面临更大风险。在许多情况下,开展全球营销的根本问题是,在不同的国家将营销方案标准化到哪种程度,因为这将对营销的结果和流程造成深远影响。

一、品牌全球化的基本模式

（一）标准全球化

标准全球化的特点是,在所有的营销组合要素中,除了必要的战术调整外,其余要素均实行统一化和标准化。这种模式强调一致性,强调统筹规划,从某种意义上说,便于企业的集中管理和操作,有利于保持营销战略实施上的全球连续性,给世界各地的消费者以稳定安全的形象认识,能够增强品牌定位的稳健性和品牌的凝聚力。但因忽视全球需求的区域差异性,其营销组合的制定与实施是比较困难的,有时甚至会出现与当地文化相冲突的情况。实践表明,标准全球化营销只适用于某些产品品牌,像高档耐用消费品,如宝马、奔驰等;具有较好形象的非耐用品,如可口可乐等;高层次的全球服务项目,如美国运通金卡。实行标准全球化具有充分的根据:首先,交通、通信工具的现代化使各国之间在地理和文化上的差距逐步缩小;其次,经济全球化使跨国公司逐步消除国别色彩;最后,国际市场的统一化推动了全球消费品市场的趋同倾向,生活在不同国家的居民更乐于接受相同的产品和生活方式。这类品牌约占品牌总数的25%。

（二）模拟全球化

第二种模式是模拟全球化,即除了品牌形象和品牌定位等重要的营销要素实行全球统一化以外,其他要素都要根据当地市场的具体情况加以调整,以提高品牌对该市场的适应性。我们所说的其他要素,包括产品、包装、广告策划等。从行业来看,比较典型的是汽车行业。例如,"欧宝"汽车在欧洲的销售量很大,但是,除了品牌标志、品牌个性等至关重要的要素以外,从产品的设计到价格的制定,基本都实行本土化策略;也就是说,生产什么款式、卖多少钱,全部由通用汽车公司设在欧洲的子公司来决定,总公司不予干预。这类品牌约占品牌总数的27%。

（三）标准本土化

标准本土化是全球化度最低的品牌全球化策略。在全球化策略实施的过程中,所有营销组合要素的出台,都要充分考虑所在国的文化传统、语言,并根据当地市场情况加以

品牌营销

适当的调整。这主要是指一些食品和日化产品。例如,在欧洲市场上销售得非常好的 Playtex 胸罩品牌,在意大利,其产品的设计是专门化的,即产品的含棉量要高于其他国家。而且它的品牌名称在不同的国家也不相同,在法国是 CoeurCroise,在西班牙则是 CrusadoMagico。这家公司生产的另外一种无钢圈胸罩同样如此,在美国的品牌名称是 Wow,到了法国则变成了 Armagigues。这类品牌约占品牌总数的 16%。

(四)体制决定型

体制决定型的全球化品牌策略,是指受制度因素的影响,产品的设计、传播沟通、销售服务等营销相关活动必须遵守所在地的规章制度要求,企业只能在规范制度约束框架下制定品牌营销策略。根据制度理论,体制决定型的品牌全球化策略受三个方面因素的影响:第一,所在地产品相关的法律规章制度。如在伊斯兰国家,食品经营企业严禁销售猪肉制品和酒精饮品,跨国食品公司品牌经营时必须遵守相关法律。第二,所在地产品经营的行业规范,这是在法律规定之外所有经营企业对于产品标准形成的共识或约定俗成。如对于奶粉产品,除国家层面的标准要求外,一些国家的行业标准甚至高于国家标准,可以起到提高进入壁垒的作用。对于外来品牌进入者而言,品牌策略需要遵守这一行业规范。第三,所在地的文化价值观。它对于消费决策有着重要影响,如在消费者环保意识较强的地区,产品的过度包装有可能会引起消费者的抵制,因此品牌全球化策略需要遵循消费者的文化价值观。这类品牌约占品牌总数的 35%。

案例 14-2

华为进入国际市场的策略

对于国外的企业,民众的了解更为缺乏。有人曾做过试验,让一批美国人辨识华为的英文名"Huawei",几乎没有人能正确读出来;大部分人都将"Huawei"误读为"Hawaii(夏威夷)"。对陌生事物存有恐惧是人类的本性。对于来自陌生国度、由陌生企业生产的商品心存疑虑,也属人之常情。要破解中资企业在国外市场面临的困境,首要的一点就是要设法增进东道国民众对中国和中资企业的了解,消除他们潜在的偏见和恐惧。

首先,应建立与国际化战略相适应的企业制度。我国企业的很多制度,虽然在中国特有背景下有良好的适应性和强大生命力,却不能适应国际竞争的需要。例如,华为"由员工持股、由员工代表行使权力"的公司治理结构,从西方的角度看,如此模糊的公司治理框架就颇为值得怀疑。如果要进军国际市场,就不能像华为一样坚持自己的"个性",而应当积极构造符合国际标准的企业制度。

其次,要建立和国际化战略相适应的企业文化。中国的企业文化是在深厚的中国传统文化和独特意识形态的浸润下发展而来的,在西方势必遭遇亨廷顿所说的"文明的冲突"。中国企业曾经流行过一股"向解放军学习"的热潮,也许这是适应中国企业需要的。不过如果将这样的企业文化用于国际竞争,则不可避免地造成东道国的疑虑——因为意识形态的差别,"解放军"一词的含义在中西方的差异十分巨大。

最后,应当运用灵活的策略进行海外宣传。向海外介绍中国企业并非易事,如策略不当,随时可能被东道国误解为意识形态宣传或文化侵略而引起反感。因此,华为的海外宣传方式应当更多选择轻松的、喜闻乐见的方式潜移默化地进行,比如赞助体育赛事等。事实上,在三星、联想进军美国市场时,都曾大力赞助过体育赛事。正是通过这些赛事,三星和联想成功地让美国公众认识了自己,从而为它们在美国站稳脚跟打下了坚实的基础。

资料来源:陈永伟,"'华为们'如何拆除壁垒",《中欧商业评论》,2012年12月,第56期。

二、品牌全球化模式选择的影响因素

企业进行品牌全球化模式选择时,既要考虑企业本身的资源状况,又要分析企业的市场环境状况,这些因素都对企业的品牌全球化模式选择有重要的影响。品牌在进行全球化扩张时,所面临的挑战主要是由国家之间的差异形成的。由此,品牌的全球化战略必须将国家差异纳入权衡范畴。国家之间的差异有很多种,主要如下所述:

1. 企业所在行业的特征

在品牌全球化过程中,企业所属行业的行业特征对企业品牌全球化模式的选择有重要的影响。产品消费受文化差异影响比较大的行业就不易采用"标准"全球化模式;相反,产品消费受文化差异影响相对较小的行业,其品牌全球化模式就更倾向于采用"标准"全球化模式。让·诺尔·卡菲勒对欧洲企业的品牌全球化模式进行了实证研究,发现企业所在行业对品牌的全球化模式有明显的影响(见表14-1)。

表14-1 企业所在行业与全球品牌标准化程度调查表

	欧洲市场(%)	本地市场(%)	本国市场(%)
奢侈品	64	28	8
化妆品	61	30.3	8.7
立体声	54.2	20.8	25
白色食品	54.2	37.5	12.5
洗涤剂	53.8	30.8	15.4
饮料	40	30	30
轻纺	39.1	39.1	21.8
汽车	35	35	30
服务	28.6	21.4	50
食品	23.5	50	26.5
咨询	25	16.7	58.3
总计	40	34	26

资料来源:让·诺尔·卡菲勒著,王建平等译,《战略性品牌管理》,商务印书馆,2000年,第397页。

在所有被调查的欧洲品牌中,有40%的企业在欧洲使用共同的营销组合,34%的企业根据欧洲不同地区的环境状况调整营销组合,26%的企业在不同国家采用不同的营销组合。从调查所涉及的行业情况来看,食品行业品牌在全球化过程中采用标准化的最少,

只有23.5%,其原因是食品行业需要根据不同地区的消费习惯来实施品牌全球化战略。相反,奢侈品、化妆品最容易实施标准化策略,其根本原因是世界各国对该种类型产品的需求动机基本一致,如在全球范围内,人们购买化妆品的动机不外乎抗衰老、防晒、治疗痤疮、保湿等。

2. 企业所在国家的经营传统

让·诺尔·卡菲勒对210名欧洲品牌经理的调查发现,欧洲企业品牌的全球化战略类型与企业所在国有密切的关系(见表14-2);拉美国家与盎格鲁·撒克逊国家(如德国、英国)企业的品牌全球化战略有明显的差别;意大利、法国企业在实施品牌全球化的过程中更倾向于采用本土化战略。

表 14-2　国家对品牌全球化的影响

国家	本土化(%)	标准化(%)	没反应(%)
德国	4.5	95.5	—
英国	5.3	94.7	—
日本	—	85.7	14.3
瑞士	20	80	—
美国	5.7	77.2	17.1
法国	24	69	7
意大利	30	60	10
总计	12.9	81	6.1

资料来源:让·诺尔·卡菲勒著,王建平等译,《战略性品牌管理》,商务印书馆,2000年,第396页。

3. 本国与目标市场国的市场环境差异程度

本国与目标市场国的市场环境差别越大,如国家法律、行政法规和市场竞争环境等方面的差别越大,企业进行营销策略调整的必要性就越大;此外,文化价值观、经济发展水平和其他一些因素的不同,也将导致目标群体的消费习惯、生活方式、消费者素质、购买力等方面的差异较大,品牌标准化的适应性就会越低。

首先,对于开展全球性广告的跨国企业来说,各个国家千变万化的法律限制便是其面临的重要挑战之一。例如,委内瑞拉、加拿大和澳大利亚的法律一度规定,商业广告必须在本国境内制作;加拿大禁止电视播放药品广告;波兰要求广告歌曲必须用本国语言演唱;瑞典、奥地利分别对儿童参与广告拍摄作出限制;新加坡不允许做比较性的广告;而德国禁止在公共电视频道播出植入式广告。

其次,对于同样的营销活动,世界各地的消费者可能产生迥然不同的态度和意见,各种产品品类的消费行为也各不相同。例如,特百惠(Tupperware)每年有超过70%的销售额来自海外市场,为了适应不同国家的消费者行为,公司必须对产品进行差异化调整。像配有勺子的塑料容器,会成为中国和印度家庭的调料瓶;具有防污功能的密封罐,在韩国被视为理想的泡菜发酵工具;而在日本,大箱子更受欢迎,因为便于和服的收纳。在企业进行全球化配置的过程中,技术创新是一个很重要的因素。企业在进行产品推陈出新时,对消费者的新产品接纳度必须作深入调查并采取应对措施,力争在发展的动态中创造优势,尤其是在消费者知识、产品技术等要素上抢占国际竞争的制高点。

让·诺尔·卡菲勒研究发现,不同的市场因素对品牌全球化模式的影响不同(见表14-3),如55%的品牌经理认为,在品牌全球化过程中应根据不同国家法律对品牌策略进行适当的调整。对于市场竞争环境来说,这一比例为47%;而对于消费者的年龄差异来说,这一比例仅为12%。

表14-3 市场环境因素对品牌全球化战略的影响

差异类别	必要调节(%)	差异类别	必要调节(%)
法律差异	55	市场竞争	47
消费习惯	41	消费结构	39
品牌意识	38	品牌销售水平	37
媒体观众	37	市场营销成功率	34
消费者需求	33	媒体	32
品牌形象	30.5	产品生产模式	27.5
品牌历史	25.2	消费者年龄差异	12

资料来源:让·诺尔·卡菲勒著,王建平等译,《战略性品牌管理》,商务印书馆,2000年,第398页。

4. 企业本身的品牌管理能力

品牌本身包含许多构成要素,不同要素的全球化难度有很大的差别。具有较高品牌管理能力和全球市场开拓经验的企业可以尝试采用全球化难度较大的品牌构成要素开拓全球市场;相反,企业只能采用比较容易全球化的品牌构成要素开拓全球市场。

学术智库 14-1

国际营销中的标准化战略

本文侧重研究的是国际营销中的标准化"方程式",即标准化营销组合中的不同方面,包括营销发展和营销实践的工具。作者提出了国际营销标准化的理论框架,并对其影响因素作出批判性检测,最终得出了五个决定性因素,包括:目标市场(地理、经济)、市场定位(市场发展程度、外部条件、竞争度)、产品属性(产品类型、产品定位)、外部环境(物理环境、法制、政治环境、营销基础设施)和组织因素(企业定位、总部与分公司关系、分权程度)。这些因素决定了企业的标准化程度,并最终影响市场业绩。作者指出,企业管理人员可以通过上述的特定方式来影响标准化的程度,例如建立地理定位(有助于实现标准化)、平衡总部与分公司的目标(后者面临实现标准化的更多机会)、为总部与分公司之间的沟通提供畅谈渠道(避免两者之间出现误解和矛盾)、总体上积极拓宽企业的国际化视野。

文献来源:Jain, S.C. 1989. Standardization of International Marketing Strategy: Some Research Hypotheses [J]. Journal of Marketing, 53: 70-79.

品牌营销

案例 14-3

复星集团的海外拓展之路

2012年是复星创业20周年。作为一家专注于中国动力的投资集团,复星先后投资复星医药、复地、豫园商城、建龙集团、南钢联、招金矿业、海南矿业、永安保险、分众传媒、Club Med、Folli Follie、复星保德信人寿等。1992年,四位从复旦大学毕业的年轻人下海创业,复星先后经历了1997年的亚洲金融风暴、2004年以德隆倒台为标志的宏观整肃风暴以及2008年的全球经济危机,从羡慕通用电气那样的多元化经营到追随巴菲特的伯克希尔·哈撒韦式的价值投资理念,现在,复星逐渐形成了自己的战略主张,以中国动力嫁接全球资源。复星致力于创建弹性的海外运作机制,其在用人方面尤其不拘一格。为了国际化,复星曾引进美国前财政部部长约翰·斯诺等人。与外企按图索骥式的招聘不同,复星内部强调一切都要创新。有时复星会因人设岗,先把人招进来,然后再想该给他设定某个合适的职位。为了尽可能接近项目来源地,管理团队的国际化不可或缺。目前在复星的海外收购团队中,外籍员工占到了40%,多数人拥有长期海外生活经验。在招聘外籍员工时,复星非常注重文化价值观的契合;与此同时,对外籍员工的管理也充分体现了人性化的方式。再有一点也非常关键,注重发挥这些外籍员工在海外投资项目上的独特优势。

资料来源:《环球企业家》,http://www.gemag.com.cn/html/2013/company_0108/31173.html,2013年1月8日。

第三节 品牌全球化战略与策略

一、品牌全球化战略选择

(一)品牌全球化进入路径战略

品牌全球化首先要考虑的问题是进入什么国家和地区。可以将国家发展程度和品牌相对优势作为两个维度,来决定品牌进入的战略。国家发展的程度可以分为三个层次:第一个层次以欧、美、日等发达国家和地区为代表;第二个层次为以东欧、南亚与南非等发展中国家和地区为代表;第三个层次为以第三世界国家等欠发达国家和地区为代表。而将品牌推入国际市场有三个路径选择:

1. 先进入发达国家

发达国家的市场进入门槛相当高,国际性品牌多且实力强,有些公司已经经营了几十年甚至上百年,因此这些品牌在市场与消费者心目中的地位非常稳固。发达国家的消费者对于消费的品质与产品的质量要求也是最高的,且消费行为与心态都相对成熟,可选择的品牌很多,需求也都能得到满足,消费者心目中大都已有偏好的品牌且已经建立了一定的品牌忠诚度。在这些发达国家市场中,竞争规则已有一定的规范且消费习惯成熟、市场规模庞大、经济利益可观。若是选择先进入发达国家市场并竖立起品牌信誉和形象,那么品牌就能顺势把产品推向全世界,很快被全世界所接受,实现品牌全球化,成为一个强势的全球品牌。然而先进入发达国家市场的投资也是最大的,且要有长期投资的心理准备,因为品牌投资费时较长。

2. 先进入发展中国家

发展中国家基本上没有本土的全球化品牌,跨国公司经营的皆是大型的外来品牌,同时在市场上已经有一定程度的发展。发展中国家消费者的忠诚度及对产品质量的要求相对没有发达国家的消费者那么高,较注重产品的价值,许多消费行为也正在形成中,但是发展中国家大多存在政治与经济等体制不完善的风险。选择先进入发展中国家市场,可以以较低的投资累积品牌国际化的经验,风险较小。建立信心以后,再进攻发达国家,市场经验成本较小。

3. 先进入欠发达国家

欠发达国家进入门槛相对较低,因为其市场竞争程度较低,消费者的消费行为模式与品牌概念较弱,对质量的要求也较低,因此品牌相对投资有限。然而欠发达国家的市场体制不完善,政治、社会、经济等风险较高,且经济欠发达,因此市场规模有限。若选择先进入欠发达国家,则市场比较容易进入,代价较低、费时也较短。然而在欠发达国家建立的品牌信誉与形象很难扩散到其他发达国家,因此先进入欠发达国家市场的战略只可提供中国品牌累积品牌全球化的经验与信心。

(二) 品牌全球化进入方式战略

品牌全球化是随着企业经营的全球化向全球市场扩张,企业国际经营市场化有几个不同的阶段与方式,一般是指间接性的产品出口、直接性的产品出口、许可合同、合资经营到直接投资几个阶段。而品牌进入国际市场的方式也有数个选择:

1. 品牌随产品或服务向国际市场输出

品牌在国际市场中的出现,最原始的方式是随着产品的国际贸易出口向国外输出,进入国际市场。然而仅仅通过国际贸易的方式来获得品牌输出只是品牌全球化的初级形式,是阶段性的、不确定的。因为企业无法掌控品牌在消费者心目中的形象与认知价值,毫无疑问,这对一个品牌的长远发展是危险的。要使品牌获得高度的认同,建立品牌信心、品牌忠诚甚至品牌依赖,就必须要扎根于目标市场。

2. 收购及兼并东道国现有品牌

收购东道国现有品牌的方式,首先有利于企业迅速地进入国外的目标产业与市场,可以帮助企业迅速获得现成的管理人员、技术人员和营销人员,建立起在国外的产销据点。其次,有利于企业扩大产品种类和获得专业技术,尤其是收购发达国家的品牌可以获得先进技术和专利权,同时拥有优良的品牌形象与品牌资产。再次,有利于利用原有的营销人员,这样可以避免品牌因为对当地情况缺乏了解而引发的各种问题。最后,可以直接接收被收购方在目标市场上的销售渠道,从而在当地市场上迅速占有一席之地。

运用资本的力量,通过收购拓展品牌与单纯输出自创品牌相比,不仅减少了财力和精力的投入,更免受了当地市场各种竞争力量的排挤。采用这种方式最成功的例子是联合利华,它在全球的400多个品牌中,大部分是通过收购本地品牌并推广到世界各地而提升为国际品牌的。通过并购,企业可以实现业务全球化,达到多元化经营的目标,可以有效地降低经营风险,同时帮助企业寻找较佳的切入点,增加经营成功机会。

直接并购也是外国品牌进入中国市场的常用手段。2012年,美国最大的调味品品牌"味好美",以1.41亿美元的价格收购了武汉的"大桥"牌味精,利用"大桥"牌味精的良好市场基础,"味好美"加速了在中国市场的发展速度。

然而收购也有一些内在的缺点。一是对收购品牌的价值评估存在困难。在收购品牌过程中所遇到的最复杂的问题,莫过于对目标收购品牌的价值进行评估,其复杂程度远甚于创建前对所需资本的估算。二是被收购品牌的品牌文化是否能融入收购企业的企业文化。若不能融入,就会造成管理上的困境。文化改造也不是一蹴而就,因此收购品牌失败的概率通常较大。

3. 品牌联合

品牌联合可以帮助品牌所有者迅速打入新的市场。新的市场可能是品牌所有者感觉自己没有能力进入的新的国家或者新的区域。即使是大品牌所有者,也有可能发现进入不熟悉的市场所面临的挑战令人生畏,也会谋求一个当地的知名品牌的支持来使成功机会最大化。

通过达成品牌联合协议,公司可以实现进入一个新市场或领域所需要的花费最小化。有时候扩大品牌领域必需的投资规模,会超出企业的财政资源,但是通过仔细地分析品牌自身拥有的力量和目标领域存在的机会,有可能找到一个非常适合品牌联合行动的已经建立起来的理想品牌,从而达到最有效的资本使用方式。另外,品牌联合还提供了一种方法来克服进入新国家的非财物性障碍。例如,在法律限制注册经营者数量的地方,或是进行特种商业活动需要计划许可的地方等。品牌联合最主要的吸引力就是降低了企业进入新市场的风险,且不一定降低回报。将品牌投入新的市场是一项危险的冒险行动,特别是进入企业不熟悉的国家或地区。但是通过和一个已有的成熟的企业合作,而不是竞争,可以大幅降低失败的风险。

但是,品牌联合也有一些潜在的缺点,包括:两个合作的品牌企业文化不兼容、合作伙伴品牌的重新定位、合作伙伴的财务状况发生变化、丧失品牌特征的独有性等。

4. 品牌特许使用

是指通过对品牌的特许使用,即签订商标使用许可合同等方式,而获取品牌收益。许可合同交易是介入国际营销的一种最简单的形式。许证方与国外受证方达成协议,向受证方提供生产制造技术的使用权、商标权、专利使用权、商业秘密或其他有价值的项目,从而获取费用收入或提成。采用这种方式,许证方不用冒太大的风险就能打入国外市场,受证方也能获得成熟的生产技术、生产名牌的产品或使用名牌的商标。

公司许可合同交易有多种方法,包括管理合同、合同制造与特许经营。特许经营(franchising)是一种较完整的许可形式,许证方向受证方提供一个完整的品牌观念和操作系统,而受证方参与投资和支付费用给许证方作为回报。麦当劳、肯德基等都是通过特许经营的方式,将品牌推入国际市场的。

但是品牌特许经营的方式也存在一些潜在的不利因素,即企业对受证方的控制较少,有可能影响品牌的形象与声誉。另外,如果受证方经营得很成功,许证方就会丧失唾手可得的利润,一旦合同期满或终止,也可能直接与这些被自己培养且孰知自己品牌操作的受证方在市场上展开竞争。

5. 直接投资

这里是指企业用股份控制的方法,例如全股子公司、分公司、合营子公司,对东道国直接进行投资,直接参与东道国市场的产品生产,并对企业的经营管理、品牌运作拥有直接控制权,以达到品牌创建或扩张的目的。直接在东道国进行品牌投资是国际经营活动的高级形式,也是企业品牌全球化成熟的标志,因为企业可以直接贴近当地市场的环境、文化与消费者,将品牌深度耕耘于消费者的心智中。但是,直接投资的风险较大,一旦受挫,可逆转性也较差。

二、品牌全球化策略

(一)品牌命名策略

一个良好的品牌名称是品牌全球化成功的先决条件之一。在品牌命名的过程中,既要注重保留原品牌名称的精华,又要符合本土消费者对品牌的期望和心理,融入当地的审美情趣和文化习惯中去。因此,品牌步入全球市场,翻译成外文时,必须兼顾外国消费者的文化、生活习惯和审美心理,注意东道国的民族禁忌。按照国际惯例,出口商品包装上的文字说明应该使用目标市场国家的语言,以求广大消费者都能理解和接受。我国生产的"芳芳"牌爽身粉,出口时用汉语拼音"FangFang"做商标品名,却不知道英文"Fang"一词的意思是"毒蛇牙、狗牙",使得英国人对这种儿童爽身粉感到恐怖。而我国某企业曾向意大利市场出口了一批"White Elephant(白象)"牌电池,结果久销不动。后来一咨询,方知"白象"虽然在泰国、印度等国被当作神物看待,但在西欧,"白象"却意味着累赘而无用的东西。

一些要求严格的国家,对于包装上应使用的文字都作出了法律规定。因此,在品牌翻译的过程中,我们应该选择音译和意译等多种翻译方式相结合的方法,而不能简单地翻译了事。比如,我国生产的"蓝天"牌牙膏在东南亚一带很受欢迎,但是在美国却碰了钉子。因为"蓝天"被译成"Blue Sky"是"不能兑现的证券"的意思,结果很不讨美国人的喜欢。又如,我国的"帆船"地毯,起初被译为"Junk",产品在国外市场却无人问津,原因是Junk除了有"帆船"的意思之外,还有"垃圾、破烂"的意思,后来改名为"Junco"才渐有起色。

因此,无论使用哪一种翻译方法,都要考虑到目标市场的语言习惯,以消除沟通障碍、传达原品牌核心价值观为主要目的,才能实现最优效果。

案例 14-4

公司名称"变脸"

每年都有数百家私人公司或上市公司因为拓展全球市场、并购业务而需要重新命名公司名称。在这种情况下,全新的名称能显示新的业务范围。比如,当Bell Atlantic在2000年收购GTE后,新组建的公司采用了Verizon作为品牌名称,该名称由两部分构成:

(1) veritas 是拉丁词汇,意指"可信赖";(2) horizon,意指公司将采取"向前看"的态度。

此外,企业在进行公司名称命名时,还应避免公众对公司经营性质的误解。比如,欧洲食品行业排名第三、专事鲜乳制品的 BSN 公司,在推出达能品牌之后为公司重新命名,原因就是许多消费者不知道 BSN 代表什么。况且,BSN 也已经为其他国家的公司所用,包括一家西班牙银行、一个美国纺织品公司和一家日本电视台。而达能酸奶在 30 多个国家以不同的品名(如 Danonino、Danonetje、Danimals、Petit Danone 等)销售,由总经理领导一支核心团队,负责协调、监督当地的市场活动。

资料来源:凯文·凯勒著,卢泰宏、吴水龙译,《战略品牌管理》(第 3 版),中国人民大学出版社,2009 年。

(二) 品牌沟通策略

品牌沟通策略即品牌传播策略,是联结品牌与消费者的桥梁。品牌沟通的出发点是通过企业信息的传播,从而影响消费者的品牌意识,建立消费者对企业品牌的情感偏好。企业通过传播媒介传递品牌价值理念、企业文化等相关信息,以本土消费者所能接受的方式进行品牌传播,是品牌全球化拓展成功的关键因素。一个品牌能否在国际市场上赢得市场优势,很重要的一个方面就是企业能否在全球市场上进行有效的品牌沟通与推广。从具体操作层面看,品牌实施本土化的沟通模式主要有以下几种:

1. 广告沟通

广告在生活中无处不在,是品牌与全球消费者进行沟通的基本方式之一。由于简短易记,广告能被广泛运用于电视、广播、户外路牌等各种形式,并深入渗透到消费者生活中的每个环节,是品牌进行全球化扩张必不可少的沟通方式。可口可乐公司在广告营销中体现了强烈的本土化倾向。"家庭""集体"等典型的中国传统文化价值观在中国广告中频频涌现,而在美国广告中则极少出现;在以年轻人恋爱为主题的广告中,美国广告侧重对性感模特的描写,中国广告则重点渲染浪漫的爱情意境。此外,在广告中以本土知名人士作为品牌代言人,有助于企业在当地树立品牌领导作用,带动消费群体的购买欲望。目前,耐克公司选用刘翔做品牌代言人,而阿迪达斯则以马晓旭、彭帅、胡佳等诸多中国体育明星作为品牌代言人。

2. 事件传播

在品牌全球化的过程中,通过借助某些有利时机开展有积极影响力的公关活动,如通过主办和赞助本土赛事,可以树立该项品牌的旗帜作用、提升品牌价值。2013 年,全球销量前三名的手机品牌——华为手机与世界著名的足球联赛——西班牙足球甲级联赛(简称"西甲")在北京举行合作签约仪式。根据双方协议,在 2013 年到 2014 年的赛季,华为将成为西甲全球技术合作伙伴。华为将有权使用西甲球员的集体肖像、商标、标识、吉祥物及其他特有符号等。众所周知,中国的智能手机市场随着普及率的增加,其市场的拓展空间将会变小,所以有效开拓海外市场是国内厂商不得不面对的挑战。而体育活动由于覆盖面广泛常被企业用作品牌宣传和推广的有效策略。

3. 文化渗透

品牌未到,文化渗透先行。这是许多品牌进行国际化传播的方式。比如在影视作品中输出本国的文化,如价值取向、生活方式等,以引起目标市场国消费者的共鸣,进而追逐该国的品牌。韩国电视剧《大长今》《加油！金顺》《人鱼小姐》等正悄然影响着国人的消费,许多商家乘机搭上"韩流"快车,推出各种"哈韩"商品。随着《大长今》的热播,在中国各地引发了"食疗热",特别是北京、上海、广州、深圳等大中城市的韩式料理餐馆,犹如雨后春笋般涌现;韩式美容更是受到中国女性的青睐,百货商场纷纷引进韩国化妆品,据了解,韩国兰芝化妆品在某一线城市各化妆品销售排名中列第七位,日均销售额过万元;为跟"韩流"搭边,某市区一美容院特意邀请了曾为韩国影星何秀丽整容过的大夫做院长,营业两个月来已为50多位客户提供了"变脸"服务。各种韩国元素通过韩剧潜移默化地影响了中国消费者的消费习惯,使得韩国品牌在我国长驱直入。

学术智库 14-2

品牌国际化中的沟通策略
——不同文化的消费者如何对待"硬推销"和"软推销"?

本文基于全球消费者文化定位战略(GCCP),对整体性思维和分析性思维文化下的消费者如何看待"硬推销"和"软推销"展开研究。"硬推销"是指直接、以信息为背景的沟通方式,而"软推销"主要是指间接且以图片为背景的沟通策略。已有研究表明,"软推销"更适用于全球消费者文化定位策略,但本文作者指出各国消费者对品牌沟通策略产生不同态度的具体原因尚未明晰。他随后抽取来自五个国家的近两千个消费者样本作为调查对象,结果表明:整体性思维(更关注广告内容里的语境和关系)国家的消费者(如意大利、日本和法国)更偏好"软推销",而分析性思维(更关注广告物的特征)国家(如德国、美国)的消费者对两种广告方式的态度则无明显差异。这个结论为国际营销经理带来重要提示:企业在建立统一的国际品牌形象过程中,采用间接而以图片为主的沟通策略更容易被多国市场的消费者所接纳,这不仅为企业品牌形象建立良好的一致性,更为企业省却大量营销费用;采用直接而以信息为主的沟通策略则很有可能由于国家之间的不同而导致误解,使得品牌的整体国际形象难以确立。

文献来源:Shintaro Okazaki, Mueller Barbara, Diehl Sandra. 2013. A Multi-Country Examination of Hard-Sell and Soft-Sell Advertising: Comparing Global Consumer Positioning in Holistic-and Analytic-Thinking Cultures [J]. Journal of Advertising Research, 53: 1-23.

本章小结

品牌全球化又称为品牌的全球化经营,是指将一个品牌,以相同的名称(标志)、相同的包装、相同的广告策划等向不同的国家和地区进行延伸扩张的一种品牌经营策略。对于企业来说,品牌全球化具有重要的意义,主要体现在:实现生产与流通的规模经济;降低营销成本;扩大市场影响范围;保持品牌形象的一贯性;促进知识的有效传播;保持营销活动的统一性。

不同企业进行全球化有不同的实现模式,企业在品牌全球化的过程中主要采用了以下四种模式:标准全球化、模拟全球化、标准本土化、体制决定型。企业进行品牌全球化的模式选择也受众多因素的影响,主要有:企业所在行业的特征;企业所在国家的经营传统;本国与目标市场国的市场环境差异程度;企业本身的品牌管理能力。

品牌全球化战略主要分为品牌全球化进入路径战略和品牌全球化进入方式战略。品牌全球化进入路径主要有先进入发达国家、先进入发展中国家和先进入欠发达国家三种战略。品牌全球化进入方式战略主要有五种,分别是品牌随产品或服务向国际市场输出、收购及兼并东道国现有品牌、品牌联合、品牌特许使用、对东道国直接进行投资。品牌全球化策略主要包括:(1) 品牌命名策略。在品牌命名的过程中,既要注重保留原品牌名称的精华,又要符合本土消费者对品牌的期望和心理,融入当地的审美情趣和文化习惯中去。(2) 品牌沟通策略。包括广告沟通、事件传播、文化渗透等。

复习思考题

1. 品牌全球化的主要模式有哪些?
2. 企业进行品牌全球化基本模式决策一般需要考虑哪些因素?
3. 品牌的国际化沟通策略有哪些主要特点?
4. 我国企业如何创立全球化品牌?

课后案例

让世界一起联想

经过20年的发展,联想在中国PC市场占有30%的市场份额,取得了市场领导地位。在这种情况下,市场份额要再提升一个百分点都需要付出很大的努力。为此,走全球化道路成了联想管理层的共识。2004年,联想制订了下一个"三年"计划,确定了专注PC业务、走全球化道路的发展战略。全球化的品牌是企业走向国际舞台的通行证,产品要走向国际,品牌必须先行。在这种背景下,联想品牌如何实现全球化成为必须正视的重要问题。事实上,如何成长为国际品牌,这是所有中国现代企业面临的共同课题,联想针对这一课题制定了一个"三步走"的战略:发布品牌新标志、赞助2008年奥运会、收购IBM全球PC业务。

一、发布品牌新标志

联想在发布更换的品牌新标志之前作了充分、细致的调研,包括:2002年5月成立以杨元庆为组长的品牌切换小组,通过对数千名联想员工的访谈,征询联想人自己对联想品牌精神的感知;成立专门的品牌研究小组,反复研究历史上其他厂商(如Sony、Benq、Moto等)更换品牌标志的案例以及联想的品牌历史;委托专业调查公司,对消费者进行抽样调查和跟踪访谈,研究消费者在一个品牌更换标志后对此品牌的重新认知过程和主要认知途径。

新标志发布活动分四个阶段:首先,于2003年4月28日,在SARS肆虐的环境下,通过网络媒体发布新标志。同时,发布首批带有新标志的产品——多款自主研发的联想手机精品。之后,从7月31日开始,借联想2003年科技巡展之际,在巡展地区深入传播和集中展示联想的品牌内涵,诉求联想"创新科技,畅想未来"的理念。接下来,利用神舟五号火箭成功发射的契机,在全国同步开展"只要你想"的主题推广系列活动,诉求"人类用想法改变世界"的创新理念。最后,在北京启动品牌沟通日活动,安排联想高层与京城各大媒体进行面对面的互动沟通,进一步传达"Lenovo联想"的内涵,宣传联想新的品牌战略。

二、赞助2008年奥运会

品牌标志更换之后,联想委托国际知名品牌管理顾问公司,针对品牌全球化议题进行了约一年的深入调研,共走访了2 800名个人消费者、700多位企业客户,在海外5个国家进行了6场访谈。调研结果表明,公众对于联想全球化品牌认知度普遍较高,但联想品牌在高端消费者中的美誉度较为欠缺;在国外市场,消费者对于联想品牌的认知较为有限。同时,调研结果还表明,作为四年一次的体育盛会,奥运会及其奥林匹克标志已经成为世界上最有影响力的"品牌",而2008年奥运会将第一次在中国举行,如果能够成为2008年奥运会的TOP①赞助商,不但有助于提升联想在海外的品牌知名度和美誉度,也能进一步提升联想在国内的影响力。

自2004年3月26日开始的一周时间里,包括《人民日报》《光明日报》《科技日报》《北京晚报》《北京青年报》《文汇报》(上海)《南方日报》等在内的15家全国最具影响力的媒体都对"联想签约奥运"进行了头版报道。截至2004年6月底,全国主要媒体累计报道达800多篇次,其中深度报道达100多篇次,报道的深度和广度都达到了预期效果。"联想签约国际奥委会"入选新华社评选的2004年度中国十大体育新闻,并得到了政府部门的积极鼓励和首肯。

三、收购IBM全球PC业务

联想收购IBM全球PC业务的项目实施分五个部分:首先,于2004年12月8日举行发布会宣布联想收购IBM全球PC业务的消息,引发各界关注。其次,于2005年2月23日,在北京举办"联想中国策略媒体沟通会",向媒体通报联想并购后的整合策略和进程,并针对不利言论,用有效的数据、事例和策略向媒体传达出联想对整合的信心;2005年5月1日,新联想正式宣布成立,将"联想全球化整合稳步进行"的核心信息有效传达给目标受众。再次,针对营销渠道举行"首届中国合作伙伴大会",将联想整合的策略和进程通报给渠道和媒体。最后,举办"联想2005财年Q1业绩发布媒体沟通会",将新联想第一财季赢利的情况及时通报给媒体,将"新联想整合成功"的信息传达给公众,再次强化公众对"联想是全球化企业"的认知。

资料来源:根据蓝色光标公共关系机构,"让世界一起联想",《国际公关》,2006年第2期资料改编。

案例讨论题

1. 你认为联想实施品牌全球化策略的根本原因是什么?
2. 你对联想收购IBM全球PC业务的前景持什么观点?为什么?

---

① TOP,即The Olympic Program,意思是国际奥委会全球合作伙伴计划。

第十五章　品牌原产地形象

> 通常我们说，诸如麦当劳这样的品牌值上百万美元，如果这样的话，德国的形象值多少美元呢？
>
> ——帕帕多普洛斯（Papadopoulos）

本章主要阐述以下几个问题：
- 什么是原产地形象
- 原产地形象如何影响消费者的购买意愿
- 如何提升原产地形象

第一节　原产地形象概述

在全球市场中，我们不难发现，消费者更喜欢来自法国而不是中国的香水，更喜欢来自瑞士而不是中非的手表，更喜欢来自德国而不是俄罗斯的汽车。消费者对产品的原产地会持有某种看法，这会进一步影响他们对产品的评价。

资料 15-1

品牌原产地

许多品牌能够具有自身的个性和独特的形象，部分原因就在于消费者对品牌的原产地的认识和信任。凯文·凯勒在他的《战略品牌管理》一书中就列举了一些与原产地紧密联系的产品品牌：

李维斯牛仔服——美国	Dewar威士忌——苏格兰
耐克运动鞋——美国	古驰鞋及包——意大利
可口可乐饮料——美国	宝马汽车——德国
万宝路香烟——美国	香奈儿香水——法国

资料来源：凯文·凯勒著，李乃和译，《战略品牌管理》，中国人民大学出版社，2003年。

一、原产地概念的提出

原产地（country of origin，COO）的概念最初应用于国际贸易领域，当时主要是指生产产品的国家或地区，也称制造地，消费者可以通过产品上的"Made in…"（"由……制造"）标志来识别产品。由于"原产地"通常就是产品的来源地，表明产品产于该国家或地区，因此这些产品的品质和特性都与该国家或地区相关。有人将国际贸易中的原产地称为商品的"经济国籍",这是有道理的,它涉及关税计征、最惠国待遇、贸易统计、国别配额、反倾销及政府采购、野生动物保护等诸多范畴。为了规范在国际贸易中产品的原产地问题,许多国家和国际机构制定了各自的原产地规则(rules of origin)。原产地规则是指任一国家或地区为确定货物的原产地而实施的法律、规章和普遍使用的行政命令,它在国际贸易中具有重要的意义。

最先注意到了"原产地"对营销活动的作用的学者迪希特(Dichter)在1962年的《哈佛商业评论》中撰文指出,"'由……制造'这个词"可能会对消费者接受产品产生巨大影响。不久以后,学者们纷纷开始了对原产地如何影响消费者产品评价的课题研究。然而,真正的营销领域中的"原产地"概念是美国学者斯库勒(Schooler,1965)提出的。当时,他在研究中美洲共同市场(CACM)中所存在的产品偏见(product bias)的问题时,发现危地马拉的学生对产自萨尔瓦多和哥斯达黎加两地产品的评价,要低于对本国和墨西哥产品的评价。而这种负面的产品偏见是与消费者对某些国家或地区即原产地的态度有关。

二、原产地的分类

原产地的概念最初类似于制造地,这是由于当时的世界分工并不普遍,产品的品牌、设计、制造和组装通常都是在一个国家或地区完成的。然而,随着经济全球化的日益高涨,世界范围内的生产分工越来越细化,比如美国的通用汽车可能会在日本设计,而原材料来自韩国,由墨西哥制造,最后在法国销售。这就造成了一个产品具有众多来源地的现象,因此我们可以将原产地分为四种类型。

资料 15-2

法 国 香 水

法国香水驰名世界,其中不乏价格惊人的上品。在法国,你大致可以凭着香水气味的雅俗判断一位先生或女士的身份。然而你可能不知道,香水的起源和恶臭有着密切关系。伏尔泰在1756年曾写了一本名为《美化巴黎》的小册子,小册子中写道:"设在窄巷中的肮脏市场使人不敢驻足,到处散发着恶臭……街道昏暗、狭窄、丑陋不堪,似乎代表着一个最野蛮的时代。"

16世纪,格拉斯的传统手工业是使用橄榄油熟皮技术制作手套。然而,经过橄榄油熟皮后的气味显然不太好,因此不少熟皮匠人开始制造香精加入其中。香味手套风靡一时,很受当时上层社会的欢迎。后来皮匠们干脆摆脱了那些制造手套的牛羊皮,转而为追赶时髦的贵妇们制作香精。1614年,格拉斯开始种植各种香料花卉,随着王室大量使用香水,此业日渐兴隆。谁也不会想到,当年在阴暗简陋的作坊里与气味难闻的皮革打交道的"臭"皮匠,竟成了日后征服世界时尚圈的香水发明者。

1730年,法国第一家香精香料生产公司诞生于格拉斯。从此,香水业逐渐在格拉斯落地生根。如今,这里已成为名副其实的"香水之都",承担着为法国名牌香水销售公司配制香水的业务。法国 80% 的香水都在这里制造。

资料来源:百度百科-法国香水,http://baike.baidu.com/link? url = 4pN3MyCspnUBn-PbxRVk-yZb-pXvYllZulQOHo4VMfrc6zoqZTcGuhtvdxWdY2kYRpzy151RftVZz9Iony8Cwla,2013 年 5 月 30 日。

(一)制造原产地

最初关于原产地的研究集中于某国或某地的生产与制造引起产品质量的差异,进而影响购买倾向。因此,早先"原产地"概念多等同于"制造地"。制造原产地(country of manufacture)指的是,产品最终的生产制造地,也就是产品制造符合该国法定完成率标准,印有"Made in…"字样的国家或地区。而在全球化的今天,制造原产地往往不是品牌最早的发源地,比如美国的摩托罗拉手机可能在中国、新加坡、马来西亚等地制造,而法国的 LV 皮包可能是在西班牙生产的。

(二)品牌原产地

由于品牌在全球的影响力不断增强,品牌对消费者的评价和购买的影响力远大于产品制造地。品牌原产地指拥有该品牌名称、负责产品设计的公司所在地或隐含在知名品牌中的原产地。比如奔驰汽车来自德国、摩托罗拉手机来自美国、丰田汽车来自日本,这些都是按照品牌原产地来界定的。品牌原产地是最初培养和生产品牌的那个地区,我们可以把它理解为"品牌的国籍"。一般而言,品牌所属的公司总带有母国概念,尽管索尼后来把总部搬到美国,但消费者仍很清楚它是日本品牌。再如,尽管 IBM 品牌在作全球范围的营销,但消费者仍认为它是一家美国公司。当然也有例外,比如著名的 ABB 公司,它由瑞典的阿瑟公司(Asea)和瑞士的布朗·包维利公司(Brown Boveri)合并而成,但其总部却在苏黎世。又如,联合利华是由一家英国公司和荷兰公司合并而成,总部却在布鲁塞尔。不过,大部分消费者都从统一经济体角度,把 ABB 和联合利华的原产地视为欧洲。随着更多类似欧盟的经济体出现,原产地的国家概念会逐渐淡化,取而代之的可能会是经济体或地区作为品牌原产地。

(三)设计原产地和组装原产地

由于跨国公司的产品组装盛行,它们生产制造的全球化导致了"杂交"产品(hybrid product)出现,比如波音飞机的制造。这不仅造成了产品的品牌和制造地不同,也会出现一个产品在不同地方设计和进行组装的情况。这时,设计产品的地区和组装产品的地区即称为该产品的设计原产地(country of designing)和组装原产地(country of assembling)。有学者认为,设计原产地对于消费者选择功能性或象征性品质的要素有深远影响。因此在实践中,公司通常会将设计留在母公司中,而设计原产地大多与品牌原产地一致。

(四)关键部件原产地

国际分工的日益流行不断扩展了原产地的概念,产品的很多关键部件也在不同的国家进行生产。比如波音有很多发动机是由法国制造的,而中国也成为波音尾翼的部件制造地。因此,关键部件原产地也是原产地的一个重要方面,对产品评价同样有着重要影响。

另外,根据原产地所影响的对象来看,我们还可以将原产地划分为旅游原产地、投资原产地、产品原产地等,分别是针对旅游者、投资者和产品消费者三个不同对象的原产地。一般来讲,这三种原产地之间是相关的,良好的旅游原产地形象很可能会带动投资者对原产地的认知。但很多时候它们之间又是相互区分的。

三、原产地形象的内涵

在原产地的概念被提出后不久,许多学者就开始认识到,市场上出售的任何产品都有其原产地,而消费者对来自不同原产地的产品会产生不同的感受,这种主观感受和认知显然会受到产品原产地形象的影响。这里所指的原产地形象问题显然更适应于营销领域。关于原产地形象(country of origin image)这一概念,许多学者从不同角度对其进行了界定。

斯库勒将原产地形象理解为,消费者对来自某些特定国家或地区产品所形成的总体认知,而这种认知是基于消费者曾有的对该地生产和营销的各种优劣和强弱印象的感受的。随后则有学者从影响原产地形象形成因素的角度,将原产地形象定义为企业和消费者对于某特定地区产品的图像、声誉以及刻板印象,而这种形象是由代表性的产品、国家特色、经济与政治背景、历史及传统等因素所形成的。这个定义指出了原产地形象形成的各种因素,是较早提出原产地形象形成因素的定义。

更多的学者是从原产地形象与产品联系的角度对其进行定义的。其中最有代表性的是,原产地形象是消费者对特定国家或地区所生产的产品品质的一般认知。这一定义后来得到了很多学者的认可。还有学者将原产地形象理解为,对于某个国家或地区的偏见和刻板印象,比如人们可能会认为"日本的小家电品质最优良""法国的时装最具时尚感",而诸如此类的信念往往会深刻地影响消费者在产品或服务上的购买决策。这类学者将原产地形象定义为,一国人民或某一部分人民对于另一个国家的人民或产品所持有的既定印象与成见。

综上所述,我们认为,原产地形象是指目标市场的消费者对产品或服务的原产地的总体认知和整体印象。

另外,还有一些与原产地形象紧密相连的概念。比如,国家形象(country image, CI)是与原产地形象类似的国家层面的概念;而原产地价值(country equity)则是指消费者通过品牌或产品感受到的、完全源自对特定产地的产品联想而产生的价值;产品原产地形象(product-country image)是指原产地形象与特定类产品间相吻合的程度,而消费者对某地区特定产品的评价是基于产品与原产地文化、经济和政治之间的匹配程度的。这些概念与原产地形象都有紧密的关联,且它们最根本的内涵与原产地形象是一致的。

四、原产地形象的意义

(一)经济全球化与全球市场的形成

世界贸易组织在2013年7月18日发布了《2013年世界贸易报告》,该报告回顾了前几十年间的世界贸易发展情况,指出在过去30年里,国际贸易的增速超过全球产出的增速,新的贸易参与方崛起,其中主要是发展中国家和快速工业化的亚洲经济体。报告还显示,在2012年全球商品贸易额排名中,四个最大的出口国为中国、美国、德国和日本,进口国为美国、中国、德国、日本。其中,2012年中国商品贸易出口达到2万多亿美元。该报告还作了特别的预测,到2030年,发达国家与发展中国家在世界国内生产总值和世界贸易这两项指标中所占的份额将呈现此消彼长的趋势。其中,在国内生产总值中,发达国家的份额将从71%降至61%,发展中国家将从29%升至39%;在世界贸易中,发达国家的份额将从53%降至43%,发展中国家将从41%升至57%。

正是全球经济的发展促进了公司间更加全方位的竞争,公司想要在纷繁的国际市场上脱颖而出,得到消费者青睐,原产地形象就是一个十分重要的因素。由于国际市场上的大多数消费者已形成了对某个国家或地区的看法和偏见,这种看法就会具体体现在产品上。这样,当国际市场上的消费者接触国外产品时,原产地就是他们进行判断的一个重要特征。很显然,原产地形象会和其他因素一起共同影响消费者对产品作出的评价。因此,在经济全球化和国际市场形成的背景下,原产地形象的作用越来越值得我们重视。

(二) 影响消费者对国际产品的认知

消费者的认知不仅是由产品客观属性决定的,还掺杂了消费者的许多知识、体验等主观因素。消费者不可能成为熟悉每种产品相关知识的专家,这样,原产地形象就为消费者提供了一个便利、迅速的判断方法。随着当今生活节奏的加快,为收集产品的信息所付出的机会成本太大,因此,消费者也越来越倾向于使用原产地形象等其他因素来对产品进行判断。

(三) 对发展中国家尤其重要

在20世纪80年代出口产品结构以初级产品为主的时期,这种原产地形象也许并不会影响国际市场消费者对产品的评价,但是随着全球经济的发展和世界分工的转移,初级工业制成品在发展中国家出口商品中的比重不断上升。以中国为例,2013年1—11月,我国工业制品出口额为19 060.4亿美元,同比增长8.4%;进口额为11 755.2亿美元,同比增长9.5%。《2013年世界贸易报告》显示,2012年,中国出口贸易已经处于世界第一位,甚至部分产品已经形成了"Made in China"的全球市场格局。

然而,作为发展中国家的中国,以前仅仅是原料的来源地,这种原产地形象非常不利于出口产品的销售。有学者发现,同样的产品分别产自发达国家(如日本、德国)与发展中国家和地区(如泰国和我国台湾地区),消费者对前者的产品评价明显优于后者,消费者更相信发达国家有能力制造高质量的产品。因此,对于想在国际市场上占有一席之地的发展中国家和地区来说,原产地形象的改善至关重要。

资料 15-3

外国人眼中的中国公司和产品

2006年,《环球企业家》杂志和GMI公司曾经作了一项名为"外国人眼中的中国公司"的调查,试图了解世界公众心目中中国公司和产品的整体形象,调查涉及中国公司的产品、品牌、职业吸引力和企业行为等方面。

在调查中,他们有一些关于中国原产地和产品形象的发现:

- 1/3的外国消费者使用家电、通信设备、电脑办公设备等中国商品。

- 外国消费者提起中国商品,最常用的四个词是:"便宜""劣质""海量""仿冒"。
- 以 5 分制计,外国消费者对中国商品的总体评分仅为 2.91 分,对品牌和环保评价最低。
- 四成外国消费者表示,中国文化会增加其对中国产品的好感。
- 外国消费者主要通过电视和网站等渠道接触到中国产品的广告。
- 外国消费者眼中最著名的十家中国公司,前三位的是联想、海尔、中国国际航空。
- 外国消费者眼中的中国公司,最常见的三组词是:"低成本""快速扩张""不道德"。
- 外国消费者眼中,与日韩公司相比,中国公司的整体形象略逊一筹。
- 外国消费者认为中国公司表现最差的两个方面是:环境保护和社会责任。

资料来源:根据鲍星辉,"首次面向外国公众的公司形象民意调查",《环球企业家》,2006 年第 7 期改编。

第二节 原产地效应

一、原产地效应的概念

原产地效应(country of origin effect)是指消费者对一个国家或地区一般化的感知,这种感知会影响人们对该国或地区产品和品牌的评价。

研究发现,消费者在产品评价过程中通常是以产品所提供的信息作为购买决策的基础。一般而言,产品的信息可分为内部属性与外部属性两种。其中,内部属性包括功能、样式、规格等,属于产品的实体部分;而外部属性则不属于产品的实体部分,比如品牌、产品价格和原产地信息等,消费者通常会利用这些属性来评估产品的好坏。影响消费者对产品属性的知觉是决定消费者对产品品质评价的重要因素,甚至会改变消费者对产品的整体评价。

二、原产地效应的作用机理

(一)晕轮效应

晕轮效应(halo effect)是指当消费者对一个国家或地区的产品知之甚少时,原产地形象将直接影响消费者的态度。晕轮效应具体包括两层含义:一是消费者将从原产地形象来推断产品的品质;二是原产地形象会影响消费者对产品属性的评估。也就是说,如果某原产地的某种产品已经在目标市场建立起了良好的形象,则该原产地的其他产品也可享受到"搭便车"的利益,利用良好的原产地形象来销售自己的产品。

此时,原产地形象作为产品的一种突出属性,首先影响消费者对产品其他属性的信念,进而间接影响消费者对产品或品牌的态度。我们可以通过图 15-1 来理解晕轮效应。

与晕轮效应类似的还有信号假说(signaling hypothesis)和刻板印象假说(stereotype hypothesis)两种效应理论的假说。信号假说是将原产地视为一种信号,它可以通过特定产品的质量而影响消费者对产品的评价,消费者也可以以原产地为依据推断产品的属性

图 15-1　原产地形象的晕轮效应

资料来源：Han, M. C. 1989. Country Image: Halo or Summary Construct? [J]. Journal of Marketing Research, 26: 222-229.

信息。这就类似于消费者会将大量而优秀的广告视为产品优质和公司实力的信号。而刻板印象假说则认为原产地是一种已经形成的关于原产地的刻板印象或图式，消费者利用这种刻板印象来评价新产品。例如，在消费者心目中，德国汽车是高质量的，大众是德国汽车，所以大众轿车也是高质量的。不难发现，这两种假说的实质与晕轮效应是相通的。

（二）总结效应

总结效应（summary effect）最初是个心理学概念，是指消费者会对零碎的信息进行重新编码和提炼，并形成有序的信息单元或信息模块，从而有利于信息的长期存储与提取。消费者在遇到大量零散的信息时，会根据一定的标准对信息进行概括与重组，将零散的信息抽象成一个或更多的信息模块，以便对产品属性或质量进行评价。

原产地的总结效应是当消费者对某个国家或地区的产品或品牌非常熟悉时，他们会从原产地的产品中提炼信息并抽象出该国或地区的原产地形象，进而影响消费者对产品和品牌的态度。总结效应同样包括两个层面的含义：一是消费者萃取产品信息从而形成原产地形象；二是原产地形象可以直接影响消费者对该地区产品和品牌的态度，而并不一定通过产品属性的评价来间接影响。也就是说，当一个原产地的产品销往目标市场时，就会逐步建立该原产地的名声，进而影响到未来该原产地其他产品的销售和发展。比如，福特、克莱斯勒在我国台湾地区市场上有着极为相近的产品属性，消费者便可以从中汇总出有关该地区的产品属性之信息，更由此进一步建构该地区特定的信息。图 15-2 简单地描述了总结效应的机理。

图 15-2　原产地形象的总结效应

资料来源：Han, M. C. 1989. Country Image: Halo or Summary Construct? [J]. Journal of Marketing Research, 26: 222-229.

由于总结效应的存在，一个原产地的单个公司与整个行业之间可能会存在一种"利益冲突"。比如单个公司可以凭借良好的原产地形象来出售劣质的产品。然而，这显然会损害自己建立的良好的原产地形象，从而对该原产地产业内的其他公司甚至整个原产地形象造成不良影响。这是因为消费者会不断对产品信息进行抽象从而修正他们认知的原产地形象。因此，政府和行会需要在国家水平和行业水平上对产品质量进行控制监督。这对一个国家和地区新形成的出口行业更是非常重要。

（三）首因效应

心理学家在对人类记忆的研究中发现，人们一般对最初呈现的信息的印象最为深刻，这种倾向就被称为首因效应。首因效应对人的行为有着重要的影响。人们对认知对象最初的判断所引起的情绪体验在人的认知中起指导性作用。它遵循先入为主的原则,最初印象好会对认知对象产生积极评价,最初印象不好则会倾向于对认知对象作出消极评价。

原产地形象的首因效应,是指消费者通过对来自某国或经济体的先行公司产品的初次体验,对产品或品牌的属性形成了第一印象,并根据第一印象来推断产品的原产地信息,进而影响对来自该原产地的同产业或相关产业产品的评价(见图15-3)。

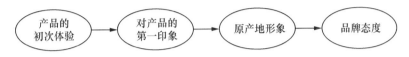

图 15-3　原产地形象的首因效应

资料来源:田圣炳,"原产地形象的作用机制:一个动态的综合模型",《经济管理》,2006年第1期。

在消费者产品评价过程中,首因效应也会受到决策风险的影响。由于复杂的、花钱多的购买决策存在着较大的经济风险,消费者愿意投入较大的认知努力,决策过程就更为复杂而全面,因而第一印象在决策中的作用就较小;而简单的、花钱少的购买决策由于经济风险较小,消费者投入的认知努力较少,只愿意进行简单的决策判断,因而较多地依赖第一印象,此时,首因效应对消费者产品评价的影响较大。不过,如同任何社会生活中的首因效应一样,消费者产品评价中的首因效应也并非不可改变。随着消费者消费产品次数的增多,消费者的产品体验增加,对产品的熟悉或了解程度提高,第一印象在产品评价中的作用就会降低,首因效应就会逐渐淡化甚至消失。

(四)弹性模型

弹性模型(flexible model)是用来描述消费者在考虑外国产品时发生态度的复杂的加工过程。晕轮效应模型强调,在消费者对产品缺乏了解的情况下,原产地对产品态度的影响是以产品信念为中介;总结效应则主张,在消费者对产品非常了解的情况下,产品信念对产品态度的影响是以原产地为中介。然而,不可否认,无论是产品信念还是原产地都有可能直接影响产品态度(见图15-4)。

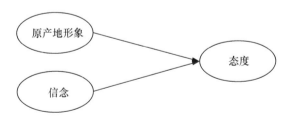

图 15-4　原产地形象的弹性效应

资料来源:Gary A. Knight, Roger J. Calantone. 2000. A Flexible Model of Consumer Country-of-origin Perceptions [J]. International Marketing Review, 17(2):127-145.

弹性模型就是针对原产地形象和产品信念对品牌态度的直接影响而构建的。不管消费者对产品的了解程度如何,原产地形象和产品信念都在不同的程度上直接影响着品牌态度,同时还影响着消费者产品信念的形成。已经有学者通过实证研究验证了这一模型,但是原产地和产品信念如何影响消费者购买决策以及影响大小,还需要结合文化因素来考虑。

(五) 独立属性假说

独立属性假说(independent-attribute hypotheses)主张消费者将原产地当作一个产品属性,使之与其他属性一起影响产品评价。例如胶卷,有美国生产的柯达,有日本生产的富士。消费者有时可能根据对不同国家的情感选择富士或柯达。在某些特定时期(如战争、外交交恶、敌对情绪等情况下),原产地作为一个产品的属性起到关键的作用。此外,消费者也可能相信某个原产地(如德国或法国)的产品(汽车或香水)是具有声望价值的,因而认为拥有该国的产品能够反映出自己的社会地位。尤其是在消费者对产品或品牌并不熟悉或消费者首先获得有关原产地的信息时,他们更容易将产品的原产地看作一个产品属性。

三、原产地效应与产品特性的契合模型

研究发现,原产地效应会随着产品类型的不同而不同。日本作为原产地与其高科技、高性能的形象是紧密联系在一起的,然而,在外观和风格方面却可能被消费者视为不契合。因此,就日本而言,产品和原产地契合很好的层面是在汽车和电器等产品上。而对于化妆品或服装来说,原产地与产品的契合就没有太大关联。产品与原产地是否契合,以及这种契合是否得当,对原产地效应有深刻启示(见表15-1)。

表15-1 原产地效应与产品特性契合模型

产品特征维度		原产地形象维度	
		积极的	消极的
	重要	I. 有利契合 例如: • 法国皮鞋 • 德国手表 战略启示: • 品牌名称反映原产地 • 包装载明原产地信息 • 推广品牌原产地形象 • 选择有吸引力的潜在制造地	II. 不利契合 例如: • 匈牙利皮鞋 • 墨西哥手表 战略启示: • 强调原产地之外的利益 • 品牌中避免原产地 • 与契合的合作伙伴进行合作 • 发动沟通攻势,提升原产地形象
	不重要	III. 有利不契合 例如: • 法国啤酒 战略启示: • 改变产品类别形象这个维度的重要性 • 如果消费者采用的是补偿性决策方式的话,则将原产地作为产品的次级补充利益进行推广	IV. 不利不契合 例如: • 匈牙利啤酒 战略启示: • 忽略那些与原产地相联系的不利信息

资料来源: Martin S. Roth & Jean B. Romeo. 1992. Matching Product Category and Country of Image Perceptions: A Framework for Managing Country-of-origin Effect [J]. Journal of International Business Studies, 23(3).

原产地效应与产品特性契合模型表明了产品特征会与原产地形象相契合的原则。当该产品种类的重要属性与原产地形象相关联时，产品与原产地契合；当这样的联系不存在时，产品和原产地不契合。比如，法国可能与良好的设计和声望等形象相联系，而匈牙利在设计和声望上的形象则相对较差。因此当消费者购买皮鞋时，设计和声望也许是重要的属性，但是当消费者购买啤酒时，设计和声望却不那么重要了。当原产地形象是该产品的重要属性时，产品—原产地就会契合（单元Ⅰ）。因此，对于法国皮鞋来说，产品—原产地契合是显然的。而当产品的重要属性不是感知到的原产地形象时，产品—原产地就是不利契合（单元Ⅱ），比如匈牙利皮鞋就是不利契合。当原产地的形象是积极的，但它们对于该产品种类不重要时，就会出现有利不契合（单元Ⅲ）的情况，比如法国啤酒。类似的，当原产地形象既不是产品的重要属性，又是消极的，则会出现不利不契合（单元Ⅳ）的状况，匈牙利啤酒即为典型的不利不契合。

四、原产地效应的影响因素

几十年来，众多学者对原产地效应的一些影响因素进行了研究。一般来说，原产地效应的决定因素可以分为以下三个方面：

1. 原产地自身因素

原产地形象的形成和作用显然与原产地自身的特征紧密相关。

（1）自然因素

原产地形象最初就是由于自然禀赋和地区特征而产生的。因此原产地形象的形成，大多都与特有的自然资源、气候以及地理特点相联系，尤其是对初级产品更是如此。比如提到可可和橡胶，人们会想到其原产地南美；提到石油，人们会想到其原产地中东地区。而这些地区之所以会在特定的产品上具有良好的原产地形象，正是由于其独特的自然资源与这些产品的生产和质量有着紧密的联系。

（2）文化因素

一个国家的文化传统、民俗风情、名胜古迹等都会影响该国的原产地形象，而对于旅游原产地形象，风土和文化更是决定性因素。文化因素对原产地形象的影响在国际旅游市场上表现得尤为明显。比如我国在国际市场上就具有东方文化神秘而深厚的形象，这一形象有利于相关文化产品的销售。

（3）科技和管理水平

随着科技的发展，产品当中的技术含量不断提高，因而科技和管理水平也决定了一个国家或地区在某些产品领域的原产地形象。发达国家之所以具有良好的原产地形象，很大程度上就是由于其科技和管理水平较高。比如，日本先进的科技和管理水平，使得其产品在国际市场上享有较高声誉。

（4）经济发展水平

经济发展水平也会影响到原产地形象。有研究发现，消费者对来自某个国家或地区的产品评价与该地区的经济发展程度有着明显的正向关系。即经济发展水平越高，原产地形象越好，消费者对产品的评价越高。发达国家的很多产品能迅速进入发展中国家市场，这与它们发达的经济水平、高品质的生活质量以及生活方式对发展中国家消费者的吸引力有很大关系。

(5) 行业的品牌集中度

产地行业的品牌集中度是原产地形象的一个重要影响因素。如果一个国家的某个外向型行业的品牌比较分散,原产地就成了该行业产品的共同品牌,原产地形象也就尤为重要。如意大利家具、法国香水在世界市场上享有盛誉,品牌反而不为人们注意了。

除此之外,原产地的政治体制及其自身的品牌形象、零售业以及生产者形象都会对原产地的形象有调节作用。

2. 目标市场因素

目标市场中不同的消费者对同一原产地形象的认知也是有差异的,可见消费者的个体因素也是影响原产地形象的重要因素。

(1) 消费者对产品的熟悉程度

根据对产品的熟悉程度,可将消费者分为专家型消费者(experts)和生手型消费者(novices)。专家型消费者倾向于使用产品本身提供的品质指标来对产品作出评价,而生手型消费者则较多依赖于原产地。可以发现,消费者对产品越不熟悉,原产地形象对消费者的影响效用就越大。

(2) 消费者可获取的知识

原产地是消费者评价产品的一种外在属性,消费者可以获取的相关信息越多,消费者利用原产地形象来评价产品的可能性就越小。也就是说,当个人能够获得足够多的外国产品的相关信息时,他就会形成个人对这些原产地产品的看法或信念。相反,当个人无法获得足够多的产品信息时,他就会利用关于产品或品牌原产地形象的看法对产品作出评价。比如,男性在评价女性产品(比如,化妆品)时更多地利用原产地信息,同样女性在评价男性产品(比如,汽车)时也更多地利用原产地信息。而这种差异很可能就是男性和女性对于不同产品获取信息的差异造成的。

(3) 消费者的文化倾向

同样的原产地形象在不同文化倾向的目标市场上会产生不同的效果。在个人主义文化占优的社会(比如美国)与在集体主义文化占优的社会(比如日本)中,原产地对社会成员的影响是不同的。有研究发现,只有在本国产品质量确实不错时,个人主义者才倾向于国货;而集体主义者则不分产品质量的优劣,都倾向于国货。

学术智库 15-1

原产国效应中的文化差异

本文基于文化导向的二阶多维度模型,具体包括:水平集体主义(具有与群体互相依赖、分享共同目标、想和群内成员类似的意识)、垂直集体主义(具有效仿群体、牺牲个人目标来增进群体利益的意识)、水平个人主义(具有与众不同的想法、独立更生、做自己的事情的意识)、垂直个人主义(具有竞争、积极向上、关心层级的意识),探究文化导向对原产国效应的影响。本文以美国(个人主义)和日本(集体主义)为不同文化背景的研究对象。研究结果表明,原产国效应因不同国家的文化模式的不同而有差异。在个人主义文化中,当本土产品相对外国产品更具优势时,本土产品会出现更多与原产地相关的想法,也会获得更好的评价。在集体主义文化中,无论本土产品是否具有优势,本土产品(较外国产品)都会获得更多与原产地相关的想法,而且会获得更好的评价。研究还发现,对于日本产品,无论产品是否占优,垂直集体主义都调节文化背景对评价的作用;对于美国产品,只有产品占优,垂直个人主义才调节文化背景对评价的作用。在营销实践中,不同的国家应该制定不同的战略。在集体主义文化中,本国产品更可能从在广告中表明自己的原产国的特征而受益;在个人主义文化中,只有当本国产品是优越的时候,原产国聚焦才是有效的。

文献来源:Gürhan-Canli, Z., Maheswaran, D. 2000. Cultural Variations in Country of Origin Effects [J]. Journal of Marketing Research, 37(3): 309-317.

(4) 目标市场消费者的民族中心主义

有研究发现,消费者面临国产货与外国货的抉择时,会产生对本国产品的偏爱和对外国产品的偏见。特别是那些爱国精神或民族自豪感强,或感受到国内经济受到外国产品威胁的国家的消费者,对国内产品的偏好就更强。如果本国经济发展水平与外国相同或相近,则消费者可能给予本国品牌更积极的评价,这源于一种本能的民族情节,我们将其称为消费者的民族中心主义倾向。国家荣誉、忠诚、爱国主义等心理因素影响消费者对外国货的评价和购买意向,使消费者表现出对母国产品的偏爱,即便本国产品并不一定质量最好。尤其是经济发达的国家,消费者钟爱本国产品的倾向就更为明显。比如在法国最受欢迎的汽车是雷诺,在日本是丰田,在德国是大众,在意大利则是菲亚特。当然这种对国内产品的偏好,不是统一和普遍的。当一个国家尚未完全工业化,或市场开放度不够时,内部偏好就比较弱。

(5) 目标市场对原产地的敌对情绪

原产地效应的民族差异也与民族情感有关。消费者的敌对情绪,是指国际市场上某个国家或地区的消费者对其他特定国家或地区由于历史上或当前的军事、政治或经济事件所产生的敌对情绪,它会影响消费者在目标市场中的购买行为。例如,尽管日本产品被人们普遍认为是质量比较好的,但是有研究表明,在日军对中国人进行大屠杀的所在地——中国南京的消费者,由于对日本人的仇恨,他们不愿意购买日本产品。这就是敌对情绪的表现。再如,尽管犹太人也许对德国汽车的评价很高,但他们仍然很少去购买,这也是敌对情绪带来的结果。

另外,消费者对于来自于与自己价值观或信仰相近的原产地品牌会给予更好的评价。而消费者自身的年龄、性别、文化程度甚至种族等人口统计因素,以及消费个性都会不同程度地影响消费者对原产地形象的认知,从而影响对产品的评价。有研究表明,那些年长的人、受教育程度较低的人以及政治上比较保守的人都会更多地受到原产地的影响。

品牌营销

案例 15-1

反日情绪将伤及日系家电商

中日钓鱼岛纠纷导致中国消费者开始抵制日本品牌消费品,对日本家电行业,尤其是彩电业产生一定影响。

2012年,日本家电品牌在中国市场影响力排序为:彩电、洗衣机、空调、冰箱。日本家电品牌在中国彩电、洗衣机、空调、冰箱零售市场占有率2011年依次为25%、20%、14%、4%。

中金公司称,彩电市场将加速日本品牌的衰退。由于"十一"是彩电销售旺季,第四季度又是传统彩电销售旺季,因此这对中国品牌是利好。除了彩电行业,洗衣机、空调、冰箱市场受到影响较小。目前日系品牌在洗衣机、空调、冰箱市场的影响已经很小,即使市场份额下降也不会让出很多市场份额。相比而言,海尔电器的洗衣机业务将可能会相对受益。之前,海尔洗衣机受益于主要竞争对手小天鹅的快速下滑,之后如果市场误伤包括三洋在内的日本品牌,海尔洗衣机市场份额有进一步提升的空间。

中央空调方面,影响较为有限。因为中央空调市场一直是日本品牌、欧美品牌、中国品牌三分天下。如果日本品牌市场份额下降可让出大量空间,相对而言,对格力电器更加利好。因此,反日情绪对日本家电品牌将造成一定的影响。

资料来源:中金:反日情绪将伤及日系家电商,网易财经,http://money.163.com/12/0918/05/8BLLL3BB00253B0H.html,2012-09-18。

3. 产品自身特点

(1) 产品类型

有研究表明,产品类型会制约原产地形象对消费者产品评价的影响。比如,同样是日本和法国两个原产地形象,就汽车来说,日本的汽车常被认为优于法国的汽车,而就酒业来说,法国的酒则被认为优于日本的酒。再如,美国运动鞋和夹克的质量和价值高于欧洲,而欧洲的立体声系统和手表的质量和价值高于美国。可以看到,同一个原产地在不同行业和产品上所表现出的原产地形象是不同的。正是由于产品类型对原产地形象的影响,人们常常会将原产地形象与特定的行业或产品类型相关联,比如消费者通常将丹麦与农业产品相联系、将德国与技术工程产品相联系。也就是说,相对于其他原产地而言,某种产品类型属于某个国家或地区的特产。另外,一般来说,大宗耐用消费品的原产地形象较日常用品要重要。

(2) 产品自身的品牌形象

当消费者考虑多重属性,而不仅仅考虑原产地这一属性时,消费者对产品的质量评价和购买意图受原产地的影响明显减弱。因此,如果产品自身的品牌形象很好,品牌的知名度很高,产品原产地形象就不再是考虑的重要因素。

(3) 产品的重要性

产品对消费者的重要性将会影响原产地效应的作用。很显然,人们在购买一些便利商品时,产品没有很高的重要性,就不会花费太多的时间和精力去了解产品是哪里设计的又是哪里组装的。然而,当一件产品对消费者来说非常重要时,原产地效应就得到了充分的体现。

(4) 产品的复杂程度

产品的复杂程度会减弱原产地效应的作用。当产品很复杂时,对产品的评估就需要尽可能多的因素和信息,于是原产地效应在整个评估过程中所起的作用就会下降。

另外,产品价格、原材料的组成也会影响原产地效应。

学术智库 15-2

原产国如何影响产品评价

当一个国家某产品高质量的形象深入人心时,其原产国形象对产品评价有积极影响已无太大的异议。但现实社会中,经常会出现因为政治、社会事件导致的国家仇恨现象,这种仇恨是否会使得原产国形象对产品评价产生负面影响呢? 若有的话,这种负面影响在何种情况下发生呢? 这些问题都令跨国企业的营销工作者十分关心。本文基于知识可获得性理论,试图通过一个实验回答这些问题。研究得出,这种仇恨在某些条件下会使得原产国形象对产品评价产生负面影响。当这种产品属于这个国家典型的高质量产品时,因为有着强大的声誉基础,这时高质量的想法会压过仇恨的想法,使得仇恨的负面影响减弱,而这个产品属于这个国家非典型的高质量产品时情况则相反。进一步考察发现,若不提供给产品原产国的信息,典型产品的评价会降低,因为原产国高质量的知识已难于获取,而非典型产品的评价反而获得了提高,因为此时消费者更加关注具体属性在产品中的作用,具体属性的知识可获取性也相应提高,压过了仇恨的影响,因此,仇恨的负面影响同样也相应地减小。从营销实践来说,企业需打造产品与国家的典型性,让产品高质量的形象深入人心,减低政治和社会事件带来的负面影响。

文献来源:Hong, S. T., Kang, D. K. 2006. Country-of-origin Influences on Product Evaluations: The Impact of Animosity and Perceptions of Industriousness Brutality on Judgments of Typical and Atypical Products [J]. Journal of Consumer Psychology, 16(3): 232-239.

第三节　原产地形象策略

一、建立良好的原产地形象

当品牌所在的国家和地区具有某些资源时,公司和政府就可利用这些资源建立独特而良好的形象。这样我们就可以借用一些代表性的原产地图像符号,如原产地中的地理资产、人文背景、科技水平、名胜古迹、生活方式、民俗风情等资源,来提高品牌竞争力和原产地形象。

1. 地理资产

地理资产是建立原产地形象颇为独特的资源，比如，茅台镇是大曲酱香型白酒的产地。人们对茅台酒赞不绝口的一个很重要的原因就是茅台镇的地理资产，即茅台镇独特的水质和气候，有酒可以进行天然发酵的条件。这种独特的地理优势，使得茅台酒即使酿造工艺被剽窃，在其他地区也无法生产出正宗的大曲酱香酒。小糊涂仙酒就利用了茅台镇良好的原产地形象，打出"茅台镇传世佳酿"的品牌，把小糊涂仙酒与高品质相关联。尤其是农产品等与自然地理相关的产品，强调其独特的产地，往往也很奏效。

2. 人文背景

人文背景是建立良好原产地的重要资源。比如，世界著名的伯森多费尔牌钢琴就产自奥地利首都维也纳，这与维也纳的音乐背景有着深厚的关系。据说钢琴大师李斯特曾在维也纳演出，一连弹坏了几台钢琴也无法尽兴。后来，他选用了伯森多费尔牌钢琴演奏，大获成功。李斯特的高超演奏技巧和钢琴杰出的音质、音色、音域相结合，深深地打动了观众。从此以后，伯森多费尔牌钢琴的名声迅速在欧洲和世界传开。这正是原产地人文背景的价值。

3. 科技水平

随着知识经济的发展，产品当中的技术含量不断提高，发达国家往往在高科技产品方面具有优势，因而具有良好的原产地形象。例如，美国IT产品的良好声誉与其原产地美国的发达科技是密不可分的，从而在国际市场上享有很高的声誉。

4. 名胜古迹

名胜古迹对于良好原产地形象的建立也是不容忽视的。不仅旅游原产地形象需要名胜古迹的支撑，而且很多品牌和产品的原产地也与当地的名胜古迹相关。比如美国的好时巧克力成为巧克力中的经典，它强调"美国滋味百年浓"，其广告宣传以美国著名的总统山为背景，使得产品带有浓厚的美国气息。我国有很多产品也是以名胜古迹来命名的，同样是利用名胜古迹这一重要资源来提升品牌竞争力的。

5. 生活方式

一国的生活方式也可以作为提升原产地形象的重要内容。比如法国一向给人以空气清新、富裕安定的形象，法国"优诺"酸奶广告就利用这一点，渲染法国的生活方式——悠闲自在，舒适浪漫。而美国的肯德基、可口可乐等，则带有浓厚的美国生活气息。

6. 民俗风情

民俗风情是原产地人们的文化和生活的体现。比如，中国国际航空公司在美国市场做宣传时，就以中国剪纸、太极拳、金水河畔和中国象棋等民俗风情作为广告画面，取得了非常好的宣传效果，塑造了一个具有深厚民族文化底蕴的国际航空公司的形象。

二、抵消原产地负面形象的策略

面对负面的原产地形象，公司和政府必须采取行动，制定相应的营销策略，弱化原产地的负面形象，逐渐构建良好的原产地形象。

1. 强势品牌策略

在经济全球化的今天，跨国公司的实力越来越突出，其所建立的品牌大多是世界级的知名品牌,这种品牌的影响力会逐渐取代产品原产地的影响力。而这时跨国品牌的原产地在产品评价中的作用已经很小,人们根据品牌购买,而不问产品在哪里生产加工、在哪里组装、总部又在哪里。比如 IBM 公司突出的是 IBM 品牌,而究竟是哪国生产或加工的或组装的这类信息对消费者的影响已经很小。因此,从长远来看,追求革新和高品质的产品建立强势品牌会有利于公司克服原产地形象的偏见。

2．产品和包装策略

当原产地形象具有负外部性时,消费者会通过原产地形象对产品作负面的判断,最一般的做法就是通过包装和产品的相关设计来对产品的原产地加以模糊甚至掩饰。

(1) 掩饰原产地

20 世纪 60 年代,日本产品在美国的形象为质量低劣,倘若强调日本制造对公司产品反而有害,会使消费者对产品感到怀疑。即使现在日本产品的质量得到认可,仍有美国消费者出于民族中心主义,对日本产品产生抵触情绪。因此,很多成功的日本产品都不提产地,而采用在美国注册的公司名称,如本田美国公司等。而丰田车也通过北美风格的设计将佳美牌轿车描绘成了"在美国制造的最好的轿车",这是利用本土形象设计来吸引当地客户的例子。国内也有类似的做法。在 20 世纪 80 年代末,我国东北地区的一些人认为景德镇市是一个"镇"的概念,因此景德镇的企业都是"镇办"企业,属于乡镇企业范畴,言下之意是质量难以保证。因此产自景德镇市的汽车和冰箱在做广告宣传时,都隐瞒产地。

(2) 模糊原产地

为了迎合消费者的心理,产品会通过包装和设计使消费者感觉更像有良好原产地形象的进口产品。比如佐丹奴(Giordano)和堡狮龙(Bossini)其实都是香港的品牌,但它们采用了具有意大利韵味的名称来模糊原产地。类似地,在上海土生土长的火锅调料"川崎"使不少食客以为是日本调料,从而走红全国。这些都是模糊原产地的做法。

3．促销策略

如果消费者认为某国或某地区的原产地形象不好,可以通过促销宣传来影响他们对产品的态度和形象认知。然而,对于整个原产地的问题,单一公司的力量显然不够,行业组织或政府应在其中扮演重要角色。幸运的是,许多国家已经认识到这一点。

比如,在 20 世纪末的东南亚金融危机冲击下,许多亚洲国家吃尽苦头,当然许多国际产品的原产地形象也受损不少。为了挽回外商投资和对自身产品的信心,许多国家不惜投以巨资大打广告,为自己重新"包装"。1997 年岁末,泰国就斥资 300 万美元,打出"泰国——走出复苏之路"的主题;马来西亚于 1998 年 2 月开始,围绕"困境已经过去,马来西亚将崛起"做文章,预算高达 500 万美元;日本也由各相关部门出面部署国家的形象广告,传递的信息非常简单:日本目前所做的一切,只为振兴经济。

值得注意的是,制定原产地形象策略时要认识到很多原产地形象的有利位置已经被许多发达国家所占据,因此要注重形象的"定位",选取合适而独特的形象定位。新西兰就根据自己的地理位置和自然环境,选取了干净、环保、注重品质的独特形象,在国际市场上获得一席之地,有力地促进了相关产品的出口。

1992 年 8 月,广东省花都市首次完成了《花都市形象建设》的战略方案,引起社会强烈的反响和好评。此后张家港市、大连市、珠海市、中山市和金华市等,根据当地历史、地

品牌营销

理、经济和文化等格局,选择了用形象魅力来带动市场经济的竞争力,通过提升原产地形象来加强产品的市场渗透力。

案例 15-2

"德国制造"由劣到强

根据环球网和德国驻华使馆公布的调查结果,中国网友(37.3%)对德国印象最深的是其"牛气十足的工业制造业"。实际上,125年前,"德国制造"的标牌是英国人故意贬低德国商品所为,没想到造就了百年后掷地有声的质量品牌。100多年来,无论是两次世界大战前、战后重建,还是应对全球经济危机,在美英趋之若鹜追求"金融神话"时,德国始终坚守立国之本,也因此成为在这次金融危机中"一枝独秀"的西方国家。

"厚颜无耻",这是125年前英国人给德国制造的产品扣上的帽子。1871年德国实现统一后,当时世界市场几乎被列强瓜分完毕,追求强国梦、在夹缝中求生的德国人不得不"不择手段",仿造英、法、美等国的产品,并廉价销售冲击市场。偷窃设计、复制产品、伪造制造厂商……德国产品因此被扣上那顶不光彩的帽子。1887年8月23日,英国议会通过了侮辱性的商标法条款,规定所有从德国进口的产品都须注明"Made in Germany",以此将劣质的德国货与优质的英国产品区分开来。

8月23日于是成了"德国制造"的诞生日。从这一天以后,德国人争气地让自己销售到世界各国的产品比当地货的口碑还要好,100多年来,德国源源不断地从中获益,任何一件"德国制造"的产品"都像一块热气腾腾的蛋糕",受到各国的欢迎。"德国制造"125年的历史就像一个童话。它也是德国在第二次世界大战后崛起的密码,以及欧债危机中仍"一枝独秀"的答案。

资料来源:"'德国制造'由劣到强",环球网国际新闻,http://world.huanqiu.com/depth_report/2012-09/3093367.html,2012年9月3日。

4. 渠道策略

消费者在选购产品时,往往通过产品的销售渠道来判断其优劣和品牌形象。因此,公司可以通过本土有信誉的分销渠道以及当地的零售渠道来销售,通过与目标市场有声望的分销商合作,甚至结成战略联盟,由分销商提供销售服务,构建一种亲和当地的形象,从而改变原产地形象。例如,零售商店品牌形象是评估商店出售商品的质量和价格的重要属性,高品牌形象的零售店意味着该店出售的都是高质量和高价格的商品。比如,海尔的美国贸易公司把销售的主攻目标定位在大零售商身上,并取得了成功。海尔的产品已进入沃尔玛和其他许多著名的零售连锁店,这是海尔规避负面的原产地形象的营销策略之一。再如,日本的佳能和以色列的Elcint进入美国市场之初都与当地的著名分销商结成联盟,利用后者在当地的良好声誉弥补原产地形象的不足,而且都获得了成功。

5. 价格策略

产品的原产地形象与价格有关系。在消费者对产品质量的评价中,价格也是一个影响因素。如果以相对较低的价格出售产品,将会吸引一些对价格敏感的顾客,而这些顾客往往很少关心品牌的原产地。而对于很多产品,比如酒、服装、化妆品,消费者往往将产品质量与高价联系在一起。因此适当地提高产品价格可以提升产品的品牌形象,从而改善原产地形象。

6. 贴牌生产

所谓贴牌生产,就是将本地、本国的设备和原料与外地、外国的品牌和知识专利结合到一起,利用外地和外国好的原产地形象或品牌形象进行生产和销售的一种方式。比如,20世纪80年代,温州的企业为上海的皮鞋厂贴牌生产。在贴牌生产过程中,温州的皮鞋质量不断提高,到90年代末期,时机成熟了,温州的企业逐渐丢掉上海品牌,转用自己的品牌。至今,"奥康"等一大批温州皮鞋的品牌,其知名度和美誉度已经超过了上海皮鞋。又如,被人们称为"世界车间"的格兰仕,每年1 200万台微波炉产量中有六成产品被贴上世界知名微波炉品牌。再如,TCL在其数亿美元的出口产值中,也有60%以贴牌形式实现。贴牌生产已经成为中国家电企业走向世界的重要途径之一。其缺点是,从长期来看不利于自己品牌及原产地形象的树立。

7. 异地生产

跨国公司可以通过合资甚至异地投资建立生产基地来获得当地的认同,这对于原产地形象的改善是很有效的方式。而且由于原产地形象在国际贸易中的重要作用,各国都分别制定了原产地规则。原产地规则早已被许多国家作为贸易管理和设立非关税壁垒的重要手段,用于保护本土产业。异地生产不仅可以提高原产地形象,同时也可以规避这些贸易壁垒,提升产品的比较优势。比如,海尔于2001年正式在美国南卡罗来纳州建立工厂,中国海尔品牌的冰箱上贴着"美国制造"的标签。这可以在一定程度上减弱产品与其原产地形象之间的联系。又如,北京亚新制衣有限公司选择了"中国品牌、意大利制造"方式,在其最新推出的共计70套男装上赫然标明"意大利制造"——北京亚新制衣有限公司。

8. 补偿贸易

如果公司的产品确实价廉物美,则以补偿贸易方式进入目标市场也不失为一种好的方法。补偿贸易就是公司在信贷的基础上,从国外的目标市场上买进机器、设备、技术、原材料或劳务,约定在一定期限内,用其生产的产品、其他商品或劳务,分期清偿贷款的一种贸易方式。通过这种方式,公司的产品可以顺利地进入目标市场,逐渐得到认同。随着国际市场上该产品的使用者越来越多,产品的质量和价格优势最终会改善原产地形象。但从长期来看,公司仍应致力于树立自己良好的原产地形象或品牌知名度。

案例 15-3

海尔、华为等中国品牌正在征服欧洲市场

2013年9月,在德国柏林国际消费电子展(IFA)上,中国企业的集体亮相以及展出的创新产品为欧洲媒体和市场带来了强烈震动。从手机到电视再到冰箱,中国品牌已经进

入德国人视野,其中一些品牌甚至成为市场上的领导者。一些强有力的中国公司在 IFA 期间展现出强劲的活力,其中全球家电第一品牌海尔以及中国领先的通信设备制造企业华为的表现尤为引人关注。无论其在欧洲的市场表现如何,中国企业征服德国和欧洲市场的决心已经显露无遗。

IFA 展会期间,中国海尔集团在展会东侧 3 公里的柏林夏洛滕堡席勒大街 71 号建设了德国第一个"公寓式"体验中心。在那里,用户可以体验到海尔最新的智能家电,而当地知名主持人艾妮(Enie)将会入驻并体验中国制造商生产的家电产品。

在本届展会上,海尔展出了全系列的智能家居产品,包括智能嗅觉冰箱、透明可视家电、智能热水器、智能空调等创新产品,同时海尔 U-home 全套智能家居则展示了 U-home 如何通过与用户零距离交互,实现用户与家电的自由交流,为用户设计出全新的智能生活体验。

中国通信设备制造企业华为展示了最新的智能手机、平板电脑和无线上网卡,其已经成功跻身全球智能手机领跑者行列。IFA 总经理延斯·海特克说:"中国企业的产品质量近年来显著提高,同时也展出了很多有创造性的产品。"

资料来源:沙鸥,"海尔、华为等中国品牌正在征服欧洲市场",大众网,http://linyi.dzwww.com/home/news/201309/t20130917_8895099.htm,2013 年 9 月 17 日。

三、原产地效应对市场营销战略的影响

(一)市场营销战略与原产地形象的匹配

由于原产地效应的存在,不同的国家应当采取不同的市场营销战略来提升自己在国际贸易中的竞争力。具有良好原产地形象的国家应当强调产品的产地,采用高定价策略和建立专用的产品分销渠道,并且在促销环节中宣传原产地的风土人情、传统文化,从而进一步提高自身形象。原产地形象较差的国家则应该尽量避免原产地效应对自己的不利影响,比如强调产品的品牌而非产地、与当地的分销商共建分销渠道、采用低定价策略吸引顾客等。

(二)低成本战略对好的原产地形象的潜在威胁

随着国际竞争的加剧,许多发达国家的大公司为了节约成本,纷纷将自己的生产中心转移到新近工业化的国家。这样的做法无疑是一把"双刃剑"。虽然成本的降低会给这些公司带来很大的竞争优势,但会和公司整体的市场营销战略相冲突。原因是新近工业化国家多为第三世界国家,原产地形象较差,所以这势必会恶化消费者对这些公司产品的忠诚度和品牌联想。所以,定位于高端市场的公司在转移自己的生产中心的时候,就更应该考虑到原产地效应的不利影响。

(三)原产地的营销策略与产品的生命周期

原产地形象对营销的影响随着产品生命周期的不同阶段(投入期、成长期、成熟期和衰退期)而不同,同时在产品生命周期的不同阶段,原产地形象对消费者的影响也具有显著的差异。因此,基于原产地形象的营销策略并非适用于产品生命周期的所有阶段,而是在某一阶段,如产品的投入期更有意义。在产品的投入期,由于消费者对产品缺乏了解和

使用,原产地形象对于产品销售具有重要的作用,公司在此阶段多利用原产地形象来扩大销售。随着产品进入成熟期及衰退期,消费者已熟知包括原产地信息、品质及特征在内的一切有关产品的信息提示,因此原产地形象的作用明显降低,而公司的品牌形象的作用却在增强。

(四)市场状况对原产地形象的影响

市场状况会对原产地形象及原产地效应有很大的影响作用。比如市场中竞争者的状况、市场的进入时机等。随着国际市场上竞争对手的增加,原产地形象的重要性会逐渐下降。另外,原产地形象也会随着进入国际市场的时机而不同。有研究发现,先动者优势只适用于那些具有良好国家形象的公司,而对那些国家形象不佳的公司,采取追随者战略比先动者战略更加有利,因为先动者优势可能会被不佳的国家形象所抵消。

(五)原产地形象的变化

一般来讲,原产地形象会随着时间的流逝而缓慢变化。但在重大事件发生时,原产地形象的变化可能会很迅速。比如1988年的汉城奥运会,韩国形象因此而产生了积极的变化。同时,随着时间的推移,人们对原产地形象的认识和态度也会发生变化。由于在没有事件影响的情况下,原产地形象变化缓慢,因此消费者对原产地形象的认知具有强烈的固有定势,要改变认知并不容易。

但是,当消费者熟悉一个国家或地区之后,产品的营销策略增强或者产品的实际品质提高时,原产地形象就会变化。一个典型的例子就是日本制造的汽车,日本的原产地形象在过去的20年里发生了巨大的改变,从原先的廉价低品质到现在成为在美国最受欢迎的汽车品牌。

本章小结

原产地最初是指生产产品的国家或地区,而随后的学者逐渐发现,"由……制造"一词会对消费者的产品评价有影响。一般来说,原产地可以分为制造原产地、品牌原产地、设计原产地和组装原产地、关键部件原产地四种类型。原产地形象是指目标市场的消费者对产品或服务的原产地的总体认知和整体形象。

消费者对一个国家或地区一般化的感知,这种感知会影响人们对该国或地区产品和品牌的评价,这就是原产地效应。解释原产地效应的机理包括晕轮效应、总结效应、首因效应、弹性模型和独立属性假说。

影响原产地效应的因素可以分为三大类:原产地自身因素、目标市场因素和产品自身特点。原产地自身因素包括自然、文化、科技和管理水平、经济发展水平,以及行业的品牌集中度等。而目标市场因素包括消费者对产品的熟悉程度、可获取的知识、文化倾向、民族中心主义、敌对情绪以及价值观和人口统计因素等。产品自身特点包括产品类型、自身的品牌形象、重要性、复杂程度,以及价格和原材料组成。

原产地形象与营销策略有密切关系。公司可以充分利用地理资产、人文背景、科技水平、名胜古迹、生活方式及民俗风情等资源来改善原产地形象,提高消费者购买意愿。当负面的原产地形象给该地区的公司品牌带来不利的影响时,公司和政府必须采取行动,制

品牌营销

定相应的营销策略来改变负面的原产地形象,比如强势品牌策略、产品和包装策略、促销策略、渠道策略、价格策略、贴牌生产、异地生产和补偿贸易等。

复习思考题

1. 解释以下概念:原产地形象、原产地效应、消费者民族中心主义、消费者敌对情绪、晕轮效应、总结效应。
2. 原产地可以划分为哪几类?
3. 原产地形象对消费者的产品评价是如何起作用的?
4. 有哪些因素影响原产地形象?
5. 企业如何利用资源来建立原产地形象?
6. 企业如何抵消原产地形象的消极作用?

课后案例

北京奥运会助力中国品牌"海外淘金"

在 2008 年北京奥运会召开之前,人们谈论更多的是可口可乐、欧米茄(Omega)和维萨(Visa)等将目标瞄准中国 13 亿消费者,尤其是中国不断壮大的中产阶级的国际大品牌。但是,一些中国的本土品牌,包括电子制造商联想、运动品牌李宁以及家具制造企业皇朝家私(Royal)等,也正在将这一盛会作为其加速走向世界的跳板和证明中国制造优质产品的机会。它们在向中国以外的 53 亿人营销。对于一些品牌来说,这也是它们首次与全球观众接触。

以联想为例。作为首个也是唯一一个成为奥运会全球合作伙伴(顶级赞助商)的中国品牌,该公司为奥运会投入了 8 000 万美元。而作为对该公司的现金投入以及安装在各奥运场所的设备的回报,该公司被获准在其产品与全球广告中使用奥运图标。

这并不是联想为提升其全球声誉而迈出的第一步。早在 20 世纪 90 年代中期,这家创立于 1984 年的企业就开始在中国以外的市场销售商品。然而,那些多为"贴牌"交易,这意味着在这些产品上根本找不到真正的联想商标。这些产品是以其他商标出售的。

该公司最终于 2004 年收购了 IBM 的个人电脑业务,这才使得联想品牌在消费者中较为流行。

工业设计与品牌公司 Frog 的战略主管 Ravi Chhatpar 表示:"联想进入企业市场后,人们才开始更加重视它们。"

但是,联想是个例外。在中国,与耐克和锐步相抗衡的运动品牌李宁曾试图成为奥运会的官方赞助商,但是,最终还是输给了在全球知名度更高的阿迪达斯。这是李宁首次尝试触及国外观众。

尽管如此,中国的体操、射击、乒乓球以及跳水队在奥运会期间均身着李宁牌服装。此外,中国中央电视台体育频道的播音员也身穿李宁服饰。

在中国与耐克和彪马相竞争的、价格较低的运动鞋品牌安踏也沾了奥运会的光,其最

近的广告有奥运会运动员参与其中。

瑞士奢侈品集团——历峰集团（Richemont）旗下的上海滩（Shanghai Tang）已经经营了18年，并在全球拥有店铺。同样，该公司希望借助在奥运会中的曝光率提升"中国第一奢侈品牌"在那些通常蜂拥抢购爱马仕（Hermès）和普拉达（Prada）的消费者眼中的形象。

尽管许多企业无缘赞助奥运会，但是少数几个品牌却得以为奥运会提供赞助——虽然赞助级别要低于联想。官方家电赞助商海尔为奥运贡献了2 000万—3 000万美元，并为奥运团队与官员提供电器和其他支持。该公司希望能够在国外，特别是发达国家，销售更多根据当地消费者意愿量身定制的产品。

总部位于香港的皇朝家私是奥运会的官方家具供应商。皇朝家私向奥运村提供了10万件家具，包括1.7万张床和1.4万张沙发。该公司目前已在欧洲拥有客户，但它希望将业务拓展到全球其他地方。

此外，知名度很高的青岛啤酒为奥运会组织者提供资金与啤酒，它们还在各个赛场设有售货亭，希望在奥运会上吸引国际饮酒者。

对于许多中国品牌来说，奥运会是其向全球观众营销的第一步，它们所面临的挑战很清楚：确保消费者不把中国产品与廉价联系起来。

总部位于巴黎的品牌顾问公司 Agenda 的创始人 Lucian James 指出："当前的问题是，消费者并没有把优良品质与'中国制造'联系起来。这些品牌需要传达它们的信息，这样消费者才会对之感兴趣。"

资料来源：改编自 Lauren Sherman,"Chinese Brands Go For Global Gold", http://www.forbes.com/2008/08/12/olympics-china-marketing-biz-sports-cx_ls_0812chinabrands.html。

案例讨论题

结合案例，分析中国品牌是如何通过奥运会提升原产地形象的，并结合自己的看法阐释其中国原产地形象的变化。

第十六章　品牌关系管理

> 频繁营销体现出一个事实,20%的公司顾客占据了80%的公司业务,品牌关系管理的问题就在于如何维系这20%,并防止其流失。
>
> ——菲利普·科特勒

本章主要阐述以下几个问题：
- 品牌关系分为哪几个阶段
- 品牌关系的建立和维护策略
- 品牌关系断裂和再续的管理

第一节　品牌关系概述

一、品牌关系的含义

品牌关系理论是关系营销理论在品牌层面上的应用,也是品牌研究的最新阶段。西方学者在研究中对品牌关系的定义有着不同的表述,根据侧重点的不同,有狭义与广义的品牌关系之分。

狭义的品牌关系,侧重于以消费者和品牌为主体,反映的是消费者在心理上和品牌的距离。随着品牌态度[①]的出现,学者们开始将品牌与消费者置于两个同等地位的关系主体,而不只是把品牌作为消费者产生情感和行为的对象。许多学者从消费者与品牌都作为主体的角度定义品牌关系。比如,福尼尔(Fournier,1998)认为品牌关系是当消费者接受品牌拟人化及赋予产品生命时,将品牌视为关系伙伴一员的意愿。阿克(Aaker,1998)也指出品牌在关系中扮演着主动参与的角色,由企业为品牌塑造的形象和个性与消费者产生互动,形成品牌关系。他认为品牌-消费者的关系在两端的分量是等重的,应当强调品牌与消费者两个主体之间的相互作用。

如果考虑到消费者在与品牌接触的过程中,不仅会与品牌发生关系,还会与其他主体(如产品、公司和其他消费者等)相联系,广义品牌关系的内涵将更广泛。因此,广义的品牌关系在狭义品牌关系的基础上扩充了关系的主体,不再仅仅局限于消费者与品牌之间的互动。实际上,在研究广义品牌关系时,常常把广义品牌分解为产品、品牌、消费者、公司四个主体。其中,福尼尔(2001)建议从广义面、多视角出发,可以将消费者与品牌关系分成四个层面:消费者-产品关联、消费者-品牌关联、消费者-消费者关联、消费者-公司关联,这些关系结合在一起共同影响着消费者行为。格罗斯和史密斯(Gross and Smith,1998)也认为,品牌关系经过认知、认同、关系、族群、拥护等几个阶段才得以形成,这一过

---

① 布莱克斯通(Blackston)认为,品牌态度是品牌对消费者的看法与喜欢。

程包括了消费者与品牌、产品、公司、其他顾客等主体的接触。由此可见,广义的品牌关系是多对关系主体之间两两互动的整合。

从严格意义上讲,广义的品牌关系更加符合实际情况。因为,如果把消费者与品牌的接触看成是直接交往的话,在选择品牌、购买产品时也通过其他的接触点与品牌发生着间接的交往,包括消费者之间的联系、消费者与营销者的联系等。比如,阿迪达斯每年都会举办"街头篮球"赛事,并选取一定数量的新秀参加"篮球夏令营"。著名的摩托车品牌哈雷的爱好者中有一帮绝对"铁杆"的消费者,他们每年都举行 H.O.G.(哈雷拥有者协会)集会,切磋技艺,传授、分享彼此的驾车体验。这些间接接触都拉近了消费者与品牌的距离,并为品牌关系的建立与管理带来了很大的帮助。

本章旨在介绍品牌与消费者之间关系的建立和维护,这里的品牌关系(brand relationship)是指品牌与消费者这两个主体之间的关联状态。

二、品牌关系的特征

(一) 人性化

阿克(Aaker,1997)认为消费者在选择品牌时就像在考虑人的个性,可以没有阻碍地将一些人格特性归于无生命的品牌对象。事实上,关系的主体之一——品牌像个人一样具有某些特性,这些特性是经由直接或间接方式形成的,包括企业的品牌策略和消费者与品牌的各种接触带来的情绪体验等。可以说,在品牌拟人化这一点上,消费者的接受和广告人的努力以及消费者给产品赋予与其自身相一致的个性的倾向,使得消费者乐于将品牌视为关系中的重要成员。

品牌人性化的特性,使品牌关系真正成为了"人"与人之间的互动。在社会心理学里,人际关系被定义为人与人之间心理上的关系,是心理的距离。在消费者与品牌之间也存在着心理上的联系,这种心理关系包含行为和情感两种成分,其中情绪的成分通常表现为喜爱与不喜爱、喜爱的程度。现实中,消费者在选择品牌时会将品牌的个性特征与自身相联系,那些与自身地位和身份相符的品牌往往更受欢迎,就是品牌关系人性化的具体表现。当关系双方气质雷同、性格相近时,很容易彼此吸引,开展双向的沟通,关系也就更为密切;相反,这种相似性越小,关系发展的阻碍也就越大。不仅如此,关系双方空间上距离的接近性,也对消费者与品牌之间的关系造成了直接的影响,所谓"近水楼台"就是这个道理。可见,品牌关系的发展受到关系主体相似性和接近性的影响,这些特征都与人际关系的发展十分相似。

(二) 排他性

建立品牌关系的目的不仅在于追求和发展与顾客之间密切的关系,还包括影响消费者的品牌偏好,建立品牌忠诚和提升品牌价值。当发展出密切的关系时,强烈的品牌忠诚将影响到消费者对其他可选择替代品牌的感知,认为该品牌是无可替代的、最合适的关系伙伴。比如,苹果公司生产的 Macintosh 品牌计算机为众多消费者所喜爱,由此形成了一个坚强而牢固的 Macintosh 品牌社区,以至于后来 IBM 推出的 PC 机遭到了这些社区成员的强烈抵制,因为他们就认同 Macintosh 的价值观。品牌关系的排他性特征与"最好的朋友相似",一个人只能同时拥有一个最好的朋友,在一段时间里面其他人是无法取代的,因此,我们会尽量避免失去这个朋友带来的伤感。强烈的品牌联想会使品牌变成顾客生活或自我的一部分,不但自身忠诚度高,还可能对其他人提及该品牌的优点,并为该品牌的缺点加以辩护,这也是品牌关系排他性的具体表现之一。

值得一提的是,社会心理学中的人际关系和与品牌关系相类似的另一类关系——顾客关系(customer relationship)也都存在排他性的特点,这与人性中的依赖心理存在很大的联系。品牌关系的排他性只出现在品牌关系发展的高级阶段,这是因为在关系发展的初期消费者并没有形成品牌忠诚度,品牌与消费者之间关系的强度较弱,消费者转移至其他替代品牌的成本也较低。

(三)循环性

尽管早期的品牌关系理论研究认为品牌关系的最后阶段是关系的终止或断裂,事实上在营销实践中,我们经常看到这样的现象,某消费者因某种原因与某品牌终止了关系,可是一段时间后又恢复了品牌关系。比如高露洁在负面信息曝光后,采取了积极与消费者沟通的方式,成功地挽回了原本已经离开的消费者,从而实现了品牌关系的再续。目前高露洁仍然是中国市场上最强势的牙膏品牌之一。然而,如果对品牌关系断裂的现象置之不理,品牌关系将无法实现再续。2001年9月3日,中央电视台《新闻30分》披露了南京冠生园用"旧馅"做月饼,而南京冠生园却采取了消极和对抗的方式,此举导致消费者与南京冠生园品牌的关系永远断裂,具有80多年历史的南京冠生园品牌就此消失。

三、品牌关系的阶段

对品牌关系发展阶段的划分往往参照了关系营销中的关系动态模型,如莱文杰(Levinger,1983)的关系五阶段论,即关系发展遵循五个阶段前进:起始阶段、成长阶段、维持阶段、恶化阶段和断裂阶段。但是,随着研究的深入和人们对品牌关系认识的加深,人们越来越重视断裂后关系再续对企业的价值及其现实意义,最新的研究都认为品牌关系的发展经历了起始、成长、维持、下降、断裂、再续这样一个六阶段的动态循环过程。

(一)起始阶段

有学者指出起始阶段是消费者意识到品牌存在的阶段。然而,随着信息科技的发展,市场中大多数消费者都有接触到品牌的可能,这种接触使得消费者能够意识到品牌的存在,包括仅仅知道品牌的名称或标志和进一步了解品牌的特性(包括产品用途、外形等)。那些仅仅知道品牌名称或标志的消费者,与人际关系中仅知道他人的名字类似,两者之间并没有建立关系的迹象和明确意图。相比之下,那些同时了解品牌特性的消费者,在潜意识中将品牌归入自己的选择列表,在下次需要购买此类产品时,该品牌自动成为备选项。所以,我们说品牌关系的起始阶段,是从消费者意识到品牌的存在开始,到品牌进入消费者的选择名单中的心理过程。

在品牌关系的起始阶段,消费者对品牌的了解可能来源于企业的品牌传播行为,也可能来自于其他消费者的口传和使用经验,品牌与消费者之间的直接接触较少。尽管企业的部分品牌展示和试用活动,如雀巢咖啡和奶粉在新品上市时都有赠饮活动,能使消费者直接体验产品,但受到数量和空间的限制,大部分消费者仍然缺乏对品牌的体验经验,品牌感知较少,容易受到外界因素的影响(包括企业的促销和正面口传等)而选择尝试品牌,这也是初始阶段的特点所在。

(二) 成长阶段

起始阶段关系双方吸引作用的强弱,对消费者是否选择品牌有十分重要的影响。对企业而言,品牌关系的成长阶段是至关重要的,消费者尝试品牌产品发生在这一阶段。对消费者来说,企业大量的广告和促销,除了吸引他们购买之外,也提高了品牌的感知价值,通过品牌体验与期望相比较,消费者会对品牌形成一定的感知和评价,尽管这种感知来自于少数几次对品牌的尝试,但评价的结果却直接影响到后期关系的发展,当期望大于获得的价值时,关系会下降甚至破裂。可见,关系发展的成长阶段是消费者尝试品牌、形成品牌感知的过程,也是对品牌的一次考验。正如贝里(Berry)在研究中指出的,企业的品牌传播行为及顾客沟通手段对于品牌产品的新顾客可能是有效果的,但如果消费者已经经历了服务,则以经验为基础的信念可能是较有力的。企业的品牌展现并不能挽救低劣的服务,如果顾客的经历与广告信息不相符,那么顾客会相信他们的经历而非广告,品牌关系也因此受到影响。

在成长阶段,如果顾客的期望得到满足,则关系双方将建立起一定的相互信任,心理上逐渐认同了企业所传播的品牌特性和品牌形象,因此愿意承诺将来建立长期关系。

案例 16-1

耐克的"Nike +"战略

2006 年,耐克公司开始实施一项新的战略——"Nike +"战略。通过推出"Nike +"套装产品,让消费者可以对自己的运动过程和效果进行测量,同时可以将这些数据上传到专门的跑步者社区 nikeplus.com,得到专业的训练建议,或者和其他跑步者分享心得。之后"Nike +"套装不断加入新成员,Nike Sport Band、Nike 心率检测仪,以及为 iPhone 用户推出的全新 Nike GPS 应用程序等。

一方面,跑步者可以借助"Nike +"套装和 nikeplus 社区,获得更好的训练效果;另一方面,在线社区 nikeplus.com 收集的运动者数据,成为耐克分析消费者的宝贵资料。"Nike +"套装的售价并不便宜,这是一块新的利润蛋糕。有分析师认为,耐克跑步系列每年 30% 的利润增长速度和 nikeplus 会员数 55% 的年增长速度有着密不可分的联系。

如今,全球已经形成了一个超过 600 万用户的"Nike +"运动社区。通过"Nike +"战略,Nike 将产品和互联网挂钩,打造消费者关系网获得增值。

资料来源:"耐克推出两款 Nike+芯片智能鞋",品牌世家网站,http://fashion.ppsj.com.cn/2012-8-20/4025071231.html,2012 年 8 月 20 日。

(三) 维持阶段

维持阶段是品牌关系逐渐成熟,并保持稳定状态的阶段。在这一阶段,消费者形成了较高的品牌忠诚度,这也是品牌关系能够维持稳定发展的关键。

在对初次尝试品牌感到满意之后,消费者与品牌之间的接触变得频繁,双方对对方提供的价值满意度逐步提高。在消费者看来,随着品牌形象与品牌个性得到高度认同,品牌开始成为自己最合适的关系伙伴。关系发展到一定程度,关系双方吸引力越来越大,情感上的联系也更加密切。消费者已经形成了较高的品牌忠诚度,会通过一系列的行为,如重复购买、正面口传、参与品牌更新等来维持与品牌的关系。大众(Wolfwagen)甲壳虫汽车的消费者以热衷于给他们的爱车起名而出名,车主们与车说话,还充满爱意地抚摸它们。我们还可以在无数网站上看到消费者与他们最钟爱的品牌间的"爱情"故事,在这里许多消费者交流着他们与品牌的亲密体验。

高度的品牌忠诚在维持关系稳定的同时,也使得消费者能够不加考虑,甚至不计成本地对关系投资,这种投资包括金钱、时间和牺牲其他兴趣等。消费者的这些成本投入,在一定程度上影响了消费者退出一段关系的能力,成为消费者退出障碍的一部分,这也是品牌关系能够维持的原因之一。

维持阶段的特点表现在:(1)消费者对品牌具有高度的忠诚,品牌关系具有排他性;(2)双方都做了大量有形和无形的投入以维持关系的稳定;(3)品牌与消费者的互动越来越频繁。

(四) 下降阶段

关系下降是关系发展过程中关系水平逆转的阶段。对于企业而言,各种各样的失误行为总是不可避免的,品牌失误在给消费者带来伤害和不满意感知的同时,也让双方的关系发生倒退。

品牌关系的下降,主要表现为关系双方亲密程度和依赖程度的下降,相互作用逐渐减少。事实上,关系的退化并不总是发生在维持阶段后的第四阶段,在任何一个阶段关系都可能退化,有些关系可能永远超越不过起始阶段,有些关系可能在成长阶段退化,有些关系经过起始阶段、成长阶段而进入维持阶段,并在维持阶段停留较长时间后才开始退化,福特汽车经典的黑色T型汽车就是一个典型的例子。

引起关系退化的可能原因很多,如:一方或双方的社会需求得不到满足;一方的失误行为,导致关系趋于紧张;发现了更适合的关系伙伴;需求发生变化等。在下降阶段,关系双方的互动越来越少,一方或双方正在考虑结束关系甚至物色候选关系伙伴。

(五) 断裂阶段

对关系断裂的界定至今学术界还没有一致的观点,米哈尔斯基(Michalski,2002)将关系断裂定义为"消费者关于现存关系的保持或退出决定的过程,这个过程的结果是消费者停止与相关公司的所有交易行为"。斯图尔特(Stewart,1998)将商业领域的关系断裂定义为"一个消费者停止光顾一个特定的供应商的经济现象"。费哲和斯考滕(Fajer and Schouten,1995)根据杜克(Duck,1982)对人际关系断裂的界定[①],将品牌关系断裂视为一

---

① 在人际关系领域,断裂不仅仅是一个决定,而更要把它看作是一个过程。

个过程,指出品牌关系断裂是关系暂时或永远的不存在。从实践中看,断裂阶段是品牌与消费者关系消亡的过程,断裂的结果主要表现为消费者不再光顾和购买企业的产品,双方的交易行为终止。

事实上,关系的下降与断裂都是关系恶化的表现,是关系恶化产生的两种不同的结果。在影响品牌关系发展的恶性事件发生之后,伤害方可能会采取行动挽救关系,如果双方能够通过协调消除这一事件的影响,那么品牌关系能够恢复至伤害前的亲密程度,一般称为关系恢复。或者双方和好,但是关系亲密度受到一定的影响,即关系下降。在这两种情况下伤害事件并没有直接导致关系断裂,只有在恶性事件带来的负面影响无法消除的情况下,品牌关系才会最终断裂。可见,关系发展的断裂阶段并不总是发生在下降阶段之后,关系的断裂可能是逐渐发生的,是关系下降从量变到质变的结果;也有可能是突然发生的,一言不合就将引致关系的断裂,那么品牌关系的断裂就有可能出现在品牌关系发展的任何阶段。

品牌关系的断裂过程,具有六个主要特征:(1)关系之间的问题是逐渐或突然产生的;(2)单方或双方想要离开这段关系;(3)使用直接或间接的行动来达成关系结束;(4)利用快速的或拖延的方式来进行关系结束的协商;(5)有无关系补救的意图;(6)关系终止的最终结果(转换或补救)。

(六)再续阶段

福尼尔(Fournier,2001)开创性地提出了品牌关系再续的概念,认为品牌关系在经历了断裂阶段后,还存在修复的可能,并将修复认为是品牌关系发展的第六阶段,揭开了品牌关系再续研究的序幕。

品牌关系的再续阶段,是指与那些已经退出关系的顾客重新建立关系的过程。在再续阶段,经过企业的努力,可以挽回流失的顾客,减少企业的损失。但是,并不是所有品牌关系的破裂都是值得修复的,任何品牌都会有一定的顾客流失。对于企业而言,有些关系的终止并非企业愿意的,消费者转移带来了很多不利影响,直接表现为企业利润的损失、消费者负面口传对品牌的冲击等。只有那些对品牌仍然有利的品牌关系,才会进入修复阶段,开始下一个品牌关系的循环,而这需要企业对关系修复带来的价值和成本进行评估。

与关系的起始阶段相同的是,再续阶段的品牌关系主体并没有改变,仍然是品牌与原有消费者之间的联系,但是,由于品牌关系的再续阶段是建立在初次品牌关系的基础之上的,因此现阶段关系的建立,既受到原有品牌关系(包括关系质量、断裂的原因等)的影响,也受到现实关系发展因素的影响。

四、品牌关系管理的意义

品牌关系研究是西方管理学界研究主流品牌发展的最新阶段。品牌关系阶段的出现是注重体验、关注消费者需求、提倡关系营销与顾客关系管理的新经济形态的必然结果。在这样的条件下,传统的品牌管理已经陷入困境,需要实施有效的品牌关系管理,以提升品牌资产。品牌关系管理的意义主要体现在以下几个方面:

1. 提升品牌价值

邓肯和莫里亚蒂(Duncan and Moriarty,1999)指出:"展望今日和未来,企业用以计算价值的单位不再是商品,取而代之的是品牌关系。"①这句话直接道出了品牌关系作为品牌价值载体的重要作用。品牌价值是一种超越企业实体和产品以外的价值,良好的品牌价值是企业无形资产中的重要组成部分,它与品牌的知名度、认同度、美誉度、忠诚度等消费者对品牌的印象紧密相关,是能给企业和消费者带来效用的价值。根据全球著名管理咨询公司麦肯锡公司2006年的一份分析报告,《财富》杂志排名前250位的品牌有近50%的市场价值来自于无形资产,而对某些世界最著名的公司而言,这个比例甚至更高。由此可见,品牌价值对企业的生存和发展至关重要。

良好的品牌关系管理,能够不断强化企业在营销、销售及服务各个方面的能力,在品牌与消费者关系的各个接触点直接影响到顾客的品牌体验和品牌感知,进而提高顾客的品牌忠诚度,增强品牌与顾客的关系质量。在品牌关系发展的过程中,高的顾客满意度和满意消费者的正面口传效用,成为品牌知名度和美誉度快速提高的有力工具。随着品牌关系管理在时间上的积累,品牌价值从品牌形象、品牌文化和品牌资产价值等各个方面都将得到提升。

2. 减少顾客流失

品牌关系管理是一种互动式的管理,其作用在于帮助品牌与顾客建立起一对一的、亲密的、稳定的、长期的关系。消费者对于不同的品牌、商店和公司有不同程度的忠诚度,成功的品牌关系管理在建立亲密稳定的关系的同时,也能有效地培养消费者的品牌忠诚度。2002年一份对美国消费者的调查揭示了一些品牌有着非常高的消费者忠诚度,这其中包括诺基亚和安飞士汽车出租公司。奥利弗(Oliver,1997,1999)在定义忠诚时,指出忠诚是消费者由于对某产品或服务的喜好而愿意再次购买或者再次使用的倾向,而且这种倾向不会因环境和营销努力的影响而转向其他产品或服务。亚马逊(Amazon)前首席营销官曾说,当你登录亚马逊网站的时候,网站不仅会使用你的名字问候你,还会在你以前购买选择的基础之上给你一系列的个性化建议,并且随时提供真诚的顾客评论。当你注销网站的时候,你同样会被询问是否允许向你发送特殊的电子邮件。这种人性化的品牌关系管理方式使得亚马逊成为顾客流失率最小的网络书店。可见,在实施有效的品牌关系管理之后,公司所得到的利益将绝不只是重复销售,最大的好处在于可以强化企业与顾客之间的关系和维持顾客群的稳定性。

3. 提升企业竞争力

强势的品牌关系管理模式,能够帮助企业提高顾客忠诚度,建立优势的顾客资源,形成企业长期持久的竞争优势。品牌关系管理对企业竞争力的提升,具体体现在:

(1) 品牌关系管理有助于个性化销售

品牌关系管理能够帮助企业进行个性化的销售活动,让顾客融入销售流程,这不仅可以增加顾客的参与感,满足其个性化接触的需求,而且还能降低交易成本。

(2) 品牌关系管理赋予品牌排他性的优势

强势品牌关系的确立,顾客形成了高度的品牌忠诚,这有助于在行业中建立起进入障碍,为潜在竞争者的进入制造壁垒。同时,消费者强烈的品牌偏好,使消费者对价格的敏

---

① 参见邓肯、莫里亚蒂著,廖宜怡译,《品牌至尊——利用整合营销创造终极价值》,华夏出版社,2000年,第43页。

感性下降,提高了品牌的定价能力。

(3) 品牌关系管理有助于增强企业议价能力

强势品牌关系的建立,有助于增强企业与中间商的讨价还价能力,把市场权力牢牢把握在自己手里。

表 16-1 给出了传统品牌管理和品牌关系管理的不同之处。

表 16-1　品牌关系管理与传统品牌管理的区别

传统品牌管理	品牌关系管理
交易为导向	关系为导向
企业通过与顾客发生交易活动从中获利	企业从顾客与其品牌的良好关系中获利
注重争夺新顾客和获得更多顾客	强调以更少的成本留住顾客
强调大传播、大交流	强调顾客价值和顾客资产
强调高市场份额,认为高市场份额代表高品牌忠诚(但是真正的品牌忠诚是一个远比市场份额复杂的概念,因为品牌忠诚还包括顾客的偏爱和态度)	强调顾客占有率(企业赢得一个顾客终身购买产品的百分比,测试的是同一顾客是否持续购买)和范围经济(指同一顾客向同一企业购买相关零配件、其他产品和新产品给企业所创造的利润)
主要指导思想是大规模营销,考虑使每一笔交易的收益最大化	主要指导思想是关系营销,考虑与顾客保持长期关系所带来的收益和贡献

第二节　品牌关系质量

一、品牌关系质量的含义

福尼尔(Fournier,1994)对品牌关系质量(brand relationship quality,BRQ)的描述是:"作为一种基于顾客的品牌资产测量,它反映消费者与品牌之间持续联系的强度和发展能力。"品牌关系质量用以直接描述品牌与消费者关系的状态,包括关系强度和关系时间的长度两部分。品牌关系质量是判断品牌关系是否良好的一个重要指标。品牌关系强度强调的是关系的深度,包括亲密性、排他性、信任度等几个方面;品牌关系时间的长度则体现在承诺和忠诚上,我们认为给予更多承诺和对品牌越忠诚的顾客,品牌与消费者的关系也越长。

二、品牌关系质量的维度

布莱克斯通(Blackston,1995)通过研究消费者与企业品牌的关系发现,成功的、受到肯定的品牌关系都具有两项元素:顾客对品牌的信任和顾客对品牌的满意。他认为信任与亲密度有关,亲密度是衡量品牌与顾客关联程度的指标。这为品牌关系质量的测量指明了可行的方向,即通过测量消费者对品牌的信任程度和满意度来描述品牌关系的亲密度。顾客对品牌的信任程度可从两方面进行测量:一是品牌因素(顾客主观上对公司能力、声誉的评价);二是关系因素(顾客主观感知——"对我好"及客观上的交易程度——既有关系)。而顾客满意度受到其定义的影响,可以从品牌感知质量以及顾客期望的评估中得到体现。

福尼尔(1994,1998,2000)运用定性研究数据将品牌关系质量维度分为:爱与激情(love and passion)、自我联结(self-connection)、相互依赖(interdependence)、承诺(commitment)、亲密性(intimacy)、品牌伙伴质量(brand partner quality)。具体描述如下:

(1)爱与激情。它是所有强烈的品牌关系的核心,指品牌和消费者关系之间情感联系的强度和深度,在品牌关系质量的构面中代表品牌对消费者具有强烈的吸引力和影响力,而且此品牌对消费者而言具有独有与依赖的感情,远比简单的品牌偏好更强烈。

(2)自我联结。这个关系质量维度反映了品牌传达重要的自我关心、任务或时间的程度,并表达了自我的重要部分。

(3)相互依赖。强烈的品牌关系可用消费者与该品牌相互依赖的程度来区分,相互依赖包含与该品牌互动频繁、增加参与品牌相关活动的范围及广度、互动不频繁但是具有强度。

(4)承诺。指消费者对此关系之态度的稳定性。强烈的品牌关系通常会存在高度的承诺。承诺在营销中可以视为一种意图,致力于品牌关系未来的持续性与稳定性。

(5)亲密性。强烈的品牌关系因具有亲密性而持久,亲密性基于消费者对品牌的绩效有信心,认为该品牌不可替代,并且优于其他竞争品牌。

(6)品牌伙伴质量。是指消费者对该品牌的评价,以及消费者感受该产品的态度。品牌伙伴质量又包含五个要素,分别是:

① 感觉该品牌对消费者具有正面的影响力,使消费者感受到被需要、被尊重、被聆听、被关怀。

② 品牌具有可靠性、可信性、可预测性。

③ 品牌会遵守"隐含"的契约规则。

④ 品牌会传达消费者渴求的信念。

⑤ 品牌会为其行动负责。

福尼尔(2001)等人通过实证研究,编制了一个品牌关系质量量表(见表16-2),该量表帮助验证了品牌关系质量六维度的稳定性。

表 16-2　品牌关系质量量表

测量变量	指标数	Cronbach α 值	测 量 项 目
BRQ	1	0.99	一个包括全部测项的整体测量
品牌伙伴质量	8	0.95	我能依靠××做得最好
			××使我感觉自己像一个有价值的顾客
			我知道××在做决策的时候会最大限度考虑我的利益
			××很关心我这个顾客
			××会很快回应顾客的反馈意见
			××会倾听顾客的意见
			我信任××
			我相信××

(续表)

测量变量	指标数	Cronbach α 值	测量项目
亲密性	6	0.94	××真的了解我的需求 ××可能会特别为我设计一个产品,因为它对我非常了解 ××了解我很多个人资料 我很乐意向一个不熟悉××的人描述×× 我很了解×× 我熟悉××所提供的系列产品和服务
相互依赖	5	0.96	使用××和访问××网站已经成为了我生活中的一部分 我使用××已经有了自己的习惯 我在某些方面变得依赖×× 我依靠×× 我依赖××提供的利益
自我联结	3	0.96	××与我有关的一部分真的打动了我 ××真的很适应我现阶段的生活 ××知道我生活中什么东西重要
爱与激情	3	0.92	××和我相互之间都感觉完美 我真的很爱×× 我对××有着其他品牌无法替代的感觉
承诺	4	0.92	为了使用××,我愿意做些小的牺牲 我非常忠于×× 如果××暂时缺货,我愿意推迟购买 ××是如此令我满意,以至于我没有从其他品牌中寻求满足的想法

资料来源: Aaker, J., Fournier, S. & Brasel, S. 2001. Charting the Development of Consumer-Brand Relationships [D]. Research Paper Series, Graduate School of Business Stanford University.

何佳讯(2006)在中国背景下发展了消费者-品牌关系的量表,认为中国品牌关系质量也包括六个方面:社会价值表达、信任、相互依赖、真有与应有之情、承诺和自我概念联结。

学术智库 16-1

品牌关系维度和自我构念对品牌评价的影响

消费者-品牌关系可通过两种不同的方式形成联结——基于个人或者基于群体层面。例如,一名消费者与梅赛德斯·奔驰轿车的关系可能由于他想借此表达和证明自己独有的身份(与自我的联结)而形成,而与本地品牌(如福特)之间的关系可能是由于群体层面的爱国主义情节(与原产地的联结)而形成。该文关注消费者-品牌关系的两种联结方式在何时以及怎样对品牌评价产生影响。通过实验法,本文证实由于消费者自我构念的不同,消费者-品牌关系联结方式对品牌的影响是不同的。自我构念指人们如何看待自己与他人关系的想法或态度。独立型自我构念的人认为自己是独立的个体,而依赖型自我构念的人认为自己是群体的一部分。本文研究得出,对于独立型自我构念的消费者,当品牌与自我的关联较强时,消费者对其评价更好。即使出现负面的品牌信息,消费者的态度也不易改变。而对于依赖型自我构念的消费者,当品牌与原产地关联较强时,消费者对其评价更好,对品牌负面信息也有较强的抵抗效果。因此,对于营销经理来说,通过营销沟通将自我构念和品牌联结策略结合起来,将收到更好的效果。

文献来源:Swaminathan V., Page K. L. & Gürhan-Canli Z. 2007. "My" Brand or "Our" Brand: The Effect of Brand Relationship Dimensions and Self-construal on Brand Evaluations [J]. Journal of Consumer Research, 34(2): 248-259.

第三节　品牌关系管理策略

一、建立品牌关系

许多学者对成功品牌关系的建立进行了研究,阿塞克和塞特尔(Alreck and Settle,1999)认为建立良好的品牌关系必须建立消费者的品牌偏好,可以采用需求联想、情感联想、激发潜意识、行为调整、认知的程序和模仿典范六个方法。邓肯和莫里亚蒂(Duncan and Moriarty,1997)认为建立品牌关系可以分为五个层次:(1)认知。即指品牌进入顾客的选择名单上。(2)认同。即指顾客乐于展示品牌。(3)关系。即指顾客在购买商品时会与公司有所接触。(4)族群。即指顾客之间的交流。(5)拥护。即指顾客推荐品牌给他人。施米特(Schmitt,1999)则建议营销人员可通过四个步骤来建立强势的品牌关系:(1)创造品牌独特的个性与社会认同感;(2)鼓励人们使用该品牌;(3)说服人们成为该品牌的使用者,将会获得更好的体验感受;(4)证明消费者购买该品牌后,真的可以体验到期待的感觉。这些关于品牌关系的建立策略,都侧重于研究培育成功品牌关系的方法和影响因素。

品牌关系的建立,是指消费者与品牌最初关系建立的过程。根据品牌关系的定义,品牌关系形成于消费者与品牌之间的互动,离开任何一方关系都不可能存在。因此,品牌关系需要关系双方共同的努力才能建立。我们认为,品牌关系建立需要满足两个方面的条件:企业确定品牌的预期消费者和预期消费者购买品牌。品牌关系的建立是以品牌的预期消费者购买品牌产品或服务为标志的。

(一)确定预期顾客

企业作品牌策划时,需要确定品牌的预期顾客以估计品牌产品或服务的市场,为品牌传播的可行性分析提供帮助。预期顾客是那些看过品牌的介绍之后有意向、有能力和机会来购买的消费者。

确定预期顾客应当建立在对市场中的消费者有一定了解的基础之上。许多公司通过对品牌产品或服务做广告来产生销售,广告中一般有某些类型的反馈特征,如反馈公司卡或免费电话号码。企业通过这些反馈信息建立数据库,同时收集的数据类型应当包括消费者的需求和建议等,按照不同的需求对消费者进行分类来确定那些可能尝试品牌的消费者,然后向他们发函、打电话或上门联系,努力把他们转化为顾客。

(二) 消费者购买

消费者每天都要面对信息量巨大的品牌宣传。吸引消费者购买品牌产品或服务是品牌关系存在和发展的基础环节,也是品牌关系建立的关键。

根据 AIDMA 原理,消费者对品牌信息从关注到认可品牌并产生购买品牌行为的发生,经历了注意(attention)、兴趣(interest)、欲望(desire)、记忆(memory)、行动(action)这样一个过程。这一过程一共需要经历五个认知步骤:(1) 诉诸感觉,引起注意。(2) 赋予特色,激发兴趣。如阿迪达斯和耐克的电视广告虽是为同质的产品做广告,都是以明星阵容、精彩的画面、动人的音乐吸引观者,但却各具特色,因此消费者心理才会产生像韵律诗一般悠扬的阿迪达斯、如铁人般百折不挠的耐克形象这样两种不同的感知。(3) 诱导意念,刺激欲望。为了实现消费者购买品牌的过程,企业需要引导消费者发现自身对品牌的需求,并刺激这一欲望。(4) 创造印象,增强记忆。类似条件反射性质的品牌联想,是增强对品牌记忆最行之有效的方法。(5) 影响情节,促成购买。

从消费者对品牌信息的认知过程中,不难发现品牌对消费者的吸引和刺激在消费者购买中扮演了至关重要的角色。人际吸引的理论指出,人际关系的发展从关系建立之前关系主体双方的相互吸引开始,关系双方之间吸引力的大小不仅对关系的建立有着决定性的作用,而且影响到后期关系的发展。关系双方之间吸引力的大小直接影响了关系建立和发展的可能性。社会心理学中影响人际吸引的因素包括:外貌吸引、邻近性吸引、相似性吸引、互补性吸引、能力吸引以及关系个体的个人品质等。其中,能力吸引的因素是指人们一般都喜欢聪明能干的人,而不喜欢愚笨的人。因为聪明的人会在一些问题上给人以帮助,使人少犯错误,觉得更安全。而关系个体的个人品质这一因素则重点强调了真诚、热情、友好的个人品质对他人有很大的吸引力,其中真诚是最具吸引力的品质。除此之外,正直、善良、勇敢等正向的个人品质都会对别人产生吸引力。

既然品牌关系与人际关系存在着诸多相似之处,品牌关系建立的方法也可以借用人际关系发展的理论。如果将品牌形象和品牌个性视为品牌的"外貌"和"个人品质",品牌知名度比作"能力",围绕增进关系双方吸引力的观点,可以从多个角度实施品牌传播策略,以增加品牌对消费者的吸引力。"时代之风(L'air du temps)"是当今世界上最为畅销的法国高级香水之一,其"和平鸽"造型的水晶瓶子在带给人美的享受的同时,也使人感觉到爱和温柔的体验。不仅如此,它用手工将每一瓶香水的瓶盖都用羊肠线牢牢绑住,为第一个打开香水瓶的主人带来好运。这些都使得这款香水在东方深受欢迎,成为名副其实的明星产品。

事实上,关于吸引消费者购买品牌产品或服务的方法,在《市场营销学》中讲解企业的营销组合时,就已经系统地进行过分析,包括:公司制作广告,在媒体上播放,以吸引潜在顾客;给新的顾客直接发邮件或者打电话,派出销售人员参加贸易展示会,希望在那些地方可以找到新的突破点;公司从破产公司处收购客户名单等等。所有这些营销努力都能够激发人们对公司产品或服务的兴趣,都可以有效地增加品牌的吸引力。此外,品牌元素的选择和塑造也从品牌传播的层面上,介绍了吸引消费者购买的有效方法。

二、品牌关系维护

维护品牌关系需要做好以下几个环节：

1. 划分顾客群体

品牌关系从建立到维持都需要耗费企业的资源，一个企业不可能与其所有的顾客都建立长期稳定的关系，如汇丰银行（HSBC）在开展理财产品业务方面，基本只针对中高端客户开放，对于普通的理财消费者而言具有较高的"门槛"。可见，只有有效地甄别长期客户群体，才能使企业有限的资源发挥更大的效用。因此，必须对品牌的顾客进行分类，区分长期关系顾客与短期关系顾客。识别客户群体，可以按照以下步骤进行：

（1）确定潜在顾客和当前顾客。通过来自于所有顾客接触点的信息，建立、维持以及开发一个丰富的顾客数据信息库。

（2）明确顾客的需求。一个理想的数据库，应该包括消费者对品牌的满意度和对未来需求的期望值等。这些重要信息将帮助企业确定品牌改进的方向，以及品牌是否能在长期发展中满足顾客的需求。

（3）计算顾客价值。应用作业成本法计算顾客的终身价值，估计出通过购买所获将来利润的净现值、边际利润水平以及较少的顾客特殊服务成本。这使得企业得以将重点放在最优价值客户上。

（4）选择长期关系顾客。企业理想的长期关系顾客，是那些在预计的未来时间里，能够为企业带来利益，并且需求得到满足的最优价值客户。

2. 培育品牌偏好

品牌偏好是消费者在购物中表现出来的对品牌的信任，是消费者在一段时间内放弃可供选择的对象，对某一品牌表现出来的具有较强情感色彩的偏好与优先选择行为。通常情况下，消费者在进入购物场所时都有自己的体验经历和偏好，只有少数消费者才会选择冲动购买，即使没有计划的购买或者意料之外的购买也是建立在已有的体验和偏好之上的。

消费者品牌偏好的形成往往会经历品牌认知、态度形成、行为倾向形成这样一个循序渐进的过程。在发展过程中，品牌偏好会受到诸多因素的影响，如产品特性、服务和消费者自身的习惯及性格等。因此，在维护品牌关系时，应当针对不同类型关系客户的特性，综合考虑多方面的因素，采取相应的策略。一般来说，建立消费者的品牌偏好可以从以下几个方面来实现：

（1）保证品牌质量。一个品牌的强度最重要的决定因素是其能被观察和感知到的质量。优质的产品是促使消费者形成品牌偏好的前提条件，而优质的服务则可能是一个成功品牌中最重要的可持续的差异优势。产品或许很容易被竞争者仿造，而服务则因为依靠于组织文化和员工的态度，所以很难被竞争者所模仿。有分析表明，超过六成以上的消费者是因为品牌质量不尽如人意而放弃曾经选择过的品牌。所有成功的品牌都非常注重质量。

（2）迎合消费者需求。品牌偏好不完全是由品牌吸引所致，它的形成与消费者自身的特性也密切相关。消费者自身的个性心理需求、兴趣爱好、年龄性别特征等都会对其品牌偏好的建立产生重要影响。一些顾客在消费过程中,不仅追求经济收益方面(具体使用价值和成本对比)的满足,而且追求社会性和精神性的满足。比如,大多数奔驰汽车的使用者都认同,除了本身性能带给人的愉悦之外,还带来了权威、地位的满足。又如,可口可乐每年都会在春节这个特定的节日,营造热闹的氛围从而将其产品与对家的思念联系在一起,其广告词"过年了,带我回家"正是所有中国人此时此刻最渴望的。

通过对长期和短期关系客户的甄别,满足他们的不同需求,使那些能够为企业带来利益的消费者愿意承诺未来的关系是培育品牌偏好的重要手段。事实上,消费者的心理需求还包括:认知需求,如好奇心、探索欲、神秘感等;审美需求,如秩序性、对称性、圆满性、协调性等;个性化需求,如个人风格、个人爱好等。顾客数据库能够有效地帮助企业识别消费者的这些需求。因此,企业要做的是寻求针对顾客的差异化的品牌传播策略。

案例 16-2

三星电子:以消费者为中心

近日,著名市场调查公司尼尔森旗下 *Campaign Asia-Pacific* 杂志发布了"2012 年度亚洲市场最具价值品牌"榜单,三星电子排名居首;另在美国《财富》杂志发布的"2012 年《财富》世界 500 强"名单中,三星电子也连续两年位居全球科技公司头名。

"让马飞奔的不是鞭子,而是骑手的心"。三星电子能够在两项重要排名中高居榜首,缘于其能够有效满足各种用户需求,这也是其能够长期保持强大竞争力的关键。特别是在竞争日益激烈的消费电子领域,真正以消费者为中心,站在消费者立场上思考问题的企业将会在竞争中走得更远。

三星在大数据上的投入远远超出许多同行公司,它的一个重要目标就是获得非常精准的消费者洞察。在为 Galaxy S II 和 Galaxy Note 作推广时,三星追踪了人们在社交媒体上的谈话,通过数据挖掘,了解目标消费者的特征和偏好;将社交媒体上消费者的对话"复制"到广告中,从而引发人们的共鸣;同时,根据目标消费者的特征,挑选出合适的广告演员。这两款产品一经推出,得到了全球消费者的关注。另外,为了开发具有中国特色的产品,其 LED 显示器"红韵"充分融合了中国文化和元素,在 2011 年销售量达到 100 万台,充分体现了三星电子针对市场需求的把握能力。

资料来源:"三星电子:以消费者为中心",凤凰网科技频道,http://tech.ifeng.com/it/detail_2012_09/27/17933302_0.shtml,2012 年 9 月 27 日。

(3) 良好的品牌沟通。品牌沟通是通向品牌偏好的桥梁,有效的品牌沟通也是提高消费者情感忠诚度的有效途径。为了实现长期品牌关系的目标,品牌需要与预期顾客建立紧密的联系。品牌沟通的目的就在于通过频繁接触来建立消费者的心理依赖。

有效的品牌沟通可以采取多种途径,包括购买现场的遭遇,售后服务,如电话询问和上门服务这种直接的品牌与消费者的接触方式;也包括鼓励品牌顾客组成群体和品牌社区这种间接的沟通方式。事实上,一般的广告也可以成为与顾客沟通的方式。一项调查显示,由于较高的广告投放量而引起的产品销量的增加中,只有30%是来自于新顾客,而70%来自于老顾客,这是由于广告使他们变得更忠诚。一些学者指出,通过广告和其他宣传方式来使顾客产生对品牌某种特定的需求或情感联想,从而刺激购买欲望,就是利用了广告作为沟通手段的特点。

沃德曼(Wunderman)提出了与消费者建立紧密联系的方法:首先,建立长期联系。比如,提供给消费者一份一个月送货上门的牛奶订单,一份为期一年的电信网络服务套餐,一份20年的抵押贷款。其次,对于购买大量商品的消费者提供低价。比如,对于定期购买特定品牌的牙膏、清洁剂或啤酒的顾客,提供较低价格。各大商场和店面销售点正是通过这种重复购买有奖的办法,吸引顾客再次光顾。最后,把品牌产品变为一种长期性的服务。比如,戴姆勒-克莱斯勒出售的是公里数和可靠的交通,而不是汽车。它使得消费者在不同时间能够订购不同的汽车,如用来购物的货车或周末用的旅游轿车。又如,如果你购买戴尔的品牌电脑,就有可能获得戴尔公司售后人员每年定期的上门服务和电话访问等。

3. 建立品牌忠诚

品牌忠诚是成功品牌关系管理的产物和标志。品牌偏好发展到一定阶段就会形成消费者的品牌忠诚。经过前面的不断努力,品牌忠诚往往会伴随着关系时间的推进自然出现。

在消费者形成品牌忠诚后,企业虽然仍然需要为维持品牌关系进行投资,但在成本和利益方面,都可以有较大的调整和掌控权利。

三、品牌关系断裂管理

(一) 识别断裂的过程特征

杜克(Duck,1982)发展的一个关于关系断裂过程的四阶段模型指出,断裂开始于一方对另一方私下的不满,结束于成本超出利益、双方协商不成,直至社会和心理方面的断裂。他认为对于研究最重要的观察,是我们必须避免将关系断裂看做是一种事件的风险,它是一个过程,而且是很多方面的延展,如情感行为、有认识力、个人内部、社会等方面。

费哲和斯考滕(Fajer and Schouten, 1995)研究了个人与品牌关系的断裂过程。将品牌关系断裂过程分为四个阶段:(1) 损坏(break-down),是指因为其间有意或无意的恶化使得关系变得微弱。在个人与品牌关系方面,损坏可能是因为未能满足对品牌的预期、消费者需要或爱好标准的变化,或者是有更好的替代品牌。(2) 下降(decline),是指亲密或爱好程度的减少。在个人与品牌关系方面,理解为爱好或忠诚情感的减少,这可能会导致关系的重新分类。(3) 分离(disengagement),是指关系中交流和行为过程的撤销。消费者从一个关系中的分离可能会包括和其他消费者交流的行为,例如诋毁这个品牌,或者活跃地建立或/和研究其他替代性的品牌关系。(4) 破裂(dissolution),是指关系暂时或永远地不存在,这其中的原因可能是双向的或是单向的。

品牌关系断裂并非是一个事件而是一个过程的观点得到了大多数学者的认可。我们只有通过对品牌关系断裂的过程进行识别,才能采用有针对性的对策来有效防止品牌关系的破裂。

(二) 分析品牌关系断裂的原因

Halinen 和 Tähtinen(2002)指出了三类影响关系终止的因素,即诱导因素、紧急事件、衰减因素和事件。基夫尼(Keaveney,1995)对导致消费者关系断裂的因素和事件进行了研究,将导致服务领域消费者转移的原因分为八个类别。也有学者从某一视角出发,对关系断裂的原因进行探索,如有人认为关系中的公平问题对理解影响关系断裂的因素有很大作用(Beverland, Farrelly and Woodhatch, 2004);另外,有学者研究了环境变化对关系断裂的影响(Smith, 2002)。为了便于理解和研究品牌关系断裂,我们可以从品牌关系主体的角度将影响品牌关系断裂的因素分为:消费者的因素、品牌的因素、外部环境的因素。

1. 消费者的因素

大部分情况下,消费者决定退出关系是导致关系断裂的主要原因,但是由于消费者自身的因素影响到他们作出关系断裂决策的情况却并不多见,消费者需求的变化就是这方面的主要因素。20世纪50年代早期,宝洁公司对护发市场的研究表明,70%以上人口都有不同程度的头屑问题,而当时市场上还没有一种能真正有效地消除头屑的香波。1963年,宝洁公司推出了第一个去头屑的香波品牌"海飞丝",在初次进入卡拉加市的市场时,海飞丝就立即成为该市场上名列前茅的香波,市场份额超过15%。在维持了六年市场份额的持续增长之后,从1970年开始,尽管海飞丝香波的销售量在不断上升,但其占香波市场销售额的比重则连续四年出现下滑。宝洁公司经过对消费者的调研才发现,美国消费者的需求正在悄悄发生变化,除了去屑之外,新一代年轻人更加崇尚美观和护发的功能,而海飞丝仍然停留在去屑专家的定位上,市场份额下降也就在情理之中了。

消费者的情感和认知成分对品牌关系断裂有着一定的影响。在基夫尼(1995)的研究中,出现了消费者由于不经意遗忘了银行信用卡,而导致与银行关系断裂的情况,他把这种现象称为随意的关系断裂。很显然,在随意的关系断裂中,对关系伙伴情感的深厚度扮演了主要的角色。除了情感,对品牌质量和品牌满意度的感知也在一定程度上影响了关系的断裂,它们随着不同消费者的认知而不同,也是消费者的因素之一。

此外,消费者的个人品质也在一定程度上影响到关系的断裂,那些更为专一和具有忠诚品质的消费者一旦选定了一个品牌之后,就很难发生关系断裂,而面对一个更善于索取和更加苛刻的消费者,由于需求不断在增加并变得更难满足,品牌关系维持起来也更加困难。

2. 品牌的因素

消费者对品牌和企业行为的不满,往往是导致关系断裂的主要原因。品牌方面的影响主要来自于两个方向——品牌和企业(包括价格、品牌形象、功能和质量等品牌元素),它们都会影响到消费者对品牌的感知价值,比如对价格的不满、品牌形象前后不一、品牌出现质量问题等都加快了品牌关系断裂的步伐。当出现品牌失误时,企业的补偿行为对于挽回顾客的心是至关重要的,如果不给予足够的重视补偿消费者的损失,甚至在补救过程中进一步造成顾客的不满,关系的断裂也就在所难免了。

品牌营销

案例 16-3

三鹿奶粉事件

2008年5月20日和21日,三鹿奶粉首次被一位浙江泰顺网民揭露有质量问题。后来,他向三鹿集团和县工商局交涉未果。为此,该网民在网上提出控诉,不过该控诉遭三鹿集团协议删除。据"三鹿内部邮件"显示,2008年8月1日下午,三鹿取得检测结果:送检的16个样品中15个检出三聚氰胺。随后三鹿公关公司被指在2008年8月11日向三鹿集团建议与中国最大的互联网搜索引擎公司百度合作,屏蔽所有有关新闻。三鹿集团是中外合资公司,其最大海外股东是新西兰恒天然公司。恒天然公司在2008年8月份得知奶粉出现问题后,马上要求召回三鹿生产的所有奶粉。经过一个多月的努力未能奏效,中国地方官员不予正式召回。9月5日,新西兰政府得知消息后下令新西兰官员绕过地方政府,直接向中央政府报告此次事件,中国政府才严正对待此事。9月12日,三鹿集团声称,此次事件是由于不法奶农为获取更多的利润向鲜牛奶中掺入三聚氰胺。9月13日,中国国务院启动国家安全事故Ⅰ级响应机制("Ⅰ级"为最高级,指特别重大食品安全事故)。自毒奶粉事件曝光并进一步升级后,中国奶制品行业在网络抽样分析中,民众的信心指数降至最低点。民众人心惶惶,许多人不敢吃内地厂牌奶制品,外国奶粉销量开始上升。重庆市一位75岁市民甚至将代言三鹿牌奶粉的两名艺人告上法庭。该市民称:"传递错误信息,代言人应对此负责",并要求赔偿1万元人民币。2008年12月24日,三鹿正式对股东宣布进入破产清算程序,曾经中国奶界的巨头倒在了质量大关下。

资料来源:三鹿毒奶粉事件,百度百科,http://baike.baidu.com/link?url=SxWte37M3KpJ_TS9Fi5eDscMCfPPttyL _ PGNXQLHY6fJvSj5HczokFYU9y5xxdVzvuWEJgVbvb _ QBB6pNODlEs8g3dGCgrc _ M7hjYcSHXahpaPy4Cgd9ehvpEVRkfXhg2rlWmHyssw2MvM00W4EvK96ZukWdUjMhnHMXNT-7-eFU-rC8iQ8b-SoGHI3G-Vxa7,2013年9月20日。

学术智库 16-2

当好的品牌犯错时

该文用实地实验法研究了消费者与品牌之间关系的演变过程。消费者与品牌之间关系发展模式各异,这和该品牌的个性有很大关系。品牌个性是消费者对品牌形成的一套类似于人类特性或特质的概念,本文关注两种品牌个性——真诚个性和兴奋个性。研究显示,消费者和真诚个性品牌之间的关系随时间推移关系加深,就像友谊一样;而消费者和兴奋个性品牌之间的关系却容易转瞬即逝。这种关系发展模式只有在关系发展过程中没有犯错时才会出现。然而,一旦出现品牌犯错,消费者和真诚个性品牌之间的关系将受到重创,而和兴奋个性品牌之间的关系令人惊奇地表现出修复和改善。这是因为,当品牌犯错时,人们认为真诚个性的品牌质量显著下降,而兴奋个性的品牌质量并未受影响。因此,对于营销者来说,要警惕真诚个性的品牌出现负面丑闻,这对消费者-品牌关系将造成严重打击。

文献来源:Aaker J. & Fournier S. 2004. When Good Brands Do Bad [J]. Journal of Consumer Research, 31(1):18-30.

3. 外部环境的因素

外部环境,如环境变化、其他消费者的影响、竞争品牌等也直接影响到品牌关系的断裂。环境变化是引起消费者需求变化的原因之一,也是外部环境因素中的重要变量。对于某些消费者而言,品牌信息的可获得性和品牌产品或服务距离的远近是他们选择品牌时考虑的因素,一旦地理距离不再接近或者服务流程变得更为复杂、耗费更多的时间,转向竞争品牌是他们最常考虑的选择。

人们对事物的态度常常受到周围个体对其评价的影响,甚至人们并不赞同对方的观点或者行为,但也可能因为社会群体的一致推崇而被迫接受进而趋同。消费者之间的口传效应包含了大量的信息,正面的口传对于稳固和挽留消费者都有帮助,而负面的口传则起了推波助澜的作用。

竞争品牌是消费者对品牌进行比较的依据,消费者对品牌质量的认知有很大一部分都建立在与竞争品牌的比较之上,如果竞争品牌比该品牌更能满足消费者的需求、更具有吸引力,那么消费者也很容易发生转移。正因为如此,分析竞争品牌的传播策略和品牌特性、及时的品牌更新,对防止关系断裂也是非常重要的。

四、品牌关系再续管理

品牌关系再续管理可分为以下三步:

1. 评估断裂的品牌关系再续的必要性

大量的证据表明,大多数的关系还是值得再续的(Turnbull et al.,1996),因为在一些利润空间较大的行业,对一个新顾客的投资回报率是23%,而对一个流失顾客的投资回报率可以高达214%(Stauss and Friege,1999)。这就需要我们对断裂的品牌关系进行评估。由于是企业希望实现品牌关系再续,因此我们将从企业视角来探寻和确立可再续品牌关系的评估标准。品牌关系再续的必要性主要从顾客资产方面进行评估。顾客资产是企业所有顾客终生价值折现值的总和,其中顾客终生价值是指企业在顾客与企业交易的整个期间内从顾客那里获得的纯利润或损失(Rust et al.,2000)。顾客资产的概念(Blattberg and Deighton,1996)得到了越来越多学者的认可。顾客不仅仅是企业简单的利润来源,而且会成为公司赢得竞争优势的一项资产(汪涛,2002)。因此在评估断裂的品牌关系时,顾客资产将成为其中一个重要的依据,与顾客资产价值高的消费者实现关系再续,才更有意义。

2. 探究品牌关系再续的影响因素

我们可借鉴品牌关系的影响因素、关系的影响因素等研究来探究品牌关系再续的影响因素。再续品牌关系与初次建立品牌关系的相同点是品牌关系的主体相同(消费者、品牌、企业),关联点在于初次品牌关系是再续品牌关系的基础。而不同点是,再续品牌关系时消费者会考虑价值维度,如返回后的价格、服务利益(Tokman et al.,2007),企业也会通过对初次品牌关系的评估考虑关系再续的企业价值。故而我们将品牌关系再续的影响因素分为历史因素和现实因素。历史因素即初次品牌关系中对品牌关系再续的影响因素,如品牌关系质量、品牌关系断裂的影响因素将影响品牌关系再续。现实因素是品牌关系断裂后影响品牌关系再续的因素。

借鉴品牌关系影响因素的分析思路,我们可从消费者、品牌、企业、互动、竞争者等方面进行探究。(1)消费者方面。包括:品牌关系再续的利益、对品牌的依赖、消费者个性特质、消费特征(消费者的专一性、后悔、挑剔性)和认知水平等。(2)品牌方面。包括:品牌个性、品牌形象、品牌价值、品牌定位、品牌知名度、品牌美誉度等。(3)企业方面。包括:关系投资、社会资本、供应商专长、企业品牌策略等。(4)互动层面。包括:沟通、关系持续期、冲突等。(5)竞争者。包括:竞争性品牌的质量、竞争对手的强弱等。

3. 品牌关系再续策略

消费者不会在感知不到任何利益的时候再续品牌关系,企业需要开展相应的策略使得有价值的品牌关系实现再续。现有研究提到了企业在开展旨在重获消费者的"归来"(come back)活动时,通常采取的策略是提供比原来更好的回报(offer)。在服务行业的背景下,返回的消费者对价格和服务的感知尤为重要。而且现有结论已经指出,要想维持一段关系,经济价值和社会价值要同时存在(Gassenheimer et al.,1998),因此企业在开展品牌关系再续策略时,仅仅只提供经济价值的回报也许是不够的,还需要关注为消费者提供的社会价值。但是这些给予消费者回报价值的策略具体在什么时候、以什么样的方式给予消费者,在开展策略时要注意哪些因素的影响,并没有系统明确地指出。赫尔弗特等学者(Helfert et al.,2003)基于电子商务的视角发展了一个重获消费者管理的五步过程的概念框架,即他认为重获消费者需要经历确认、细分、接触、挽回及控制五个阶段。

本章小结

品牌关系是指品牌与消费者这两个主体之间的关联状态,反映的是消费者在心理上与品牌的距离。品牌关系具有人性化、排他性和循环性三个特性。

品牌关系的发展经历了起始、成长、维持、下降、断裂和再续六个阶段,但品牌关系的成长并不存在一个固定的模式,甚至有可能倒退或跳跃式发展。

福尼尔提炼出品牌关系质量的六个维度,包括爱与激情、自我联结、相互依赖、承诺、亲密性和品牌伙伴质量。

品牌关系的建立包括确定预期顾客和消费者购买两个步骤。划分顾客群体、培育品牌偏好和建立顾客忠诚是维护品牌关系最重要的三个部分。

品牌关系断裂是指关系一方退出品牌关系或者不再光顾一个特定的供应商的现象。品牌关系断裂是一个持续的过程而非仅仅是一个结果。导致关系断裂的因素十分复杂,可以简单分为三类:消费者的因素、品牌的因素和外部环境的因素。

品牌关系再续是指与断裂后的关系伙伴再次建立关系的过程,对于企业而言,重获消费者不仅是可能的而且是非常必要的。品牌关系再续不仅受到关系断裂前品牌关系质量的影响,还受到关系再续时关系双方的状态和外部环境等现实因素的影响。

复习思考题

1. 品牌关系经历了哪几个阶段的发展?各个阶段的特点如何?
2. 如何建立品牌关系?
3. 维护品牌关系的策略是什么?
4. 品牌关系质量的维度有哪些?
5. 品牌关系断裂的影响因素有哪些?
6. 如何评估品牌关系再续的必要性?
7. 分析影响品牌关系再续的因素。

课后案例

哈雷-戴维森的品牌关系管理

哈雷-戴维森,这个美国品牌就是高档摩托车的代名词。今天,这个品牌不仅在美国,而且在世界各地都受到追捧。为什么哈雷-戴维森在全球受到如此广泛的认可?在哈雷-戴维森摩托车的车主中形成如此强烈品牌忠诚的原因何在?

哈雷-戴维森的经销商,从首席执行官到销售人员,都通过面对面的接触和社交媒体与顾客保持着良好的关系。了解每位顾客并持续地开展研究来紧跟顾客不断改变的期望和体验,使得哈雷-戴维森能更好地定义顾客需求。

现有的顾客告诉哈雷-戴维森的管理层要保持其摩托车的特性、外观和声音,原因是它们非常独特。从全球范围看,顾客都接受这个美国品牌形象原本的样子。当顾客的观点得到管理层的倾听和接受时,顾客变得更加忠诚。购买哈雷-戴维森摩托车使车主能够表现他们的个人主义和自由精神,与朋友们保持联络,通过H.O.G.(由公司赞助的哈雷-戴维森车主会和骑行俱乐部)的活动共享一种同志般的情谊。哈雷-戴维森的新车主第一年享有免费的H.O.G.会员资格。如果延续会员身份,则能够享受多种多样的折扣优惠和利益。

H.O.G.的活动包括短途骑行、重大目的地骑行、新车型发布活动以及车主感恩之夜活动等。例如,在新加坡,H.O.G.会员每逢周日都会集体骑行。"我们驾驶哈雷-戴维森摩托车,获得了很多乐趣!我们从1996年就开始这么做了。""驾驶并享受乐趣"是全世界所有H.O.G.分会都遵循的座右铭。顾客把与其他车主一起骑行看作联络感情并传递自由、冒险形象的时光。

为了保持竞争优势,公司开始扩大顾客群,通过Facebook等社交媒体成功地与更年轻的新顾客取得联系。这些年轻人成为哈雷-戴维森品牌主页的拥护者,已与品牌建立起伙伴般的关系。对更年轻的受众而言,哈雷-戴维森的强大品牌名称具有吸引力,这个重要的反馈鼓舞人心。除此以外,哈雷-戴维森还在音乐节上通过动力试验车与观众进行互动,与新的潜在顾客建立联系,为新手或非摩托车主提供一次感受驾驶哈雷-戴维森摩托车乐趣的机会。

资料来源:菲利普·科特勒、凯文·莱恩·凯勒著,王永贵等译.《营销管理》(第14版),中国人民大学出版社,2012年,第169—171页。

案例讨论题

1. 哈雷-戴维森公司采取了哪些策略建立消费者-品牌关系?
2. 要维护品牌关系,你认为哈雷-戴维森公司还应当做哪些工作?

参 考 文 献

[1] 戴维·阿克著,奚卫华、董青海译,《管理品牌资产》,机械工业出版社,2006。

[2] 菲利普·科特勒、凯文·莱恩·凯勒著,梅清豪译,《营销管理》(第12版),上海世纪出版集团、上海人民出版社,2006。

[3] 何佳讯,"品牌关系质量本土化模型:高阶因子结构与测量",《营销科学学报》,2006年第3期。

[4] 黄静、王文超,《品牌管理》,武汉大学出版社,2005。

[5] 黄合水,"产品评价的来源国效应",《心理科学进展》,2003年第6期。

[6] 黄胜兵、卢泰宏,"品牌个性维度的本土化研究",《南开管理评论》,2003年第1期。

[7] 江明华、曹鸿星,"品牌形象模型的比较研究",《北京大学学报》,第40卷第2期。

[8] 凯文·莱恩·凯勒著,李乃和译,《战略品牌管理》,中国人民大学出版社,2006。

[9] 杰克·特劳特、艾·里斯著,《定位》,中国财政经济出版社,2002。

[10] 李东进、金镛准、朴世桓,"原产国与原产地效应的实证分析——中韩比较",《南开管理评论》,2006年第9期。

[11] 陆娟,"品牌资产价值评估方法评介",《统计研究》,2001年第9期。

[12] 里克·莱兹伯斯、巴斯·齐斯特、格特·库茨特拉著,李家强译,《品牌管理》,机械工业出版社,2003。

[13] 卢泰宏,《营销在中国》,广州出版社,2001。

[14] 马萨基·科塔比、克里斯蒂安·赫尔森著,刘宝成译,《全球营销管理》(第3版),中国人民大学出版社,2005。

[15] 让·诺尔·卡菲勒著,王建平等译,《战略性品牌管理》,商务印书馆,2000。

[16] 汤姆·达肯、珊德拉·莫瑞提著,廖宜怡译,《品牌至尊——利用整合行销创造终极价值》,华夏出版社,1999。

[17] 田圣炳,"原产地形象的作用机制:一个动态的综合模型",《经济管理》,2006年第1期。

[18] 唐·舒尔茨等著,高增安、赵红译,《唐·舒尔茨论品牌》,人民邮电出版社,2005。

[19] 唐·舒尔茨等著,吴磊等译,《新整合营销》,中国水利水电出版社,2004。

[20] 万后芬,《品牌管理》,清华大学出版社,2006。

[21] 吴坚、符国群,"原产地形象——一个国际市场上影响消费者选择的重要因素",《商业研究》,2000年1月。

[22] Aaker, J. 1997. Dimensions of Brand Personality [J]. Journal of Marketing Research, 34(3):347-356.

[23] Allyn & Bacon. 2002. Research on Ending Exchange Relationships: A Categorization, Assessment and Outlook [J]. Marketing Theory, 2(2): 165-188.

[24] Bernd H. Schmitt, Yigang Pan & Nader T. Tavassoli. 1994. Language and Consumer Memory: The Impact of Linguistic Differences between Chinese and English [J]. Journal of Consumer Research, 21(3): 419-431.

[25] Bernd Stauss, Christian Friege. 1999. Regaining Service Customers Costs and Benefits of Regain Manage-

ment[J]. Journal of Service Research, 1(4):347-361.

[26] Biel A. L. 1992. How Brand Image Drives Brand Equity[J]. Journal of Advertising Research, 32: 6-12.

[27] Blackston, M. 1995. The Qualitative Dimension of Brand Equity[J]. Journal of Advertising Research, 35(4): 2-7.

[28] Bullmore, J. 1984. The Brand and Its Image Re-visited[J]. International Journal of Advertising, 3: 235-238.

[29] Coulter, R. H., Zaltman, G. 1994. Using The Zaltman Metaphor Elicitation Technique to Understand Brand Image[J]. Advances in Consumer Research, 21: 501-507.

[30] David A. Aaker. 1991. Managing Brand Equity[M]. New York: The Free Press.

[31] David A. Aaker. 1995. The Value of Brand Equity [J]. Journal of Business Strategy, 13(4): 27-32.

[32] David A. Aaker. 1996. Building Strong Brands [M]. New York: The Free Press.

[33] De Chernatony, L., F. Dall'Olmo Riley. 1999. Experts' Views about Defining Services Brands and The Principles of Services Branding [J]. Journal of Business Research, 46(2): 181-192.

[34] Dichter, E. 1985. What's in An Image? [J]. Journal of Consumer Marketing, 2(1): 75-81.

[35] Duck, S. W. 1982. A Topography of Relationship Disengagement and Dissolution[M]. in Duck, S. and R. Gilmoru, (Ed.), Personal Relationships 4: Dissolving Personal Relationships[M]. London & New York: Academic Press.

[36] Duck, S. W. M. Lea. 1982. Breakdown of Relationships As a Threat to Personal Identity [M]. in Breakwell, G. M. (Ed.). Threatened Identities. London: Wiley.

[37] Duncan, T., Moriarty, S. 1997. Driving Brand Value, New York:McGraw-Hill.

[38] Fournier, S. 1998. Consumer and Their Brands:Developing Relationship Theory in Consumer Research [J],Journal of Consumer Research, 24(3): 343-373.

[39] Fournier, S. 2003. A Consumer-Brand Relationship Framework for Strategic Brand Management[M]. UMI Dissertation Services.

[40] Fournier, S. 1994. A Consumer-Brand Relationship Framework for Strategic Brand Management[D]. Ph. D. Dissertation. University of Florida.

[41] Gardner, B. B., Levy, S. J. 1955. The Product and The Brand[J]. Harvard Business Review,33: 33-39.

[42] Gary A. Knight,Roger J. Calantone. 2000. A Flexible Model of Consumer Country-of-Origin Perceptions [J]. International Marketing Review, 2(17): 127-145.

[43] Han,C. Min. 1989. Country Image: Halo or Summary Construct? [J]. Journal of Marketing Research, 26(2): 222-229.

[44] Helfert, Markus, Clemens Herrmann, Gregor Zellner. 2003. Customer Regain management in e-Business: Processes and Measures[D]. in Proceedings of the CollECTeR (Europe) Conference,97-110.

[45] Herzog, H. 1963. Behavioral Science Concepts for Analyzing the Consumer[J]. in P. Bliss (Ed.), Marketing and the Behavioral Sciences, Boston.

[46] Hoeffler S., Keller K. L. 2002. Building Brand Equity Through Corporate Societal Marketing[J]. Journal of Public Policy Marketing, 78-89.

[47] Jaana Tahtinen, Aino Halinen. 2002. Research on Ending Exchange Relationships: A Categorization, Assessment and Outlook[J]. Marketing Theory,London, 2(2): 165.

[48] Jeffrey F. Durgee, Robert W. Stuart. 1987. Advertising Symbols and Brand Names That Best Represent Key Product Meanings[J]. Journal of Consumer Marketing, 4(3): 15-24.

[49] Keaveney, S. M. 1995. Customer Switching Behaviour in Service Industries: An Exploratory Study [J]. Journal of Marketing, 59(2): 71-82.

[50] Keller. K. L. 1993. Conceptualizing Measuring, and Managing Customer-based Brand Equity [J]. Journal of Marketing, 57: 1-22.

[51] Keller K. L. 2001. Building Customer-based Brand Equity[J]. Marketing Management, 15-19.

[52] Lassar W., Mittal B., Sharma A. 1995. Measuring Customer-based Brand Equity[J]. Journal of Consumer Marketing, 4(12): 11-19.

[53] Leo Bograt and Charles Lehman. 1973. What Makes a Brand Name Familiar? [J]. Journal of Marketing Research, 13(2): 17-22.

[54] Lorrie Grant. 2004. Retailers' Private-label Brands See Sales Growth Boom, Analyst: Trend Could Steal or Limit Market Share of National Brands[N]. USA TODAY.

[55] Lynn B. Upshaw. 1995. Building Brand Identity [M]. John Wiley & Sons.

[56] Malhotra N. K. 1998. Self-concept and Product Choice: An Integrated Perspective[J]. Journal of Economic Psychology, 9(1): 1-28.

[57] Martin S. Roth & Jean B. Romeo. 1992. Matching Product Category and Country of Image Perceptions: A Framework for Managing Country-of-origin Effect[J]. Journal of International Business Studies, 23(3).

[58] Mary T. Fajer. 1995. Breakdown and Dissolution of Person-brand Relationships[J]. Advances in Consumer Research, 22: 663-667.

[59] McCracken G. 1989. Who Is The Celebrity Endorse? Culture Foundation of The Endorsement Process [J]. Journal of Consumer Research, 16(3): 310-321.

[60] McCrae, R. R., Costa, P. T., Jr. 1985. Updating Norman's Adequate Taxonomy: Intelligence and Personality Dimensions in Natural Language and in Questionnaires[J]. Journal of Personality and Social Psychology, 49: 710-721.

[61] McCrae, R. R., & Costa, P. T., Jr. 1986. Clinical Assessment Can Benefit from Recent Advances in Personality Psychology[J]. American Psychologist, 50: 1001-1002.

[62] Michael Beverland, Francis Farrelly, Zeb Woodhatch. 2004. The Role of Value Change Management in Relationship Dissolution: Hygiene and Motivational Factors[J]. Journal of Marketing Management, 20 (9-10): 927-939.

[63] Newman, J. W. 1957. Motivation Research and Marketing Management [M]. The Plimpton Press.

[64] Noth, W. 1988. The Language of Commodities: Groundwork for A Semiotics of Consumer Goods[J]. International Journal of Research in Marketing, 4: 173-186.

[65] Park. C. Whan. 1986. Strategic Brand Concept-image Management[J]. Journal of Marketing, 50: 135-145.

[66] Peter H. Farquhar. 1989. Managing Brand Equity[J]. Journal of Advertising Research, 1: 24-33.

[67] Rajeev Batra. 1999. Marketing Issues in Transitional Economics[M]. Springer Press.

[68] R. G. Netemeyer et al. 2004. Developing and Validating Measures of Facets of Customer-based Brand Equity[J]. Journal of Business Research, 57: 209-224.

[69] Robert C. Blattberg, John Deighton. 1996. Manage Marketing by The Customer Equity Test[J]. Harvard Business Review.

[70] Ross, B. M., & Levy, N. 1958. Patterned Predictions of Chance Events by Children and Adults[J]. Psychological Reports, 4: 87-124.

[71] Russell Smith, Jr. 2002. Environmental Change and The Dissolution of Relationships[J]. The Marketing

Management Journal, 12(2): 39-52.
[72] Settle, R. B., Alreck, P. L. 1989. Branding[J]. Marketing Insights, 74: 50-60.
[73] Schooler, R. D. 1965. Product Bias in The Central American Common Market[J]. Journal of Marketing Research, 1(2): 394-397.
[74] Schmitt B. H. 1999. Experiential Marketing[J]. Journal of Marketing Management, 15: 53-67.
[75] Silke Michalski. 2004. Types of Customer Relationship Ending Processes[J]. Journal of Marketing Management, 20(9-10): 977-999.
[76] Sirgy, M. Joseph and A. C. Samli. 1985. A Path Analytic Model of Store Loyalty Involving Self-concept, Store Image, Socioeconomic Status, and Geographic Loyalty[J]. Journal of the Academy of Marketing Science, 13(3): 265-291.
[77] Sviokla, John. 1990. An Examination of The Impact of Expert Systems On The Firm: The Case of XCON[J]. Management Information Systems Quarterly, 14(1).
[78] Jaana Tähtinen. 2001. The Dissolution Process of a Business Relationship: A Case Study from Tailored Software Business[D]. University of Oulu, Finland.
[79] Venktesh Babu. 2006. Issues in Brand Rejuvenation Strategies, www.brandchannel.com.
[80] Yoo, Donthu. 2001. Developing and Validating a Multidimensional Consumer-based Brand Equity Scale[J]. Journal of Business Research, 52(1): 1-14.

教师反馈及教辅申请表

北京大学出版社本着"教材优先、学术为本"的出版宗旨,竭诚为广大高等院校师生服务。为更有针对性地提供服务,请您认真填写以下表格并经系主任签字盖章后寄回,我们将按照您填写的联系方式免费向您提供相应教辅资料,以及在本书内容更新后及时与您联系邮寄样书等事宜。

书名		书号	978-7-301-	作者	
您的姓名				职称职务	
校/院/系					
您所讲授的课程名称					
每学期学生人数	_____人_____年级			学时	
您准备何时用此书授课					
您的联系地址					
邮政编码		联系电话(必填)			
E-mail(必填)		QQ			
您对本书的建议:				系主任签字 盖章	

我们的联系方式:

北京大学出版社经济与管理图书事业部
北京市海淀区成府路 205 号,100871
联系人:徐冰
电话: 010-62767312 / 62757146
传真: 010-62556201
电子邮件:em_pup@126.com   em@pup.cn
Q Q: 5520 63295
新浪微博:@北京大学出版社经管图书
网址: http://www.pup.cn